国家社科基金特别委托重大项目“中国南方地区侵华日军细菌战研究”（14@ZH025）成果

湖南省社科基金重点项目“中国南方侵华日军细菌战重大问题研究”（16ZDB60）成果

“十三五”国家重点出版物出版规划项目

中国南方侵华日军细菌战研究丛书　陈致远◎主编

Research on the Japanese Bacterial Army 1644th Unit in China

侵华日军

南京1644细菌部队研究

朱清如　著

中国社会科学出版社

图书在版编目（CIP）数据

侵华日军南京1644细菌部队研究／朱清如著．--北京：中国社会科学出版社，2024.8

（中国南方侵华日军细菌战研究丛书／陈致远主编）

ISBN 978－7－5227－1580－3

Ⅰ.①侵…　Ⅱ.①朱…　Ⅲ.生物战—侵华事件—史料—日本　Ⅳ.①K265.606

中国国家版本馆CIP数据核字(2023)第065402号

出 版 人　赵剑英
责任编辑　侯苗苗　杨　颖
责任校对　周　昊
责任印制　王　超

出　　版　中国社会科学出版社
社　　址　北京鼓楼西大街甲158号
邮　　编　100720
网　　址　http://www.csspw.cn
发 行 部　010－84083685
门 市 部　010－84029450
经　　销　新华书店及其他书店

印　　刷　北京明恒达印务有限公司
装　　订　廊坊市广阳区广增装订厂
版　　次　2024年8月第1版
印　　次　2024年8月第1次印刷

开　　本　710×1000　1/16
印　　张　21.25
插　　页　2
字　　数　345千字
定　　价　109.00元

目　录

绪　　论

一　大规模杀伤性武器及国际社会禁止公约

（一）大规模杀伤性武器

生物武器（细菌武器）、化学武器（毒气）以及第二次世界大战临近结束时才出现的核武器（包括放射性武器）被人们称为“大规模杀伤性武器”（WMD）。

“大规模杀伤性武器”一词最早出现于1937年，指的是当年德国在西班牙内战时针对非军事目标的轰炸行为。“冷战”时期，“大规模杀伤性武器”主要指的是核武器。人们常以为“大规模杀伤性武器”并不具有实用性，因为如果某一方使用，另一方就会以同类武器还击之，所以，很大程度上仅具威慑作用。但就理论层面而言，当今世界存储的大规模杀伤性武器的效力足以毁灭全人类文明。基于其巨大破坏性，1991年，联合国安理会在“第687号决议”中，第一次明确地将核武器、生物武器和化学武器并称为“大规模杀伤性武器”，并拟定三个相关国际条约，即《核不扩散条约》（NPT）、《禁止细菌（生物）及毒素武器的发展生产及储存以及销毁这类武器的公约》（简称《禁止生物武器公约》）（BTWC）、《禁止化学武器公约》（CWC），总称为“NBC”。

三大规模杀伤性武器中，生物武器（细菌武器）实战在人类社会历史中早已有之，包括自然原因引起的细菌战和人为的细菌战。无论是自然原因还是人为的原因，无一例外地对自然和人类社会造成了巨大危害和影响。自人类迈入20世纪，尤其是经历第一次世界大战后，基于细菌武器、细菌战的巨大危害性，人们产生了想要禁止它们的念头。

（二）国际社会禁止公约

1925年6月17日，国际联盟在瑞士日内瓦召开了以“管制武器、军火和战争工具”为主题的国际贸易会议，通过了来自欧、亚、美（北美、南美）、非（东非）四大洲共计38个国家签署的《禁止在战争中使用窒息性、毒性或其他气体和细菌作战方法的议定书》（简称《日内瓦议定书》）。《日内瓦议定书》主要内容：

> 在下面签署的各全权代表以他们各自政府的名义：
>
> 鉴于在战争中使用窒息性的、有毒的或其他的气体，以及一切类似的液体、物体或一切类似的方法，已经为文明世界的公正舆论所谴责；并鉴于在世界上大多数国家参加的条约中已经宣布禁止其使用；为了使这项禁令成为公认的对国际良知和实践具有同样拘束力的国际法一部分，兹宣告：
>
> 各缔约国如果不是禁止这种使用的条约的参加国，应接受这项禁令，并同意将这项禁令扩大到不得使用细菌方法作战，以及同意根据本宣言的条款，在缔约国之间相互约束。
>
> 各缔约国应尽最大努力促使其他国家加入本议定书……
>
> 本议定书在每一个签字国将其批准书交存之日起对该国生效，此后，该国同已交存批准书的其他国家之间即受其制约。①

《日内瓦议定书》自1928年2月8日生效。截至1931年9月1日，交存批准书的国家有24个，加入《日内瓦议定书》（但未交存批准书）的国家有9个。日本、美国都是原始签字国，但未交存批准书。

按常理言，该条约的问世无疑是人类社会经历第一次世界大战不幸之后的“福音”，但令人倍感意外的是其约束力竟然大打折扣。签约诸国中，有少数国家并未如实履行协议。某些国家基于对《日内瓦议定书》提出的有条件的“保留说明”，仍秘密进行细菌武器研发工作，其中，“走在最前列的是日本”。正如美国学者谢尔顿·H. 哈里斯所言：“整个30年代，日

---

① 世界知识出版社编：《国际条约集（1924—1933）》，世界知识出版社1961年版，第144—146页。该《议定书》的中文名又被译为《关于禁用毒气或类似毒品及细菌方法作战议定书》。

内瓦条约的其他加盟国也无视该条约的规定，从事了细菌战研究。”[1]

日本最早接触细菌战方面的情报，应该是始于1925年6月召开的日内瓦会议。鉴于第一次世界大战期间，有1907年重签《关于陆战法规管理公约》[2]的国家违背该公约，使用毒气，造成“悲惨”结局之教训（如德国首先使用、英国报复性使用），遂在波兰代表的提议下，38个与会国代表为防止“狰狞”初显的细菌武器可能会在今后的战争中被使用，一致议定将“禁止使用细菌方法作战”条文列入《日内瓦议定书》。日本与会代表是陆军省医务局的原田（二等军医正）。不过，原田虽然在《日内瓦议定书》上签了字，但当时并未得到日本政府的正式批准。45年后，日本政府才于1970年正式批准。[3]

据此可言：早在1925年，日本政府很可能就已经暗藏“细菌战”心机。1933年，日本政府宣布退出国际联盟，尔后，其生物武器研制几无顾忌，直至第二次世界大战结束后式微。无独有偶，当年，美国政府代表虽然签署了《日内瓦议定书》，但并未得到美国国会的正式批准。“美国自称遵守条约的原则，但多年来要求保留在一定限度内对其解释的权力。”[4]

1929年8月7日，国民党政府加入《日内瓦议定书》。1952年7月13日，周恩来总理兼外长以中华人民共和国中央人民政府的名义发表声明，基于“该议定书是有利于国际和平与安全的巩固，并且是符合于人道主义原则”，承认国民党政府于1929年8月7日加入的《日内瓦议定书》，中国将在“互相遵守的原则下，予以严格执行”。[5]这份声明，充分体现了中国的责任与担当。

1971年12月16日，联合国大会［第2826（XXVI）号决议］通过

---

① ［美］谢尔顿·H. 哈里斯：《死亡工厂：美国掩盖的日本细菌战犯罪》，王选等译，上海人民出版社2000年版，第257页。

② 《关于陆战法规管理公约》，简称《海牙公约》，1899年，国际和平会议在荷兰海牙举行，有27个国家首签《关于陆战法规管理公约》，明文禁止在战争中使用有毒武器。1907年，有44国代表重签。

③ 藤井志津枝：《七三一部隊——日本魔鬼生化戰的恐怖》，臺北：文英堂出版社1997年版，第100页。

④ ［美］珍妮·吉耶曼：《生物武器：从国家赞助点研制计划到当代生物恐怖活动·导论》，周子平译，生活·读书·新知三联书店2009年版，第5页。

⑤ 世界知识出版社编辑：《国际条约集（1924—1933）》，世界知识出版社1961年版，第146页。

《禁止生物武器公约》；1972年4月10日，在伦敦、莫斯科和华盛顿开放供签署；按《禁止生物武器公约》第14条规定，该《公约》于1975年3月26日生效。[①] 1984年10月，中国加入该《公约》，同时阐明了中国政府对生物武器的立场。

有学者统计，截至2005年，《日内瓦议定书》的缔约国达到133个；[②] 截至2010年12月，《禁止生物武器公约》的缔约国达到163个，另有13个国家已签署《禁止生物武器公约》但暂未批准。[③] 这充分说明，严厉禁止生物（细菌）和化学武器是爱好世界和平的国家和人民的共同愿望。但要真正意义上达成全面禁止生化武器目标，殊非易事，可谓任重而道远。

二 国内外研究“荣”1644部队学术梳理[④]

依据现有文献史料确证：第二次世界大战期间，唯有日本罔顾国际公约与人道法则，惨无人道地使用了《日内瓦议定书》禁止使用的细菌武器（及化学武器），致遭受细菌武器攻击区域（及附近）出现疫病大流行，引发重大公共卫生事件。

美国波士顿学院社会学教授、麻省理工学院安全研究计划高级研究员珍妮·吉耶曼（Jeanne Guillemin）认为：日本在“1934年至1945年期间实行了一项生物武器研究计划，其军队唯一地制造了国家间疫病的流行。……日本人试图让这些瘟疫的暴发看起来是由季节或其他自然原因引发。”[⑤] “日本生物武器计划的社会与政治背景是日本对中国的入侵。”[⑥]

---

① 《禁止生物武器公约》第14条规定：各签署国批准后，批准书和加入书应交予指定保存国政府（美国、英国、苏联）。

② 朱文奇主编：《国际人道法文选2005》，法律出版社2007年版，第379页。

③ 崔妍妍：《〈禁止生物武器公约〉建立信任措施情报研究》，硕士学位论文，中国人民解放军军事医学科学院，2011年6月，第1页。

④ “荣”1644部队是第二次世界大战期间，日军建立的规模仅次于731部队的又一支海外细菌部队。其总部设在中国南京原中央医院。

⑤ ［美］珍妮·吉耶曼：《生物武器：从国家赞助点研制计划到当代生物恐怖活动》，周子平译，生活·读书·新知三联书店2009年版，导论第5页。

⑥ ［美］珍妮·吉耶曼：《生物武器：从国家赞助点研制计划到当代生物恐怖活动》，周子平译，生活·读书·新知三联书店2009年版，第71页。

日本自侵占中国东三省后，为了其更为深远的侵略扩张意图，谋划并为进行细菌战准备，将东三省作为其细菌武器研发实验基地。1937 年全面侵华战争开始后，又将研发、实战基地扩至中国关内，在北京、南京、广州建成三支与“关东军防疫给水部”（以下称 731 部队）同一性质的（细菌）部队，即华北防疫给水部（以下称“甲”1855 部队）、华中防疫给水部（以下称“荣”1644 部队）、华南防疫给水部（以下称“波”8604 部队）。后来，又依托华中防疫给水部总部（基地），建立一支总部位于新加坡的“南方军防疫给水部”（以下称“冈”9420 部队）。这些日军细菌部队对外一律打着“具有误导性的名称”① ——“防疫给水部队”的幌子，掩人耳目，遮蔽其罪恶的细菌战行径。细菌武器实验（实战）区域更是扩大到中国华北、华东、华中、华南和西南等地区及南太平洋地区。

第二次世界大战期间，日军在海外总共建成六大细菌部队，其中有五大细菌部队建在中国境内（参见表 0－1）。

表 0－1　第二次世界大战期间日本海外六大细菌部队一览

细菌部队名称	秘匿代号（通称号）	正式编成时间	总部所在地
关东军防疫给水部	731 部队	1936 年 9 月	哈尔滨
关东军兽疫预防部②	100 部队	1936 年 8 月	长春
华北防疫给水部	“甲”1855 部队	1939 年 5 月	北京
华中防疫给水部	“荣”1644 部队	1939 年 5 月	南京
华南防疫给水部	“波”8604 部队	1939 年 5 月	广州
南方军防疫给水部	“冈”9420 部队	1942 年 5 月	新加坡

资料来源：自制。

---

① ［美］托马斯·B. 英格利斯：《海军关于日本细菌战的报告》，参见《侵华日军第 731 部队罪行实录·美军调查日本细菌战总结报告书》，中国和平出版社 2015 年版，第 344 页。

② 侵华日军在中国东北长春建立的“关东军防疫给水部”即 100 部队是一支“牲畜及农作物细菌战部队”，几乎与 731 部队同时建立。它主要研究兽类及农作物类细菌武器，同时也研究人畜共患的细菌武器。有史料证明，它也进行过活人人体实验，参与实施细菌战。故将其列为日军在海外的六大细菌部队之一。

（一）国内外研究“荣”1644部队的基本资料

1.《前日本陆军军人因准备和使用细菌武器被控案审判材料》（以下简称《伯力审判材料》）

该书是国外第一部公开揭露日军细菌战事实真相的证言集，苏联莫斯科国立政治书籍出版局1950年出版俄文本，随后，苏联外国文书籍出版局译为中、日、英、法、德等国文字出版。书中主要内容是对苏联俘获的12名日军细菌战犯的审讯词及证人的证词。其中，佐藤俊二、柄泽十三夫、川岛清等日本细菌战犯的供词及证人古都（日本细菌部队人员）等人受审时的证言有不少内容与“荣”1644部队有关。但《伯力审判材料》一书披露的仅为伯力审判全部材料的一小部分，至今仍有大量审判案卷储存在库，未公之于世。加上伯力审判一个月后（1950年2月1日），苏联驻中、美、英大使在同一天照会三国政府，建议“最近其内委任特别国际军事法庭”审理日本细菌战战犯。但美国对该提议反应“低调和沉默”，未做正面回复。[①] 致使本可获得更多日本细菌战事实真相的可能成为不可能，给后来学术界研究日本细菌战史造成不利影响。

2.《日本帝国主义侵华档案资料汇编——细菌战与毒气战》

这是国内最早的一部与日本细菌战史有关的档案文献资料汇编，由中央档案馆、第二历史档案馆、吉林省社科院联合编纂而成，中华书局1989年出版。该资料集“细菌战”部分，以日俘口供档案、日伪档案、中国抗战时期的文献档案等为主，揭露日军细菌部队在华进行细菌武器人体实验、细菌武器实战罪行。其中与“荣”1644部队相关的资料主要在第一部分“二　其他细菌部队·荣字1644部队”和“三　日军在华细菌战·浙江、常德”，但在“一　第731部队·大规模的细菌生产和惨无人道的人体细菌实验”中也包含有与“荣”1644部队有关联的内容。

3.《井本日志》

《井本日志》馆藏于日本防卫厅防卫研究所图书馆，是原日本陆军参谋本部曾负责联络实施细菌战的作战参谋进本熊男（大佐）的业务工作日志。《井本日志》曾被日本防卫厅战史研究室编撰《战史丛书：大本营

---

① ［美］谢尔顿·H. 哈里斯：《死亡工厂：美国掩盖的日本细菌战犯罪》，王选等译，上海人民出版社2000年版，第370、449页；新华时事丛刊社：《正义的审讯：苏联审讯日本细菌战犯案经过》，新华书店1950年版，第73、78—79页。

陆军部》时引用过，但《大本营陆军部》中并未引用《井本日志》中与细菌战有关的日志内容。《井本日志》中有关细菌战的内容是1993年被日本中央大学教授吉见义明“偶然”发现的。《井本日志》的第7、8、10、11、13、14、18、19、22卷比较详细地记录了日本参谋本部指令731部队、“荣”1644部队联合实施浙江细菌战（1940年）、湖南常德细菌战（1941年）、浙赣细菌战（1942年）的经过。吉见义明将《井本日志》中的这些内容摘录下来后编辑成《日军细菌战》，发表在日本学术期刊《战争责任研究》（2号，1993年冬季号）上。1995年，吉见义明依据《井本日志》及其他日文资料撰写《731部队与天皇·陆军中央》，由日本岩波书店出版。《井本日志》中有关731部队、“荣”1644部队细菌战史实的记录，成为侵华日军细菌部队在中国南方浙、赣、湘三省实施细菌战的铁证；《井本日志》和《731部队与天皇·陆军中央》提供的材料可以证实731部队、“荣”1644部队的细菌战活动与日本陆军中央有着直接关系。可以说，《井本日志》是迄今为止研究日军细菌战史最为重要的日文史料之一。

4.《侵华日军细菌战纪实》

郭成周、廖应昌二位先生通过耙梳多种文献资料缀辑而成，燕山出版社1997年出版。《侵华日军细菌战纪实》第六章是关于“荣”1644部队概况、南京九华山细菌战剂工厂、各种证言证词、日军“荣”1644部队在浙、赣、湘实施细菌战的各类文献资料集成，较为全面。

5.《日军侵浙细菌战档案资料汇编》（1—10册）

中共浙江省委党史和文献研究室、浙江省档案馆编，浙江人民出版社2015年、2019年出版，是国家社科基金特别委托重大项目“中国南方地区侵华日军细菌战研究（浙江地区）”的阶段性成果。该文献按省级档案、各市县档案分册编成，主要选自浙江省内各综合档案馆所藏与侵华日军浙江细菌战有关的民国档案资料，少部分选自中国第二历史档案馆馆藏与侵华日军浙江细菌战有关的重要资料，且多为影印；资料选编时间范围为1939—1948年。该文献是深入研究侵华日军浙江细菌战罪行的第一手资料。

6.《罪证：侵华日军常德细菌战史料集成》

张华编，中国社会科学出版社2015年出版，是国家社科基金特别委托重大项目“中国南方地区侵华日军细菌战研究（湖南及周边地区）”的阶段性成果。该书是第一部关于日军对中国常德实施细菌战的史料集，收录了湖南文理学院日本侵华细菌战罪行研究基地十余年搜集、整理的日军常德细菌战珍贵历史文献，包括中、日、美、苏等国档案文献、历史报刊资料、口述历史、对日诉讼词等，是研究侵华日军常德细菌战的重要参考。

7.《侵华日军细菌战重要外文资料译介》（以下简称《译介》）

李海军等编译，中国社会科学出版社 2018 年出版，是国家社科基金特别委托重大项目“中国南方地区侵华日军细菌战研究（湖南及周边地区)”的阶段性成果。该书译介了日军侵华细菌战的重要日文和英文资料，如《井本日志》，日军细菌战论文及战后美国对日本细菌战情报秘密调查后撰写的报告等，这部著作是研究“荣”1644 部队细菌战罪行史的重要参考文献。

8.《1940 年宁波鼠疫史实》

黄可泰、邱华士等编撰，东南大学出版社 1994 年出版。该书以较为详细的史料证实“荣”1644 部队与 731 部队联合实施“宁波细菌战”的详细经过，是研究 1940 年“浙江细菌战”的重要文献。

9.《罪证——侵华日军衢州细菌战史实》

邱明轩编撰，三峡出版社 1999 年出版。该书以大量史料（包括很多口述史料）证实 731 部队、“荣”1644 部队于 1940 年、1942 年对衢州实施细菌战的罪行。

10.《辛巳劫难——1941 年常德细菌战纪实》

邢祁、陈大雅主编，中共党史出版社 1995 年出版。该书以收集本地档案文献及细菌战受害者“口述历史”为主，可作为研究日军常德细菌战史的重要参考。

11.《泣血的控诉：侵华日军细菌战炭疽鼻疽受害幸存者实录》

李晓方编撰，中央文献出版社 2005 年出版。作者通过走访浙、赣、湘三省细菌战受害地的炭疽鼻疽受害者，以图文形式反映了受害幸存者的现状，是研究侵华日军使用炭疽鼻疽细菌武器致害浙、赣、湘三省居民的重要实证及口述资料。

12.《日本生物武器作战调查资料》（全 6 册）

由日本学者近藤昭二与王选等搜集、整理、编辑，社会科学文献出版社 2019 年出版，该书为有关日军侵华战争期间生物武器使用的多国档案文献集，包括美国国家档案馆、美国国会图书馆、美国军事研究机构、日本国会图书馆等档案文献，对日本在华实施细菌战的意图、研制、过程等问题做了披露；该资料集还收录有战后美军调查官前往日本调查的有关日本细菌战资料及其下落等内容，对研究与揭露日军侵华细菌战罪行具有史料参考价值。

13. 地方文史资料辑录的当事人、亲历者回忆

如：《宁波文史资料》①收录有孙金鉐、倪维雄1963年的回忆文章《宁波的鼠疫惨祸》和王祖同的《抗日战争时期宁波鼠疫纪实》；《常德文史资料》（1985年内部发行）收录有邓一甦的《日寇在常德进行细菌战经过》；《丽水文史资料》②收录有陈史英的《侵华日军在丽进行细菌战罪行昭彰》《侵华日军在丽水实施细菌战罪行纪实》。

（二）国内外研究“荣”1644部队的学术成果

1. 学术论文

截至2020年12月底，通过中国知网总库，以“主题”为检索对象，检索“1644部队”，共计26条结果，含学术期刊17条（篇）、学位论文2条（篇）、会议2条（篇）、报纸2条（篇）、其他3条（篇）；以“篇名”为检索对象，检索“1644部队”，共计17条结果，含学术期刊13条（篇）、学术辑刊1条（篇）、学位论文1条（篇）、会议1条（篇）、一般期刊1条（篇）；以“全文”为检索对象，检索“荣1644部队”，共计47条结果，其中学术期刊34条、学位论文8条（篇）、报纸1条（篇）、其他4条（篇）；以“篇名”为检索对象，检索“浙江细菌战”，共计20条结果，含学术期刊15条（篇）、会议1条（篇）、报纸3条（篇）、其他1条（篇）；以“篇名”为检索对象，检索“常德细菌战”，共计28条结果，含学术期刊22条（篇）、学位论文1条（篇）、报纸2条（篇）、会议1条（篇）、其他2条；以“篇名”为检索对象，检索“浙赣细菌战”，共计3条结果，含学术期刊3条（篇）。

已公开发表的以“荣”1644部队及日军华中细菌战为研究主题的学术论文，主要是由中、日两国专家学者撰写（请见“中国知网”的“论

① 宁波市政协文史资料研究会编：《宁波文史资料》第3辑，宁波日报印刷厂1984年版。

② 中国人民政治协商会议丽水县委员会文史资料委员会编：《丽水文史资料》第2辑，1985年版。

文”条目）。由于知网收录的论文并不十分齐全及检索词条有限，论文数量实际多于从知网总库检索到的结果（包括学术期刊论文、学位论文、会议论文等）。在此将已发表的论文情况进行简要陈述。

1950 年 1 月至 2 月，《人民日报》陆续刊载了多篇侵华日军华中细菌战受害重灾区（浙江、湖南、江西）知情者、幸存者的回忆（控诉）文章，对“荣”1644 部队细菌战罪行做了初步揭露。1950 年 3 月，新华时事丛刊社《正义的审讯：苏联审讯日本细菌战犯案经过》（1950 年 4 月、7 月又分别在上海、山东刊行），介绍了苏联滨海军区军事法庭对山田乙三等 12 名日本细菌战犯的审讯情况，其中有少量内容涉及侵华日军“荣”1644 部队。

1950—1980 年，学术界极少有这方面的专题论文发表。20 世纪 80 年代，日本接连发生文部省篡改高中历史教科书和政府官员美化侵略的事件，日本正义之士、中国学者及地方文史工作者开始关注侵华日军细菌战问题。中国学者主要利用有限的文献史料，对“荣”1644 部队的基本情况及其犯下的罪行作叙述性“介绍”。如卢江 1986 年发表《日军南京荣字第一六四四部队的暴行》一文，主要叙述了“荣”1644 部队的概况、活体实验、参与宁波细菌战等内容。

20 世纪 90 年代以来，该领域逐渐成为研究“热门”。中、日等国学者及中国地方文史工作者不断发掘新史料，更全面、更深入地“解读”各类史料，研究视野更为开阔、视角愈加多维，对“荣”1644 部队南京总部及各支部的细菌战罪行（部队建制、活人实验、细菌武器制造及实战等）予以深刻揭露，有的论文还针对一些此前认识不清的问题，运用辩证方法进行了学术探索与争鸣。如：夏茂梓 1990 年发表《侵华日军在常德作战中曾使用过细菌武器》一文，主要介绍了日本《每日新闻》记者竹田昌弘到南京二史馆查阅常德细菌战“第一手材料”及《每日新闻》，揭露侵华日军常德细菌战的历史“真相”。1995 年 11 月，水谷尚子在上海《文汇报》上发表了由其舅公石田甚太郎回忆、经她整理的关于“荣”1644 部队的《证词》后，学术界开始给予深度关注。1997 年、1999 年，《浙江学刊》相继发表日本学者森正孝的《日军细菌攻击的初步展开》、水谷尚子的《崇山村的鼠疫流行与 1644 部队》、藤本治的《浙赣作战与细菌战》，对“荣”1644 部队的细菌战“本质”及细菌攻击“受害”进行了探讨。中国苏、浙、湘、赣等地学者随即“跟进”，截至

21 世纪初，发表了不下百篇论文。如：高兴祖、朱成山的《侵华日军一六四四细菌部队活人实验受害者遗骸的考证》（2000 年），丁晓强的《日军对浙江的炭疽攻击》（2002 年），胡介堂的《日军南京“荣”字 1644 部队细菌战始末》，张连红的《侵华日军南京 1644 部队与 731 部队之关系研究》（2002 年），经盛鸿的《侵华日军在南京的秘密武器实验与战争实施》，包晓峰的《日军对浙江实施细菌战的罪行综述》（2005 年），吴永明、谢志民的《侵华日军江西细菌战的危害与战争遗留问题》（2005 年），陈致远的《日军常德细菌战致死居民人数的研究》（2006 年）等。

21 世纪初至今，浙江、湖南两省的“中国南方地区侵华日军细菌战研究”团队成员通过与日、美学者合作，深度利用旧史料，不断挖掘新史料，发表相关论文达数十篇之多，将该领域的研究水平推进到了一个新阶段。这些论文分别从宏观、中观、微观的角度探究了与南京“荣”1644 部队有关的一系列学术问题，越来越接近“荣”1644 部队细菌战罪行的历史“真相”。毫无疑问，这些论文成果对拙著撰写大有裨益，可以借鉴与引用。

2. 学术专著

（1）解学诗、日本学者松村高夫等著《战争与恶疫——七三一部队罪行考》①。该书 1998 年版属于中日学者共同的研究成果，是“第一部揭示第二次世界大战期间日军在中国各地战场使用细菌武器的历史专著，也是该领域唯一以中、日两国语言出版发行的著作”，学术反响较大，其中第 4 章“浙赣细菌战”、第 5 章“常德细菌战”、第 6 章“中国政府的防疫战”，对研究“荣”1644 部队颇具参考价值。该书 2014 年版本增加了“附录”（2 篇文章），对进一步解读原 731 部队人员金子顺一细菌战论文《PXノ效果略算法》具有一定的借鉴作用。

（2）美国学者谢尔顿 · H. 哈里斯著、王选等译《死亡工厂：美国掩盖的日本细菌战犯罪》②。该书对深入研究美国掩盖日军细菌战犯罪事实真相及“荣”1644 部队罪行史有参考价值。该书旨在揭露美国掩盖的日本细菌战犯罪。该书第八章的标题为“南京的细菌战死亡工厂”，该章主

---

① 解学诗、［日］树村高夫等：《战争与恶疫——七三一部队罪行考》，人民出版社 1998 年版。该书于 2014 年出了新版，书名为《战争与恶疫——日军对华细菌战》。

② ［美］谢尔顿 · H. 哈里斯：《死亡工厂：美国掩盖的日本细菌战犯罪》，王选等译，上海人民出版社 2000 年版。

要利用美国国家档案馆解密资料与日本方的相关著述相印证的方式，正视“荣”1644部队的罪恶史，对“荣”1644部队成立的背景、组织结构、人员配置等都进行了探究性陈述，可谓是英文著作中揭露“荣”1644部队罪恶史篇幅最多的著作。

（3）吴永明著《太阳旗下的罪恶：侵华日军上饶细菌战揭秘》①。该书作者结合中、日档案文献史料及在江西玉山、上饶、广丰等细菌战受害地调查所得“口述历史”，对“荣”1644部队与731部队在上饶地区实施细菌战及江西防疫工作进行了初步探讨，可作为继续研究浙赣细菌战的主要参考书目之一。

（4）丁晓强著《关于浙赣地区日军细菌战的调查研究》②。该书作者通过对宁波、衢州、丽水、玉山等地实地走访调查，将“口述经历”和受害事实、数据相结合，“全面揭露日军在浙赣地区的反人类罪恶的卑鄙行径”。该研究成果对浙赣细菌战之研究较为系统，对笔者研究“荣”1644部队具有重要的参考价值。

（5）中共浙江省委党史研究室编《日军在浙江细菌战专题研究》③。该书是国家社会科学基金特别委托重大项目《中国南方地区侵华日军细菌战研究（浙江地区）》的重要学术成果之一，由浙江省委党史研究室组织，浙江省有关市、县党史部门（史志办公室）分工合作编撰而成。共26个专题，“较为全面、系统地梳理了日军在浙江进行细菌战的经过及造成的严重恶果，以丰富的史料和严密的论证揭露了日本军国主义罪行”。该书成为笔者从事“荣”1644部队专题研究的重要参考书目之一。

（6）杨玉林、辛培林著《细菌战》④。该书属于步平、辛培林主编的《日本侵华新罪证系列丛书》中的一部，书中收录有部分常德细菌战的报刊档案文献，对“荣”1644部队的罪恶行径做了简要陈述，并收录了原“荣”1644部队军画兵石田甚太郎的证言。对研究“荣”1644部队有一定的文献参考价值。

---

① 吴永明：《太阳旗下的罪恶：侵华日军上饶细菌战揭秘》，江西人民出版社2005年版。

② 丁晓强：《关于浙赣地区日军细菌战的调查研究》，社会科学文献出版社2012年版。

③ 中共浙江省委党史研究室编：《日军在浙江细菌战专题研究》，浙江人民出版社2015年版。

④ 杨玉林、辛培林：《细菌战》，黑龙江人民出版社2000年版。

（7）金成民《日本军细菌战》①。该书属于大部头著作，书中第三编利用中、日传世文献史料对“荣”1644部队的机构队伍、细菌研制及实验、细菌战、销毁罪证等方面做了叙述性介绍；第四编利用中、日、苏传世文献史料，对“浙江战区细菌战”“湖南常德细菌战”做了史料性较强的叙述。该书对继续研究“荣”1644部队具有一定的史料文献价值。

（8）陈致远著《日本侵华细菌战》②。该书被称为“目前国内最新、最系统、最全面的研究日本侵华细菌战的著述”。该书第7章对“荣”1644部队的建立及其细菌战活动做了万余字的论述，第4章对731“远征队”（又称“奈良部队”）与“荣”1644部队联合实施浙江细菌战、常德细菌战、浙赣细菌战做了较大篇幅的论述，选用史料客观公正，学术梳理眉目清楚，学术论证严谨正宗，对笔者进行“荣”1644部队专题研究具有重要的借鉴启迪作用。

（9）陈致远著《纪实：侵华日军常德细菌战》③。该书是作者在多年积累的中、日、美、苏档案历史资料基础上，以“历史学的实证方法”对侵华日军常德细菌战的经过、造成的危害、中国反细菌战斗争等进行了“深入详尽的研究和揭露”。该著作对笔者研究常德细菌战颇有启发意义。

（10）拙作《控诉：侵华日军常德细菌战受害调查》④。从口述史学角度切入，以历史档案文献为佐证，借助计量史学方法，研究和揭露了侵华日军常德细菌战造成的各种社会危害。

综上，目前研究“荣”1644部队细菌战史领域，确实取得了不少学术成果，但以论文居多，缺乏多视角、系统研究的学术专著。基于这一研究现状，笔者不揣浅陋，拟用自己10余年来搜集、准备的中外文献资料（档案文献、学术论著等），借助笔者所在单位侵华日军细菌战罪行研究基地平台，加上自己研究“荣”1644部队的既有基础，力图多维度展开探究，架构一个对“荣”1644部队的新的认知体系。拙著瑕疵难免，权为铺路之石、引玉之砖。诚望海内外专家学者不吝指正。

---

① 金成民：《日本军细菌战》，黑龙江人民出版社2008年版。

② 陈致远：《日本侵华细菌战》，中国社会科学出版社2014年版。

③ 陈致远：《纪实：侵华日军常德细菌战》，中国社会科学出版社2015年版。

④ 朱清如：《控诉：侵华日军常德细菌战受害调查》，中国社会科学出版社2015年版。

三　日本海外细菌部队大本营：731 部队的建立

（一）石井四郎的细菌战“理念”

目前，国内外学术界比较一致地认为：日本在侵华期间，先后在中国东北、华北、华中、华南建立了 5 支颇具规模（成建制）、行动极为隐秘的细菌部队，即 731 部队、100 部队、“甲”1855 部队、“荣”1644 部队、“波”8604 部队。这 5 支细菌部队的建立，都与被称为日本“细菌战之父”的石井四郎有着密切关系。

图 0－1　石井四郎

资料来源：［日］『戦争責任研究』（季刊）10 号（1995 年冬季号），第 61 页。

石井四郎（1892—1959）是日本东京千叶县千代田村加茂人，家境殷实。青少年时代的石井四郎先后就读于家乡小学、中学、地方高等学校，“接受了世纪转换时期当时日本的精英的价值观，对国家、天皇狂热忠诚”①。

1916 年，石井四郎进入京都帝国大学医学部学习，1920 年从京都大学毕业后入伍近卫部队，5 个月后正式任职军医中尉。1922 年 8 月调至东京第一卫戍医院，1924 年，被上司推荐进入京都帝国大学研究生院深造，主要从事细菌学、血清学、病理学、预防医学等方面的学习和研究。1927 年 6 月获得微生物学专业博士学位，博士毕业后被配遣到京都卫戍病院做军医。尔后他逐渐融入日本极端国家主义群体，继续与京都帝国大学的资深教授和行政官员保持联系，“同时劝诱那些有前途的医学专业学生加入他的研究”。他发表了一系列学术研究论文，因之有了一定的知名度。他还与他的同乡、朋友及后来从事细菌战工作方面的得力助手增田知贞共同合作发表过学术研究论文。

① ［美］谢尔顿・H. 哈里斯：《死亡工厂：美国掩盖的日本细菌战犯罪》，王选等译，上海人民出版社 2000 年版，第 39 页。

1925年，日内瓦会议以书面形式“宣布化学战和生物战为非法”。参加这次会议的日本代表原田撰写的有关日内瓦审议的报告书，发表在日本国内《军医团杂志》上，本来影响不大，却被时为京都第16师团军医身份的石井四郎偶然看到，对此产生了兴趣。他被生物战（细菌战）的潜在威力（能够给敌对方造成重大人员伤害）所吸引，并开始着手探究细菌战对日本军队的可能性，“认为日本有必要推动细菌战部队的设置”。①

1927年，石井四郎利用自己与日本陆军部的关系，“为细菌战提案争取支持者”，但石井的细菌战“提案（计划）”并未得到当时日本军部的重视。1928年4月至1930年4月，石井四郎花了两年时间出国考察访问了20多个国家和地区，其足迹遍及东南亚、南亚、北非、南欧、东欧、中欧、西欧、北欧、大洋洲、北美洲等地。

在为期2年的时间内，石井四郎考察访问了上述这些地区的主要国家。目前，因史料受限，很难查明石井四郎到过哪些国家观摩或从事与细菌战有关的研究工作，但从他归国4个月后就被任命为日本陆军军医学校防疫部教官及军衔晋升为少佐看，考察期间，他应该是在某些国家接触过与细菌战有关的研制人员并在短时间内参与过相关工作。“据北野（正次）说：‘日本驻美大使馆的一位武官听说过石井四郎在波士顿的麻省理工学院研究过细菌战’。”②

根据有关资料，欧洲有一些国家对细菌（生物）战的研究较早。如：法国早在1910年就开始了，法国军队“组织生物战工作开始于1922年，成立了‘细菌学委员会’，随后改称‘预防医学委员会’”③。德国起步也比较早。第一次世界大战期间，“化学战比较突出”，细菌（生物）战“只有零星报道”：1916年德军在布加勒斯特、1917年在法国前线曾企图给马匹接种马鼻疽，给牛接种炭疽；1917年，德国间谍在美索不达米亚成功让英法联军骡马感染鼻疽。④

---

① 藤井志津枝：《七三一部隊——日本魔鬼生化戰的恐怖》，臺北：文英堂出版社1997年版，第91页。

② ［美］谢尔顿·H. 哈里斯：《死亡工厂：美国掩盖的日本细菌战犯罪》，王选等译，上海人民出版社2000年版，第45页。

③ 金成民、杨彦君主编，马学博、宫文婧译校：《侵华日军第731部队罪行实录·美军调查日本细菌战总结报告书》，中国和平出版社2015年版，第336页。

④ 卢辉编著：《核化生武器的历史与未来》，军事科学出版社1991年版，第411页。

回国后，石井四郎捕捉到日本国内形势正在发生的变化，于是极力向日本参谋本部、学术界、同行宣传他的细菌战主张，认为应该开发细菌战作为今后（可能用得着的）武器。从此，石井四郎正式开展细菌战方面的研究。他所依据的理由是：细菌武器比常规武器成本低廉，“细菌战无疑具有特殊的可能性，否则联合国也不会禁止”。①

出国考察访问期间，石井四郎的细菌战“理念”初步生成。针对国际联盟细菌战禁令，他反倒认为是“揭示了可以将细菌作为武器”，② 其细菌战“可行性理念更加坚定”。③ 从此，他正式迈入罪恶的细菌战研制之路。

伯力审判期间，被告梶塚隆二（曾任职关东军军医部长）供称：

> 石井四郎从欧洲考察归来后，曾于1931年在东京军医学院任教授。当时他就开始鼓吹说各强大国家都在进行准备细菌战的工作，日本若不进行此种准备，那它在将来战争时就会遇到严重的困难……石井常在日本陆军省和参谋本部高级官员中发表言论，说从战略作战的观点来看，细菌武器乃是一种很有利的进攻武器。④

当时，积极拥护、赞同石井四郎“准备细菌战”观点的有“后来担任日本陆军省军务局局长的永田铁山中将、参谋本部战略署第一科长铃木大佐”等。⑤ 派遣石井四郎前往欧洲考察的就是时任陆军省科长的永田铁山，⑥ 石井四郎因此“非常感谢他”，将永田铁山的石膏半身像放在平

---

① ［美］谢尔顿·H. 哈里斯：《死亡工厂：美国掩盖的日本细菌战犯罪》，王选等译，上海人民出版社2000年版，第45页。

② 金成民、杨彦君主编，马学博、宫文婧译校：《侵华日军第731部队罪行实录·美军调查日本细菌战总结报告书》，中国和平出版社2015年版，第61页。

③ 金成民、杨彦君主编，马学博、宫文婧译校：《侵华日军第731部队罪行实录·美军调查日本细菌战总结报告书》，中国和平出版社2015年版，第344页。

④ ［苏］《前日本陆军军人因准备和使用细菌武器被控案审判材料》（中文本），莫斯科外国文书籍出版局印行1950年版，第309页。

⑤ ［苏］《前日本陆军军人因准备和使用细菌武器被控案审判材料》（中文本），莫斯科外国文书籍出版局印行1950年版，第310页。

⑥ ［日］森村诚一：《魔窟》（一），郑民钦译，群众出版社2004年版，第180页。

房站实验所办公室内。①

时称“日本化学战之父”的小泉亲彦也是石井四郎“准备细菌战”观点的积极支持者。1932 年 8 月，小泉亲彦利用自己担任东京陆军军医学校教官兼东京近卫师团军医部长身份，支持石井四郎在陆军军医学校建立“防疫研究室”，做细菌战基础研究。② 这实际上就是打着“防疫”研究的幌子，暗地里干着见不得光的细菌武器研发工作。为便于研究，还专门建造了一栋两层高的楼房。楼房建成后，陆续招来东京帝国大学、京都帝国大学等日本高等院校医学部的专家、高才生，这里便成为完全为外人所不知的日本研究细菌战的基地。③ 后来，这里的专家和高才生有不少人成为日本在中国建立的几支细菌部队的骨干分子。

（二）从陆军军医学校“防疫实验室”到关东军“防疫给水班”

1931 年，日本以“九一八事变”为借口，侵占中国东三省。1932 年 3 月，“伪满洲国”成立。当时，石井四郎在日本陆军军医学校防疫实验室进行代号为“A”（进攻性武器）和“B”（防御性武器）研究过程中，“A”实验出了问题。不久，他的实验转移到“伪满洲国”进行。“在那里，他得到关东军的通力合作。”④ 石井四郎之所以选择将“A”实验转移到“伪满洲国”进行，很大程度上是因为在这里进行相关实验可以“保证其秘匿性和可能获取充足的实验材料”。⑤

1932 年 7 月至 8 月，石井四郎等人以考察流行病的名义，前往哈尔滨考察“A”实验选址。1933 年 9 月，正式决定将哈尔滨东南约 70 公里的五常县背阴河镇作为他在海外的第一个细菌研究实验场，这里的人员机构内称“东乡部队”，⑥ 因为“石井所进行的一切研究都是严加隐讳的，单是石井四郎的名字就足以暴露该实验所的活动方向，所以他改名

---

① ［苏］《前日本陆军军人因准备和使用细菌武器被控案审判材料》（中文本），莫斯科外国文书籍出版局印行 1950 年版，第 310 页。

② 陈致远：《日本侵华细菌战》，中国社会科学出版社 2014 年版，第 25 页。

③ ［日］北島規矩朗：『陸軍軍醫學校五十年史』，東京：大日本印刷株式會社 1936 年版，第 184 页。

④ ［美］珍妮·吉耶曼：《生物武器：从国家赞助点研制计划到当代生物恐怖活动》，周子平译，生活·读书·新知三联书店 2009 年版，第 73 页。

⑤ ［日］常石敬一：『消えた細菌戦部隊——關東軍第七三一部隊』，東京：海鸣社 1982 年版，第 123 页。

⑥ ［日］奈须重雄：《日军细菌部队的建立及对话细菌战》，《军事历史研究》2015 年第 1 期。

为东乡，他的机关便改称为‘东乡部队’”。[①] 对外称“（关东军）防疫班”。[②] 后因防疫班工作人员中有不少来自石井四郎家乡千叶县千代田村一个叫“加茂”的地方，故又称“加茂部队”。[③] 从此，以石井四郎为首的北条圆了、增田知贞等骨干及工作人员便开始着手细菌战领域的研究。据《陆军军医学校五十年史》记载：从1933年开始，“为进行有关细菌战的特殊研究，遂派遣防疫研究室的职员前往满洲从事研究”。[④]

伯力审判期间，原731部队军医少佐柄泽十三夫供称：

> 还在那个时候（指1933年、1934年在哈尔滨附近设立防疫班即“东乡部队”之初），石井就已在活人身上从事罪恶的实验，直接用被日军俘去的中国游击队员来试验病菌效能。[⑤]

另外，石井四郎把陆军军医学校实验室从日本东京转到“伪满洲国”哈尔滨也被《伯力审判材料》所证实：

> 在占领满洲后不久，日军参谋本部和日本陆军省就在满洲境内建立了一个细菌实验所，并将其划归日本关东军建制内。该实验所由日本著名的细菌战思想家，以后晋升为军医中将的石井四郎主持。实验所专门研究用烈性传染病菌进行细菌战的方法。[⑥]

审判材料中的“细菌实验所”指的就是日本关东军“防疫给水班”。

1934年，被关押在背荫河中马城监狱、准备用于人体实验的30

---

① ［苏］《前日本陆军军人因准备和使用细菌武器被控案审判材料》（中文本），莫斯科外国文书籍出版局印行1950年版，第449页。

② 解学诗、［日］松村高夫等：《战争与恶疫——日军对华细菌战》，人民出版社2014年版，第2页。

③ 陈致远：《侵华日军在中国实施的鼠疫细菌战研究》，中国社会科学出版社2018年版，第26页。

④ ［日］北島規矩朗：『陸軍軍醫學校五十年史』，東京：大日本印刷株式會社1936年版，第190页。

⑤ ［苏］《前日本陆军军人因准备和使用细菌武器被控案审判材料》（中文本），莫斯科外国文书籍出版局印行1950年版，第449页。

⑥ ［苏］《前日本陆军军人因准备和使用细菌武器被控案审判材料》（中文本），莫斯科外国文书籍出版局印行1950年版，第10页。

多名“犯人”暴动越狱，其中12人越狱成功；1935年，又发生弹药库爆炸。[①] 这两件意外事件让石井四郎不得不暂时放弃背荫河细菌实验场。

（三）日本天皇（裕仁）密令建立关东军“防疫给水部”

1935—1936年，日本参谋本部和陆军省按照日本天皇裕仁诸次密令，在“伪满洲国”境内建立了两支用来准备和进行细菌战的极端秘密部队。其中之一就是以石井实验所（室）为基础建立的关东军“防疫给水部”（后来易名为“731部队”），另一支名为关东军“兽疫预防部”（兽医少将若松负责，后来易名为“100部队”）。

关于关东军防疫给水部的编成时间，据伯力审判期间被告川岛清于1949年10月21日受审时供称，是1936年遵照日本天皇裕仁密令成立。部队驻地最初决定设在哈尔滨，日本陆相任命军医大佐石井四郎担任731部队长。[②] 1949年12月初，川岛清在审讯中再次供称：

> 1935年至1936年间，已由日本参谋本部和陆军省按照天皇裕仁诸次密令在满洲境内成立有两个用来准备和进行细菌战的极端秘密部队活动。[③]

川岛清的供词基本可信。因为他在1939年4月至1943年3月，曾担任731部队第一、第三、第四部部长和总务部长，对731部队的建立及运行情况比较熟悉。他在伯力审判期间的态度相对而言比较诚实。不过，川岛清的供词并未说清楚关东军“防疫给水部”建立的具体时间。

伯力审判期间，原关东军军医处长梶塚隆二供称，731部队是1936年奉日本天皇裕仁“敕令”建立。1939年又奉日本天皇裕仁“密令”，“于1939年至1940年期间曾经改编过”[④]。曾担任过731部队长的北野政次在1947年的笔供中证言：

---

① ［日］奈须重雄：《日军细菌部队的建立及对华细菌战》，《军事历史研究》2015年第1期。

② ［苏］《前日本陆军军人因准备和使用细菌武器被控案审判材料》（中文本），莫斯科外国文书籍出版局印行1950年版，第116页。

③ ［苏］《前日本陆军军人因准备和使用细菌武器被控案审判材料》（中文本），莫斯科外国文书籍出版局印行1950年版，第10页。

④ ［苏］《前日本陆军军人因准备和使用细菌武器被控案审判材料》（中文本），莫斯科外国文书籍出版局印行1950年版，第107、109页。

> 哈尔滨石井部队的创建者是石井中将，成立于昭和 11 年（1936 年），最初在哈尔滨陆军医院南部设研究室，所以也称“南栋”。后来把本部移往距哈尔滨 24 公里的平房，“南栋”则成为给水研究室和给水器材制造所，编制上属于关东军防疫给水部。①

川岛清、梶塚隆二、北野政次等人的供词中并未讲清楚关东军防疫给水部建（成）立的具体日期，只是笼统地说 1935—1936 年或 1936 年建（成）立。

1940 年 3 月 30 日，石井四郎在东京陆军军医学校军队医学会上发表了题为《中国新设陆军防疫机关运用、效果及将来作战展望》的讲演，讲演稿中有一份《“中国事变”后新设陆军防疫机关》。从中可知：

1936 年 8 月 11 日，日军第一支正式的细菌部队（也可视为尔后陆续在华北、华中、华南等地建成的几支日军细菌部队的“母部队”）——“关东军防疫部”开始组建，历时 20 天，至 9 月 1 日正式编成。② 就是说，关东军“防疫给水部”正式编成时间是“1936 年 9 月 1 日”。

关东军“防疫给水部”建成后，隶属陆军省、参谋本部和日本关东军司令部。这可从曾担任过关东军总司令的山田乙三在伯力审判期间的供词中得到证实：

> 根据日本陆军省和参谋本部的指令，我又以总司令资格经过本司令部所属各部处领导过第 731 号和第 100 号两细菌部队研究与生产细菌武器的工作。③
>
> 这两个部队都是直接受关东军司令部“节制”。④

---

① ［日］近藤昭二编：《731 部队 · 细菌战资料集成》（3），《北野政次提出的文书》（日文），资料 24。参见王希亮、周丽艳编译《侵华日军 731 部队细菌战资料选编》，社会科学文献出版社 2015 年版，第 77 页。

② ［日］陸軍軍医学校防疫学教室発行：『十五年戦争極秘资料集』補卷 23『陆軍軍医学校防疫研究報告』第二部（第 1 冊、第 99 号），東京：不二出版 2005 年版，第 412 页。

③ ［苏］《前日本陆军军人因准备和使用细菌武器被控案审判材料》（中文本），莫斯科外国文书籍出版局印行 1950 年版，第 98 页。

④ ［苏］《前日本陆军军人因准备和使用细菌武器被控案审判材料》（中文本），莫斯科外国文书籍出版局印行 1950 年版，第 286 页。

石井四郎奉命将关东军"防疫给水班"扩充为关东军"防疫给水部"，其中一个很重要的原因是基于日本对中国的侵略意图，为进一步准备和在战场上大规模使用细菌武器使然。

但石井四郎在1946年2月接受美国调查员阿尔沃·T. 汤普森（Arvo T. Thompson）讯问时并未如实坦陈，"他一再强调，把细菌战作为攻击性武器并非日本的目的，日本也根本没有考虑使用这种战争方法"。他当时供称的理由是：由于中日战争爆发，日军最初的预防和控制传染病的机构——战地疫病预防部的活动范围扩大，加上军队尚未统一配备水净化和供给方式，水媒疾病频繁发生，加上担心"敌军"使用细菌和毒药，必须研发反制措施，所以有必要重组战地卫生机构，防疫给水部得以组建。①

我们不否认日军建立关东军防疫给水部（包括后来陆续建成的华北、华中、华南、南方军防疫给水部）有净化水和供水、研究流行病预防之目的，但它（们）的建立，确以研发进攻性细菌武器为主要意图。石井四郎一直强调他只是关东军防疫给水部的负责人，把时间大都用于管理，并不了解与细菌研发技术有关的细节。而事实真相是"石井绘制的（细菌）炸弹草图及提供的其他技术情报十分详细，表明他非常熟悉技术资料详情"。②

1936年遵照日本天皇裕仁密令建立关东军"防疫给水部"后，该部队加紧细菌战研究工作。随着其作用的增大，工作重要程度也随之提高，部队人员也须增加，相应地，实验室和驻地范围也须扩大。为此，日本天皇于1940年又颁发了一道新敕令：

> 该部队主要部分移到哈尔滨城南约三十公里处的平房站地区。部队研究、实验和生产事宜，都在那里进行。③

---

① ［美］Arvo T. Thompson, *Report on Japanese Biological Warfare (BW) Activities*（《关于日本细菌战活动的报告》，即《汤普森报告》）。参见［日］近藤昭二《731部队·资料集成》CD-ROM版，东京：柏书房2003年版，CD盘号：2—14—1；李海军等编译《侵华日军细菌战重要外文资料译介》，中国社会科学出版社2018年版，第211页。

② 李海军等编译：《侵华日军细菌战重要外文资料译介》，中国社会科学出版社2018年版，第217页。

③ ［苏］《前日本陆军军人因准备和使用细菌武器被控案审判材料》（中文本），莫斯科外国文书籍出版局印行1950年版，第116页。

实际上，平房站工程建设在天皇新敕令颁布的前一年就已开始动工。1940年，除负责防疫和医疗的部门留在原地外，其余与准备细菌战有关的活动都在平房进行。天皇敕令上还命令把部队人员扩充到3000人，要在“伪满洲国”各地区重新编制几个支队，部队机构要分成几个部。[①] 由此可见，日本天皇裕仁非常关注关东军“防疫给水部”的建设与发展。日本天皇裕仁的“关注”主要是基于这支部队正在进行的细菌战研究。

伯力审判期间，被告梶塚隆二的供词也证实了这一事实。梶塚隆二，1888年生，军医中将，医生兼细菌学家。他是石井四郎细菌战思想的积极拥护者，研究细菌武器使用方法的发起人之一。1934—1936年，以日本陆军省卫生署科长身份积极参加731部队的建立工作，促成石井四郎担任731部队长，1939年起任关东军医务处长，他对731部队的所有活动情况都相当熟悉。

梶塚隆二供称：731部队是奉日本天皇裕仁1936年敕令建立的，这道敕令曾分发到日军各部队，梶塚隆二读过这道敕令及附件。731部队于1939—1940年又奉日本天皇裕仁密令改编过，密令还规定了从新组建支队的期限、驻扎地点及每支队员的数额（300人）。731部队的驻地由关东军司令部确定。1941年前，该部队没有正式番号，“只是称呼为关东军防疫给水部”，同时又叫“石井部队”。1941年，关东军总司令下令所属各部队及机关都采用番号，这支部队才开始“命名为第731部队”。[②]

盱衡日本细菌部队建成与发展史，日本建在哈尔滨的731部队可视为日本海外其他各细菌部队的大本营。

---

① ［苏］《前日本陆军军人因准备和使用细菌武器被控案审判材料》（中文本），莫斯科外国文书籍出版局印行1950年版，第117页。

② ［苏］《前日本陆军军人因准备和使用细菌武器被控案审判材料》（中文本），莫斯科外国文书籍出版局印行1950年版，第107—109页。

第一章 "荣"1644部队建成考

一 "荣"1644部队溯源

"荣"1644部队的建制沿革：华中临时防疫给水部→8支"'移动'防疫给水部"→华中防疫给水部（"荣"1644部队）。

（一）华中临时防疫给水部

1937年7月7日，日本军国主义分子经过周密谋划，驻北平日军悍然发动"卢沟桥事变"，日本全面侵华战争开始。战争之初，石井四郎获悉上海、南京有水井受到霍乱菌"污染"，遂上报大本营。以石井四郎为首的关东军防疫给水部和日本陆军军医学校，考虑到日军野战师团卫生力量不足以及野战师团在中国华北、华中战场"防疫给水"需求，相继建立2支"移动防疫机关"（临时防疫给水部）。1937年7月12日，在哈尔滨组建华北临时防疫给水部，太田澄（军医中佐）任部队长，故又名"太田部队"。太田部队分成6个班，配属华北各师（旅）团。太田部队于"7月15日到达天津，其中有一部分于16日到达丰台，随即参加卢沟桥、廊坊、南苑等地战斗，8月上旬得到了来自陆军军医学校白川少佐等人的增援"。1937年"八一三事变"爆发，淞沪会战开始。日军于1937年8月16—17日在东京组建华中临时防疫给水部，北条圆了（军医少佐）任部队长，故又名"北条部队"。北条部队分成7个班配属华中各师（旅）团。淞沪会战结束后，"北条（圆了）少佐以下人员各自复归原来所属部队"。这两支"防疫给水部"都属于"临时"组建，建成时间仓促，规模小，人员配置均为42人①（见表1－1）。

表1－1　“中国事变”后新设的2支临时防疫给水部（1937年）

名称	部队长名、军衔	编成地	编成人员	编成月日	摘要
华北临时防疫给水部（太田部队）	太田澄陆军军医中佐	哈尔滨	将校5、下士官6、兵31，总计42	1937.7.12 1937.7.12	复员（归建）
华中临时防疫给水部（北条部队）	北条圆了陆军军医少佐	东京	将校3、下士官4、兵35，总计42	1937.8.16 1937.8.17	复员（归建）

资料来源：［日］陸軍軍医学校防疫学教室発行：『十五年戦争極秘资料集』補卷23『陆軍軍医学校防疫研究報告』第二部（第1冊、第99号），東京：不二出版2005年版，第412页。此表据原表（图1－1）内容改编而成。

从某种程度上说，这两支“临时防疫给水部”就是后来的华北防疫给水部（“甲”1855部队）和华中防疫给水部（“荣”1644部队）的前身。华中临时防疫给水部成立后被迅速派往上海，携带由石井四郎发明的“日军军用野战防疫滤水器”，配属给进攻上海、南京等地的上海派遣军、华中方面军②、第10军。华中临时防疫给水部建成之初的主要职责是负责“防疫给水”，即通过掌握预防医学知识与技术的医务人员预防、救治、控制日军师团官兵可能染上的各种自然暴发的病疫或人为制造的疾病，对饮用水水源进行检测、净化消毒处理，提供放心的卫生饮用水。

日军防疫给水部队使用的滤水器是由石井四郎发明的“石井式滤水器”，有车载式、马驮式、背负式等，型号、大小不一。根据战场实际需要，联队以上规模的日军野战师团一般都会配有“临时防疫给水班”。

---

①［日］石井四郎：「支那事变ニ新设セラレタル陸軍防疫機關運用ノ效果ト将来戰ニ対スル方针并ニ預防接種ノ效果ニ就テ」。这是石井四郎1940年3月30日在东京陆军军医学校军阵医药学会上一篇演讲稿，文中有一张表：「本事變ニ新設セラレタル陸軍防疫機關」。参见［日］『十五年戦争極秘资料集』補卷23『陸軍軍医学校防疫研究報告』第二部（第1冊、第99号），東京：不二出版2005年版，第403—416页（全文）、第412页（表）。

② 1937年12月1日，日本最高统帅部下令组建华中方面军，司令官松井石根大将，辖上海派遣军、第10军。主要作战任务是沿长江自东向西进入中国。13日，日军占领南京，17日，华中方面军及上海派遣军司令部均移设南京。1938年2月14日，撤销华中方面军、上海派遣军、第10军建制，所辖部队一并编入18日成立的华中派遣军。1939年9月，日本大本营下达撤销华中派遣军命令，所辖部队第11军和新编第13军等直属中国派遣军。

（二）8支“移动防疫给水部”

日军于1937年12月攻占南京后，设立了很多机构，将南京作为进一步侵略中国腹地的基地。1938年6月中旬，日本大本营开始调集兵力，准备进攻南京沦陷后的中国抗战重镇——武汉。此时，华北、华中“临时防疫给水部”尤其是华中“临时防疫给水部”因配置的人员太少，加上“减员”，已不能满足战场所需。

1938年7月29日，根据“军令陆甲第50号命令”，在东京辎重兵第一联队驻地，18支“移动”防疫给水部同时开始组建（但“编成”时间不一致，最早的8月24日编成、最迟的10月27日编成）。每支总人数均为225人，包括将校（技师）、下士官（技手）、兵（雇员）的配置都一样，合计4050人（参见图1－1）。

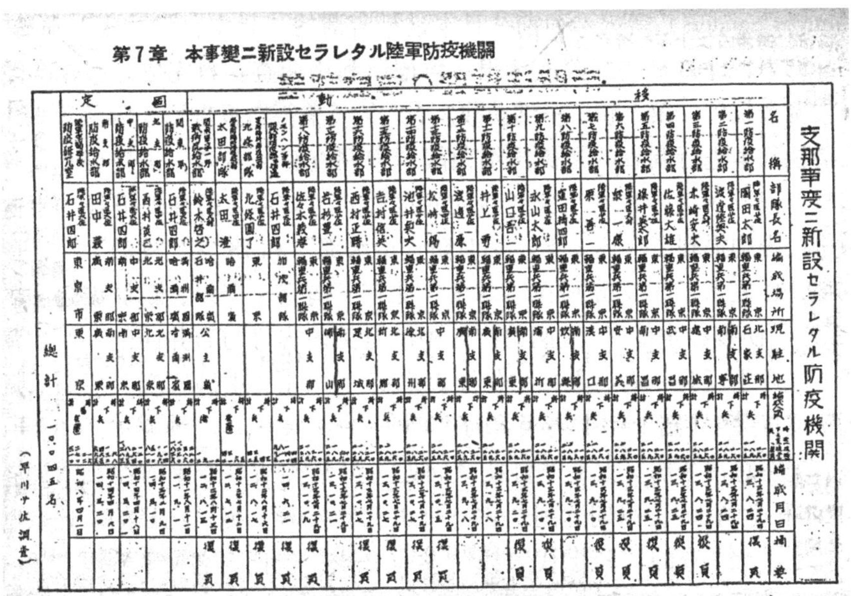

第7章　本事變ニ新設セラレタル陸軍防疫機関

支那事變ニ新設セラレタル防疫機関

图1－1　《“中国事变”后新设陆军防疫机关》①

资料来源：［日］陸軍軍医学校防疫学教室発行：『十五年戦争極秘资料集』補巻23『陸軍軍医学校防疫研究報告』第二部（第1册、第99号），東京：不二出版2005年版，第412页。

---

① 本书引用的图片由于原图版本过老等原因，清晰度有限，本书在使用时均已尽量做清晰化处理，下同。

扩展建立“移动”防疫给水部队（18 支“移动”防疫给水部）的建议由增田知贞提出，被石井四郎采纳，扩建计划得到日本陆军中央认可。[①]

其规模之大，是此前编成的 2 支“临时防疫给水部”总数的 96 倍；单支相比，相差大约 5.4 倍。18 支“移动”防疫给水部编成后，分别配属中国华中、华北、华南各“战列师团”。其中，第 1 至第 9、第 13、第 18 共计 11 支“移动”防疫给水部配属华中战场。后来，因第 1 支向华北战场“转进使用”，第 2 支、第 8 支向华南战场“转进使用”，华中战场只剩下 8 支（第 3、第 4、第 5、第 6、第 7、第 9、第 13、第 18 支）。[②]

第二次世界大战结束后不久，美国选派调查官及专家前往日本进行调查，他们在调查问讯后撰写的调查报告中也有这方面的记载。

1945 年 9 月，美国德特里克堡基地上校、微生物学家莫瑞·桑德斯（Murray Sanders）等人奉命前往日本进行所谓的“日本科学情报”调查，实际调查目标是日本细菌战情报。桑德斯利用调查材料完成《日本科学情报调查报告：第 5 卷——细菌战》（又名《桑德斯报告》）。继桑德斯之后前往日本进行调查的是美国细菌战情报调查官汤普森，汤普森利用调查材料完成《关于日本细菌战活动的报告》（又名《汤普森报告》）。这两份报告均提到了上述 2 支“临时防疫给水部”和 18 支“移动”防疫给水部，也提到了 5 支分别在哈尔滨、北京、南京、广州、新加坡建立的“固定”防疫给水部。[③] 这两份报告中的有关内容可与石井四郎一篇讲演稿（实际上就是一篇论文）中的图表第 83——《“中国事变”后新设陆军防疫机关》（图 1－1）相互印证。

美军总司令部、太平洋科技顾问处选派桑德斯等专家前往日本调查“日本科学情报”，以期达到“占有日本武器技术发明”之目的。这次前往日本进行调查的“科学代表团”共有 9 人，包括 5 名文职科学家和 4

---

① 金成民、杨彦君主编，马学博、宫文婧译校：《侵华日军第 731 部队罪行实录·美军调查日本细菌战总结报告书》，中国和平出版社 2015 年版，第 15 页。

② ［日］石井四郎：「支那事变ニ新设セラレタル陸軍防疫機闢運用ノ效果ト将来戰ニ対スル方针并ニ預防接種ノ效果ニ就テ」。参见［日］『十五年戦争極秘资料集』補卷 23『陆軍軍医学校防疫研究報告』第二部（第 1 冊、第 99 号），東京：不二出版 2005 年版，第 412—413 页（演讲稿图表第 83 的文字说明）。

③ 金成民、杨彦君主编，马学博、宫文婧译校：《侵华日军第 731 部队罪行实录·美军调查日本细菌战总结报告书》，中国和平出版社 2015 年版，第 15、42、76 页。

名军队代表，其中有 3 名是化学作战部的成员，桑德斯是其中之一。

桑德斯一行到达日本后，“经过 6 个星期的访谈和现场参观，调查者对日本化学武器计划没有发现什么有兴趣的东西，对其发展原子弹方面的兴趣更小。但这些美国人在向杜鲁门总统报告的结论中有一条提到，日本的生物武器计划可能会补充美国的军事知识。代表团中化学作战部成员桑德斯上校很快写出 1 篇报告，简述日本在生物技术方面的发展”。[①] 采访时间为 1945 年 9 月 20 日至 1945 年 11 月 10 日，采访对象包括日本陆军军医学校预防医学部主任出月三郎大佐、陆军军医学校细菌学系主任井上隆朝大佐、军医总监神林浩中将（军医总监）、内藤良一中佐（731 部队的“第 2 号人物”）、新妻清一中佐、保利信明海军中将（军医总监）、石渡博海军中佐、金子顺一少佐、增田知贞中佐、若松只一中将、日本参谋次长河边虎四郎中将、陆军参谋总长梅津美治郎、陆军大臣下村定中将等。

桑德斯的报告分期分批完成，整个报告（三个部分）完成时间不会早于 1945 年 11 月中旬。由于问讯对象事先统一了回答口径，所以提供的多是虚假、模糊信息，刻意隐瞒进攻性细菌武器研究（如人体实验）和细菌战实情，桑德斯等人的调查工作可以说并不顺利。但不等于说桑德斯的报告没有任何价值。桑德斯苦于调查工作进展不顺利，乃以重派“更厉害的人”前来调查相威胁，内藤良一迫不得已，“拿来两页手写报告”应付，其内容：从天皇到中国各地防疫给水部队的系统图、组织图，细菌武器研究的目的、结果。[②] 桑德斯的“威胁”果然起到了一些作用。《桑德斯报告》中写道：

> 1938 年夏，增田大佐建议大力扩展防疫给水部队。他的计划得到（上级）认可，于同年 10 月，在日本控制的中国领土建立了 18 个水净化中心。每个基地都担当中枢站，每个附属分支机构配备 300 人。18 个较大基地分配如下：3 个位于华北、13 个位于华中、2 个

① ［美］珍妮·吉耶曼：《生物武器：从国家赞助点研制计划到当代生物恐怖活动》，周子平译，生活·读书·新知三联书店 2009 年版，第 71 页。

② ［日］近藤昭二：《日本国家意志对细菌战的隐匿》，参见王希亮等译《侵华日军 731 部队细菌战资料选编》，社会科学文献出版社 2015 年版，第 552—553 页。

位于华南。①

桑德斯并未得到他最想得到的细菌武器“人体实验”方面的情报。继桑德斯之后前往日本做同样调查的是美国细菌战情报调查官汤普森，汤普森经调查问讯后获得的“有价值”信息比桑德斯多。调查结束后，汤普森完成的报告中，“结论”部分也有日军“防疫给水部的组织与配置”内容。《汤普森报告》中写道：

> 最早的传染病预防和控制机构是在日俄战争不久后成立的战地疾病预防部（野战防疫部）。中日战争爆发后，该机构活动范围扩大，北至满俄边境，南到海南岛。该机构致力于研究寒冷的北方地区流行的传染病和许多东方的热带病。当时日军没有统一的饮水净化和供给方式，军队没有遵守烧开饮用水的规定，因此水媒疾病频繁发生。
>
> 现有日军战地卫生机构不足以预防和控制日军不同战区的传染病，由于担心敌军使用细菌和毒药（已在水井投毒污染事件中遇到过），必须研发反制措施，这进一步强化了重组战地卫生机构的需要。战地预防部由此废除，防疫给水部得以组建。
>
> 防疫给水部由海外战区和日本本土的固定防疫给水部和机动防疫给水部组成。到1938年7月，海外战区有5支非机动防疫给水部（基地）：关东军防疫给水部（哈尔滨）、华北军防疫给水部（北京）、华中军防疫给水部（南京）、华南军防疫给水部（广州）、南方军防疫给水部（新加坡）。
>
> 这些固定的防疫给水部被分配给各个部队，由部队指挥官直接控制，如关东军总司令。机动防疫给水部包括：海外战区的战地防疫给水部及分布，以及日本本土陆军师团防疫给水部及军管区防疫给水部。像固定防疫给水部一样，这些机动防疫给水部被分配到各个不同的部队，由该部队的指挥官直接指挥。到1938年7月为止，战区已成立18个防疫给水部，在各自战场进行活动。随着日军作战

---

① 金成民、杨彦君主编，马学博、宫文婧译校：《侵华日军第731部队罪行实录·美军调查日本细菌战总结报告书》，中国和平出版社2015年版，第15页。

范围扩大，建立了更多的机动防疫给水部。防疫给水部从医务部独立出来，医务部只在医疗问题上为各军指挥官提供医疗咨询服务。①

1940年3月30日，石井四郎在东京陆军军医学校军阵医药学会上，做了题为《“中国事变”新设陆军防疫机关运用、效果及将来作战展望》讲演，讲演稿后来发表在“陆军军医学校防疫研究报告第2部第99号”上。讲演稿篇幅较长，原文有53页，仅插入的图表就有101张，其中，图表第83《“中国事变”后新设陆军防疫机关》② 是探究“荣”1644部队建制沿革的重要文献史料（见图1－1）。

如图1－1所示，共有18支“移动防疫给水部”，第3支、第6支部队长的军衔是军医大尉，其余16支部队长的军衔是军医少佐。其中，有8支（第3、第4、第5、第6、第7、第9、第13、第18支）的“现驻地”位于华中地区，它们开始组建的时间相同，正式编成时间不一。按顺序，第7、第9支编成于1938年9月10日，第3、第4、第5、第6支编成于1938年9月25日，第13支编成于1938年10月15日，第18支编成于1938年10月19日。武汉会战后，第4、第7支“移动防疫给水部”分别驻武昌、汉口。华中防疫给水部（“荣”1644部队）正式编成后，也设有武昌、汉口2个支部，囿于史料，暂不能肯定它们之间有直接的相承关系，但一定有关联。第3支驻湖北应城，第5支驻江西南昌，第6支驻江西安义（南昌附近），第9支驻湖北蒲圻。图表中没有标明第13、第18支“移动防疫给水部”的“现驻地”，因为这两支在1939年5月就“复员（归建）”了。③（参见表1－2）

这8支位于华中地区的“移动防疫给水部”，总人数为1800（225×

---

① 李海军等编译：《侵华日军细菌战重要外文资料译介》，中国社会科学出版社2018年版，第211页。因是英文翻译成中文，故在引用时，文字上稍有改动。

② ［日］石井四郎：「本事變ニ新設セラレタル陸軍防疫機關」（表）。参见［日］『十五年戦争極秘资料集』補卷23『陆軍軍医学校防疫研究報告』第二部（第1冊、第99号），東京：不二出版2005年版，第413页。演讲稿原文有53页，影印出版，占幅从403—416页，共14页（影印本的每1页包含原文的4页）。

③ ［日］石井四郎：「支那事变ニ新设セラレタル陸軍防疫機關運用ノ効果ト将来戰ニ対スル方针并ニ预防接種ノ效果ニ就テ」。参见［日］『十五年戦争極秘资料集』補卷23『陆軍軍医学校防疫研究報告』第二部（第1冊、第99号），東京：不二出版2005年版，第413页（演讲稿图表第83的文字说明）。

8）人。南京华中防疫给水部建成后，仍在华中地区活动的6支“移动防疫给水部”逐渐蜕变成为华中防疫给水部（“荣”1644部队）的多个支部。史料依据是，截至昭和15年（1940年）3月，已有6支“移动防疫给水部”“复员”，但仍有12支“活跃在战地”，其中，华中地区6支（第3、第4、第5、第6、第7、第9支），华南地区6支（第2、第8、第10、第11、第12、第17支）。①

表1－2　“中国事变”后新设的（华中）移动防疫机关（1938年）

名称	部队长名、军衔	编成地	现驻地	编成人员	始建/编成时间	摘要
第3防疫给水部	赤崎安夫陆军军医大尉	东京辎重兵第一大队	华中应城	将校10、下士26兵189共计225	1938.7.29 1938.9.24	复员
第4防疫给水部	佐藤大雄陆军军医少佐	同上	华中武昌	同上	1938.7.29 1938.9.25	复员
第5防疫给水部	藤进英太郎陆军军医少佐	同上	华中南昌	同上	同上	复员
第6防疫给水部	泉一康陆军军医大尉	同上	华中安义	同上	同上	复员
第7防疫给水部	原善一陆军军医少佐	同上	华中汉口	同上	1938.7.29 1938.9.10	复员
第9防疫给水部	陆军军医少佐永山太郎	同上	华中蒲圻	同上	同上	复员
第13防疫给水部	陆军军医中佐松崎阳	同上	华中	同上	1938.7.29 1938.10.15	复员
第18防疫给水部	陆军军医少佐佐佐木孝义	同上	华中	同上	1938.7.29 1938.10.19	复员

资料来源：［日］陸軍軍医学校防疫学教室発行：『十五年戦争極秘资料集』補卷23『陸軍軍医学校防疫研究報告』第二部（第1冊、第99号），東京：不二出版2005年版，第412页。此表根据原表（图1－1）内容改编而成。

① ［日］石井四郎：「支那事変ニ新设セラレタル陸軍防疫機關運用ノ效果ト将来戰ニ対スル方针并ニ預防接種ノ效果ニ就テ」。参见［日］『十五年戦争極秘资料集』補卷23『陸軍軍医学校防疫研究報告』第二部（第1冊、第99号），東京：不二出版2005年版，第413页（演讲稿图表第83的文字说明）。

石井四郎曾对移动防疫给水部、战地防疫给水部、固定防疫给水部之间的区别做过以下解释：

移动防疫给水部由海外战区的战地防疫给水部和师团防疫给水部以及日本本土的师团防疫给水部和军管区防疫给水部构成，（位于哈尔滨、北京、南京、广州、新加坡的）固定防疫给水部和移动防疫给水部一样，分配给各地部队，由该部队指挥官直接控制。1938 年 7 月成立的 18 支移动防疫给水部配属战地师团，一起开展工作。

固定防疫给水部负责研究防疫给水，生产和供给细菌制品，生产、修理、供给防疫给水所需材料和设备，执行指导防疫节水措施，防疫给水教学，物理、化学检测，收治传染病患者。战地防疫给水部负责巡逻和侦察水源，执行和指导防疫措施，检查水质和探查毒物，消毒和健康诊断，净化供水，修理卫生净水器，研究防疫给水。师团防疫给水部的职责与战地防疫给水部基本相同，只是不负责研究与教学。如果战地防疫给水部、师团防疫给水部负责的地区发生无法控制的传染病，或有一场疾病或事件发生，固定防疫给水部就会派人携带设备前去处理。①

（三）华中防疫给水部

在石井四郎鼓噪下，日本天皇裕仁于 1939 年 4 月 18 日饬令大本营陆军部开始组建华中防疫给水部（“荣”1644 部队），总部基地设在南京中央医院。

如图 1－1 所示，经过一段时间筹划准备，华中防疫给水部（“荣”1644 部队）始建于“昭和十四年四月十八日（1939 年 4 月 18 日）”，于“（昭和）十四年五月二十日（1939 年 5 月 20 日）”“编成”。②

如表 1－3 所示，“荣”1644 部队是日本在中国正式建成的第 4 支重要的细菌部队，从开始建立到正式“编成”，只用了 1 个月零 2 天时间。这 4 支“固定防疫机关（防疫给水部）”建成速度最快的是华中防

① 李海军等编译：《侵华日军细菌战重要外文资料译介》，中国社会科学出版社 2018 年版，第 212 页。此处在译文基础上，行文稍有改动。

② ［日］石井四郎：「本事變ニ新設セラレタル陸軍防疫機關」（表），参见［日］『十五年戦争極秘资料集』補卷 23『陆軍軍医学校防疫研究報告』第二部（第 1 冊、第 99 号），東京：不二出版 2005 年版，第 412 页。

疫给水部。[①]"编成"速度如此之快，显然与以石井四郎为首的"关东军防疫给水部（731 部队）"的大力支持分不开，"荣"1644 部队第一任部队长由石井四郎亲自兼任就可证明这一点。而且，编成后的人数也比"甲"1855 部队、"波"8604 部队多很多，其规模仅次于 731 部队（731 部队有 1836 人，"荣"1644 部队有 1283 人，"甲"1855 部队有 810 人，"波"8604 部队有 665 人）。[②]

表 1-3　　侵华日军设置的固定（陆军）防疫机关

（1936 年 8 月至 1939 年 5 月）

名称	部队长名	编成场所	现驻地	编成人员	编成时间
关东军防疫给水部	石井四郎陆军军医大佐	哈尔滨	哈尔滨	将校 220，下士官 386，兵 1230，总计 1836	1936. 8. 11 1936. 9. 1
华北防疫给水部	西村英二陆军军医中佐	北京	北京	将校 104，下士官 196，兵 510，总计 810	1938. 2. 9 1939. 5. 10
华南防疫给水部	田中岩陆军军医大佐	广州	广州	将校 68，下士官 132，兵 465，总计 665	1939. 4. 6 1939. 5. 20
华中防疫给水部	陆军军医大佐石井四郎	南京	南京	将校 120，下士官 260，兵 895，总计 1283	1939. 4. 18 1939. 5. 20

资料来源：［日］陸軍軍医学校防疫学教室発行：『十五年戦争極秘资料集』補卷 23『陆軍軍医学校防疫研究報告』第二部（第 1 冊、第 99 号），東京：不二出版 2005 年版，第 412 页。此表根据原表（图 1-1）内容改编而成。

① 从「本事變ニ新設セラレタル陸軍防疫機關」表中可知：第一支是关东军防疫给水部（731 部队），1936 年 8 月 11 日始建，1936 年 9 月 1 日正式编成；第二支是华北防疫给水部（"甲"1855 部队），1938 年 2 月 9 日始建，1939 年 5 月 10 日正式编成；第三支是华南防疫给水部（"波"8604 部队），1939 年 4 月 6 日始建，1939 年 5 月 20 日正式编成；第四支是华中防疫给水部（"荣"1644 部队），1939 年 4 月 18 日始建，1939 年 5 月 20 日正式编成。新加坡"冈"9420 部队始建于 1942 年年初，故未见此表。

② ［日］石井四郎：「支那事变ニ新设セラレタル陸軍防疫機關運用ノ效果ト将来戰ニ対スル方针并ニ預防接種ノ效果ニ就テ」，参见［日］『十五年戦争極秘资料集』補卷 23『陆軍軍医学校防疫研究報告』第二部（第 1 冊、第 99 号），東京：不二出版 2005 年版，第 413 页。

据曾先后为汉口“移动”防疫给水部辎重兵、南京“荣”1644 部队雇员、日本南方军“冈”9420 部队入编职员的大快良明陈述：“1938 年，增田知贞曾任东（东久迩宫）部队直辖的汉口防疫给水部队的队长。1939 年建立‘荣’1644 部队，增田知贞调任到南京。一年后的 1940 年初夏，防疫给水体制全面调整，汉口防疫给水部成为‘荣’1644 部队的支部。”① 大快良明的证词可佐证日军在武汉会战期间，有直属（野战）部队的“汉口（移动）防疫给水部”参战。1940 年初夏“防疫给水体制全面整改”后，以“防疫给水”为主要职能的“汉口支部（第 7 支移动防疫给水部)”的性质发生了改变，成为以实验、研制、使用细菌武器为主的“荣”1644 部队的一个支部。大快良明不清楚武汉除了汉口支部外，还有武昌支部，这是因为他当时只是一名普通卫生兵，对日军细菌部队建制情况知之甚少，这也证实了当时日军细菌部队的“保密工作”确实非常“严格”。

侵华日军迅速编成华中防疫给水部的目的与此前筹建“临时”“移动”防疫给水部的目的有了明显的不同。正如美国学者谢尔顿·H. 哈里斯所言：中国防疫给水部建立的目的“首先是研究细菌战，其次是防疫”。② 原“荣”1644 部队军画兵石田甚太郎曾对他的外甥女水谷尚子说过：“‘荣’1644 部队是出于军事作战上的目的，于 1939 年由哈尔滨的 731 部队将一部分人才、器材、运往南京而建立起来的一支特别部队。”③ 石田甚太郎的证言佐证了谢尔顿·H. 哈里斯的这一观点。

二 “荣”1644 部队编成时间考

（一）1939 年 4 月、5 月建立（成）说

关于“荣”1644 部队建立的具体时间，此前说法不一。有关著述多

① ［日］水谷尚子：「1644 部隊の組織と活動②——1942 年の崇山村ペスト流行をめぐって」,『戦争責任研究』（季刊），16 号（1997 年夏季号），第 70 页。

② ［美］谢尔顿·H. 哈里斯：《死亡工厂：美国掩盖的日本细菌战犯罪》，王选等译，上海人民出版社 2000 年版，第 171 页。

③ ［日］水谷尚子：《让历史事实公之于世——曾在一六四四部队服务的美术兵石田甚太郎的证词》，《文汇报》1995 年 11 月 29 日第 9 版。

认为是 1939 年 4 月（18 日）建立（成）。

日本学者朝野富三认为："荣" 1644 部队编成于昭和 14 年（1939 年）4 月 18 日，石井四郎是"创设者"。[①]

日本职业记者（兼学者）西里扶甬子认为："1939 年 4 月，'荣' 1644 部队（华中防疫给水部）建立。"[②]

日本学者近藤昭二认为：1939 年 4 月，"华中派遣军防疫给水部编成"。[③]

水谷尚子在一篇论文中谈到"荣" 1644 部队的"战友会"之一"长江会"时言："'长江会'是部队最老的战友会。1939 年 5 月华中那防疫给水部编成。"[④]

美国学者谢尔顿·H. 哈里斯取信朝野富三的说法："1939 年 4 月 18 日，华中防疫给水部在南京设立了作战基地。这支新部队对外的公开名称是'多摩部队'，秘密番号是荣 1644 部队。"[⑤]

郭成周、廖应昌二位先生认为：南京华中防疫给水——细菌部队，代号为"荣"字的第 1644 部队是"1939 年同期建立的华北、华中、华南三大防疫给水——细菌部队之一"。[⑥]

《"中国事变"后新设陆军防疫机关》（参见图 1－1）中明确列出华中防疫给水部的编成时间为"昭和 14 年（1939 年）5 月 20 日"。

笔者认为，"1939 年 4 月（18 日）"建立（成）说，只是关注到华中防疫给水部的"始建"时间，忽略了它的正式"编成"时间。

（二）1938 年建立（成）说

除 1939 年 4 月（18 日）、5 月（20 日）建成说外，另有 1938 年建立（成）说。

---

① ［日］常石敬一、朝野富三：『細菌戦部隊と自決した二人の医学者』，東京：新潮社 1982 年版，第 179 页。

② ［日］西里扶甬子：『生物戰部隊 731』，東京：草の根出版会 2002 年版，第 173 页。

③ ［日］近藤昭二：「解說栄 1644 部隊」，参见［日］731 研究會編『細菌戰部隊』，東京：晚声社 1996 年版，第 210 页。

④ ［日］水谷尚子：「一六四四部隊の組織与活動——語りはじめた元部隊員たち」，『戦争責任研究』（季刊）15 号（1997 年春季号），第 50 页。

⑤ ［美］谢尔顿·H. 哈里斯：《死亡工厂：美国掩盖的日本细菌战犯罪》，王选等译，上海人民出版社 2000 年版，第 171 页。

⑥ 郭成周、廖应昌编著：《侵华日军细菌战纪实》，燕山出版社 1997 年版，第 278 页。

1946年10月，南京政府司法行政部制作了一份《司法行政部战罪审查表》（以下简称《审查表》）用以控诉“荣”1644部队杀害中国战俘的罪行依据。这份《审查表》中记有“荣”1644部队“犯罪日期及地点：1938年至1945年，中国首都南京。”① 这则史料认为“荣”1644部队的细菌战活动始于1938年。这一说法，经与有关文献史料综合比较，不能视为“荣”1644部队正式建立（成）于1938年的依据。至于《审查表》中说“荣”1644部队细菌战活动始于1938年，实际指的是“荣”1644部队前身“移动防疫给水部”为配合日军野战师团而进行的细菌战活动。

另外，1946年2月，石井四郎在东京接受美国细菌战情报调查官汤普森的问讯时称：1937年占领上海、南京后，防疫给水部队在上海“检查了1000多口水井，发现其中有3口水井受到霍乱菌的严重污染……后在南京发现更多的水井受到霍乱菌污染”；“至1938年7月，成立了18个师团的防疫给水部，由该部队的首长直接指挥，在各战场展开工作，后随日军活动范围扩大，这种机动性部队也不断增加编制”。②

石井四郎所言不能证明“荣”1644部队建立（成）于1938年，只能证明配合日军野战部队进攻上海、南京等地的“临时”“移动”防疫给水部队在1937年、1938年有“防疫给水”活动，保证日军野战部队不会因为水污染致病，造成非战斗减员。从图1－1就可以看出，上海、南京等地的“防疫给水部队”实际上就是北条圆了③领导的华中临时防

① 中央档案馆等编：《日本帝国主义侵华档案资料选编·细菌战与毒气战》，中华书局1989年版，第240—241页。

② ［美］汤普森：《关于日本军细菌战（BW）活动的报告》（1946年5月31日），美国第二次世界大战解密档案，转引自［日］森村正一《魔窟》（二），郑民钦译，群众出版社2003年版，第114—115页。

③ 北条圆了，1899年出生，早期在哈尔滨平房和石井四郎共事，1938年从华中临时防疫给水部离职后不久，回到哈尔滨的731部队本部，后又返回日本陆军军医学校任教官。1941年2月以科学参赞身份前往日本驻德国大使馆任职。1941年5月曾在柏林医学学会上作与细菌战有关的长篇讲演。尔后大部分时间待在德国，搜集与细菌战有关的情报，直到1945年6月20日被驻扎在柏林的美国陆军逮捕。北条圆了被逮捕后，说出自己的身份，随即被美国作为重要情报资源送往华盛顿继续接受讯问。由于北条圆了既有相当的细菌战理论水平，又有实际“经验”，所以被美国人“当作贵宾”。在审讯中，北条圆了除了回避人体实验方面的提问之外，对其他问题的回答“令五角大楼感到满意”。讯问过后，北条圆了被遣送回日本。

疫给水部。

西里扶甬子经过调查，获知：

> 1937年卢沟桥事件（发生）时，北条圆了拍摄了大量霍乱患者各种悲惨状况的照片，送至大本营，主张在前线的（官兵）配备石井式滤水器，（他）是推动（日军）防疫给水部队发展壮大的一个重要人物。①

1937—1938年，华中临时防疫给水部及华北临时防疫给水部的主要职责和任务是“防疫、检测水质”，并未开展与细菌武器实验、实战有关的活动。彼时“移动（临时）防疫给水部”分属日军各野战部队的“防疫给水班”，与“甲”1855部队、“荣”1644部队、“波”8604部队及其所属各支部建成后，打着野战部队野战时需要“防疫给水”的幌子，临时组建的“防疫小分队”相比，其性质和任务有很大不同。建成后的“固定防疫给水部”及其所属各支部，会根据野战师（旅）团的战时需要，临时组建小分队（组）相机而动，明面上进行一些防疫、检测水质等工作，暗地里则奉“密令”从事与细菌战有关的“活动”。

（三）结论：1939年5月20日正式编成

综合诸说，关于华中防疫给水部即“荣”1644部队编成时间，结论如下：

取信于图1-1中的“建成”时间。“1939年4月18日”只是开始建立的时间，“1939年5月20日”才是正式编成时间。其间，只用了32天时间。

“荣”1644部队最初的成员中有大量的长野人、关东人，他们是日军各陆军医院的卫生兵、辎重队员。其中，卫生兵编入病理班，辎重兵编入给水班。②

“荣”1644部队与731部队一样，有很多医师来自日本京都帝国大学、东京帝国大学等大学医学部。其中，有的是由大学医学部教授推荐

---

① ［日］西里扶甬子：『生物戰部隊731』，東京：草の根出版会2002年版，第89页。

② ［日］水谷尚子：「一六四四部隊の組織与活動——語りはじめた元部隊員たち」，『戦争責任研究』（季刊）15号（1997年春季号），第50页。

进入“荣”1644 部队的。比如，以研究伤寒、霍乱等肠道传染病见长的山中太木，从大阪医专毕业后进入陆军军医学校学习，在他的恩师、医学教授户田正三的极力推荐下，于 1940 年进入“荣”1644 部队。① 东京帝国大学传染病研究所小岛三郎教授把他的徒弟村田良介“送入 1644 部队收集人体实验材料”，之后留在“荣”1644 部队。②

石井四郎选择南京作为“荣”1644 部队的总部（基地），主要目的就是利用细菌武器配合中国派遣军在华中广大地区的侵华战争。“荣”1644 部队的前身——“临时防疫给水部”“移动防疫给水部”确实进行了“防疫”“给水”活动。寻找、检测水源、水质，使用（石井式）卫生滤水器净化饮用水，以保证前线用水卫生与安全；组织专家、技师在占领区域检查卫生条件，开展流行病监测、预防，并根据疾病病理、源流，批量生产疫苗应对，避免日军野战官兵非战斗减员。但与此同时，和 731 部队一样，从事细菌武器实验与制造，在华中战场利用一切可能的机会，多次实施细菌战。通过实战，检验细菌武器的各项技术指标，然后加以改进、完善，不断提升细菌武器“效能”，达到他们的理想值，为今后可能发生的更大规模的进攻性细菌战和防御性细菌战做准备。为此，石井四郎在担任 731 部队长的同时，又兼任“荣”1644 部队长。这足以显示“荣”1644 部队在侵华日军细菌部队整个体系当中的“分量”。

三 “荣”1644 部队的别名（称）

（一）略有不同的几种说法

“荣”1644 部队编成之初名为华中防疫给水部。其别名（称）有以下几种说法。

据原“荣”1644 部队军画兵石田甚太郎证言：

① ［日］水谷尚子：「一六四四部隊の組織与活動——語りはじめた元部隊員たち」，『戦争責任研究』（季刊）15 号（1997 年春季号），第 51 页。［日］西里扶甬子：『生物戦部隊731』，東京：草の根出版会 2002 年版，第 176 页。

② ［日］水谷尚子：「一六四四部隊の組織与活動——語りはじめた元部隊員たち」，『戦争責任研究』（季刊）15 号（1997 年春季号），第 50 页。

> 该部队一般称为“华中派遣军南京防疫给水部”，此外还有别的名称，该部队1939年成立时叫石井四郎部队，1940年叫多摩部队，后来才称为“荣”1644部队。①

西里扶甬子认为：“该部队正式名称是华中派遣军南京防疫给水部，是与731部队同样的实施细菌战的特殊部队，设立初（1939年）称石井部队，翌年改称多摩部队，后又改称‘荣’1644部队。另外，也有队员回忆为‘登’1644部队。”②

美国学者谢尔顿·H. 哈里斯认为：华中防疫给水部对外公开名称是“多摩部队”，秘密番号是荣1644部队。③

郭成周、廖应昌认为：“南京华中防疫给水——细菌战部队，代号荣字第1644部队，1943年后改为登字第1644部队，对外称多摩部队或桧字部队。”④

有报刊曾这样表述：1939年，华中防疫给水部在南京成立，这个新成立的机构，通称“多摩部队”，1943年12月以后称“登”部队，有时也称为“桧”部队。秘密名称是“荣”字1644部队。⑤

（二）“荣”1644部队的别名（称）辨析

1937年9月，日本军部发布《关于动员部队称呼名》，开始隐藏驻外（侵华）部队的名称，多以部队指挥官的姓氏代称（号）。1940年9月10日，日本军部下达《昭和16年度陆军动员计划令细则》，规定独立混成旅团、师团级以上的陆军部队用1—2个汉字为“兵团文字符”，属下部队用3—5码（阿拉伯）数字作为“通称番号”。“通称番号”又名“秘匿名（号）”。⑥

---

① ［日］水谷尚子：「元一六四四部隊員の証言——軍画兵、石田甚太郎の体験から」，『戦争責任研究』（季刊）10号（1995年冬季号），第57页。

② ［日］西里扶甬子：『生物戰部隊731』，東京：草の根出版会2002年版，第174页。

③ ［美］谢尔顿·H. 哈里斯：《死亡工厂：美国掩盖的日本细菌战犯罪》，王选等译，上海人民出版社2000年版，第171页。

④ 郭成周、廖应昌编著：《侵华日军细菌战纪实》，燕山出版社1997年版，第278页。

⑤ 黄列：《日军南京“荣”字第1644部队的罪恶行径》，《团结报》1997年9月6日第2版。

⑥ 徐平：《侵华日军部队的通称号》，《军事史林》2011年第11期。

“石井部队”是华中防疫给水部刚建成时的代号，因为首任部队长由“关东军防疫给水部”部长石井四郎兼任，但“关东军防疫给水部”此前的代号为“石井部队”，遂将华中防疫给水部的代号改称为“多摩部队”，有的译为“玉部队”（参见下文）。水谷尚子认为：“石井部队”是1941年夏天以前使用的部队名称。①

至于“荣”字含义，日本学者近藤昭二认为：“荣”是日军华中方面军的兵团符号。②

更准确地说，“荣”是日本中国派遣军自1941年开始使用的“文字符号”。同年，华中防疫给水部开始使用数字“通称号”，即“1644”，又因为隶属于中国派遣军，便在数字“番号”前加上“荣”字，遂有“荣1644部队”之称。

至于1644部队数字“番号”前的“兵团文字符号”由“荣”字改为“登”字，这是因为1644部队的隶属关系发生了变更。

“登”是日军第13军从1941年开始使用的“兵团符号”，第13军司令部的驻地在上海。1944年12月2日，战俘榛叶修③供称：1644部队的代号由“荣1644（部队）”变更为“登1644（部队）”的时间是1943年12月；这次“代号”变更，标志着“南京总部的管辖权缩小”；1944年2月，“据说（1644部队）总部可能是被搬迁到上海”。④也就是说，“荣”1644部队自1944年后，由隶属于中国派遣军变更为隶属于日军第13军。

1946年10月南京司法部的一份快邮代电中有一张《司法行政部战罪审查表》，表中位列第一名的战犯是“荣”1644部队的第6任也是最后一任部队长山崎新，其身份是“日军登1644部队多摩部队长兼中国防疫

---

① ［日］水谷尚子：「一六四四部隊の組織与活動——語りはじめた元部隊員たち」，『戦争責任研究』（季刊）15号（1997年春季号），第54页。

② ［日］近藤昭二：『解說栄1644部隊』，参见［日］731研究會編『細菌戦部隊』，東京：晚声社1996年版，第210页。

③ 榛叶修是原“荣”1644部队九江支部卫生兵，1944年3月向中国投诚。美军情报机构曾多次审讯他。

④ 1944年12月2日战俘榛叶修问讯录。资料来源：National Archives of the United States，R112，E295A，B11，转引自［日］近藤昭二、王选主编《日本生物武器作战调查资料》第二册，社会科学文献出版社2019年版，（总）第777页。

给水部长官"。[①] 此文献资料，既可作为上述"荣"1644 部队隶属关系变更的佐证，又可理解为山崎新在担任隶属第 13 军的"登"1644 部队长的同时，"兼任"中国防疫给水部部队长。山崎新"兼任"中国防疫给水部部队长的时间不长，又恰与日本陆军部颁布《陆军部队战时通称号规定（陆军机密第 143 号）》时间节点（1945 年 4 月）一致。

称"荣"1644 部队为"玉部队"的证据："在南京石井的玉部队，大、小老鼠都火炼（烧）了，官员们把乒乓球台搬到做人体实验的四层楼上。"[②]

伯力审判期间，"佐藤春（俊）二被控对活人进行实验之罪，他用种种遁词来规避对这种暴行的责任，但是文件揭穿了他。法庭宣读了 1946 年 8 月 26 日东京国际军事法庭审讯速记记录的若干段。该文件是由首席检察官助理沙顿（美国人，有的译为"萨顿"）提交国际法庭，并被法庭接受为证据"。佐藤春（俊）二供称："荣"部队（以前称为"玉"部队）"是被派遣以细菌武器对付中国军队与和平居民的 731 部队进行远征的基地"；"佐藤亲自承认：这个文件里记载着'玉'部队（也称'荣'部队）的暴行。这些暴行与 731 部队监狱中进行的暴行一样"。[③]

"玉部队"之"玉"，《伯力审判材料》中文版将其译为"多摩"。[④] 这是伯力审判时，"国家公诉人"引用远东（东京）国际军事法庭英文材料的译文，"玉""多摩"是同一个意思。

至于称"桧 1644 部队"，目前暂无确切史料予以证实，姑且存疑于此。

---

① 中央档案馆等编：《日本帝国主义侵华档案资料选编·细菌战与毒气战》，中华书局 1989 年版，第 240 页。

② ［日］常石敬一、朝野富三：『細菌戦部隊と自決した二人の医学者』，東京：新潮社 1982 年版，第 179 页。转引自［英］彼得·威廉姆斯（Peter Williams）、大衛·瓦雷斯（David Wallace）《731 部隊——第二次世界大戰中的日本細菌戰》，吳天威譯，臺北："國史館"1992 年版，第 115 页。

③ 《苏联滨海军区军事法庭审讯日本细菌战犯详情》，新华社，1950 年 1 月 2 日，参见新华时事丛刊社《正义的审讯：苏联审讯日本细菌战犯案经过》，新华书店 1950 年版，第 35、45 页。

④ ［苏］《前日本陆军军人因准备和使用细菌武器被控案审判材料》（中文本），莫斯科外国文书籍出版局印行 1950 年版，第 329 页。

四 “荣”1644部队总部选址

“荣”1644部队总部（基地）为何选址南京中央医院？这一问题在迄今已面世的相关研究论著中虽有所论及，但总体而言，关注度不够高。

（一）中、外学者“说”

2005年8月9日，南京医科大学教授胡介堂（浙江宁波人）接受《现代快报》采访时，谈到“荣”1644部队为何将总部选择建在南京闹市区这个问题。胡介堂曾于1998年8月18日参与挖掘南京市北京东路“荣”1644部队细菌战实验者遗骨，家中藏有一本于1958年在南京街头购得的日本人出版的书，书中有“南京俯瞰图”。他依据地图分析并认为，“荣”1644部队选择南京的闹市区作为基地，是由于附近有陆军司令部、宪兵司令部、总领事馆、陆军病院以及日本人开设的酒馆、艺伎馆，不仅安全保密，而且交通便捷，使用飞机很方便（只隔一条马路）。胡介堂教授认为，从军事地理位置看，南京的确是发动细菌战的理想地点。无论地理、气候条件还是试验新病原体，都有利于发展细菌战，更有军事价值。这里层层警卫，十分隐密，因此研究内容除常见病、特异病外，甚至还包括各种动物毒素、氰化物及砷类等，范围很广，但重点仍是鼠疫、霍乱和伤寒病菌等。①

经盛鸿、经珊珊认为：“中央医院”马路对面（路南）就是明故宫飞机场；东面是伪政权设立的绥靖军官学校（后改为汪伪中央军校），再东就是中山门；西面是市中心大行宫、新街口商业区，日商云集此地，并有一条市内铁路通过；西南面是日军航空队宿舍。可谓是军警环绕，十分安全，对外交通联络又非常方便。②

美国学者谢尔顿·H.哈里斯对这一问题进行了分析，提出三点“理由”：

---

① 赵守成：《黑颅骨指证侵华日军细菌战》，《现代快报》2008年8月9日，http://news.sina.com.cn/c/2005—08—09/02456642429s.html。胡介堂：《日军“荣”1644部队细菌战始末》，《南京医科大学》（社会科学版）2002年第2期。

② 经盛鸿、经珊珊：《侵华日军在南京的秘密生化武器研制及战争实施》，《日本侵华史研究》2016年第3卷。

> 一是“东京军国主义的战略是将石井的细菌武器——当它完善之时——作为一种威慑力量，迫使蒋介石的军队放弃抵抗，结束僵持”；
>
> 二是“还有一种可能”，即石井及其追随者要在一种与满洲完全不同的气候条件下试验新的病原体；
>
> 三是石井认为“中国中部地区是能够证明细菌武器作为军事武器的价值的更大舞台”。加上南京乃汪伪政权所在地，汪伪政权的警备力量、日本宪兵部队及附近的日军第一军足可确保“荣”1644部队“细菌战活动的机密”。①

谢尔顿·H. 哈里斯的分析虽不无道理，但不够全面且带有一定的猜测性。要回答此问题，有必要先对南京中央医院做一介绍。

（二）南京“中央医院”简介

南京中央医院是民国时期在首都南京创办的规模最大、设备最完善的国立综合性医院。1929年之前，南京尚无一所由中国人创办的规模宏大、设备完善的医院，自“中央医院”始有。

中央医院的前身是1929年1月开始筹建的“中央模范陆军医院”，1929年正式开诊，“收容病伤员兵，兼便市民就诊”。中央医院由时为国民政府卫生部部长刘瑞恒奉蒋介石之命而建。院址在中山东路黄埔路口，占地50亩。1930年2月，“中央模范陆军医院”改名为“中央模范医院”，名称取消“陆军”字样，意味着这所医院由军用医院改为民用医院。1930年3月，国民政府行政院将其正式更名为“中央医院”，划归内政部下辖的卫生部（是年4月卫生部改称“卫生署”）直管，由刘恒瑞兼任院长（刘恒瑞时任中华民国卫生署署长及卫生实验处处长）。改造后的中央医院，“设备陆续扩充，人员逐步增加”。至1931年年底，有病床275张，职员130人，设内科、外科、耳鼻喉科，并附设牙科、电疗、X光等科。

是年，“由于就诊患者日益增多，原有院屋过于狭小”，南京国民政

---

①［美］谢尔顿·H. 哈里斯：《死亡工厂：美国掩盖的日本细菌战犯罪》，王选等译，上海人民出版社2000年版，第171—172页。

府决定扩建中央医院，此举得到南洋华侨胡文虎的大力资助。医院主楼（靠近中山东路）由当时吉泰工程司的建筑设计师杨廷宝设计建造。杨廷宝根据南京国民政府于1929年制定的《首都计划》中“主要公共建筑物应采取样式为民族形式”之要求，采用“西洋建筑形制与中国传统装饰图案和建筑细部的做法”[①] 进行设计，1931年6月动工，至1933年6月竣工，成为国家级别建设示范单位，现代都市的形象代表，被称为20世纪30年代“新民族形式建筑”的代表作之一。

其改建顺序为：1931年“兴建井字形大厦，嗣后复添建护士大楼，设备逐渐扩充，一时医林俊彦，相率来归，稳固之基础得以奠定”。[②] 主楼主体有四层，钢筋混凝土结构，建筑面积约7000平方米，设有门诊部、手术室、病房等。“医院基础渐臻稳固，业务也随之发展，1935年门诊达120210次，住院达7342人次，手术达4682人次。”[③]

中央医院被誉为第一所由中国人自己设计、创办的规模最大、设施最完善、科室最完备的公立综合性医院。“中央医院同时代表着中国卫生事业的发展，为国民政府建立国际声誉提供了重要作用”；“在不同类型的外事活动中，无论日程长短，中央医院都是指定的参观地点”。[④] 凡是在南京举办的国内外大型医学会议，主办方通常都会安排一个下午参观中央医院和卫生署。如1934年10月，大远东热带病学会大会在南京举行，主办方安排与会代表在会期第3天下午参观中央医院卫生实验处，受到与会代表的肯定与称赞。[⑤] 参加这次国际医学会议的日本医学界代表应该对其印象深刻。

1932年，国立中央高级护士职业学校也在此成立。原中央医院正门右边挂的正是“国立中央高级护士职业学校”牌子（参见图1-2）。在今南京黄浦路靠医院一侧的围墙上有用砂岩做成的医院正门浮雕，与图1-3形似。

---

① 郝晓赛：《医学社会学视野下的中国医院建筑研究》，硕士毕业论文，清华大学，2012年，第104页。

② 行政院新闻局印行：《中央医院》，1947年9月，第1页。

③ 周士彦：《我院前身——中央医院的创建与发展》，《金陵医院院刊》1989年第2期。

④ 雷冬雪：《中国现代新兴建筑类型个案研究——以南京中央医院为例》，硕士毕业论文，南京大学，2016年，第21页。

⑤ 《远东热带病学会会员陆续抵沪》，《申报》1934年9月22日、10月7日第1版。

图1－2　中央医院砂岩浮雕（位于南京黄浦路西侧）

资料来源：2019年4月自摄。

图1－3　1933年，落成的中央医院“井”字形大厦

资料来源：东部战区总医院主楼一层院史橱窗。

1937年全面抗战开始后，中央医院于是年秋“内迁汉口，再迁长沙，于二十七年（1938年）元旦开诊，至是年七月复迁贵阳”。1939年，一部分员工“调渝工作”，1941年“以渝部为中央医院正院，贵阳为分院”，1942年重庆中央医院、贵阳中央医院“分立”，“均直属当时之卫生署”。抗战胜利后，“贵阳中央医院结束，复员南京”。①

日军攻陷南京前夕，中央医院屡遭日机轰炸，毁损严重，但医院主楼尚存。抗战结束后，中央医院又在“荣”1644部队毁坏的总部基地上维修改建。新中国成立后，至1950年6月，中央医院更名为华东军区医院，1955年更名为南京军区总医院，1986年更名为南京军区南京总医院，现更名为东部战区总医院。

1992年，南京市政府将中央医院旧址列为南京市文物保护单位，2002年又被列为江苏省省级文物保护单位。

美籍华人、近代著名康复理疗专家黄厚璞女士曾这样描述南京中央医院：“南京中央医院地处中山东路逸仙桥下和中山门之间，黄埔路口中央军校的前边，左邻是‘励志社’，医院所配置的是从美国买来的全套野战医院设备。”② 此可证明，当年中央医院的硬件设施相当齐全且先进，不然，就不会成为“模范医院”。

（三）“荣”1644部队的“姊妹”部队总部选址

1. 731部队前身“关东军防疫给水班”选址

1932年7月至8月，石井四郎征得日本大本营同意，在黑龙江省五常县背荫河镇秘密建立细菌实验场，次年8月，背荫河细菌实验场的秘密因用于人体实验的在押“犯人”暴动而暴露，于是就在位于哈尔滨南岗区宣化街和文庙街之间的日本陆军医院“南栋”设立细菌研究所，这就是最初的“石井部队”，别名“加茂部队、东乡部队、关东军防疫给水班”。在这里，石井部队“以日本陆军医院作掩护，进行着秘密细菌战研究活动”。③ 因为大门口有卫兵把守，进出人员有军人和穿白大褂的“医务人员”，加上以“防疫给水”招牌为幌子，局外人不易生疑。1936年后，“石井部队”根据细菌战准备和实施的需要，才在距哈尔滨20公里

---

① 行政院新闻局印行：《中央医院》，1947年9月，第2页。

② 黄厚璞：《我为蒋介石、汪精卫治病》，《纵横》2002年8月号。

③ 韩晓、辛培林：《日军七三一罪恶史》，黑龙江人民出版社1991年版，第15页。

外的偏僻之地——平房建立细菌武器研究基地。平房远离哈尔滨市，细菌研发行动更为隐秘。

2. “甲”1855部队选址

七七事变后，日本开始发动全面侵华战争，关东军防疫给水部临时组建华北临时防疫给水部（太田部队），于1937年8月10日进入位于北京天坛的国民政府中央防疫处。中央防疫处成立于1919年3月，它“因疫病频发而产生，是民国时期主要的传染病研究和生物制品生产机构”。[①]“甲”1855部队建成后，这里成为其总部驻地。[②]太平洋战争爆发后，“甲”1855部队第一课（卫生检验课）进入美国人在北京的协和医学院（见图1-4），将血清学检验室、防疫给水室、生理和化学实验室设在这里，第二课（细菌生产课）设在原中央防疫处生物制品所。[③]

图1-4 “甲”1855部队（第一课）设在原北京协和医院

资料来源：郭成周、廖应昌：《侵华日军细菌战纪实》，燕山出版社1997年版，书前插页。

3. “波”8604部队选址

日军占领广州后，“波”8604部队的总部基地就设在广州百子路原中

① 奚霞：《民国时期的国家防疫机构——中央防疫处》，《民国档案》2003年第4期。

② 赵彦：《“北支派遣（甲）第1855部队”编成新考》，《抗日战争研究》2019年第1期。

③ 郭成周、廖应昌编著：《侵华日军细菌战纪实》，燕山出版社1997年版，第220—221页。

山大学医学院（即今中山大学医学院及附属一院所在地），本部及部队长室设在医学院图书馆（见图1－5）。该校“有现成的实验室、化验室、解剖室、教室、宿舍等基本设施，而该校当时已迁往后方，校内非常空虚，交通方便，离市中心不远，条件优越”。①正是因为中山大学医学院的“一切设备均可利用，而医院的格局，又可以用医学实验把任何罪行掩饰下来”。②

图1－5　“波”8604部队本部驻地（原中山大学医学院图书馆）

图片来源：谭元亨：《日军细菌战：黑色“波字8604”》，南方日报出版社2005年版，第64页。

结合“荣”1644部队的“姊妹”部队总部选址（条件）看，就不难明白“荣”1644部队之所以选择南京“中央医院”作为总部所在地，很大程度上是为了利用现成的医用资源。日军可以把“医院”作为幌子（掩护），利用（攻占南京时）未遭大破坏的中央医院原有房屋建筑及部

① 沙东迅：《揭开“8604”之谜》，中国文史出版社2005年版，第24页。
② 谭元亨：《日军细菌战：黑色“波字8604”》，南方日报社2005年版，第63页。

分医疗基础设施；加上当时中央医院所处地理位置并不在南京市中心（周围地带的开发大多尚在计划中），不易引人注目，且主楼正门前面的街道（中山东路）很宽，出行比较方便；同时，附近又有“至少三个层次的警察可以保证（它）任何细菌战活动的机密”①，也就是说，其“安全”可以得到充分保证。

① ［美］谢尔顿·H. 哈里斯：《死亡工厂：美国掩盖的日本细菌战犯罪》，王选等译，上海人民出版社 2000 年版，第 172 页。

第二章 “荣”1644部队历任部队长

“荣”1644部队自1939年5月建成伊始至日本战败投降，前后共有六任部队长（含兼任、代理、正式）。第一任为石井四郎（兼任，石井四郎时任731部队长），第二任为增田知贞（代理、正式），第三任为太田澄，第四任为佐藤俊二，第五任为近野寿男；第六任为山崎新（代理）。

表2-1　　“荣”1644部队六任部队长简表

任次	姓名/任职时的军衔	任期
第一任	石井四郎/大佐	1939.5—1941.1（兼）
第二任	增田知贞/中佐	1939.5—1941.1（代） 1941.2—1941.7
第三任	太田澄/中佐	1941.7—1943.2
第四任	佐藤俊二/大佐	1943.2—1944.3
第五任	近野寿男/大佐	1944.3—1945.4
第六任	山崎新/大佐	1945.4—1945.8（兼）

资料来源：综合本章采用的各种相关文献资料编成。

一　第一任部队长

（一）石井四郎细菌战“主张”及个人履历

目前，侵华日军细菌战史研究领域的专家学者一致认为，“荣”1644部队的第一任部队长由石井四郎兼任。“荣”1644部队建成前，石井四郎担任731部队长。曾在731部队工作过的萩原英夫称石井四郎为日本

“细菌之王”。[①] 他说石井部队“表面上被称为关东军防疫给水部，实际上是在石井四郎的指挥下，主要研究和培养各种细菌，从飞机上或在地面上撒布细菌，从事细菌战”。[②]

伯力审判期间，佐藤俊二被讯问“石井四郎与南京‘荣’字第1644部队有过什么关系”时，供称：“在该部队初一成立时，石井担任过部队长。”[③] 石井四郎兼职“荣”1644部队长的时间段为1939年4月18日至1941年2月。其间，1939年5月诺门罕战役开始后，由增田知贞代理“荣”1644部队长，直至1941年2月卸任，增田知贞正式成为“荣”1644部队长。

接受伯力审判的诸被告当中，对石井四郎家庭出身、早年求学与出国考察经历、极力鼓吹细菌战、担任731部队长等情况了解最详细的是曾担任关东军军医处长的梶塚隆二。这可从他在1949年10月24日接受审讯时的供词看出，他提到，准备细菌战的主张是由石井四郎提出的。[④]

石井四郎大约生于1893年（实为1892年），千叶郡人，大地主出身。1920年在京都帝国大学医学系毕业。尔后以志愿军军人资格自动加入日军服务。不久申请正式军役，半年后初次获得中尉军衔，在某部队任军医，随后被调至东京第一军医院供职。1922年10月，梶塚隆二与石井四郎因同事关系相识。1924年4月至1926年3月在京都帝国大学读研究生，研究病理学和细菌学。尔后，一直到1928年4月，石井四郎在京都军医院当常任医官，随后就从那里被派遣出国考察，1930年回国。国外考察期间，几乎到过欧洲所有国家，也到过苏联，在苏联参观过莫斯科和列宁格勒各医学研究院的工作。回国后，在东京日军军医学院担任传染病学讲师。从1931年起，石井四郎就在军医学院的同事（包括梶塚隆二）以及参谋本部“有威望、有信仰”的人物和工作人员中开始游说

---

① 中央档案馆等编：《日本帝国主义侵华档案资料选编·细菌战与毒气战》，中华书局1989年版，第35页。

② 中央档案馆等编：《日本帝国主义侵华档案资料选编·细菌战与毒气战》，中华书局1989年版，第24页。

③ ［苏］《前日本陆军军人因准备和使用细菌武器被控案审判材料》（中文本），莫斯科外国文书籍出版局印行1950年版，第324页。

④ 1945年10月，内藤良一就日军生物战研究的历史向美军调查官桑德斯承认：最初展开（细菌战）活动的是石井四郎中将，这可以追溯到石井四郎去欧洲考察。

日本必须准备细菌战。石井四郎的细菌战主张从1933年起就得到日本陆军省军务署长永田少将拥护。1935年起，又受到参谋本部战略部第一科科长铃木大佐的支持。由于石井四郎极力主张细菌战，加上他“又是一个大专门家”，所以在1936年，日本陆相下令把他从那里调去任731部队长，当时他的军衔是军医中佐。石井四郎“自从担任这一职务起，就开始研究进行细菌战的手段”。[①] 石井四郎游说日本必须准备细菌战的理由是“日本若不进行此种准备，那它在将来战争时就必会遭到严重困难”。[②]

梶塚隆二的供词与《汤普森报告》中的石井四郎早期履历基本相符。有几处还可作为以下石井四郎履历的补充。根据《汤普森报告》及其他文献史料，石井四郎的履历如下：

1892年6月25日，出生。

1920年12月，毕业于京都大学医学部。

1921年1月20日至4月9日，帝国卫队师（近卫师）第三步兵团见习军官。

1921年4月9日，帝国第三军步兵团首位中尉军医。

1922年8月1日，加入东京陆军第一病院。

1924年8月20日，成为上尉军医。

1924年4月至1926年4月，在京都帝国大学医学部深造，研习细菌学、血清学、预防医学、病理学。

1926年4月9日，进入东京陆军医院。

1928年4月至1930年4月，出国并访问新加坡、锡兰、埃及、希腊、土耳其、法国、意大利、法国、瑞士、德国、匈牙利、捷克斯洛伐克、比利时、荷兰、丹麦、瑞典、芬兰、波兰、澳大利亚、苏联、爱沙尼亚、拉脱维亚、东普鲁士、美国、加拿大和夏威夷等地。

1930年8月1日，陆军军医学校少佐，少佐军医。

1935年8月1日，中佐军医。

---

① ［苏］《前日本陆军军人因准备和使用细菌武器被控案审判材料》（中文本），莫斯科外国文书籍出版局印行1950年版，第109—111页。

② ［苏］《前日本陆军军人因准备和使用细菌武器被控案审判材料》（中文本），莫斯科外国文书籍出版局印行1950年版，第309页。

1938年3月1日，大佐军医。

1940年8月1日，关东军防疫给水部部队长，陆军军医学校讲师。

1941年3月1日，少将军医。

1942年8月1日，第一军军医处长。

1943年8月1日，陆军军医学校讲师。

1945年3月1日，中将军医，关东军防疫给水部部长。

1945年12月，日本第一预备役。

1959年10月，病死家中。

（二）石井四郎主导的细菌战活动概述

从20世纪30年代起至1945年日本战败，石井四郎的所有细菌战行为几乎都得到了军政要员的大力支持，也得到过日本国内医务界（包括战时在中国境内的日本“同仁会”）的大力支持，日本天皇裕仁也给予他支持。日本侵华期间，石井四郎担任的角色是细菌武器实验的“总设计师”、细菌实战计划的“统帅”，且经常担任细菌实战前线的最高指挥官。

战后，日本军方和政府官员“至少有6人已经被东京战争罪行审判厅提起诉讼。如：据报道，首相东条英机身为关东军司令时，曾看过石井四郎手下的人用人体进行实验的纪录片，30年代他曾批准石井四郎扩充的计划。在结束太平洋战争投降文书上签字的陆军总参谋长梅津美治郎曾为关东军指挥官，他对石井四郎的计划有所了解。那些没有被起诉的官员中很有可能也有人支持过石井四郎的计划”。除军、政两界有人支持石井四郎细菌战计划外，日本医务界对石井四郎的细菌战计划“始终予以支持。多年来石井四郎就是靠着这种关系招聘了数百名年轻的医务学生和技术人员，他们可以随时使用实验设备，或多或少与人体实验有关联，他们那时都要发誓保密。战后携技术人员转而任职于新的日本大学和工业企业”。①

1939年诺门罕战役结束后，因石井四郎派出特别卫生队（细菌战敢死队）有“功”，731部队获“立功奖状”，奖状与石井四郎的照片还登

① ［美］珍妮·吉耶曼：《生物武器：从国家赞助点研制计划到当代生物恐怖活动》，周子平译，生活·读书·新知三联书店2009年版，第68—69页。

载于1940年5月23日的《每日新闻》上面。1941年3月，石井四郎因1940年浙江细菌战获得“成功”，晋升少将。1941年10月，东条英机由陆军部长升为首相，公开给石井四郎颁发“奖状”，以“褒奖”他的“技术成就”，东条英机与石井四郎的合照刊登在报纸上。石井四郎靠细菌战获得的“殊荣”，成为他提高细菌武器研发能力、扩大生产规模、想方设法寻找细菌实战机会的“动力”。可以说，石井四郎参与并直接指挥了日军多支细菌部队在中国各地进行的几乎所有大规模细菌武器实验、生产和实战。

伯力审判后期，检验委员会根据审判材料，做出以下“结论”：

> 日本关东军第731部队和第100部队及日本驻华远征军“荣”1644部队所进行的实验和生产工作，按其专门性质和特别内容说来，乃是要探求和制造细菌武器以及研究使用此种武器的方法。
>
> 第731部队，第100部队及第1644部队进行工作，是以专为进行侵略目的利用传染病细菌在人和动植物中间迅速繁殖散播性能为基础的。该部队所进行的研究工作的全部方针所含的特性，都是与人道科学的任务不相容，并且是与此种任务根本相反的。
>
> ……科学上本已知道鼠疫细菌且有在跳蚤体内长期生存甚至繁殖起来的自然适应能力这一生物学现象。该部队却竟利用这种现象来达成其侵略目的。据庭审材料证实，第731部队和第1644部队之使用跳蚤，乃是根据细菌战思想家石井四郎的“理论”，其内容是说跳蚤在此场合可能保护鼠疫菌的安全，使其免受外界因素影响。
>
> ……检验委员会指明，石井四郎领导制定了种种方法，目的是要大量繁殖跳蚤，然后使其染上鼠疫，以便用去达到军事目的。①

石井四郎亲自兼任“荣”1644部队的第一任部队长这一事实，就足以说明他对建立这支细菌部队非常重视。1940—1942年，石井四郎负责策划并全程领导了由731“远征队”（加茂部队）、“荣”1644部队派出人员（奈良部队）共同实施的浙江细菌战、常德细菌战、浙赣细菌战。

---

① ［苏］《前日本陆军军人因准备和使用细菌武器被控案审判材料》（中文本），莫斯科外国文书籍出版局印行1950年版，第431—433页。

据军画兵石田甚太郎回忆：石井四郎在哈尔滨、日本（国内）、南京等地乘飞机往返频繁，成为“日常茶饭事”。①

石井四郎天资聪颖，读书非常用功，在微生物学领域钻研颇深，若非成为日本极端国家主义、军国主义的狂热崇拜者、积极参与者，他完全有可能青出于蓝而胜于蓝，成为微生物学（医学）领域的顶级专家，甚至很可能会成为造福人类的生物医学科学家。站在人类追求和平、践行正义的立场上审视他的从军履历，他是一名不折不扣的甲级战犯，他所犯下的反人类罪不可饶恕。他和他的军政上层（包括战时日本天皇裕仁）及同僚、属下，违反《海牙公约》《日内瓦议定书》在战争中禁止“使用毒物、毒性武器”“有毒液体、物体”的相关规定，成为日本细菌战的狂热鼓吹者。为了使日本在细菌战方面领先他国，石井四郎成为细菌战研究机构、细菌部队的积极策划者和创始人。就连他发明的配置日本全军的五种野战用新式防疫“武器”——“石井式滤水器”，也含有为鼓吹细菌战增加“话语权”的意图。②如图2－1所示，这是他在1946年身着将军服的照片。照片表明，战后，石井四郎仍沉浸在他的战时梦中。

图2－1　石井四郎（1946年）

资料来源：［日］西里扶甬子：『生物戰部隊731』，東京：草の根出版会2002年版，第104页。

（三）石井四郎接受美国情报人员调查讯问

第二次世界大战结束后，最早进入日本调查细菌战活动的是桑德斯上校、穆尔中校、哈里·杨格斯中尉等一行9人。1945年9月至11月，在为期两个多月的时间内，美国调查人员访问了原日本陆军军医学校、参谋本部、陆军省医务局、731部队人员共计十余人，因石井四郎躲藏在乡下，故不在桑德斯调查之列。桑德斯等人的调查不是很成功，因为调查所获得的有价值的信息很少。这次调查最后形成《日本科学情报调查

① ［日］水谷尚子：「元一六四四部隊員の証言——軍画兵、石田甚太郎の体験から」，『戦争責任研究』（季刊）10号（1995年冬季号）。

② ［美］谢尔顿·H. 哈里斯：《死亡工厂：美国掩盖的日本细菌战犯罪》，王选等译，上海人民出版社2000年版，第67页。

报告：第5卷——细菌战》（即《桑德斯报告》），现收藏在美国马里兰州国家档案馆二馆。[①]

由于桑德斯等人的调查并不是很成功，德特里克堡基地兽医中校阿尔沃·T. 汤普森中校于1946年1月初奉命前往日本，接替桑德斯继续在日本进行细菌战情报方面的调查。汤普森一行到达日本后，主要审问了石井四郎、北野政次和其他部分731部队人员和100部队人员，审讯包括当面审讯和书面问答形式，时间段为1946年1月中旬至2月下旬，并于3月11日形成《汤普森报告》。1947年4月，德特里克堡基地先驱实验计划部主任诺伯特·费尔（Norbter H. Fell）接受美国陆军化学部司令的命令前往东京继续调查。费尔历时数月，调查了20多名与日本细菌战计划有关的人员，其间至少与石井四郎会谈3次，以“免除战争责任”的许诺获取了一些有价值的情报，并成功地“为美国保住了日本细菌战的秘密（指与回到日本的细菌部队官兵协商好，不让苏联获得这方面任何有价值的信息）”。6月底，回到美国的费尔完成了《费尔报告》。

1946年1月22日至2月25日，汤普森通过当面审问、书面提问等方式对石井四郎进行了审讯。如：1946年2月6日，汤普森当面审问石井四郎，问他是否知道1941年在中国常德，日本“飞机从空中撒下有害物质，然后发生了瘟疫（鼠疫菌传染）”？石井四郎极力否认，说“从科学角度看是不可能从飞机上投撒细菌的”。在回答“在日本是谁第一个下命令批准开始细菌战研究”的问题时，石井四郎也是极力否认，说“没有人下命令同意进行细菌战研究”。当问及天皇是否知道细菌战研究这件事时，他的回答是：“毫无所知。天皇非常仁慈，绝不会同意这样做。”[②]

汤普森在之后形成的《汤普森报告》中认为：“对于细菌战研究开发问题，石井四郎回答十分谨慎、简单，而且经常搪塞抵赖。而对于预防医学研究、饮用水供给和净化问题，他毫无保留。通过当面审问，可以看出他想强调预防医学研究、饮用水供给和净化活动，而淡化自己指挥

---

① ［美］《桑德斯报告》，马里兰州美国国家档案馆二馆藏，档案位置号：390/40/01/05，第165号记录组，第448条目，第181盒。

② ［日］近藤昭二编：《731部队·细菌战资料集成·汤普森和其他人对石井四郎和北野政次的审问》，转引自王希亮、周丽艳编译《侵华日军731部队细菌战资料选编》，社会科学文献出版社2015年版，第8、9、11页。

的关东军防疫给水部队从事的细菌战研究。”[①] 由此可见，在汤普森审问时，凡涉及日本细菌战核心问题，石井四郎仍在刻意隐瞒（1946 年年初，美方已经与日方达成免于追究石井四郎等细菌部队要员战争罪责的协议）。

1947 年 6 月，来自德特里克堡的费尔审问石井四郎时，采用软硬兼施的方式，再次承诺免于对石井四郎等人战争罪责的追究，同时以苏联准备审问石井四郎等日军细菌部队重要成员相要挟，又经内藤良一、增田知贞从中“斡旋”，获得了“8000 份人体实验病理切片”以及关于“气球炸弹”、植物灭绝实验等重要情报。[②] 至此，美国有关部门终于获得了他们想要的以石井四郎为首的日军细菌部队主要研究“成果”，石井四郎之流也如愿被美国单方面免除“战犯”身份，最终逃脱了正义的审讯。

二　第二任部队长

增田知贞代理“荣”1644 部队长的时间段为 1939 年 5 月至 1941 年 1 月。这是因为 1939 年 5 月诺门罕战役发生，石井四郎要具体负责策划并实施诺门罕细菌战，这才由增田知贞代理“荣”1644 部队长一职。增田知贞正式担任“荣”1644 部队长的时间段为 1941 年 1 月至 1941 年 7 月。[③]

伯力审判期间，佐藤俊二供称：石井四郎离开“荣”1644 部队后，

① ［美］《汤普森报告》，参见李海军等编译《侵华日军细菌战重要外文资料译介》，中国社会科学出版社 2018 年版，第 209 页。

② 《费尔报告》，参见李海军等编译《侵华日军细菌战重要外文资料译介》，中国社会科学出版社 2018 年版，第 291—293 页。

③ 关于增田知贞代理、兼任“荣”1644 部队长的时间段，是综合比较水谷尚子的研究、桑德斯的调查材料、朝野富三的研究之后得出的结论。参见［日］水谷尚子「元一六四四部隊員の証言——軍画兵、石田甚太郎の体験から」,『戦争責任研究』（季刊）10 号（1995 年冬季号）；［美］莫瑞·桑德斯《日本科学调查报告：第 5 卷——细菌战》，金成民、杨彦君主编，马学博、宫文婧译校《侵华日军第 731 部队罪行实录·美军调查日本细菌战总结报告书》，中国和平出版社 2015 年版，第 68 页；［日］常石敬一、朝野富三『細菌戦部隊と自決した二人の医学者』，東京：新潮社 1982 年版，第 175 页。

接任部队长职务的是太田澄大佐。① 这可视为佐藤俊二记忆之误。

（一）增田知贞简介

增田知贞（见图2-2）生于1901年，1926年毕业于京都帝国大学医学部，与石井四郎是同乡、校友，1931年获得生物医学博士学位后，进入东京陆军军医学校防疫工作室工作。1932年，增田知贞随石井四郎来到“伪满洲国”，配合石井四郎打造关东军“防疫给水班”。

图2-2 增田知贞

资料来源：［日］『戦争責任研究』（季刊）15号（1997年春季号），第53页。

1937年“卢沟桥事变”爆发后，日本拉开全面侵华战争序幕。日本在华北、华中、华南不断扩大侵略规模，石井四郎根据日军华北、华中、华南方面军的“防疫给水”要求，决定建立几支“临时防疫给水部”。1938年8月，安排增田知贞担任汉口防疫给水部部长。1939年，经石井四郎提议、日本大本营批准，决定在华北、华中、华南正式设立“防疫给水部”。由于华中地区是日本侵华主战场，1939年5月，南京华中防疫给水部在石井四郎主导下得以建成，石井四郎亲自兼任华中防疫给水部第一任部队长。石井四郎是731部队长，而哈尔滨与南京相隔数千里，石井四郎分身乏术，在他主政731部队时，“荣”1644部队的日常工作就交给增田知贞具体负责。增田知贞是石井四郎的同乡、朋友、论文合作者、细菌战同好，石井四郎在哈尔滨创建731部队时，增田知贞就是他的左膀右臂，曾在731部队担任重要职务。随着日军细菌部队在中国东北、华北、华中、华南等地细菌武器实验、实战的持续，增田知贞在细菌战理论方面的“建树”也随之提高。增田知贞擅长霍乱、斑疹伤寒、鼠疫菌研究，此外，对河豚毒、氢化物和砷也有研究。

（二）增田知贞的《细菌战》理论

石井四郎垂青增田知贞，主要是因为增田知贞在细菌学领域钻研非常深厚。据《陆军军医学校五十年史》，截至1936年，增田知贞单独发

① ［苏］《前日本陆军军人因准备和使用细菌武器被控案审判材料》（中文本），莫斯科外国文书籍出版局印行1950年版，第325页。

表了 18 篇论文，他还与石井四郎共同发表过 2 篇论文。[①] 之后，增田知贞也写了不少细菌学论文。[②]

1942 年，增田知贞完成了一篇名为《细菌战》的论文，该论文堪称侵华日军细菌战理论代表作。是年 12 月中旬，增田知贞在日本东京举办的一次有科学家和军事人员参加的学术会议上秘密宣读过这篇论文。增田知贞的这篇论文被译成中文后约 5000 字，包括细菌战特性、细菌战概念及细菌战目的、能够致病的细菌武器种类、细菌战特征、细菌战可攻击目标、细菌战方式方法、细菌攻击计划制订与准备等内容。[③] 从该文完成时间及内容分析，它是以无数中国人的生命、巨大经济损失为研究基础，对侵华日军细菌武器实验、实战“经验和体会”的总结，是 731 部队和“荣”1644 部队等日军细菌部队犯罪的铁证。

日本战败投降后，该论文由增田知贞亲自交到美国情报官埃德温·希尔[④]手里。希尔获得这篇论文后，深感震惊，遂将该论文译成英文，附在随后撰写的《希尔报告》中。[⑤]

增田知贞在细菌战理论研究领域的深度与广度与石井四郎相比，毫不逊色。他曾与石井四郎共同写作一篇“有关诱导发热法治疗淋病的论文”。[⑥] 他对于研制细菌和实施细菌武器作战有着浓厚的兴趣。在他代理和正式任职“荣”1644 部队长不到两年的时间内，“荣”1644 部队侧重于研究霍乱、斑疹伤寒和鼠疫，生产跳蚤用于鼠疫实验是这支细菌部队的专长。战后，增田知贞向美军调查官桑德斯承认：只有他和石井四郎了解细菌战的整体情况。[⑦]

1942 年年初，日本医学会第九分科（微生物学会）第十六届联会在

---

① ［日］北島規矩朗：『陸軍軍醫學校五十年史』，東京：大日本印刷株式會社 1936 年版，第 504—544 页。

② ［日］常石敬一：『十五年戦争極秘资料集』補卷 23『陆軍軍医学校防疫研究報告』（解説？総目次），東京：不二出版 2005 年版，第 87 页。

③ 罗运胜：《侵华日军细菌战理论分析》，《军事历史研究》2015 年第 1 期。

④ Edwin V. Hill，美国德特里克堡基地主任，微生物学家。

⑤ ［日］近藤昭二：『731 部隊・細菌戦資料集成』，CD—ROM 版，東京：柏書房 2003 年版，CD 盘号：6—34—1。增田知贞的这篇演讲稿收藏于美国犹他州达格威实验场技术图书馆。

⑥ ［美］谢尔顿·H. 哈里斯：《死亡工厂：美国掩盖的日本细菌战犯罪》，王选等译，上海人民出版社 2000 年版，第 43 页。

⑦ 《桑德斯报告》，参见金成民、杨彦君主编，马学博、宫文婧译校《侵华日军第 731 部队罪行实录・美军调查日本细菌战总结报告书》，中国和平出版社 2015 年版，第 68 页。

日本东京大学安田大礼堂举行（见图 2－3），当时有多达 74 人参会，其中有 5 名日本军医与会。照片中前排左起第 5 人是石井四郎，前排右起第 4 人是北野政次，最右边站立者是“荣”1644 部队第二任部队长增田知贞。其余多为当时日本国内较为知名的微生物（细菌）医学专家。

昭和17年、第16回聯合微生物学会に集まった日本有数の細菌学者たち。最前列の軍服姿は石井四郎（左）と北野政次（右）。三列目左から二人目は、石井の腹心の増田知貞。当時は南京の中支那防疫給水部長だった

图 2－3 日本微生物学会第十六届联会与会者合影

资料来源：［日］常石敬一：『医学者たちの組織犯罪——関東軍第七三一部隊』，東京：朝日新闻社 1994 年版，第 210—211 页。

这张照片可以证明侵华日军细菌部队在中国从事细菌武器实验、实战之事实，日本国内生物医学专家们或多或少有所知悉。

（三）增田知贞履历[①]

1926 年，毕业于京都帝国大学医科，进入军队医务部门。

1926—1929 年，军团医生。

① 《桑德斯报告》，参见金成民、杨彦君主编，马学博、宫文婧译校《侵华日军第 731 部队罪行实录·美军调查日本细菌战总结报告书》，中国和平出版社 2015 年版，第 69 页。标有星号“＊”的年份是增田知贞实际参与细菌战活动的时间。

1929—1931 年，京都细菌学、微生物学研究所，研究生。

1931—1932 年，陆军军医学校，细菌学（助理?）教授。

1932—1934 年，法国及德国（柏林）（教授埃德曼）莱科勒军队卫生处。1934—1936 年，（就职于）军务处（情报团）。

1936—1937 年，（就职于）陆军省——军队卫生（行政机构）。

*1937—1939 年，（就职于）“伪满洲国”——石井四郎管理下的防疫给水部。

1939—1941 年，华中地区（代理、正式任职“荣”1644 部队长）。

*1941—1943 年，（日本）陆军军医学校，细菌学教授。

1943 年 3 月—1944 年 12 月，缅甸，（负责）疟疾防治。

1945 年 1 月—1945 年 3 月，（就职于日军南方军）西贡总部。

*1945 年 4 月—1945 年 8 月，“伪满洲国”哈尔滨（731 部队第三部部长）。

日本战败投降后，增田知贞“复员”回到日本国内，做开业医生。

三　第三任部队长

图 2－4　太田澄

资料来源：［日］『戦争責任研究』（季刊）15 号（1997 年春季号），第 53 页。

（一）太田澄简介

1897 年出生，日本山口县人（见图 2－4）。1916 年进入冈山藩医学馆学习，1920 年毕业后参军，分配至近卫师团步兵第 3 中队，4 个月后，分配至第 44 步兵联队，从事医务工作。1922 年调入军医医院后不久进入陆军军医学校，学习细菌学，为期 1 年。1924 年 8 月被派到中国天津的日军医院，负责医院行政及临床工作。1927 年分配至第 13 步兵联队，负责该联队的常规医务。1929 年 10 月，被派往韩国陆军医院，负责治疗传染病患者。1930 年进入京都帝国大学医学系深造，学习病理学，为期 2 年（虽选择病理学，但更擅长免疫学）。1933 年 1 月，被派往东京第一陆军医院。1934 年被派往陆军军医学校，主要从事行政管理工作，部分时间在疫苗制造部工作。1934 年 8 月晋升军医少佐。1936 年 8 月，被派往关东军防疫给水部，管理日常事务。1937 年被任命为防疫给水部一个野外部队的指挥官，并被派往天津，负责野战军的防疫、给水。1938 年 1 月回到哈尔滨平房。1939 年参加过诺门罕细菌战。1941 年晋升为军医大佐，并被派往南京任职“荣”1644 部队长。1943 年 2 月离任“荣”1644 部队长，回到哈尔滨平房。1943 年 2 月至 1944 年 9 月担任第四部部长，负责生产各种疫苗。因对一个“关于菌落及其变化条件的课题”进行了“深入研究”并撰写了一篇“总结研究成果”的论文，1943 年获医学博士学位。他还“对细菌对抗作用进行过研究并撰写过论文”。[①] 太田澄任职“荣”1644 部队长的时间段为 1941 年 7 月至 1943 年 2 月。

日本学者秦郁彦编写的《日本陆海军总合事典》中，将太田澄 1941 年 7 月至 1943 年 4 月这个时间段的职务误写为华北防疫给水部部长。[②] 之所以理解为“误写”，是因为太田澄曾于 1937 年担任过华北临时防疫给水部部长。[③] 估计秦郁彦是弄混了。

另外，据有关史料及研究成果，“甲”1855 部队于 1938 年 2 月 9 日才开始建立，1939 年 5 月 10 日正式“编成”，第一任部队长是菊池齐。“甲”1855 部队正式建成之前两个月（1939 年 3 月 8 日），菊池齐卸任，西村英二接任，成为第二任部队长，一直到 1945 年日本战败投降。据《华北防疫给水部甲 1855 部队留守名簿》，西村英二于 1939 年 3 月 9 日（菊池齐卸任的第 2 天）开始担任“甲”1855 部队长。[④]

---

① “太田澄简介”主要参考美国欧文·凯勒于 1946 年 11 月 13 日对太田澄的问讯记录、《陆军军医学校五十年史》、《井本日志》等。太田澄很狡猾，在问讯时，对他在哈尔滨、南京等地从事的细菌武器实验、实战活动或轻描淡写，或以“听说什么什么”搪塞。该问询记录参见金成民、杨彦君主编，马学博、宫文婧译校《侵华日军第 731 部队罪行实录·日本细菌战档案选编（上）》，中国和平出版社 2015 年版，第 27—31 页。

② ［日］秦郁彦编：『日本陸海軍総合事典』，東京：東京大学出版会 1991 年版，第 655 页。

③ ［日］石井四郎：「本事變ニ新設セラレタル陸軍防疫機關」（演讲稿表图 83）。参见［日］『十五年戦争極秘资料集』補卷 23『陸軍軍医学校防疫研究報告』第二部（第 1 冊、第 99 号），東京：不二出版 2005 年版，第 412 页。

④ 参见杨彦君《甲 1855 部队留守名簿的发现、整理与研究》，《北方文物》2019 年第 1 期。

（二）佐证材料：川岛清的供词

太田澄在731部队任职第二部部长时，主要负责在野外实验第一部制造的致命病菌（如：在安达实验场曾多次进行鼠疫菌等细菌人体实验），获得了一些“经验”。1941年7月调往南京，担任“荣”1644部队长。太田澄离开731部队前往南京就任后，731部队第二部部长一职由川岛清接任。

伯力审判期间，川岛清供称：

> 731部队第一次远征是在1941年夏季举行的。第二部部长太田（澄）大佐有次通知我说他要到华中去，并且他当即与我告别。过后不久，他回来时又对我说过，在华中洞庭湖附近的常德城一带，曾用飞机向中国人投放过鼠疫跳蚤。这样，据他所说，就算是举行了一次细菌攻击。此后太田大佐向第731部队长石井做过一次报告，我在场。据他报告说，第731部队派出的远征队在常德一带用飞机投放过鼠疫跳蚤，结果发生了鼠疫流行病，有相当数量的人染上了鼠疫病。
>
> 731部队内约有四五十人参加过这次远征队。远征队把鼠疫传染到地面的办法用的是从高飞的飞机上撒放鼠疫跳蚤（不是用投掷细菌炸弹的办法）。①

（三）太田澄研究专长：脾脱疽菌（炭疽）

太田澄曾是731部队的核心成员，担任过第二部部长，第二部是负责研究细菌武器实战的。太田澄的细菌研究专长是脾脱疽（炭疽），在哈尔滨曾率领太田班专门研究炭疽。②

1947年10月29日至11月25日，美国第四次派往日本的细菌战调查人员希尔与约瑟夫·维克多（Joseph Victor）博士对石井四郎、北野政次、太田澄、增田知贞等进行问讯，根据问讯记录完成《细菌战调查报告》（亦称《希尔报告》）。11月24日，调查人员曾专门就炭疽实验问讯

---

① ［苏］《前日本陆军军人因准备和使用细菌武器被控案审判材料》（中文本），莫斯科外国文书籍出版局印行1950年版，第269页。

② 解学诗、［日］松村高夫等：《战争与恶疫——日军对华细菌战》，人民出版社2014年版，第5页。

太田澄。太田澄供称：炭疽实验十多年前就已在实验室进行，菌株是从牛及受污染的土壤中挑选出来的。炭疽实验对象不仅有豚鼠、大鼠等动物，还包括活人实验（代号 M）。10 例炭疽菌人体实验以表格形式详示（包括注射剂量、注射部位、感染率、死亡率，全部死亡）。[①]

原731部队林口支队人员沟渊俊美的证言亦可证实太田澄的这一研究“专长”。2004年，沟渊俊美接受日本静冈大学讲师森正孝调查时证言：

> 炭疽菌本来是家畜的细菌，但是人也会被传染。死亡的直接原因基本上是因脾脏发生肿胀而导致死亡的，所以又叫脾脱菌。这是太田（澄）大佐的研究题目。[②]

四 第四任部队长

（一）佐藤俊二简介

图2－5 佐藤俊二

资料来源：［日］『戦争責任研究』（季刊）15号（1997年春季号），第53页。

佐藤俊二（见图2－5），日本爱知郡丰桥城人，1896年出生于贵族家庭。1923年从东京医科大学兽医系毕业后入伍，一直到战争结束。其间，1931年，因著《葡萄糖凝结实验》一书获医学博士学位，成为细菌学专家（自称病理学专家）。曾在日本陆军军医学校受训，担任过陆军军医学校讲师。曾参与“满洲事件”和“中国事件”。

根据1949年12月6日伯力审判（预审）记录，佐藤俊二供称：从1941年12月到1943年2月担任“波”

① ［美］埃德温·希尔：《细菌战调查总结》，参见金成民、杨彦君主编，马学博、宫文婧译校《侵华日军第731部队罪行实录·美军调查日本细菌战总结报告书》，中国和平出版社2015年版，第191页。

② 金成民、［日］中野胜编：《日本军细菌战原队员证言集》，黑龙江人民出版社2009年版，第162页。

8604 部队长。但根据 12 月 27 日庭审记录，佐藤俊二供称：1940 年 12 月至 1943 年 2 月担任“波”8604 部队长。1943 年 2 月至 1944 年 3 月，担任“荣”1644 部队长。1944 年 3 月离开南京，出任关东军第 5 军军医处长，指导过 731 部队第 643 支队的工作，曾向关东军第 5 军各部队发布为 643 支队捕捉鼠类的“特别命令”，帮助、支持第 643 支队扩大细菌生产。① 1945 年 8 月被苏军俘虏。依据伯力军事法庭审判最后公布的《判决书》，佐藤俊二判决“禁闭在劳动感化营内，期限 20 年”。②

关于佐藤俊二先后任职“波”8604 部队、“荣”1644 部队的时间段，以伯力审判庭审时佐藤俊二的供词为依据。据秦郁彦编《日本陆海军总合事典》记载：佐藤俊二任职华中防疫给水部长（“荣”1644 部队长）的时间段为“（昭和）18 年（1943 年）2 月 17 日至 19 年（1944 年）3 月 1 日”，这与佐藤俊二在伯力审判庭审时的供称一致（至于佐藤俊二任职“波”8604 部队长的时间段，《日本陆海军总合事典》中记载与佐藤俊二在庭审时的自供有出入）。③

至于水谷尚子在《1644 部队的组织与活动——原 1644 部队队员首次披露》一文中说佐藤俊二任职“荣”1644 部队长的时间段为“1939. 4. 1—1941. 1. 15”，④ 因与佐藤俊二庭审时的供词及《日本陆海军总合事典》所载有出入，故不予采信。

（二）任职日本海外两大细菌部队长

佐藤俊二一直追随石井四郎，主张细菌战，支持建立 731 部队，深得石井四郎赏识与重用，先后任职“波”8604 部队第三任部队长、“荣”1644 部队第四任部队长。

佐藤俊二任职“波”8604 部队长期间，曾利用副伤寒菌毒杀粤港难民，领导属下研制鼠疫跳蚤细菌武器，与航空部队合作在中国实施过细

---

① ［苏］《前日本陆军军人因准备和使用细菌武器被控案审判材料》（中文本），莫斯科外国文书籍出版局印行 1950 年版，第 35、76—77、324—330 页。

② ［苏］《前日本陆军军人因准备和使用细菌武器被控案审判材料》（中文本），莫斯科外国文书籍出版局印行 1950 年版，第 582 页。

③ ［日］秦郁彦编：『日本陸海軍総合事典』，東京：東京大学出版会 1991 年版，第 656 页。

④ ［日］水谷尚子：「一六四四部隊の組織与活動——語りはじめた元部隊員たち」，『戦争責任研究』（季刊）15 号（1997 年春季号），第 53 页。

菌战。①

原“波”8604 部队队员丸山茂于 1993 年 8 月接受日本静冈大学讲师森正孝采访时回忆道，佐藤俊二是“波”8604 第二任部队长，经常能见到他。总部有 5 个科室，其中第 4 科“有问题”，“因为 4 科的士兵与其他的不同”。4 科科长渡边中佐“做解剖”。4 科收集老鼠、繁殖、培养带有鼠疫（菌）的跳蚤。4 科科长渡边中佐曾与佐藤俊二随轰炸机编队飞往桂林、重庆等地。② 丸山茂的回忆中，说佐藤俊二是“波”8604 第二任部队长，有误。这不奇怪，因为丸山茂只是一名普通队员，对“波”8604 部队长的历任情况不甚明了亦属正常。至于他回忆中所言渡边中佐第 4 科进行解剖、收集老鼠、培养鼠疫跳蚤，渡边中佐与佐藤俊二随轰炸机群进入中国桂林、重庆等地投撒鼠疫细菌之事，应该基本符合事实。

佐藤俊二担任“荣”1644 部队长期间，其与细菌战有关的主要活动，据他自己供称，并非只是“进行防疫给水事宜”，而是领导“荣”1644 部队总部及各支部研发、生产细菌武器，如：繁殖跳蚤，为繁殖跳蚤“备置有大约 100 个汽油桶”；培训细菌学干部，以满足研发、生产细菌武器之需。从佐藤俊二在伯力审判期间的部分供词中可知：佐藤对“荣”1644 部队细菌武器研发设备、生产规模、生产能力等“业务”都非常熟悉。

（三）佐藤俊二伯力审判供词分析

“荣”1644 部队先后有六任部队长，战后，唯有第四任佐藤俊二接受了法庭审讯，其他五任均逃脱了正义审讯。佐藤俊二是因在关东军第 5 军任军医处长时被苏军俘虏，后以被告身份接受伯力法庭审讯。

伯力审判期间，佐藤俊二承认自己在“波”8604 部队和“荣”1644 部队任职部队长期间，“积极参加过研究与生产细菌武器的活动”。在任职“荣”1644 部队长期间，领导“荣”1644 部队“探求和大量生产细菌武器的工作”，“荣”1644 部队装备有“大量器械，配备有各种细菌学专家，因而能大规模地培养致命病菌”。在他的领导下，培训部每年能“培

---

① 沙东迅：《揭开“8604”之谜》，中国文史出版社 2005 年版，第 47 页。

② 金成民、[日] 中野胜编：《日本军细菌战原队员证言集》，黑龙江人民出版社 2009 年版，第 132—133 页。

养出约 300 名细菌学家，以供进行细菌战的需要”。佐藤还供称，在他任职部队长期间，“荣” 1644 部队共有 12 个支队，总部及各支队总人数约 1500 人。①

对佐藤俊二的供词，可分析如下：

佐藤俊二在受审时，供称“荣” 1644 部队的成立时间是 1939 年，但没有确定具体月、日，这要么是因为他对“荣” 1644 部队的建立、建成时间本来就不是很清楚，要么是被审讯时因为精神紧张，记忆短时间模糊所致。

佐藤俊二供称“荣” 1644 部队有 12 个支部与其他文献资料记述一致。

佐藤供称“荣” 1644 部队总部及各支部总人数“约有 1500 人”，这一数据与前文提到过的“荣” 1644 部队人数“约 1200 人”之说有出入。这很可能是因为佐藤担任“荣” 1644 部队的时间段为 1943 年 2 月至 1944 年 3 月，而前述石井四郎那篇讲演稿的表中（见图 1－1）的人数是佐藤任职部队长之前的人数。这证明自佐藤任职“荣” 1644 部队长后，总部及各支部的人数有所增加。人数增加的依据是：1942 年后，“荣” 1644 部队与登户研究所的往来更加频繁、密切，在细菌武器研制方面更加“独立”，不再像从前那样过于依赖 731 部队；“荣” 1644 部队为了配合日本中国派遣军在华中地区进行“江南作战”“广德作战”“常德作战”，各支部为配属参战部队（一般是一个师团配属一支小分队）的细菌战小分队支数与人数均有增加。

佐藤供称“石井四郎是最努力探究细菌武器的人”。这可以证明：1942 年浙赣细菌战后，石井四郎因为“犯错”暂时脱离细菌部队领导职位，但他对细菌武器研制、细菌武器实战的狂热表现，在当时日军（各）细菌部队官兵的心目中仍有很深的印记。

佐藤供称石井四郎卸任兼职“荣” 1644 部队长后，接任队长的是太田澄，有误。“荣” 1644 部队的第一任部队长是由时为 731 部队长的石井四郎兼任的，因为哈尔滨与南京相隔数千里，所以石井四郎要他的“老乡、朋友”增田知贞代理部队长。增田知贞还在 1941 年 2 月至 7 月正式

---

① ［苏］《前日本陆军军人因准备和使用细菌武器被控案审判材料》（中文本），莫斯科外国文书籍出版局印行 1950 年版，第 35、324—327 页。

任职“荣”1644 部队长达半年之久。这样说来，太田澄实际上是接任增田知贞“荣”1644 部队长职位，是“荣”1644 部队第三任部队长，佐藤是第四任部队长。

佐藤供称“荣”1644 部队所有设备全部被利用起来的话，“每一生产周期能制造出细菌十公斤”。这证明“荣”1644 部队经过数年的发展，在总结大大小小的细菌武器实战“经验”的基础上，其细菌武器研发及生产能力大为提高、生产规模进一步扩大。

佐藤在 12 月初预审时，供称“荣”1644 部队“不只是进行防疫给水事宜，而且还进行过研究大量制造细菌武器的工作”。在正式审讯时又有同样的供词。这是对“荣”1644 部队定性为细菌部队的有力证据。

佐藤供称：1940—1942 年，“荣”1644 部队“帮助”731 部队对中国居民进行细菌武器攻击，攻击的手段、方式是“从飞机上撒放鼠疫跳蚤”。“1644 部队能够繁殖跳蚤”，这一供词证明“荣”1644 部队在浙、赣、湘三地进行细菌武器实战，主要是协助 731“远征队”的行动。1942 年浙赣细菌战，“荣”1644 部队因细菌武器生产能力不足，只能在浙赣细菌战中充当配角。

当问到“南京一带有几个（支）细菌部队”时，佐藤回答：“如果（只）指细菌部队而言，那么除了‘荣’1644 部队之外，别的（细菌）部队是没有的。”佐藤这一供词，要么是他确实对在南京的其他秘密部队或机构不知情（因为日军对这类性质的部队或机构的保密工作做得很细致），要么是他可能对南京的秘密部队或相关机构有所耳闻，只是因为不知详情而有所隐瞒。

佐藤在审讯时，拒不承认自己在任职“荣”1644 部队长期间，“曾用活人进行过细菌（武器）实验”。毫无疑问，这是佐藤想通过抵赖，减轻自己的罪责。针对佐藤这一不实供词，“国家公诉人”当庭要求法庭宣读国际军事法庭 1946 年 8 月 29 日在东京审讯的记录案卷，予以驳斥之。①

伯力审判后期（1949 年 12 月 29 日），佐藤又“修正”了自己之前的供词：

---

① ［苏］《前日本陆军军人因准备和使用细菌武器被控案审判材料》（中文本），莫斯科外国文书籍出版局印行 1950 年版，第 35、329 页。

> 关于“荣”字第1644部队的生产能力一层，我请求加上一个修正。应该说明当时所制造的10公斤细菌不是鼠疫细菌，——因为鼠疫细菌是很快就失掉生机的，——而是容易保存的细菌，如伤寒症菌、副伤寒症菌等等。[①]

佐藤“修正”供词之意图，就是想以其貌似认真的“态度”，减轻任职“荣”1644部队长期间的罪责。总体而言，佐藤俊二在伯力审判期间并未如实坦白其十余年间从事的所有细菌战“工作”。伯力审判法官并未就佐藤任职“波”8604部队长期间的细菌战活动做过多的讯问，这很可能是因为当时法官们对佐藤领导的广州南石头细菌战大屠杀难民行为有所不知。

五　第五任、第六任部队长

（一）第五任部队长近野寿男

关于近野寿男的文献史料很少，只知道他是日本熊本医专毕业，军衔为军医大佐（少将）[②]（见图2-6）。他任职“荣”1644部队长的时间段为1944年3月1日至1945年4月28日。对他的履历及其细菌战活动情况的研究有待新史料发现。

图2-6　近野寿男

资料来源：[日]『戦争責任研究』（季刊）15号（1997年春季号），第53页。

（二）第六任部队长（兼）山崎新

关于“荣”1644部队最后一任部队长山崎新的个人基本情况，目前限于史料，对其知之甚少。略述于下：山崎新“大正十三年（1924年）”毕业于庆应大学医学部。任职“荣”1644部队长的时间段为

---

① ［苏］《前日本陆军军人因准备和使用细菌武器被控案审判材料》（中文本），莫斯科外国文书籍出版局印行1950年版，第424页。

② “军医大佐”说，参见［日］水谷尚子「一六四四部隊の組織与活動——語りはじめた元部隊員たち」，『戦争責任研究』（季刊）15号（1997年春季号）。“（军医）少将”说，参见［日］秦郁彦编『日本陸海軍総合事典』，東京：東京大学出版会1991年版，第656页。

1945年4月28日至○（战败）。[1] 暂无山崎新的照片。

1946年10月22日，司法行政部在致国防部审判战犯军事法庭的“快邮代电”中，拟有一份控告日本战罪犯的《司法行政部战罪审查表》，表的名称为“控告日本战罪犯”，山崎新列为被告第一名。

> 山崎新，日军登1644部队多摩部队长兼中国防疫给水部长官。
>
> （犯罪）事实摘要：本案被告山崎新，将我国俘虏注射各种病菌为医学实验，作巧妙杀害方法，因此死亡者百余人。[2]

在这份《战罪审查表》中，一共有15名被告，除山崎新外，小野寺秀雄等12名被告隶属中国防疫给水部第一部（职位：部长3、部员7、雇员2），广本、森田2名被告分属“南京敌军总司令部第三课（职位：课长）”“（南京）俘虏收容所（职位：所长）”。“详细证据”由谢金龙（籍贯：中国台湾）提供，复经南京首都地院职员薛（苏）复生调查证实，并有日军华中派遣军第11军第68师团直属“桧”1644部队防疫给水部九江支部天作队日俘榛叶修的“具结证明（书）”作为佐证依据。[3] 如本书第一章所述，山崎新的“身份（官阶）”是“日军‘登’1644部队多摩部队长兼中国防疫给水部长官”。就是说，山崎新在担任“登1644部队多摩部队长”的同时，又兼任中国防疫给水部队长。

这份材料可证“荣”1644部队通过细菌实验杀害中国人属实。表中所列“被告”并未以正式的战犯身份在中国受到正义审判。后来，受“东京审判”影响，这些“被告”被遣返回日本。

---

① ［日］秦郁彦编：『日本陸海軍総合事典』，東京：東京大学出版会1991年版，第657页。

② 中央档案馆等编：《日本帝国主义侵华档案资料选编·细菌战与毒气战》，中华书局1989年版，第240—241页。

③ 中央档案馆等编：《日本帝国主义侵华档案资料选编·细菌战与毒气战》，中华书局1989年版，第241—242页。

第三章 “荣”1644部队总部及支部

根据《桑德斯报告》，日本研究和开发细菌战的“大多数实验工作在哈尔滨平房基地进行，一小部分在南京和东京陆军军医学校进行”[①]。据此我们可以认为：“荣”1644部队总部基地细菌武器实验规模仅次于哈尔滨731细菌武器实验基地应该属实。当然，有足够多的中、外文献史料证明，除“荣”1644部队外，日军在北京（时称北平）建立的“甲”1855部队、在广州建立的“波”8604部队也进行了细菌武器研制工作。

一 “荣”1644部队总部

（一）总部机构设置

从迄今已发现的中、日、美三国各类文献资料中，一共查到4张“荣”1644部队总部（基地）平面图（简图）。其中，有2张平面简图被美国华盛顿国家档案和记录管理局收藏，即图3－1、图3－2。图3－1是战俘榛叶修绘制，图3－2是1944年12月13日美国陆军少校约翰·A.波顿（John A. Burden）提交给美国中国战区司令部的报告——《日本在中国的化学战与细菌战——1944年12月11日日军战俘#229再讯问记录》附件，因美国于20世纪80年代解密部分第二次世界大战档案后才得以公开。第二次世界大战结束后，美国细菌战调查人员根据查获的资料和审问日军细菌部队部分成员得到的证词归纳成《日本和细菌战》报告书。报告书第二部分“日本的细菌战研究”中提及的“战犯第229号”就是榛叶修。榛叶修毕业于名古屋帝国大学医学院，是X射线专家。他从部

① 金成民、[日]中野胜编：《日本军细菌战原队员证言集》，黑龙江人民出版社2009年版，第20页。

队逃跑前，曾为“荣”1644 部队总部和九江支队的一等兵，“他提供了大量有关防疫给水部组织机构和活动信息”。[①] 图 3－3 是原“荣”1644 部队军画兵石田甚太郎晚年根据自己的记忆画的“荣”1644 部队总部平面简图，图 3－4 是水谷尚子根据她的舅爷石田甚太郎画的简图，结合她自己采访原“荣”1644 部队重要成员山中太木的回忆，重新画的一张“荣”1644 部队平面图。水谷尚子重新画的这张“荣”1644 部队平面图，可以说是目前有关“荣”1644 部队总部基地最详细、最清楚的平面图。

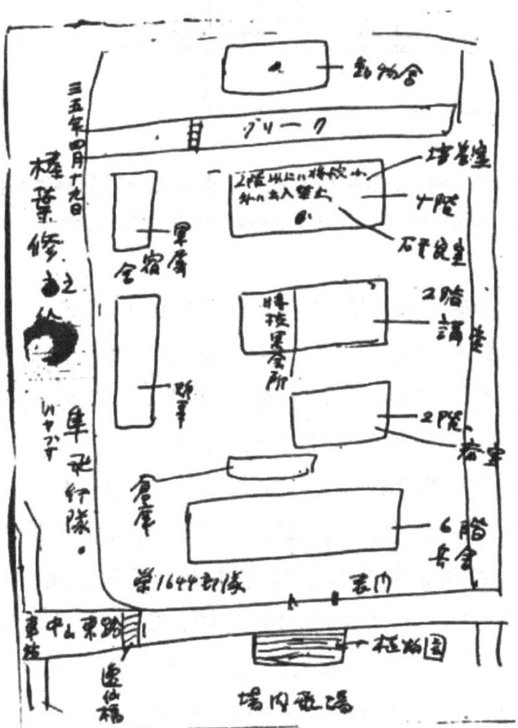

图 3－1 “荣”1644 部队平面草图（榛叶修绘）

资料来源：National Archives of the United States，R331，M690，#271。

① ［日］近藤昭二编：《731 部队・细菌战资料集成》（1），《日本和细菌战》（英文），第 3—19 资料，参见王希亮、周丽艳编译《侵华日军 731 部队细菌战资料选编》，社会科学文献出版社 2015 年版，第 67 页。

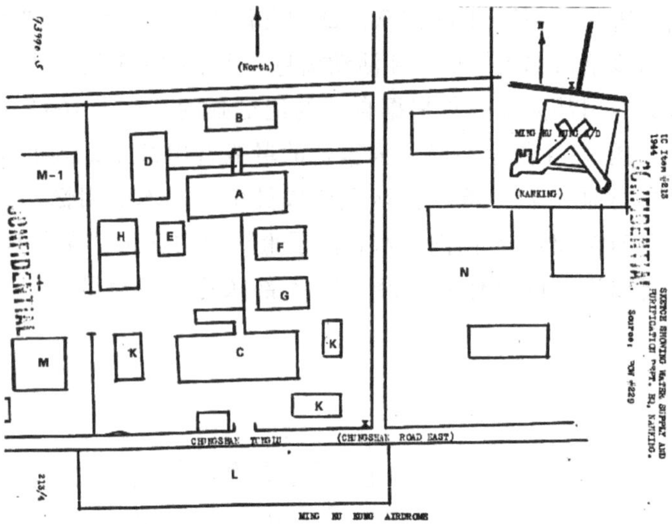

图3-2 "荣"1644部队平面简图（美国根据榛叶修提供平面图绘制）

资料来源：National Archives of the United States，R112，E295A，B11。

依据美国华盛顿国家档案和记录管理局馆藏档案——"荣"1644部队平面简图（见图3-2），"荣"1644部队总部位于南京中山东路北，明故宫机场在其主楼正南面，中间相隔一条18米宽的街道（中山东路），东面是汪伪政权的军官学校，西面是航空队。在美国收藏的这张平面简图上面，每栋建筑物都用英文大写字母标识。图中A是一栋四层高的副楼，是培养鼠疫、霍乱、斑疹伤寒、赤痢等病菌的实验研究楼；A楼北面的B是一栋饲养动物的平房；C是靠近中山东路的一栋六层高的建筑，[①] 这是"荣"1644部队总部的办公楼，C楼还兼做总部人员宿舍及仓库用；D是部分军事人员和雇员的宿舍；E是锅炉房；F是一栋用于教学的二层楼房；G是一栋两层高的药房；H是车库、食堂；K是仓库（3个平房）；L是中山东路正对面的一块园圃；M是航空部队兵营；M-1是一栋四层高的航空部队营房，N是汪伪军官学校。[②]

关于"荣"1644部队总部的建置，虽然没有731部队总部的建置那么齐备，但大致相同，主要的几个部门是一样的。部队长之下共设一部

① 注：办公大楼主体4层高，只有中间凸起的2处有6层高。

② National Archives of the United States，R112，E295A，B11.

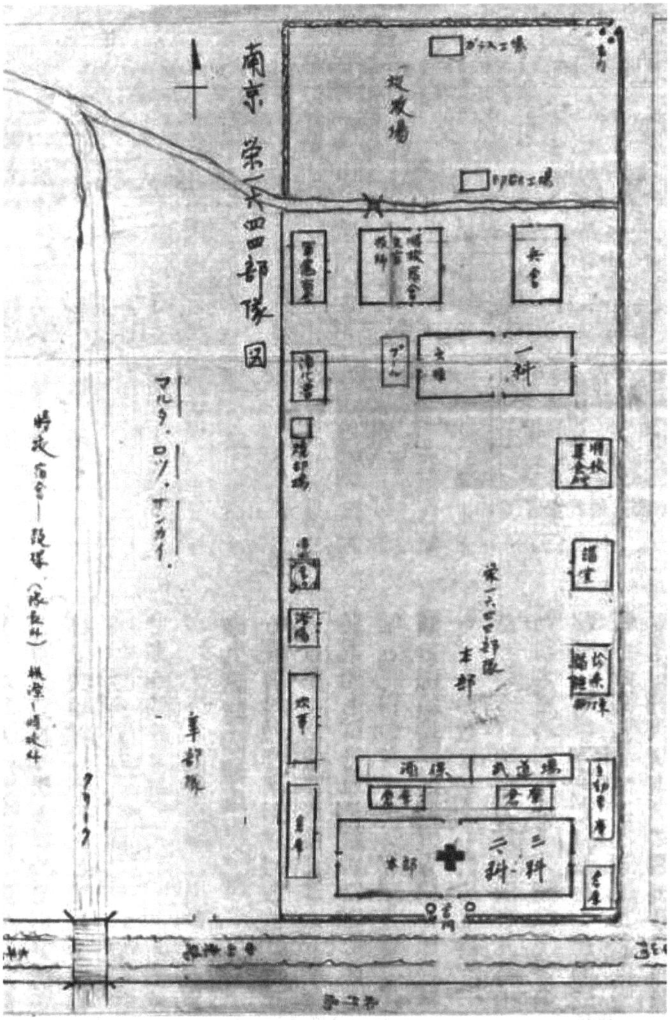

图 3－3 “荣”1644 部队平面图（原“荣”1644 部队军画兵石田甚太郎绘）

资料来源：［日］『戦争責任研究』（季刊）10 号（1995 年冬季号），第 64 页。

六课，即总务部、防疫课（科）、给水课、材料课（科）、细菌课（科）、理化课、经理课。总务部主要负责人事、教育、领导工作；防疫课（科）主要负责细菌检索、传染病防治及其他一般的防疫业务；给水课主要负责净化饮用水的水质，当分驻华中广大地区的日军野战部队有作战行动时，就临时配备小分队随行，以保障各部队能够喝上纯净水；材料课（科）

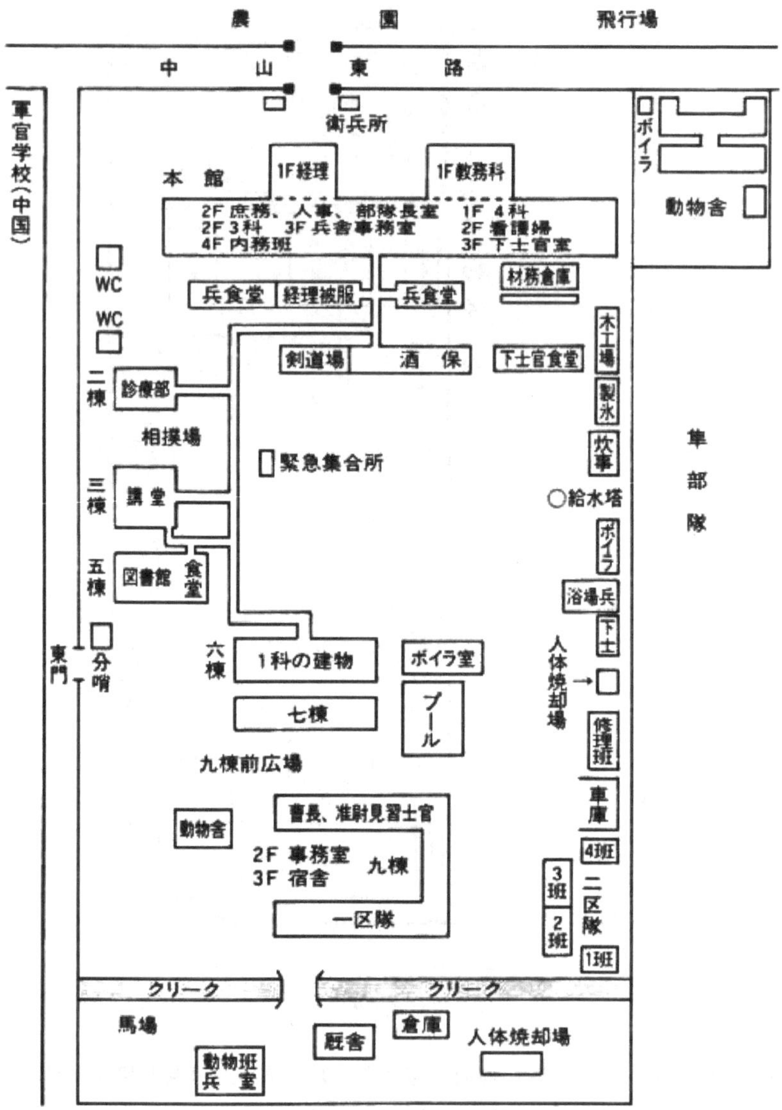

栄一六四四部隊の平面図

图 3-4 “荣”1644 部队平面图（水谷尚子根据山中太木绘图编制）

资料来源：［日］『戦争責任研究』（季刊）15 号（1997 年春季号），第 55 页。

主要负责各种卫生材料、各种类型供水器及其他材料的生产、采购及运输；理化课（细菌课）主要负责掌握各类毒品检测、疫病防治、痘苗研制、水质检测及其他理化研究；经理课主要负责“荣”1644 部队的给养

（后勤保障）。根据驻扎在华中各地野战部队的实际需求，又分设12—15个支部。总部及在各地设立的12—15个支部人数最多的时候有1700多人。①

图3-5 1935年，中央医院主楼图

资料来源：《中央医院年刊》1933年第2期。

原南京中央医院主楼是紧靠中山东路北面的一栋主体高四层、中间突出部分高六层的钢筋混凝土结构大楼。“荣”1644部队刚建立时，对其进行修整，作为总部基地主楼。“荣”1644部队长的办公室及其他行政办公室、总务部、防疫给水课设在总部大楼。中山（东）路对面（南面）是飞机场（明故宫飞机场），常有3架九七式轻型轰炸机停在那里。“荣”1644部队总部基地有高达3米的砖墙环绕，墙头架设有通电铁丝网。营区内还驻有一支警察部队，在营区内全天候巡逻警卫。为保证不泄露秘密，凡是来基地工作的人，不管军职、文职，必须签约发誓，保证不向

① 高兴祖：《日军南京荣字1644细菌部队罪行》，参见江苏政协文史资料委员会、南京市政协文史资料委员会编《腥风血雨——侵华日军江苏暴行录》，江苏文史资料编辑部1995年版，第133页。

任何外人（包括自己的至亲）透露所见所闻。①

在总部大楼正面入口处挂有一块华中防疫给水部的牌子。副楼是位于主楼后面一栋四层高的楼房，各种细菌研究设施、细菌实验所用的“犯人”囚室都在副楼里，细菌武器和化学武器实验都在副楼秘密进行。除主楼和副楼外，“营区内还有食堂、仓库、训练营房、健身房、游泳池、礼堂、兵器库、图书馆等，还有一座专门用来处理实验动物和人的遗体的焚尸炉”。②

“荣”1644部队总部还是培养技术专家、业务骨干的重要场所。伯力审判期间，被告佐藤俊二供称：“荣”1644部队内设有训练部。1943年2月至1944年3月，在他任职“荣”1644部队长期间，训练部每年可以培养出300名细菌学干部、以满足细菌战的需要。③

从“荣”1644部队总部机构设置来看，它的规模仅次于731部队总部，就是一支名副其实的731部队的“姊妹”部队。

（二）“荣”1644部队员额设置

关于“荣”1644部队员额设置，主要有“1283名”“1500名”“1700名”等几种说法。

> 日军731部队在中国各地设置的细菌部队对外一律宣称是“防疫给水部队”。1939年5月，在北京成立华北防疫给水部，队员定额“810名”；在南京建成的华中防疫给水部即“荣”1644部队，队员定额“1283名”；在广东（广州）建成的华南防疫给水部即“波”8604部队，队员定额“665名”。④

这则史料证明：“荣”1644部队是除731部队之外，在华北北京、华中南京、华南广州建成的三大细菌部队员额设置人数最多的一支细菌部

① ［日］常石敬一、朝野富三：『細菌戦部隊と自決した二人の医学者』，東京：新潮社1982年版，第197页。

② ［美］谢尔顿·H. 哈里斯：《死亡工厂：美国掩盖的日本细菌战犯罪》，王选等译，上海人民出版社2000年版，第176页。

③ ［苏］《前日本陆军军人因准备和使用细菌武器被控案审判材料》（中文本），莫斯科外国文书籍出版局印行1950年版，第77—78页。

④ ［日］田中明，松村高夫编、解说：『十五年戦争秘密資料集』第29集，『七三一部隊作成資料』，東京：不二出版1991年版，第5页。

队。这与当时日本在中国华中地区野战师团规模成正比。日本在华中广大地区的野战部队番号最多，相应地，在中国派遣军司令部驻地南京[①]建成的“荣”1644部队的规模更大，其建制规模仅次于731部队。

本书第一章图1-1《“中国事变”后新设陆军防疫机关》表中左侧“固定防疫机关”部分，华中防疫给水部正式编成时的员额数就是“1283名”。这个数字应该是“编成”时配置的员额数，并非固定不变。

除了“1283名”说之外，另有“1500名”“1700名”两种说法。有以下文献依据。

伯力审判期间，佐藤俊二供称，“荣”1644部队总部及其分设华东、华中各地的12个支部人员数额“总共约有1500人”。[②]

田村良雄（又名筱冢良雄）供称：1941年8月上旬，石井四郎调回日本，原来的731少年队就解散了。田村良雄生病住院回到731部队总部后，发现原少年队的人已被分配到中国南方各防疫给水部工作。[③]

日本学者、大阪府保险医协会事务局人员原文夫认为：日军攻占南京后，“荣”1644部队于南京中央医院设立了总部。“部队的总人数在1700人左右，其中包括120多人的常驻医学工作者，同时还从日本国内的各大学中挑选优秀的年轻医学人才，从事各方面的研究。”[④]

由于得到日本陆军中央（陆军省和参谋本部）、登户研究所[⑤]和731部队的大力支持，“荣”1644部队总部及各支部在中国华东、华中广大地区构建了一个相当周密的细菌部队网络，总部和支部除从事多类细菌实验、制造外，还积极配合中国派遣军第11军、第13军的作战行动。

---

① 1927年，南京成为国民政府首都；1937年12月，南京沦陷；1938年2月后，南京成为日军华中派遣军司令部驻地。华中派遣军撤销后，南京成为中国派遣军司令部的驻地，直至抗日战争结束。

② ［苏］《前日本陆军军人因准备和使用细菌武器被控案审判材料》（中文本），莫斯科外国文书籍出版局印行1950年版，第324页。

③ 中央档案馆等编：《日本帝国主义侵华档案资料选编·细菌战与毒气战》，中华书局1989年版，第65页。

④ ［日］原文夫著，芦鹏译：《日军荣字1644部队在南京设立的细菌工厂之考证》，《南京大屠杀史研究》2011年第2期。

⑤ 又称陆军第九技术研究所，简称“九研”，隶属日本陆军兵器行政部，是秘密武器研究基地。参见本书第九章。

二 “荣”1644 部队支部体系

（一）“荣”1644 部队支部区域分布

“荣”1644 部队除了在南京中央医院建立总部外，还根据中国派遣军在华中地区的第 11 军、第 13 军各野战师（旅）团“防疫给水”需要，在上海、南京、苏州、杭州、九江、汉口、无锡、安庆等地设置野战防疫给水分（支）部。支部设立没有定数（有的带有临时性），支部人员也是在总部、分部之间经常性流动。[①] 因为日军第 11 军、第 13 军在华中广大地区策动的“作战”较多，所以“荣”1644 部队在华中地区设立的支部最多时由 12 支增加到 15 支[②]（见图 3－6）。

●一六四四部隊の支部と分遣隊の秘匿名
本部　南京本部　多摩部隊
第一支部　上海支部　富士部隊（寧波分遣隊　立山隊）
第二支部　蘇州支部　黒部部隊
第三支部　杭州支部　千曲部隊（湖州/嘉興分遣隊　妻女隊）
第四支部　南京支部　隅田部隊（蕪湖、無錫/金壇分遣隊　赤城隊）
（注：本部とは別に南京駅に近い成賢街文昌村に鉄道検疫などを業務とする支部があった）
第五支部　安慶支部　長良部隊（彭澤）
第十一支部　漢口支部　利根部隊（武昌）
第十二支部　九江支部　矢作部隊（南昌分遣隊　足柄隊）
後に作られた支部や出張所
第三支部　金華支部　千曲部隊（注：四二年九月杭州より進駐。杭州支部は上海の分遣隊となる）
第十三支部　岳陽・蒲圻
第十四支部　荊門・当陽
第十五支部　宜昌・沙市　十勝部隊
・支部や分遣隊は戦況や占領地の変化によって作られたり消えたりで、欠番や変更が多く、全容は分からない。

图 3－6 “荣”1644 部队支部、分遣队（不全）

资料来源：［日］『戦争責任研究』（季刊）15 号（1997 年春季号），第 56 页。

① ［日］水谷尚子：《让历史事实公之于世——曾在一六四四部队服务的美术兵石田甚太郎的证词》，《文汇报》1995 年 11 月 29 日第 9 版。

② ［日］NPO 法人 731 資料センター『会報』，2016 年第 19 号。

除图3－6中的上海、苏州、杭州、南京、安庆、汉口、九江、金华、岳阳、荆门·当阳、宜昌·沙市支部外，还有武昌、芜湖、常州、南昌支部。这些支部多为常设支部。

佐藤俊二在伯力审判期间供称：“荣”1644部队一共有12个支部。[①]此可理解为“荣”1644部队常设支部数为12支（个）。

据原“荣”1644部队人员肥塚喜一在其自费出版的《江南春秋》书中回忆：“荣”1644部队在各地设立的支部名称属于秘密，各有“匿名”，一般称为某某部队。如杭州支部就称为“中国派遣土桥部队吉冈部队”。“土桥”是第22师团长的名字，“吉冈”是杭州支部支队长的名字。支部接受“荣”1644部队总部和（支部）所在地师团的双重管辖。[②]

野战师团“作战”时，“荣”1644部队支部必定会派出细菌小分队相随，这时的细菌小分队就属该师团管辖。野战师团与细菌小分队的这种关系模式与上述日军全面侵华战争开始后，野战师团、18支移动防疫给水部之间的关系模式一样。有所不同的是，这12—15个支部，虽说是为了便于配合野战师团的作战行动而设立，但其职能，除了和以往的“防疫给水”一样外，还要接受南京总部从事秘密细菌战的命令。所以，这12—15个支部，要么建在中国派遣军、日军第11军、第13军司令部驻地，要么建在师团司令部驻地附近。

（二）“荣”1644部队支部的细菌战活动

日军细菌部队的支部体系及活动是日军细菌战史研究领域的重要一环。就目前研究现状而言，对731部队、“甲”1855部队、“波”8604部队、“冈”9420部队支部问题研究均取得了一些学术成果。但由于“荣”1644部队各支部的文献史料相对而言比较缺乏，暂未发现“荣”1644部队各支部活动的重要史料——《业务详报》，所以想对“荣”1644部队各支部的细菌战活动有详细了解尚有难度。这里只能就已掌握的有限文献资料，对其中的几个支部情况略陈于下。

1. 杭州支部

杭州支部设立于1940年，大约位于杭州劳动路上一座废弃的寺庙旁。

---

① ［苏］《前日本陆军军人因准备和使用细菌武器被控案审判材料》（中文本），莫斯科外国文书籍出版局印行1950年版，第324页。

② ［日］肥塚喜一：『江南春秋』，参见［日］水谷尚子「一六四四部隊の組織与活動——語りはじめた元部隊員たち」，『戦争責任研究』（季刊）15号（1997年春季号），第54页。

最初的秘匿名为“中国派遣军土桥部队吉冈部队”。“土桥”是第22师团长的名字，“吉冈”是杭州支部（队长）的名字。1941年夏，支部名称又发生了变化，称“原1644部队千曲部队”（“原”是第23师团的秘匿号）。杭州支部由供水班、病理班、修理班、总务处、财务处以及物理化学实验（班）构成。其中内务班又分成二班和文秘班，每班大约20人。1940年时曾分别向湖州、嘉兴的分遣队派遣5名卫生员。病理班主要负责第22师团和当地侨民的检便验血等事务，夏季在人多之处给行人注射疫苗；还有就是拉一卡车捕鼠器让附近的居民捕捉老鼠，然后用钱买下来，检查是否带有鼠疫。病理班值夜班的一定要保证孵卵器在36—37℃。1940年前后，杭州支部有供水车5辆、滤水车2辆、卡车2辆，还有1辆队长用车。

杭州支部第一任队长是吉冈，第二任是太田军医，1942年6月前后，因太田军医精神错乱，由同一支部的岩佐军医中尉任代理队长。1942年9月“浙赣作战”结束后，第22师团从杭州进驻金华的同时，组建金华支部，杭州支部变成上海支部的分遣队，规模缩小。1940年，宁波作战（浙江细菌战）期间，石井四郎曾“到宁波视察作战情况，也巡察（了）杭州支部”。①

有研究者认为，日军在浙、赣、湘三地实施细菌战时，杭州支部成为细菌战的“运站和补给中心”。②

金華支部。

图3-7 “荣”1644部队金华支部

资料来源：［日］『戦争責任研究』（季刊）15号（1997年春季号），第56页。

---

① ［日］肥塚喜一：『江南春秋』，参见［日］水谷尚子「一六四四部隊の組織与活動——語りはじめた元部隊員たち」，『戦争責任研究』（季刊）15号（1997年春季号），第56页。

② 金成民：《日本军细菌战》，黑龙江人民出版社2008年版，第335页。

2. 金华支部

1942 年 9 月，“浙赣作战”结束后，为了配合第 22 师团从杭州进驻金华，遂组建金华支部。“荣”1644 部队总部一科（课）的山下喜明（军医大尉）于 11 月调任新组建的金华支部队长。金华支部实际上就是杭州支部向金华的迁移，成立后开始起到之前杭州支部的作用，杭州支部则因规模缩小变成了上海支部的分遣队。1944 年 4 月，山下喜明返回“荣”1644 部队总部，由山本（军医大尉）继任队长。[①] 金华支部还根据战时需要在义乌县城内增设义乌分遣队，分遣队有将校、下士官、士兵 16 名，分遣队队长由南京“荣”1644 部队总部派来的高山（军医中尉）担任。第 22 师团在完成“当初作战目标”后，被派往南方作战，（金华）支部遂改由第 70 师团接管驻守。[②]

3. 九江支部

榛叶修的笔供中对他所知的九江支部情况做了以下陈述：

> 九江支部
> 部队长　陆军军医少佐　大隈
> 防疫科长　陆军军医中尉　斋藤七郎
> 其他都已忘记[③]

榛叶修供称：“荣”1644 部队“九江防疫给水分队有培养菌研究部门，但只在小范围内研究”。其他分队可能也有类似的部门。（1942 年“浙赣作战”期间）九江部门（防疫给水分队）的任务“是准备疫病血清和培养基”。[④] 1943 年，驻武汉日军第 11 军策动“常德作战”，驻九江的“桧”第 68 师团是主力之一。“荣”1644 部队设在九江的支队派出

① ［日］肥塚喜一：『江南春秋』，参见［日］水谷尚子「一六四四部隊の組織与活動——語りはじめた元部隊員たち」，『戦争責任研究』（季刊）15 号（1997 年春季号），第 56 页。

② ［日］肥塚喜一：『江南春秋』，参见［日］水谷尚子「一六四四部隊の組織与活動——語りはじめた元部隊員たち」，『戦争責任研究』（季刊）15 号（1997 年春季号），第 56 页。

③ 中央档案馆等编：《日本帝国主义侵华档案资料选编 · 细菌战与毒气战》，中华书局 1989 年版，第 236 页。

④ 王希亮、周丽艳编译：《侵华日军 731 部队细菌战资料选编》，社会科学文献出版社 2015 年版，第 68—69 页。

“天作队”随行。①

日本神奈川大学名誉教授常石敬一在《731部队和美国的谍报活动》一书中言道：九江支部隶属驻九江的“桧”第68师团，将校、士官共有80人，军属15人。②

4. 汉口支部

据原汉口防疫给水部辎重兵大快良明的证词：1938年，增田知贞担任东久迩宫部队直辖的汉口防疫给水部部队长。1939年，“荣”1644部队建立时，增田知贞前往南京“荣”1644部队总部，协助石井四郎，代理“荣”1644部队长。增田在汉口的职务由其故交原善三郎少佐担任。1940年夏，“防疫给水体制进行了彻底的改变，汉口防疫给水部成了1644部队的武汉支部”③。

据原731少年班队员石桥直方④回忆：1940年7—8月，731“远征队”从哈尔滨运往杭州的陶制炸弹（宇治炸弹）没有在杭州投下。昭和15年11月，有命令要求把材料交给森玉部队，由西郡少佐指挥送到汉口。所以（陶制细菌弹）应该是送到了汉口的森玉部队，移交森玉部队保管。⑤

据此可知，“荣”1644部队在汉口的支部名称为“森玉部队”。汉口支部除了履行驻武汉的日军第11军“防疫给水”的职责外，更多是进行与细菌战有关的系列活动。

原同仁会汉口诊疗班医师山口伊典在战后回忆“荣”1644部队的汉口支部——利根部队的情况时说：

> 因终战后的军政关系，在华中防疫给水部之名已不复存在，利

---

① 中央档案馆等编：《日本帝国主义侵华档案资料选编·细菌战与毒气战》，中华书局1989年版，第239页。

② ［日］常石敬一：『731部隊と美軍的谍報活動』，東京：大月書店1984年版，第134—135页。

③ ［日］水谷尚子：《崇山村的鼠疫流行与日本1644部队》，《浙江学刊》1997年第6期。

④ 石桥直方：日本千叶县人，1938年11月加入石井四郎部队，来到哈尔滨平房，1940年曾参加731“远征队”到浙江进行细菌战，1942年因病退役回国。

⑤ 金成民、［日］中野胜编：《日本军细菌战原队员证言集》，黑龙江人民出版社2009年版，第42、44页。

根部队也消失了。大多为部队（主要是陆军医院）所吸收而解散。[①]

根据山口伊典的回忆，可知：临近日本战败投降之时，“荣”1644 部队汉口支部的最后一任支队长叫“利根”。利根部队“解散”后，所有部队人员分散到陆军医院。

5. 上海支部

据水谷尚子调查，羽山良雄担任过“荣”1644 部队上海支部长，但他后来去了新加坡“冈”9420 部队。[②]

据《大东亚战争陆军卫生史》记载，羽山良雄 1926 年毕业于大阪帝国大学医学部，1933 年曾担任陆军军医学校防疫部教员、一等军医，后担任过陆军卫生部卫生课长（广岛），第 6 野战防疫部部长（上海），陆军军医学校教官，船舶兵团军医部长，陆军军医少将，在战后开设的羽山医院任院长。[③] 此处隐去了羽山良雄在“荣”1644 部队和“冈”9420 部队的“履历”。而据“冈”9420 部队《留守名簿》，羽山良雄是第二任部队长，自 1943 年 6 月 3 日始，一直到战争结束。[④]

有史料记载，日军在上海虹口区四川北路 1878 号前日本办的福民医院（今上海第四人民医院）建立了细菌中转站。从日本东京运来大批菌苗，在福民医院组织鼠疫、霍乱、伤寒、白喉、赤痢细菌培养，然后派汉奸冒充难民，潜入粤、桂、黔、川等地设计散发（病菌）。[⑤]

---

① ［日］山口伊典：「山口伊典致青木義勇函」，载『青木義勇文書』第 1 卷，第 242 页。转引自王萌《抗战时期日本在中国沦陷区的卫生工作——以同仁会为对象的考察》，《近代史研究》2016 年第 5 期。

② ［日］水谷尚子：「一六四四部隊の組織与活動——語りはじめた元部隊員たち」，『戦争責任研究』（季刊）15 号（1997 年春季号），第 52 页。

③ ［日］陸上自衛隊衛生学校：『大東亜戦争陸军衛生史』（7），東京：株式会社雄建社 1971 年版，第 182 页。

④ 杨彦君：《第二次世界大战时期日本侵驻东南亚的生物战部队》，《北方文物》2020 年第 12 期。

⑤ 郭成周、廖应昌编著：《侵华日军细菌战纪实》，北京燕山出版社 1997 年版，第 301—302 页。

第四章 “荣”1644 部队活人实验及细菌生产

一 “荣”1644 部队总部及支部“活人实验”

“荣”1644 部队打着“防疫给水”的幌子，主要进行鼠疫、斑疹伤寒、霍乱等多种细菌武器研制以及化学武器（毒气）生产。此外，还研究狂犬病、牙槽脓漏和蝮蛇、蜈蚣、小型动物、毒草等含毒生物，研究并制造血清疫苗。为完成这些研发“工作”，“荣”1644 部队在总部副楼以“原木”为对象，频繁进行活人实验。

（一）“荣”1644 部队总部活人实验

“荣”1644 部队总部细菌战实验的统筹工作最初是由增田知贞总负责。“绝大部分细菌战研究，其中包括人体实验，都在司令部旁边这座副楼里进行。”①（见图 4 - 1）

总部副楼（院内靠北面四层大楼）的第一层与普通的实验室并无二致。来自日本医学界、生物学界、化学界的精英和技师们每天都在这里忙忙碌碌，生产霍乱、斑疹伤寒、鼠疫菌。副楼的第二层主要用于饲养一些小型供实验用的动物，如虱子、跳蚤、小鼠、大鼠、地松鼠等，它们在这里不断繁殖。其他实验室和研究室在副楼的第三层。第四层（顶楼）是囚室，里面关着“犯人”，根据需要，这些“犯人”被用于各类实验，成为细菌战的牺牲品。囚室可容纳百名“犯人”，但通常情况下只关押 20—30 人。“犯人”大多是中国人，也有俄罗斯人，有时也有少量的其他种族的人成为这些“研究者”们的实验材料。被用于实验的对象

① ［美］谢尔顿·H. 哈里斯：《死亡工厂：美国掩盖的日本细菌战犯罪》，王选等译，上海人民出版社 2000 年版，第 177 页。

有男性也有女性，年龄不等。其中，妇女、儿童占比与731 部队和100 部队的实验相较，要大得多。

图 4－1 南京中央医院俯瞰图

资料来源：东部战区总医院主楼一层院史橱窗。最北面的白色建筑有 4 层，曾被“荣”1644 部队用作实验楼（副楼）。

“荣”1644 部队总部细菌战研究基础设施、规模要小于 731 部队总部和 100 部队总部，但发展到后来，“荣”1644 部队的细菌生产能力并不小。“它的主要细菌培养室拥有两个自闭筒，大约 200 个石井式培养器和 50 个科哈式锅炉，还有 10 个锅炉分散在它的几个支部里。如果开启全部设备，荣 1644 部队一个生产周期（3—5 天）就能生产 10 公斤细菌。”

繁殖跳蚤共用了大约 100 只汽油桶。随着一个个生产周期的运行，一群群跳蚤从这些汽油桶里面蜂拥而出。“研究者”们将这些跳蚤的大部分用来进行殊异实验，“这是南京的特长”。①

从事人体实验的主要是“荣”1644 部队总部的医生（将校）和高级技师，普通士兵大多数不参与人体实验，他们主要负责做一些辅助工作。

据曾在“荣”1644 部队服役的一名普通士兵回忆：

---

① ［美］谢尔顿 · H. 哈里斯：《死亡工厂：美国掩盖的日本细菌战犯罪》，王选等译，上海人民出版社 2000 年版，第 178 页。

> 1944年年初到了部队，被分配到“训练部”接受基础科学培训，每个训练班有10人，受训者主要是学习如何培养细菌、虱子、跳蚤，以及检查水中各种细菌的方法等。全体工作人员在工作时都穿着带条纹的橡胶长靴，戴着齐肩的连臂胶皮手套。在实验室工作时，他们要穿着外科手术用的白色衣服，还要戴外科手术口罩。①

从这名士兵的回忆看，每当新兵进来后，主要是学习如何“防疫、给水”，同时也做一些培养供实验用的小动物如虱子、跳蚤之类的工作。新进士兵的行为受到一些限制，如：不能在营区拍照、写家信，写家信不能提“‘荣’1644部队”，一般情况下不能出营区，没有命令不准上四楼（因为四楼有供实验用的俘虏）。但这些新士兵基于好奇心理，会通过相互传言了解到一些信息，加上进来时间久了，或多或少会看出一些“秘密”，当然也就会晓得在那里（副楼的顶层）正在发生什么“事（人体实验）”。②

据另一名不愿公开身份的原“荣”1644部队人员回忆：

> 我作为军属在东京陆军军医学校工作过，昭和17年（1942年）7月到了中国，被分配到南京的1644部队……我的工作是以研究和开发预防疫苗、饲养动物为目的，进行动物血液采集等……我分到第一科，班里有120人，大约占部队中人数的10%……装有“马路他”笼子的地方是在部队紧急集合地点北面的建筑物三楼……要进有“马路他”笼子的三楼时，即使是一科的军医或石井（四郎）部队长，都要先通知办公室后才能上楼。为了不让病菌泄漏，要对鞋底进行消毒……在15米×10米的房子里并排放着几个笼子，有很多“马路他”关在里面。在房子四周有一条水沟环绕，水消毒后流进沟里。在有笼子的房间里放置着几个油桶，注射了鼠疫菌的小白鼠在里面活动，吸了老鼠血的跳蚤像野外的跳蚤那样没有变成红色，而是半透明的。为了防止跳蚤跳到室外去，沟里的水就绕房子流动。

---

① ［美］谢尔顿·H. 哈里斯：《死亡工厂：美国掩盖的日本细菌战犯罪》，王选等译，上海人民出版社2000年版，第179页。

② ［美］谢尔顿·H. 哈里斯：《死亡工厂：美国掩盖的日本细菌战犯罪》，王选等译，上海人民出版社2000年版，第179—180页。

三楼活体解剖的隔壁是人体标本室，每年新兵入队都会通宵不睡值夜班，爱搞恶作剧的老兵就会在标本室的窗户边，在大型容器里放入萤火虫，新兵看到从漆黑的走廊上漂浮着蓝白色的物体，肝胆都吓破了，结果有的新兵因此患上神经衰弱症。①

（二）“荣”1644部队总部活人实验重要证据

重要证据之一：原“荣”1644部队卫生兵松本博证言。

1942年，松本博进入“荣”1644部队任卫生兵，1945年8月返回日本。2000年7月，他在接受采访时承认看到过利用战俘进行活体实验，由军医或军属（军队文职、后勤人员）给俘虏注射。松本博负责看守被关押的俘虏。一人看押一个房间，房间像小学教室那么大。整个院子有14栋建筑，俘虏住在7号楼，每个房间关押6名没穿衣服的俘虏，他们分别被关在1米宽、1.2米高的笼子里。俘虏只能在笼子里蹲着或蜷缩着睡。在俘虏身上放跳蚤，然后进行观察，由军医记录。跳蚤染有伤寒、霍乱、鼠疫、疟疾等病菌。俘虏感染后不会给予治疗，是为了进行抗体实验。有时，松本博负责给俘虏戴上黑头罩送往处置室（类似手术室），

图4-2 松本博接受日本学者采访照

资料来源：金成民、［日］中野胜编：《日本军细菌战原队员证言集》，黑龙江人民出版社2009年版。

---

① ［美］ハル・ゴールド（Hal Gold）：『證言・731部隊の真相：生体実験の全貌と戦後謀略の軌跡』，［日］浜田　徹訳，东京：广济堂1997年版，第136—138页。

先用皮带把俘虏捆绑在床上，再由军医上前动刀，插入导管，俘虏的血流尽后，军医敲打他的前胸，俘虏会很激烈地痉挛。俘虏死后，就丢进旁边的一座焚尸炉烧掉，这事几乎每天都做。①

重要证据之二：原“荣”1644部队顾问冈本启战后因负罪感自杀。

战时，日本国内几乎所有的医科大学或有医学研究部的大学都曾向日军细菌部队输送过人才。如：东京帝国大学传染病研究所就“曾向各细菌部队提供了许多医学者”，冈本启副教授就是“被该所寄予厚望的细菌学者”之一。冈本启“同许多优秀的细菌学者一样，被石井四郎相中”。② 冈本启在其至交、妹夫增田知贞引荐下，前往“荣”1644部队南京总部做顾问，这期间参与了人体实验，并残忍杀害了被实验者。据曾与他一起“工作”并且共同发表过学术论文的匿名证人供称：为研究霍乱，冈本启在南京进行过人体实验，“冈本启让俘虏喝下培植的霍乱菌液，观察霍乱菌毒性”。③ 日本战败回国不久，冈本启在追究战犯的社会声浪中，因怀有负罪感，给他的妻子留下一封“吾知吾之罪”遗书后，在研究室内用瓦斯自杀身亡。

重要证据之三：日本记者朝野富三调查知情者予以“确证”。

20世纪80年代初，日本《每日新闻》记者朝野富三为了弄清楚“荣”1644部队总部实验楼进行活人实验的真相，先后采访了17名知情者，确认“荣”1644部队总部的活人实验是在供研究用的建筑物里进行。一楼是霍乱、伤寒、鼠疫等细菌培养室，二楼是消毒室、检水室以及饲养老鼠和繁殖跳蚤的地方，三楼是人体实验室和研究室，顶楼是监禁实验用囚犯的地方。监禁囚犯最多时有近百人，一般20—30人，其中有妇女和孩子。④

重要证据之四：谢金龙的“具结”⑤ 材料。

1945年12月1日，谢金龙（中国台湾嘉义人）以证人身份出示材

---

① 金成民、［日］中野胜编：《日本军细菌战原队员证言集》，黑龙江人民出版社2009年版，第186—187页。

② ［日］西里扶甬子：『生物戰部隊731』，東京：草の根出版会2002年版，第75页。

③ ［日］常石敬一、朝野富三：『細菌戦部隊と自決した二人の医学者』，東京：新潮社1982年版，第222页。

④ ［日］常石敬一、朝野富三：『細菌戦部隊と自決した二人の医学者』，東京：新潮社1982年版，第196页。

⑤ 具结：是指以书面形式向法庭正式提出的保证书。

料，证明原“荣”1644部队最后一任部队长山崎新等人“以我国俘虏为细菌实验”属实。他在“具结”材料中，“将亲见敌人罪行之事实，据实陈述”：

> 民国三十一年，亲见敌军俘虏收容所所长森田中尉受敌日总司令部第三课课长广本上尉之命，选送俘虏百余人至中山门内中央医院原址（多）摩部队，以供残忍之特殊试验，而将其作为秘密研究之牺牲品，结果该百余人全数死亡，无一幸存。①

谢金龙的这份“具结”材料印证了朝野富三的调查结果：被监禁在实验楼（副楼）顶层供实验用的囚犯（俘虏）最多时有近百人。

重要证据之五：苏复生出具的调查证据材料。

南京地方法院职员苏复生对多摩部队（“荣”1644部队）罪行进行调查后出具的“被害详情”：

> 该部队初系野战医院，继改为华中防疫给水部，设于中山门内中央医院原址。该部队内之第一部则系主管特殊研究与实验等秘密工作，即系选择国军俘虏而将各种病菌药品注射其身体内，作为实验上之研究，前后死者甚多，但因其极端秘密，除该第一部人员外，则无从知悉其详情。②

当年，日军将俘虏收容所设在老虎桥江苏第一监狱原址，以俘虏人数众多而开支甚巨为借口，“遂于31年10月（1942年10月）选送俘虏百人至多摩部队，以供特殊残酷之（行为）研究，用病菌药品之实验，结果全部死亡，无一生存。而在此时之前后尚有多次”③。

战后，苏复生对“荣”1644部队罪行的调查是迄今文献记载最早的

---

① 中央档案馆等编：《日本帝国主义侵华档案资料选编·细菌战与毒气战》，中华书局1989年版，第242页。

② 中央档案馆等编：《日本帝国主义侵华档案资料选编·细菌战与毒气战》，中华书局1989年版，第243页。

③ 中央档案馆等编：《日本帝国主义侵华档案资料选编·细菌战与毒气战》，中华书局1989年版，第244页。

调查。调查“详情”在今天看来确实只能算是“荣”1644 部队犯罪事实的冰山一角，但至少明确了几个基本史实：“荣”1644 部队第一部进行过特殊实验——病菌实验；实验对象多为中国战俘，病菌实验对象致死者“甚多”；这类病菌实验进行过多次且在“极端秘密”中进行。

重要证据之六：中西义雄的“声明”材料。

战后，曾为南京日本陆军医疗队下级军医的中西义雄在《赤旗报》上发表声明说，他曾与“荣”1644 部队人员有过来往。“荣”1644 部队人员告诉他：“该部队的工作是从事培养传播疫病的细菌，他们还曾用中国人作实验。”①

重要证据之七：原“荣”1644 部队军画兵石田甚太郎的证言。

多年后，曾为“荣”1644 部队军画兵的石田甚太郎仍能清楚地回忆起当年在南京总部实验楼经常用中国人进行细菌与毒素实验（因为他作为画兵，可以进入任何一个研究室）。以下是原“荣”1644 部队军画兵石田甚太郎的证言：

> 在二楼灭菌解剖室有人体骨骼标本，头盖骨等。活体解剖后浸在酒精里的标本有好几个泼倒在地上，发出一股难以言状的臭味，令人恶心……
>
> 一科使用“马路他”（活人体）进行生化武器“鼠疫跳蚤”的开发实验。
>
> 三楼②鼠疫细菌研究室中，最中央的是监禁供实验用的活人的笼子，稍微靠外面一点，放置着装有已植入鼠疫菌的老鼠的汽油桶，（1644）部队将这种吸了老鼠（暗号称“年糕”）血的鼠疫蚤作为生物武器大量生产，并进行传播途径研究。
>
> 医生们将关押供实验用的“马路他”房间用暗号“三界”称之。

---

① 中央档案馆等编：《日本帝国主义侵华档案资料选编·细菌战与毒气战》，中华书局 1989 年版，第 245 页。

② “荣”1644 部队总部院内一科用副楼（实验楼）从石田甚太郎提供的照片看只有 3 层（参见图 5－1）。但日本《每日新闻》记者常石敬一通过走访调查原“荣”1644 部队人员，认为一科用细菌实验大楼（副楼）有 4 层。第一层为霍乱、伤寒、鼠疫细菌培养室，第二层是消毒室、检水室和饲养老鼠、繁殖跳蚤的地方，第三层是人体实验室、研究室，第四层有实验台、囚人（人体实验对象）收容设施。参见［日］常石敬一、朝野富三《細菌战部队と自決した二人の医学者》，東京：新潮社 1982 年版，第 196 页。

“马路他”活着时从没有出去过。三楼就成了生与死的分界岭。

在一科，用活人来进行各种各样有关传染病和毒素的活体实验，一科的医生，不仅是尉级以上的军官，也包括随军的工程师和技术员。总而言之，只要是医生，都参加了（人体）实验……也有医生专门从日本本土赶来参加实验，取得研究成果后立即将资料归纳整理，然后返回日本。

一科所在三楼有关“马路他”的笼子，有士兵昼夜轮流值班监视。

从宪兵队那里接受活人体，是二科的工作。深夜，二科负责用卡车从老虎桥监狱宪兵队那里将活人体运来。卡车外面盖上罩子，外面看不见里面，到“荣”1644部队后，由二科交给一科。在一科活人体便被关入笼栅内，供医学实验用。[①]

图4-3 石田甚太郎

资料来源：［日］『戦争責任研究』（季刊），10号（1995年冬季号），第60页。

石田甚太郎等原“荣”1644部队队员的上述证词足以印证苏复生的最早调查结果与客观事实相符。

重要证据之八：原“荣”1644部队的“研究会记录”。

据“荣”1644部队1940年4月24日的研究会记录，“荣”1644部队进行过脾脱疽菌（炭疽菌）人体接种实验。第一科的村上仁男、村田良介、山中太木、佐藤大雄、村上醇从事脾脱疽菌研究。脾脱疽菌与鼠疫菌同样，用于实践最为有效。该部队在建筑用地内的多处土地中进行过脾脱疽菌培养，除对驴、马、羊、家兔等进行过动物感染实验外，还对“荣”1644部队总部“第六栋三楼的原木‘实施了接种观察’”。1994年4月，山中太木接受日本学者江田宪治、江田泉调查采访时，承认将脾脱疽菌“原木（人体）实验”数据

① ［日］水谷尚子：「元一六四四部隊員の証言——軍画兵、石田甚太郎の体験から」，『戦争責任研究』（季刊）10号（1995年冬季号），第59—61页。

写进他的论文中。①

重要证据之九：原“荣”1644部队卫生兵东清士的证言。

东清士因在长沙感染传染病被送到“荣”1644部队接受治疗。自1945年5月治愈到战败，他留在“荣”1644部队成为一科的卫生兵。据他回忆，（1945年4月）美军在冲绳登陆后，（“荣”1644部队）一科为准备对付登陆冲绳的美军，利用2名中国俘虏做人体实验，先是要他们楼上楼下往返跑数十次，“模拟美军疲劳状”，然后将俘虏捆绑，横放在地上，由卫生兵将鼠疫跳蚤“强行灌入俘虏口中”，结果，“感染上鼠疫的俘虏几天后就被活体解剖了”。②

东清士证言：细菌通过动物，特别是人体感染后，毒素就会增加。每个房间里放五六个如动物园关狮子的笼子，每个笼子里关着一个赤身裸体的中国俘虏。房间里装设有灯罩的电灯，但挂着厚厚的窗帘，（所以）室内很暗，待眼睛适应后，“看到被注射了传染病菌的俘虏躺在那里，瞪大了眼睛盯着你”。③

“荣”1644部队常用活人进行细菌（武器）实验，其主要目的同731部队一样，就是为了“研究各种细菌及其在细菌战中的应用，即研究各种细菌的效力，繁殖和应用细菌的方法，大批制造细菌的方法，以及保存这些细菌的方式”。④

（三）“荣”1644部队支部活人实验及证据

有文献史料证明，“荣”1644部队除在总部进行活人体实验外，其下属支部也进行了活人体实验。

1950年，由原“荣”1644部队卫生兵深野利雄以他的文学老师岩藤雪夫的名义，在《世界评论》杂志5月号上刊载了一篇题为《人体木头》的小说，揭露了“南京防疫给水部的内幕情况”。文中以真名揭露了浙赣细菌战期间，在义乌崇山村从事人体实验的主任军医（调查班班长）就是从南京总部来的。“在显微镜下，由尸体器官制作的标本中鼠疫菌清晰

---

① 解学诗、[日]松村高夫等：《战争与恶疫——日军对华细菌战》，人民出版社2014年版，第7页。

② [日]水谷尚子：「一六四四部隊の組織与活動——語りはじめた元部隊員たち」，『戦争責任研究』（季刊），15号（1997年春季号），第58页。

③ 高兴祖：《再揭日军1644细菌部队活人实验的罪行》，《民国春秋》1999年第3期。

④ [苏]《前日本陆军军人因准备和使用细菌武器被控案审判材料》（中文本），莫斯科外国文书籍出版局印行1950年版，第275—276页。

可见，这时我们十分惊讶，而他们却不由得杨杨（洋洋）自得起来。我今天总算明白了他们当时何以会有那种满脸自得的神情，因为他们在自己的实验方面获得了明白无误的成果。”①

据当时在义乌崇山村的日军第22师团第86联队军医大尉佐佐木义敏回忆，这名来自南京总部的调查班班长，就是近喰秀太军医。当时，进入浙江义乌崇山村的除了第22师团86联队的军医外，还有来自“荣”1644部队总部的两三名军医和卫生兵，共计约20人。

又据原第86联队军医林笃美的日记记载，（1942年）11月9日（星期一）傍晚时，南京防疫给水部总部的近喰秀太大尉、伊藤大尉等20人突然来到本队。有军官3名。② 此则日记可证深野利雄、佐佐木义敏证言的真实性。

又据原第86联队卫生兵吉冈林一回忆：战后，在（长野县）信州举行的一次战友会上，喝醉酒的林笃美曾诘问同属第86联队的某军医当年（在义乌时）为什么要做活人解剖，这名军医辩解说是第22师团军医部军医少佐要他“这么干的”。③ 这个被质问的军医就是近喰秀太。近喰秀太在“荣”1644部队总部一科工作，负责管理人体标本。④

上述史实完全可以证明：1942年9—11月，浙江义乌鼠疫流行期间，“荣”1644部队派遣近喰秀太等军医、技师、卫生兵在义乌确实进行过活人体解剖实验。

日军在浙江进行的细菌人体实验，除了在义乌进行鼠疫患者活人解剖外，还在其他多个地区进行过。如：1944年10月21日，日军在乐清县九房村强行给村民注射鼠疫细菌。⑤ 日军在温州、绍兴等地也进行过人体细菌实验。1942年7—8月，日军第二次侵占温州时，强行给城区居民打针，致其染病死亡。⑥

---

① ［日］水谷尚子：《崇山村的鼠疫流行与日本1644部队》，《浙江学刊》1997年第6期。

② ［日］水谷尚子：《崇山村的鼠疫流行与日本1644部队》，《浙江学刊》1997年第6期。

③ ［日］水谷尚子：《崇山村的鼠疫流行与日本1644部队》，《浙江学刊》1997年第6期。

④ ［日］水谷尚子：「一六四四部隊の組織与活動——語りはじめた元部隊員たち」，『戦争責任研究』（季刊）15号（1997年春季号），第52页。

⑤ 王宗汉：《日本侵略军在翁垟九房村试验鼠疫细菌》，乐清市政协文史委员会编《乐清市文史资料》1991年第9辑。

⑥ 《日军在浙江实施细菌战概述》，中共浙江省委党史研究室编《日军在浙江细菌战专题研究》，浙江人民出版社2015年版，第9、26页。

二　九华山下细菌武器生产工厂

南京九华山初名覆舟山，后数度易名（玄武山、龙舟山等），民国初年，因山南建有小九华寺而得“九华山”之名至今。现已开辟成集山、水、城、林于一体的综合性公园。它位于今南京市玄武区太平门内西侧，北隔明城墙，毗邻玄武湖，东接龙广山（即富贵山），是钟山余脉自东向西入城第一山丘，曾是六朝皇家御园。被誉为金陵48景之一。抗战时期，南京沦陷后，日军曾在九华山东麓、太平门附近建造一座“神秘工厂”，至今鲜为人知。

（一）血清疫苗工厂（血清疫苗制造所）

“荣”1644部队除了在总部进行各种细菌人体实验外，还在南京九华山下建造了一座细菌工厂。据中、日有关文献史料和实地发掘、走访调研，该厂曾制造细菌武器、化学武器（毒气），同时也生产血清疫苗。

据1950年2月10日的《人民日报》报道：

> 日寇在南京也曾有一个大工厂，制造细菌武器。该厂原设南京城内北角九华山下，为了伪装隐蔽，称为“血清疫苗制造所”，平时极为机密。日寇投降时加以破坏。①

1950年2月，南京大学生物学系朱洪文助教回忆，他曾以日军华中防疫处技士的身份，于1943年进入过九华山下的这座工厂。当时在这里的日本官兵都是细菌学专家和大学生，他们内称“科学部队”，为隐蔽其真实身份，衣饰没有任何特殊标志，除了没有枪之外，与普通日本兵没什么两样。1945年11月，朱洪文曾协助国民政府派来的上海国防医学院生物学系主任、血清疫苗研究所所长李振翩教授、顾德鸿教授、刘冠儒技师等接收这座工厂。朱洪文说：

---

① 《人民日报》1950年2月10日第4版，转引自中央档案馆等编《日本帝国主义侵华档案资料选编·细菌战与毒气战》，中华书局1989年版，第244页。

在接收时，那里还有一座像一间房子一样大的高压消毒器残体，其旁装置一座大锅炉，用以供给蒸汽。里面有铁轨。一切培养细菌的材料先用车子载进去消毒，可见其制造规模的庞大。

当时还接收了不少残余的东西。在实验动物方面有两千多只小白鼠和几百只天竺鼠，但不久就全部死掉了。在培养细菌用的仪器方面有试管、平板各数十万只，温箱（孵卵管）、冰箱各数十个，铝质培养箱数百个。在培养基方面有东洋菜（琼脂）三十余吨，鱼肉精（浸）膏百余箱。据大略推算，每二至三公分琼脂可制造细菌悬液二十至三十西西（CC），仅日寇所余的这一批培养基，就足以生产灭绝人性的细菌武器三万万西西（CC）。①

负责接收该工厂的人员将残存的数十吨细菌培养基原料（琼脂、蛋白胨、牛肉膏等）运到位于上海江湾的国防医学院，国防医学院又将这批原料转给上海生物制品厂使用，据说用了十余年还没用完。此可证实日军战败投降之际，“荣”1644 部队细菌战剂工厂已具有巨大的生产能力和规模。②

（二）挖掘出土证据

1998 年 8 月 18 日至 19 日，在原“荣”1644 部队建在九华山东麓的细菌工厂所在地范围内（位于今北京东路某宿舍大院北大门工地，太平门内附近，距“荣”1644 部队总部直线距离约 1 公里），“挖出几十具支离破碎并伴有浓烈刺鼻药味的头盖骨与尸骨。在南京市委领导下，经北京和南京法医学、生物学专家检验，认定这批尸骨是‘荣’1644 细菌战部队活人实验中受害惨死者的遗骸”。

同年 8 月底，北京军事医学科学院科技部吴乐山副部长率领 9 位微生物和化学毒剂检验专家到南京采样调查。他们参照国际武器调查模式，采用国际通用的微生物分离聚合酶链反应（PCR）检测分析、基因序列分析等技术与方法，历时两个月，对 68 份微生物检测样品、8 份化学检测样品进行了严谨的检验与分析。出具的鉴定报告结果显示：“样品”含

① 《人民日报》1950 年 2 月 10 日第 4 版，转引自中央档案馆等编《日本帝国主义侵华档案资料选编・细菌战与毒气战》，中华书局 1989 年版，第 244—245 页。

② 经盛鸿：《侵华日军在南京的秘密生化武器试验与战争实施》，《江海学刊》2003 年第 1 期。

1998年12月、1644部隊の跡地の工事現場から発掘された人骨。
（写真提供 劉相雲 南京大屠殺紀念館館長補佐）

图 4-4　1998 年 8 月挖掘头盖骨、尸骨现场

资料来源：［日］西里扶甬子：『生物戰部隊 731』，東京：草の根出版会 2002 年版，第 190 页。图下文字“1998 年 12 月”有误，应为“1998 年 8 月”。

有芥子气、沙林、梭曼、VX、EVX、GF 等化学毒剂原形及分解物；“样品”中未检验出炭疽芽孢杆菌、鼠疫杆菌、霍乱弧菌活菌及炭疽芽孢杆菌、鼠疫杆菌的特异脱氧核糖核酸（DNA）片段；依据聚合酶链反应检测和基因序列分析，“样品”中含有霍乱弧菌肠毒素基因。经重复试验、反复核对，进一步证明“样品”中确实有霍乱弧菌肠毒素基因存在。为保证检验结果“万无一失”，又进行基因序列分析，通过同源性比较、进化树分析，确认“样品”中“存有霍乱弧菌肠毒素基因”。[①] 由于南京市在 20 世纪 40 年代并无霍乱发生流行的历史记录，因而“样品”检验出的“存有霍乱弧菌肠毒素基因”就只能证明是“荣”1644 部队研发霍乱细菌人体实验的遗存。

（三）当地居民“口述”证据

南京师范大学张连红教授认为：在“荣”1644 部队培养细菌工厂的

① 中国人民解放军军事医学科学院：《关于南京“样品”检测结果的报告》，转引自高兴祖、朱成山《侵华日军 1644 细菌战部队活人实验受害者遗骸的考证》，《南京社会科学》2000 年第 2 期。

所在地范围内发现的数十具活人实验受害者遗骸，“是揭露南京1644部队进行活人实验犯罪的最为重要的罪证”。[1]

这里曾是一片荒僻之地。据曾亲眼见过该工厂的老人顾明义、徐世春（椿）等人回忆，工厂围墙不高，里面有许多木板铁皮简易房子，养有马匹，大门开在南面，里面有一座焚尸炉，常有烧死人的恶臭味冒出。徐世春（椿）还亲眼看到过日军用草包裹着中国俘虏的尸体埋在九华山下，顾明义也听邻居说过日军曾用汽车运来许多席子包裹的尸体或埋在厂内，或用硝镪水化掉。该工厂对外伪称“血清疫苗研究所”，不准中国人入内，极为机密。日本投降时，该工厂被人为毁坏。[2]

南京师范大学“侵华日军南京1644细菌部队的调查与研究”课题组为调查“南京九华山细菌战剂工厂、南京浦厂工人为日军捕捉老鼠事件”，南京师大刘俊虎、朱文镇二位教师曾先后6次深入该地居民区进行细致走访调查，在九华山居委会的协助下，先后访谈当地老居民董桂兰、张秀英、徐世春（椿）等9位老人。其中，徐世春（椿）是九华山的老居民（日军进驻九华山时他只有十多岁），他为调查者提供了一些有（口述史料）价值的信息。走访调查后，刘俊虎、朱文镇撰写了一篇报告。现将这份报告内容摘要于下。

徐世春（椿）回忆：日本在九华山驻军之后圈起围墙，并用木板搭建房屋，不许外人进入，日本军队中有身着白大褂的人员，且夜间常有蒙着油布的日本军车出入。日本人来之前九华山地区也有伤寒、疟疾发生，但进驻之后明显增加，尤其是疟疾。

徐世春（椿）和一部分本地居民在日本人驻扎时期曾经莫名其妙地腿上生疮，一到春天即发胀，且有脓液流出。老人弟弟也有此疾，因无钱医治死亡。老人腿伤也反复很长时间，虽痊愈却留下疤痕。

九华山地区原本无龙虾，居民也从没食用过，日本人过来之后带来了许多。日本人在撤退时曾在九华山的山洞里放置炸药，但未来得及引爆。

日本人曾把从中央大学（今南京大学前身）运过来的国民党伤兵杀

---

① 张连红：《侵华日军南京1644细菌部队与731部队之关系》，《民国档案》2002年第4期。

② 高兴祖、朱成山：《侵华日军1644细菌战部队活人实验受害者遗骸的考证》，《南京社会科学》2000年第2期。

掉后用麻袋套装埋于九华山，另对总部残疾人员注射毒针后焚尸。

林秀珍老人回忆：她在1948年搬回九华山家中后，于1949年即患上了伤寒。

现住九华山菜市场的郭大爷也提供线索，说日本人有焚尸一事。

关于南京浦厂工人为日军捕捉老鼠事件，刘俊虎、朱文镇根据1950年2月27日《新华日报》刊载的李志杨老人回忆这一线索，先后4次深入浦厂走访调查，得到了“一些较有价值的史料”。

从采访材料看，当时日本人的确在浦厂发动部分工人捉老鼠。大约是从1940年春开始，持续2年左右。日本人有专人负责此项捉老鼠事宜，发放了捕鼠工具。日本人只在部分车间发动工人捉老鼠，捉老鼠的时间限于在下班之后，并未动员全厂抓老鼠。①

沧海桑田，斗转星移。由于时隔多年，自南京沦陷后，九华山下居民大多散亡；中华人民共和国成立后，南京又经历数次城建改造，原住民多已搬迁，留住户寥寥；加上日军在此地建造细菌武器生产厂保密程度高、戒备严，中国居民不易靠近。所以，尽管刘俊虎、朱文镇二位历数月、多次辛苦调研，但获得的与九华山细菌武器生产厂相关且具有史料价值的信息确实有限。

（四）原“荣”1644部队人员证言

据原“荣”1644部队军画兵石田甚太郎晚年回忆：

> “荣”1644部队获知日本战败投降消息后，立即按照上级命令，分头行动，尽可能销毁罪证。消灭证据的工作完成后，医师干部和军队高官都复员回国，没有关系的普通士兵留了下来。一科的技官、技师和三科的疫苗专业人士，由二科的汽车运来的士兵军属，在战败后大约1年的时间里留在南京。约有七八十个士兵。这些士兵与位于南京九华山西南的日军第一陆军医院合并编成“九华部队”，共127人，在九华山下搭建三个防空洞。1644部队的医药品、疫苗材料、食物都放入洞里。“九华部队”的主要任务就是为从中国复员的日本士兵进行救治活动。为了保守秘密，“九华部队”的军医还给大

① 刘俊虎、朱文镇：《南京九华山、浦厂有关南京1644细菌部队的调查报告》，参见张连红、经盛鸿、陈虹等《创伤的历史》，南京师范大学出版社2005年版，第235、239页。

家发放了自杀用的氰化钾。[①]

位于九华山下的“荣”1644部队“血清疫苗工厂”的生产能力究竟如何？

20世纪90年代末，原“荣”1644部队细菌专家山中太木接受水谷尚子采访时曾谈到这个问题。山中太木毕业于大阪医专，后进入陆军军医学校，1940年被京大医学教授户田正三推荐到“荣”1644部队，是伤寒、霍乱等肠道传染病专家，战后回到国内担任过大阪医科大学的校长。曾参加1942年浙赣细菌战，于衡阳会战期间，在衡阳郊外指挥手下投放霍乱菌。[②] 山中太木说：

> 南京（1644部队）制造疫苗和血清的能力是第一位的。战争结束时，盟军司令官委托我制造3000万人使用的疫苗，我1个月就完成了，将其存放在南京的制冰会社冷冻室里。[③]

这表明，“荣”1644部队血清工厂生产疫苗和血清的能力超过日军其他各细菌部队。这里还应说明的一点是：九华山下生产工厂与“荣”1644部队总部相距只有1公里左右，无论是生产细菌武器还是生产疫苗血清，工厂与总部都是相通的，很多技术问题可由总部技术人员负责。迄今，由于缺乏相关史料（“荣”1644部队的技术资料销毁较为彻底），无法“还原”该工厂细菌武器生产、疫苗血清生产的整个流程。但至少可以肯定：无论是细菌武器还是疫苗血清，各种实（试）验主要在总部进行，工厂主要负责生产。

九华山下的这座由“荣”1644部队建造的工厂，以制造“血清疫苗”为幌子，实则制造生物武器和化学武器。其中，生物武器主要是生产霍乱菌。据此可以认为，除霍乱病菌之外，其他细菌武器如鼠疫菌、

① ［日］水谷尚子：「元一六四四部隊員の証言——軍画兵、石田甚太郎の体験から」，『戦争責任研究』（季刊）10号（1995年冬季号）。

② ［日］西里扶甬子：『生物戰部隊731』，東京：草の根出版会2002年版，第176页；［日］水谷尚子：「一六四四部隊の組織与活動——語りはじめた元部隊員たち」，『戦争責任研究』（季刊）15号（1997年春季号）。

③ ［日］西里扶甬子：『生物戰部隊731』，東京：草の根出版会2002年版，第181页。

炭疽菌等基本上是在总部实验大楼研制生产的。

除九华山下的细菌工厂可以制造血清外，“荣”1644部队分布在华中地区的各支部中，有的支部也有生产疫病血清的能力。据榛叶修供称，(1942年)“浙赣作战”期间，“荣”1644部队九江支部“目前的任务是准备疫病血清和培养基”。①

三 “荣”1644部队细菌武器生产种类及产能

伯力审判期间，“荣”1644部队第四任部队长佐藤俊二供称：

> 1644部队并不只是进行过防疫给水事宜，而且还进行过研究大量制造细菌武器的工作。②

佐藤还证实，在他任职“荣”1644部队长之前，“荣”1644部队就进行过繁殖跳蚤的工作。他知道1942年“浙赣作战”期间使用的细菌武器之一——鼠疫跳蚤，有一部分是“荣”1644部队繁殖的。③“浙赣作战”期间，“荣”1644部队为协同731“远征队”派出的队员所使用的鼠疫跳蚤就是自己生产的，还“供给过石井部队远征队相当数量的跳蚤，以便用来传染鼠疫”。④

佐藤任职“荣”1644部队长期间，主管培养鼠疫细菌及繁殖跳蚤工作的是村田大尉。为生产鼠疫跳蚤，“荣”1644部队还成立有“专门负责培养跳蚤及繁殖鼠疫细菌的分部（科）”。⑤

---

① 王希亮、周丽艳编译：《侵华日军731部队细菌战资料选编》，社会科学文献出版社2015年版，第69页。

② [苏]《前日本陆军军人因准备和使用细菌武器被控案审判材料》（中文本），莫斯科外国文书籍出版局印行1950年版，第326页。

③ [苏]《前日本陆军军人因准备和使用细菌武器被控案审判材料》（中文本），莫斯科外国文书籍出版局印行1950年版，第326页。

④ [苏]《前日本陆军军人因准备和使用细菌武器被控案审判材料》（中文本），莫斯科外国文书籍出版局印行1950年版，第327页。

⑤ [苏]《前日本陆军军人因准备和使用细菌武器被控案审判材料》（中文本），莫斯科外国文书籍出版局印行1950年版，第327页。

（一）细菌武器生产种类

“荣”1644部队是石井四郎颇为倚重的一支细菌部队。无论从它所处的地理位置，还是它的防疫给水部的“本职”工作、对华中广大地区实施细菌武器攻击等方面，都非常重要。在它的建立与发展过程中，石井四郎给予了人员、技术、物资等方面的大力支持。“荣”1644部队建成之初，石井四郎还一度兼任该部第一任部队长。这等重视程度，于其他几支细菌部队而言，不曾有过。同731部队一样，“荣”1644部队明面上的任务是“防疫给水”，实则一边从事着细菌武器研制工作，一边随时准备进行细菌武器实战。

据原“荣”1644部队队员榛叶修[①]供称：

> （南京）培养菌主要类型有霍乱、斑疹伤寒和痢疾杆菌。
>
> （物理化学实验室）生产毒气和药品。
>
> 在南京，动物繁殖场或花园属于物理化学部门。它位于防疫给水局（部）办公大楼附近。里面还种植有毒（含生物碱）植物，占地约4000平方米。
>
> 生产的菌苗名称是“本州金刚山”。它是斑疹伤寒A、B，痢疾和霍乱以及其他细菌的混合物。生产量足以供日本陆军在华中当地民众中使用。[②]

美国学者谢尔顿·H. 哈里斯认为：

> “荣”1644部队并不局限于研究一两种用于细菌战的病原体，与石井从事的研究一样，南京也研究每一种已知的疾病，包括常见病和特异病，简直就像是一部病原体医学辞典和一位杀人动物毒素收藏夹的奇特的收藏品。[③]

---

① 榛叶修被美国细菌战调查人员审讯时，其战犯编号为：“战犯第229号”。

② 王希亮、周丽艳编译：《侵华日军731部队细菌战资料选编》，社会科学文献出版社2015年版，第68页。

③ ［美］谢尔顿·H. 哈里斯：《死亡工厂：美国掩盖的日本细菌战犯罪》，王选等译，上海人民出版社2000年版，第177页。

通过爬梳、归纳各类文献史料，获知“荣”1644 部队能够生产细菌战剂的种类包括霍乱、斑疹伤寒（A、B）、鼠疫、炭疽菌、痢疾等十余种，几乎与731 部队生产的细菌武器种类等同。很显然，日军细菌部队实验、研制、批量生产细菌武器的目的是实战，将其作为“重要的‘战略性武器’与‘战术武器’投入战场。细菌武器研究与生产同步进行，互相‘促进’，这是南京‘荣’1644 部队的一个显著特点”。[①]

（二）细菌武器生产能力（规模）

“荣”1644 部队的细菌武器生产能力（规模）究竟如何，可分析如下。

“荣”1644 部队自建成之日起至战败投降前夕，在长达 6 年多的时间内从事多种细菌武器研究、活人体实验，在一次又一次细菌武器实战的基础上，不断总结“经验教训”，其细菌战剂的生产能力、规模逐步增强、扩大。除了生产各类细菌战剂外，有史料证明，“荣”1644 部队还生产化学武器（毒气弹），在华中地区进行的几次大战役中被广泛使用。

综合伯力审判期间对佐藤俊二的两次审讯记录（1949 年 12 月 6 日初审、27 日早庭审讯）可知，在他任职“荣”1644 部队长期间，有大批可供制造细菌用的设备。如：有长宽各 5 米、高约 3 米（另说 2.5 米）的一间孵育室，有两个直径 1.5 米、长 2.5 米的筒形消毒器，大约有 200 具“石井式”培养器，有科哈式锅炉 50 具，另有 10 具其他类型的锅炉，备制有大约 100 个汽油桶，此外还有蒸馏营养液的大玻璃整流器。这些设备有一部分安置在总部，同时各支队也安置有锅炉。如果利用全部设备，每个生产周期能制造出细菌 10 公斤。[②]

佐藤供称的“荣”1644 部队的细菌武器生产能力应该指的是在他任职“荣”1644 部队长期间（1943 年 2 月至 1944 年 2 月）的生产能力。伯力审判检验委员会采信了佐藤俊二的供词，在庭审“结论”中认定：

> 荣字第 1644 部队底生产率要稍微小一些。从被告佐藤（俊二）供词中可以看出，该部队在一个生产周期内至少能培养出 10 公斤鼠

---

① 经盛鸿：《侵华日军在南京的秘密生化武器试验与战争实施》，《江海学刊》2003 年第 1 期。

② ［苏］《前日本陆军军人因准备和使用细菌武器被控案审判材料》（中文本），莫斯科外国文书籍出版局印行 1950 年版，第 77、325 页。

疫跳蚤。[①]

从佐藤的供词可知，佐藤任职“荣”1644部队期间，其细菌生产能力较之以前大为提高。除了南京总部基地可以生产细菌外，“荣”1644部队各支部也有单独生产细菌武器的能力。伯力审判检验委员会在这个问题上便采纳了佐藤的供词，认为：

> 第1644部队也拥有颇大的繁殖跳蚤的能力……支队内有几百工作人员专门搜捕用以供养跳蚤和繁殖此种寄生虫的鼠类。[②]

这里，我们还可以将“荣”1644部队的细菌生产能力与731部队的细菌生产能力做一个对比。

据柄泽十三夫供称，731部队有一个月内能培养出300公斤鼠疫跳蚤的能力，这在调动全部生产能力的条件下才能达到，实际上通常只出产过这个数量的1/3。[③] 但伯力审判检验委员会在庭审后的“结论”却认为，731部队的“实际‘生产率’是每三四个月生产45公斤跳蚤”。[④] 另外，伯力审判期间，对731部队的细菌实验、生产非常熟悉的川岛清也供称，731部队利用全部设备时，确实能在一个生产周期内繁殖出45公斤跳蚤。[⑤]

对比后可知，“荣”1644部队的细菌生产能力仅为731部队的1/3。

也就是说，佐藤俊二任职“荣”1644部队长之前，“荣”1644部队的细菌生产能力较弱。

伯力审判期间，柄泽十三夫供称，1942年浙赣细菌战期间，“‘荣’

① ［苏］《前日本陆军军人因准备和使用细菌武器被控案审判材料》（中文本），莫斯科外国文书籍出版局印行1950年版，第435页。

② ［苏］《前日本陆军军人因准备和使用细菌武器被控案审判材料》（中文本），莫斯科外国文书籍出版局印行1950年版，第436页。

③ ［苏］《前日本陆军军人因准备和使用细菌武器被控案审判材料》（中文本），莫斯科外国文书籍出版局印行1950年版，第425页。

④ ［苏］《前日本陆军军人因准备和使用细菌武器被控案审判材料》（中文本），莫斯科外国文书籍出版局印行1950年版，第435页。

⑤ ［苏］《前日本陆军军人因准备和使用细菌武器被控案审判材料》（中文本），莫斯科外国文书籍出版局印行1950年版，第263页。

字部队替这个远征队备制过一些细菌”。[①] 这表明，至少在1942年，“荣”1644部队已经具备一定的细菌生产能力，只是规模不大。这样看来，浙赣细菌战中使用的细菌武器，大部分仍由731部队细菌工厂生产。

1940年，“荣”1644部队几乎没有什么细菌生产能力。浙江细菌战所使用的“弹药”（细菌）都是从哈尔滨经由“航运”“陆运”的方式运至杭州笕桥机场。这在9月18日、10月7日的《井本日志》中有明确记载。[②]

1940年以后，考虑到731部队细菌工厂生产能力有限，遂准备将今后在华中地区实施细菌攻击所用细菌的一部分由“甲”1855部队生产。与此同时，在731部队支持下，“荣”1644部队也逐渐有了部分细菌武器的生产能力，只是生产规模不大。

据《井本日志》记载，1941年2月5日召开了由陆军省、医务局、石井部队（731部队）、华北防疫给水部、华中防疫给水部各派要员参加的浙江细菌战总结讨论会。会后第二天，华北防疫给水部就其细菌生产“装备”、研发经费、生产能力（利用现在的设施可以制作5公斤鼠疫跳蚤）、不足（在跳蚤的生产上希望能得到援助）与大本营进行了联络。[③] 2月5日的总结讨论会上，应该提到了“甲”1855部队、“荣”1644部队的细菌武器生产状况。但2月7日的《井本日志》只记载“甲”1855部队就细菌武器现有生产状况向大本营做了汇报，而没有“荣”1644部队的汇报，这说明当时“荣”1644部队还不具备细菌武器生产能力。1941年11月常德细菌战使用的3.6公斤“弹药”（鼠疫跳蚤）仍然是731“远征队”带过来的。因为在12月22日的《井本日志》中明确记载：“华北有2万石油罐，如果有人手和资金能够生产10—20公斤，华中苦于没有老鼠，有种跳蚤。”[④] 从这则日志内容中可知，当时“华北（1855部队）”有相当的生产能力（2万个培养鼠疫跳蚤的石油罐），“华中（1644部队）”虽有跳蚤，但没有老鼠，所以还很难生产“鼠疫跳蚤”

① ［苏］《前日本陆军军人因准备和使用细菌武器被控案审判材料》（中文本），莫斯科外国文书籍出版局印行1950年版，第282页。

② ［日］井本熊男：『井本日誌』第9卷，转引自［日］吉見義明、伊香俊哉「日本軍の細菌戰」，载『戦争責任研究』（季刊）2号（1993年冬季号），第10－11页。

③ ［日］井本熊男：『井本日誌』第11卷，转引自［日］吉見義明、伊香俊哉「日本軍の細菌戰」，载『戦争責任研究』（季刊）2号（1993年冬季号），第14页。

④ ［日］井本熊男：『井本日誌』第14卷，转引自［日］吉見義明、伊香俊哉「日本軍の細菌戰」，载『戦争責任研究』（季刊）2号（1993年冬季号），第15页。

这种细菌武器。也就是说，到1941年12月底，“荣”1644部队还不能生产出“鼠疫跳蚤”。

据1942年3月18日的《井本日志》记载，在准备对据守巴丹半岛的美国、菲律宾军队的“ホ事宜”即细菌战计划中，提及“‘ハ（夏）’、南京、能力小”。因此，要使用细菌武器，“有必要在东京制作”。① 很显然，当时“荣”1644部队生产细菌武器的能力小，无法给日军南方军在巴丹半岛的攻坚战中提供细菌武器，只能由东京生产并提供。

据《井本日志》记载，1942年5月27日，石井四郎、村上隆、增田知贞、小野寺、增田美保等人在参谋本部举行“碰头会”，明确诸事项中就包括当时各细菌部队的鼠疫菌生产能力，“鼠疫菌现在的量为平房2公斤，南京1公斤（老鼠不足），其他1公斤，合计4公斤”。② 这一记述表明，当时，由于生产条件受限（主要是“饼不足”即老鼠供应不足），731部队的鼠疫跳蚤生产量每个周期只能生产2公斤，“荣”1644部队因为老鼠严重不足，一个周期内只能生产1公斤鼠疫跳蚤（只及731部队的一半），而其他几支细菌部队的生产能力比“荣”1644部队还要差，合起来只能生产1公斤鼠疫跳蚤（与“荣”1644部队的生产能力等同）。为提高“荣”1644部队的细菌武器生产能力，石井四郎提议，“将（陆军）军医学校和731部队的要员派到华中派遣军”。③

原“荣”1644部队军画兵石田甚太郎也曾说过，“部队中，虽饲养了各种各样供实验用的动物，但像供鼠疫跳蚤实验的老鼠这类小动物的消耗量相当厉害，仅靠部队的饲养供不应求，因此每年都要由陆路经朝鲜到日本千叶县领取一次”。④

这样看来，“荣”1644部队的细菌生产能力大为提高，始于1943年。

---

① ［日］井本熊男：『井本日誌』第17卷，转引自［日］吉見義明、伊香俊哉「日本軍の細菌戦」，载『戦争責任研究』（季刊）2号（1993年冬季号），第16页。

② ［日］井本熊男：『井本日誌』第18卷，转引自［日］吉見義明、伊香俊哉「日本軍の細菌戦」，载『戦争責任研究』（季刊）2号（1993年冬季号），第17页。

③ ［日］井本熊男：『井本日誌』第18卷，转引自［日］吉見義明、伊香俊哉「日本軍の細菌戦」，载『戦争責任研究』（季刊）2号（1993年冬季号），第17页。

④ ［日］水谷尚子：「元一六四四部隊員の証言——軍画兵、石田甚太郎の体験から」，『戦争責任研究』（季刊）10号（1995年冬季号），第60页。

据曾担任日本陆军省医务局医事课长金原节三[①]的《陆军省业务日志摘录》（简称《金原摘录》）记载：1943 年 4 月，陆军省医务局、参谋本部先后召开“ホ号协商”会议，要求当时的关东军、华北、华中、华南、南方军各防疫给水部及军医学校准备大量生产“谷子”（跳蚤）和“饼”（老鼠）。其中，陆军军医学校主要负责“老鼠的增产，以埼玉县的粕壁为中心，在埼玉、茨城、栃木计划总共生产 744500 只老鼠”。当时，731 部队生产“谷子”（鼠疫跳蚤）的能力是月产 10 公斤，华南防疫给水部（“波”8604 部队）也能月产 10 公斤，华北防疫给水部月产 5 公斤。至于华中防疫给水部的生产能力为“谷子的生产和毒化正在研究中。现在的量为 5 公斤（若补给 2 万只老鼠，2 个月后便能生产出 15 公斤）”[②]。这表明，当时“荣”1644 部队的鼠疫细菌武器的生产能力大为提高，每个生产周期已能生产出 5 公斤鼠疫跳蚤（产能是 1942 年的 5 倍）。但“荣”1644 部队按其产能生产 5 公斤“谷子”的前提条件是要补充大量的“饼”（老鼠），若从日本本土埼玉县（粕壁）、茨城县、栃木县等地提供的老鼠中“补给”2 万只予“荣”1644 部队，2 个月后可以生产 15 公斤鼠疫跳蚤。

1943 年 4 月，陆军省医务局、参谋本部先后召开“ホ号协商”会议，旨在制定进一步扩大细菌战规模的方案，企图通过细菌战（和毒气战）挽救其在太平洋战场上的颓势。细菌战准备工作“以鼠疫菌为中心”。

据大塚文郎[③]《大塚备忘录》（第一卷）记载，1943 年 11 月 1 日，石井四郎在陆军省医务局作了“ホ号报告”。石井四郎的主张就是不必过多考虑国际性的问题（意谓不必在意细菌战会带来国际谴责），要大量生产细菌武器，先发制人，主动进攻。攻击目标除中国外，还包括美军、缅甸、印度、新几内亚、澳大利亚等。[④]

大规模实施细菌战，首先要制造出大量首选细菌武器（鼠疫跳蚤 100 公斤及以上）。根据人体实验，“1 kg Px”（1 公斤鼠疫菌跳蚤）可致

---

① 金原节三原为陆军省医务局医事课员，1941 年 11 月至 1943 年 8 月，任医事课长，后调至苏门答腊任近卫第 2 师团军医部长。

② ［日］金原節三：「金原摘錄』後編 7 之②，转引自［日］吉見義明、伊香俊哉『日本軍の細菌戦」，载『戦争責任研究』（季刊）2 号（1993 年冬季号），第 21、27—28 页。

③ 1943 年 8 月，金原节三调任苏门答腊近卫第 2 师团军医部长；9 月，大塚文郎接任医事课长。

④ ［日］大塚文郎：『大塚備忘錄』第 1 卷，转引自［日］吉見義明、伊香俊哉「日本軍の細菌戦」，载『戦争責任研究』（季刊）2 号（1993 年冬季号），第 21—22 页。

500—1000人死亡。[①] 生产（培养）大量鼠疫跳蚤的前提条件是必须提供充足的饼（老鼠）。理论上而言，为了“生产一公斤的鼠疫菌液，需要12500只老鼠，但研究结果表明只要其二成左右就行”。[②] 如前所述，鼠疫跳蚤生产出来后，保存不易，每天都会有损耗。从生产出来到死亡，以当时鼠疫跳蚤的培育技术，只能存活一个月。

按当时的计划，日本本土增产的“饼”（老鼠），“2万只予华中，其余全归关东军（防疫给水部），华北（防疫给水部）、华南（防疫给水部）、南方军（防疫给水部）只负责种饼”。也就是说，鼠疫跳蚤主要由关东军防疫给水部（731部队）和华中防疫给水部（“荣”1644部队）生产，其他几支防疫给水部只负责提供种鼠和“应对运输予以援助”。他们自己也知道，要“进行大量快速的准备（细菌战），最大的难关往往是‘饼’（老鼠）”。[③]“饼”（老鼠）的不足，一直制约着日军各支细菌部队鼠疫跳蚤的实际生产量。也正是实际生产能力不足，才使得日军细菌部队几乎所有的细菌攻击行动不充分。

综上，《金原摘录》与《大冢备忘录》所记载的“荣”1644部队细菌武器生产能力与佐藤俊二在伯力审判期间的供词是一致的。

1944年始，“如何防御美军的进攻作战成为紧迫的课题，细菌战的研究被摊派上了新的角色”。但“饼”（老鼠）的不足仍“困扰”着石井四郎，在4月26日召开的陆军省局长会报上，石井四郎说“初期只能生产其一成……生产前景无法预测”，为此他“动员学者研究有关增加老鼠繁殖的问题”。[④] 尔后，日本陆军中央在石井四郎的鼓捣下，一直在酝酿如何在太平洋岛屿攻防战中对美军实施细菌战。

时任日本参谋本部第一部部长真田穰一郎的业务日志——《真田日记》对细菌战准备的“现状”有较详细的记载：

> 中国派遣军从（1944年）12月15日开始增产，至1945年2月

① ［日］大塚文郎：『大塚備忘録』第1卷，转引自［日］吉見義明、伊香俊哉「日本軍の細菌戦」，载『戦争責任研究』（季刊）2号（1993年冬季号），第22页。

② ［日］大塚文郎：『大塚備忘録』第5卷，转引自［日］吉見義明、伊香俊哉「日本軍の細菌戦」，载『戦争責任研究』（季刊）2号（1993年冬季号），第23页。

③ ［日］金原節三：『金原摘錄』後編7之②，转引自［日］吉見義明、伊香俊哉「日本軍の細菌戦」，载『戦争責任研究』（季刊）2号（1993年冬季号），第28—29页。

④ ［日］大塚文郎：『大塚備忘録』第5卷，转引自［日］吉見義明、伊香俊哉「日本軍の細菌戦」，载『戦争責任研究』（季刊）2号（1995年冬季号），第22—23页。

可生产 7.5 公斤。

按照ホ号作战研究会的预计，鼠疫跳蚤的生产到 1945 年 6 月会达到 135 公斤，9 月达到 300 公斤，12 月达到 800 公斤（最大生产能力）……老鼠现在的数量为 25 万只，1000 只老鼠能制造 1 公斤鼠疫跳蚤，若能确保每月 30 万只老鼠，就有可能生产 300 公斤鼠疫跳蚤。各部门的鼠疫跳蚤生产量为：关东军 150 公斤、中国派遣军 60 公斤（华中 30、华北 20、华南 10）、南方军 60 公斤、内地 30 公斤。①

上述记载表明，这是日本战败投降之前“预设”的一份庞大的鼠疫跳蚤武器生产规划，日本陆军省有关部门一直围绕着如何加强细菌战做准备，其意图显然是想通过细菌生产准备，“一举大规模地战略性使用（细菌武器）”，达到扭转整个战局之目的。日军细菌部队从 1944 年年底开始“增产”，计划中的生产最大值是 1945 年 12 月，“达到 800 公斤”。这当然只是一个计划，实际生产量未能达到这一最高指标。若该计划成真，按每公斤鼠疫跳蚤可致死 500—1000 人死亡计算，800 公斤鼠疫跳蚤就可直接致 40 万—80 万人死亡。至于间接致死（第二次、第三次感染）人数，无法计量。若加上其他细菌如霍乱、斑疹伤寒、痢疾、炭疽等，其所能致害人数至少数倍于此，不可谓不骇人。

毫无疑问，731 部队（关东军防疫给水部）是这份庞大的鼠疫细菌武器生产计划的主角，“荣”1644 部队、“甲”1855 部队、“波”8604 部队也各有生产任务。从其“300 公斤”生产量的分配计划可以看出，731 部队生产量为 50%，华中“荣”1644 部队为 10%，“甲”1855 部队和“波”8604 部队合计为 10%，南方军“冈”9420 部队为 20%，内地（东京陆军军医学校）为 10%。单就华中（“荣”1644 部队）的生产能力来看，虽然只能达到 731 部队的 1/5（主要原因是计划中提供的老鼠绝大多数供给了 731 部队），但已是华北（“甲”1855 部队）和华南（“波”8604 部队）生产能力的总和。也就是说，截至 1945 年，华中（“荣”1644 部队）鼠疫菌的实际生产能力仅次于 731 部队，位居除南方军防疫给水部（“冈”9420 部队）之外，日军在海外各支细菌部队中的第二名。

① ［日］真田穰一郎：『真田日記』第 36 卷，转引自［日］吉見義明、伊香俊哉「日本軍の細菌戦」，载『戦争責任研究』（季刊）2 号（1993 年冬季号），第 26 页。

第五章 “荣”1644部队浙江细菌战

一 《井本日志》：中国南方侵华日军细菌战研究重要依据

（一）《井本日志》中细菌战记录的“偶然”发现

浙江细菌战，又名“浙东细菌战”“宁波细菌战”。它是由日本大本营参谋本部、陆军省基于日本天皇裕仁第439号“大陆命”，指示731部队和“荣”1644部队在中国南方浙江省境内共同实施的一次更大规模的细菌武器实战。因这次细菌攻击的目标主要是浙江东部，宁波是攻击的主要目标之一，且在日机撒播细菌不久即被发现，故名。浙江细菌战的主力是来自哈尔滨的731“远征队”，又名“奈良部队”，“荣”1644部队负责协调、配合这次行动。从开始计划（1940年5月底）到攻击行动结束（11月底），时间长达6个月。浙江细菌战引发衢州、宁波等地疫情大流行，受害地居民的生命和财产蒙受巨大损失。为了应对疫情，整个浙江及邻近省份都受到扰动。

研究浙江细菌战的文献史料很多，包括日文、中文、俄文、英文史料。日方最重要的文献史料是《井本日志》和原日军细菌部队官兵的供词，中方文献主要是当年的电文、报告、《疫情通报》以及受害地幸存人员的回忆等，俄文最重要的文献是《伯力审判材料》。研究浙江细菌战的文献史料尚有欠缺，如：至今几乎找不到“荣”1644部队总部及各支部的《业务详报》和《留守名簿》（日本国内已发现，暂未出版）；加上“荣”1644部队奉命撤退时，指派有关人员将南京总部和华中各支部的细菌战活动证据全部销毁，给调查、研究这段历史增加了难度。

由于《井本日志》在研究浙江细菌战问题上具有重要的文献价值，

所以有必要先对《井本日志》如何被发现做一个简单介绍。

1993年，日本中央大学吉见义明教授因研究调查慰安妇问题，在日本防卫厅图书馆查阅文献资料的过程中，闻悉原陆军中央将佐有部分人员的业务（工作）日志已公开。

吉见义明通过阅读这些业务（工作）日志，发现井本熊男大佐的《井本日志》、金原节三大佐的《金原摘录》、大塚文郎的《大塚备忘录》、真田穰一郎少将的《真田日记》中都有日军731等细菌部队在中国多地进行细菌战活动的记录，尤其是曾任职驻南京中国派遣军司令部作战课主任参谋井本熊男的《井本日志》，对日军细菌部队分别于1940年、1941年、1942年在中国浙江、湖南常德、浙赣沿线进行细菌实战的记录最为详细。井本熊男的业务（工作）日志中没有任何个人行为记录，属于作战机密，故可信度非常高。《井本日志》中的细菌战内容公开后，因产生了影响，日本防卫厅防卫研究室遂以“私人日记”不宜公开为由，再次封存。日本防卫厅防卫研究室此举，更显这部日志的研究价值很高。

图5-1　井本熊男
（1944年摄于衡阳）

资料来源：义乌市侵华日军细菌战史陈列馆。

井本熊男简介：1903年出生于日本山口县。1925年毕业于陆军士官学校，1934年晋升大尉，同年毕业于陆军大学。1936年任（陆军）参谋本部部员，1937年任大本营参谋，1938年至1939年9月任参谋本部第二课（作战课）参谋、晋升少佐，1939年10月至1940年10月任中国派遣军参谋，1940年10月至1942年12月任参谋本部第二课（作战课）主任参谋、1941年晋升中佐，1942年12月至1943年2月任第八方面军参谋，1943年任大本营参谋、陆军大臣秘书官，1944年晋升大佐，任军务局副职、中国派遣军参谋，1945年8月身为第二总军参谋进入广岛，经历原子弹爆炸。[①]

① ［日］吉見義明：「日本側の文书・记录にみゐ731部隊と细菌戦——井本熊男〈業務日誌〉に現れゐ细菌兵器使用の记述を中心に」。该文是日本中央大学商学部吉见义明教授于2000年12月在东京“731部队细菌战诉讼案”一审法庭上为中国受害者出庭作证的证词。原文参见［日］731・細菌戦展示会実行委員会、731・細菌戦裁判キャンペーン委員会、ABC企画委員会『裁かれゐ細菌戦』第3集，2001年，第18—19页。

（二）《井本日志》的最早发现者

日本学者吉见义明先生并不是最早发现并利用《井本日志》所记内容著书立说者，他只是“偶然”发现《井本日志》中有以 731 部队为首、“荣”1644 部队为辅的日军细菌部队在中国南方（浙江、湖南、江西等地）进行细菌战的有关内容，并对这部分内容做了摘录和相关研究。笔者查阅日本防卫厅防卫研究所战史室编纂、天津市政协编译委员会译校的《日本军国主义侵华资料长编》（《大本营陆军部》摘译）（中册）时发现，日本防卫厅防卫研究所战史室在“摧毁浙江省方面敌空军基地作战的设想”部分，就引用过井本（熊男）中佐“业务日志”（即《井本日志》）中的有关内容。

据此可证：日本防卫厅防卫研究所战史室在编纂“战史丛书”压轴之作——《大本营陆军部》时，肯定看到过《井本日志》中有关（1942 年）“浙江作战”（“浙赣作战”）期间，有日军细菌部队在浙赣沿线进行细菌战的有关记录，也肯定看到过 1940—1941 年《井本日志》中有关浙江细菌战、常德细菌战的记录，只是日本防卫厅防卫研究所战史室在编纂“战史丛书”时，有意“绕开”“忽略”《井本日志》中的“细菌战”记录。

笔者在此做这般说明，无损于日本历史学者吉见义明先生之严谨“史学”态度和学术良知。吉见义明先生以其独到的史家眼光，最先利用《井本日志》中的有关内容，为研究日本侵华细菌战史作出了令人钦佩的学术贡献。笔者只是想说，日本防卫厅防卫研究所战史室作为日本政府的一个研究机构，当年该室的研究人员应该有人早于吉见义明发现《井本日志》中记载的日本侵华“细菌战”内容。只是因为于日本“声誉”不利，故有意隐瞒之。

二 浙江细菌战实施经过

（一）日军谋划实施浙江细菌战背景

1940 年，731 部队为何要联合“荣”1644 部队在浙江宁波（鄞县）、衢州（衢县）等地实施细菌战，这与当时国际形势、日本侵华总态势、遭受细菌武器攻击的目标在战时中国的军事地理、经济地位等都有关系。

1. 国际形势及中国战场态势

1939年年底，第二次世界大战在欧洲率先爆发，至1940年，国际形势发生了重大变化。4月至6月希特勒下令德国军队采用闪电战，对西欧诸国发起全面进攻，先后迫使荷兰、比利时、卢森堡、挪威、法国投降。在德国机械化部队的快速推进下，英法联军敦刻尔克大撤退成为德国攻占西欧大部的标志。德国掌握了欧洲战场的主动权。

“七七事变”后，日本开启全面侵华战争。“西安事变”促进国共合作，中国形成抗日民族统一战线，中国军民的抗日意识大为增强，全国各地抗日斗争如火如荼。虽然日本相继占领南京、广州等重要城市，中国大片国土沦陷，但随着中日战线延长、作战区域扩大，日本渐感战争的艰苦与胶着，从1939年开始，双方进入战略相持阶段。

武汉会战后，日军统帅部内部对中国战局的判断意见不一，认为战争遥遥无期的看法逼迫日军中枢陆军省、参谋本部修改对中国的政略、战略决策。1939年9月下旬，日本大本营发布第362号“大陆令”，将抗战初期派遣到中国关内的侵略军编成中国派遣军（由华北方面军、华中方面军、华南方面军三部分组成）。此后，日军对中国策动更大规模的攻势。第二次世界大战爆发后，中国派遣军“充分利用列强对华军事援助减少时机，谋求‘最高的政略、战略效果’”。①

1940年，英、法等欧洲强国在德国军队肆虐下，纷纷败北，无力顾及在亚洲的利益。日本受到鼓舞，加上日本战争自然资源先天不足的缘故，更加坚定其“北守南进”的政策，实施对东南亚和太平洋地区的侵略扩张，以攫取那里的战略资源。当时中国战场，整个华北地区，都成为中国军民抗击日本侵略的战场；华中地区，敌我相持。为将战略重心南移、加紧太平洋战争谋划，日本参谋本部、陆军省为此专门召开会议，讨论1940年5月由日本陆军省提出的《昭和十五、十六年对华处理方案》，制定对华作战目标，把对中国的作战方针调整为“帝国要更加使政略、战略、谋略一体化，尽全力迅速使重庆政权屈服”。其时机应以1940年年底为目标：“到昭和十五年年末为止的对华武力作战指导，大体上应

---

① 徐勇：《专题解说》，参见徐勇、臧运祜总主编《日本侵华决策史料汇编》军事战略编专题一《战争的发动及其策略》（太平洋战争前）（第一册），社会科学文献出版社2017年版，第34页。

以保持现态势，积极支援政略及谋略的完成为重点；在确保治安区内重要地区安全的同时，适时对集中之敌加以反击，挫其战意，摧毁敌人继续战斗的企图。”①

1940年5月至9月，日本中国派遣军派出代表与重庆政府代表在香港进行密谈（即“桐”工作）的同时，展开一系列军事行动。驻武汉的日军第11军在中国第五战区策动“宜昌作战”，出动陆海航空队连续轰炸西南大后方的重要目标，轰炸浙江沿海重要城镇和浙赣重要交通线，日本陆海军采取联合行动，封锁浙江沿海国际援华唯一的港口——宁波港，以增加这次密谈筹码。正是在这样的国际、国内背景下，日军参谋本部、陆军省决定对中国第三战区的浙江省实施细菌战。

2. 战时浙江鄞县（宁波）、衢县（衢州）等地的军事地理、经济地位

全面抗战开始后，浙江虽非首当其冲，但在上海抗战和南京保卫战期间，给予了有力支援。浙江既是前线，又是后方，各种军需（包括部分民用）多由沪杭铁路、浙赣铁路、京杭公路、内河等水陆要道运送流转。

1937年12月中旬，侵华日军攻陷南京后，就将邻近的浙江省会杭州作为主要进攻目标，至12月下旬，杭州及附近十余县失陷。1940年，中国全面抗战进入第四年，由于国际情势变动复杂，国内抗战局势更加严峻，面临多重困难。因为杭州已被日军先期侵占，日军高层策划浙江细菌战时，就将攻击目标选定为宁波（港口城市）、衢州（浙赣沿线城市）等军事地理、经济地位突出的重镇和附近金华以及江西玉山等市县。

宁波简称“甬”，旧称“鄞县”，地处长江三角洲南翼，它既是一座历史文化名城，又是浙江东部一座重要的临海城市。1842年中国近代史上第一个不平等条约——中英《南京条约》被迫签订，宁波成为“五口通商”的商埠之一。抗战时期，浙江隶属第三战区，上海、杭州失陷后，宁波直到1941年4月被日军占领前，一直是东部沿海接受国际援助的唯一的港口城市，是“内地各省货物和战区军用物资的转运口岸”。由于在战时军事地理位置及经济地位上的重要性，宁波成为日机轰炸的重要目标，国民革命军第194师曾奉命驻扎在此。

衢州简称“衢”，又名“柯城”，地处浙西，也是一座有着悠久历史

① 解学诗、［日］松村高夫等：《战争与恶疫——日军对华细菌战》，人民出版社2014年版，第93页。

的文化名城。它位于闽、浙、赣、皖四省交界处，素有“四省通衢”之称，自古以来就是军事重镇。抗战时期，其军事地理位置尤为突出，它不仅是浙赣铁路沿线的重要城市之一（浙赣铁路穿城而过），还在城区及附近数县建有多个中国军用机场。由于其军事地理位置非常重要，全面抗战爆发后，衢州屡遭日机空袭。1940 年，衢州城东空军基地扩建后，成为当时中国东南各省最大的军用机场，也是离日本本土最近的由中国军队管控的机场之一，日军遂将其作为细菌武器攻击的主要目标。很不幸，衢州及周边数县成为浙江细菌战后遭受灾难最为深重的地区。

金华简称“金”，古称“婺州”，位于浙中，建城历史比衢州更悠久。它与衢州同属浙赣铁路沿线的重要城市之一，其军事地理位置同样重要。抗战时期，有大量中国军队部署于此，是浙江防控司令部驻地。

玉山县有江西“东大门”之称，历来为兵家必争之地。抗战时期，它既是浙赣铁路中部枢纽，又是中国第三战区长官部驻地，且建有军用机场，战略地位突出，因此成为侵华日军浙江细菌战攻击目标之一。

侵华日军浙江细菌战的代号为“ホ（保）号作战”。

（二）日军浙江细菌战准备

1. 浙江细菌战计划的制订与修改

井本熊男在“业务工作”《日志》（《井本日志》）中记载了日本军方在浙江细菌战实施之前召开的一次预备会议，内容如下：

> （会议时间）1940 年 5 月 31 日（会议主题）（浙江）ホ号（细菌）作战
>
> 参谋本部人员：参谋次长泽田茂、参谋本部第一部部长富永恭次……
>
> 陆军省人员：陆军省次官阿南惟几、军务局长武藤章……
>
> 中国派遣军人员：中国派遣军司令官西尾寿造、中国派遣军总参谋长板垣征四郎……中国派遣军主任参谋井本熊男……
>
> 关东军人员：关东军司令官梅津美治郎、关东军参谋长饭村穣……①

① ［日］井本熊男：『井本日誌』第 7 卷，转引自［日］吉見義明、伊香俊哉「日本軍の細菌戦」，载『戦争責任研究』（季刊）2 号（1993 年冬季号），第 9 页。

这次战前会议[①]的与会人员级别很高，中国派遣军、关东军司令官和参谋长亲自与会，说明日本参谋本部、陆军省、中国派遣军司令部和关东军对即将实施的浙江细菌战非常重视；这次细菌作战命令由参谋本部、陆军省直接下达，中国派遣军和关东军联合执行。具体负责这次作战行动的是731“远征队”，“荣”1644部队派遣人员协同配合。

“ホ”是“细菌（战）”的秘匿称号。后面引文中出现的“谷子”“粟”是指“鼠疫跳蚤”，“P”代表“鼠疫”，“C”代表“霍乱”，“T”代表“伤寒”。[②]

6月5日，井本熊男与增田知贞等专门就“ホ（保）号作战”再度进行了商议，将这次细菌战的开始时间定在7月，攻击目标为“浙赣沿线城市”，具体实施的细菌部队直属中国派遣军总司令部，“由石井大佐负责”，进攻方法是飞机空中“雨下”法，飞行高度“四千（米）以上”，作战武器是“（鼠疫）跳蚤”，作战使用飞机场是“句阳（疑为‘句容’之误)”。6月28日，井本熊男“为了与中央联络ホ（保）号等事宜”，紧急决定从南京返回东京。

7月2日，井本熊男在陆军军医学校与石井四郎就决定事项作进一步协商，10日，又与参谋本部作战科员荒尾兴功就“ホ（保）”号事宜进行联络。[③] 21日上午，“在石井部队协商‘ホ（保）’之事宜”后，接到东京“下决心彻底侦察杭州”任务。22日上午，井本熊男飞往杭州侦察，决定将原中央航校（即笕桥中央航校）作为这次行动的基地。[④]

7月25日，关东军总司令梅津美治郎发布《关东军作战命令丙字第659号》：

> 着令关东军野战铁道司令官根据另纸所载一览表将奈良部队器材沿铁道输送。
>
> 关东军总司令美津中将

---

① 吉见义明认为这次高级别会议不一定是在5月31日举行，经过分析，我们认为就是这个时间进行的。

② ［日］奈须重雄：《日本细菌部队的起始和细菌战》，《军事历史研究》2005年第1期。

③ ［日］井本熊男：『井本日誌』第7卷，转引自［日］吉見義明、伊香俊哉「日本軍の細菌戦」，载『戦争責任研究』（季刊）2号（1993年冬季号），第9页。

④ ［日］井本熊男：『井本日誌』第7卷，转引自［日］吉見義明、伊香俊哉「日本軍の細菌戦」，载『戦争責任研究』（季刊）2号（1993年冬季号），第9页。

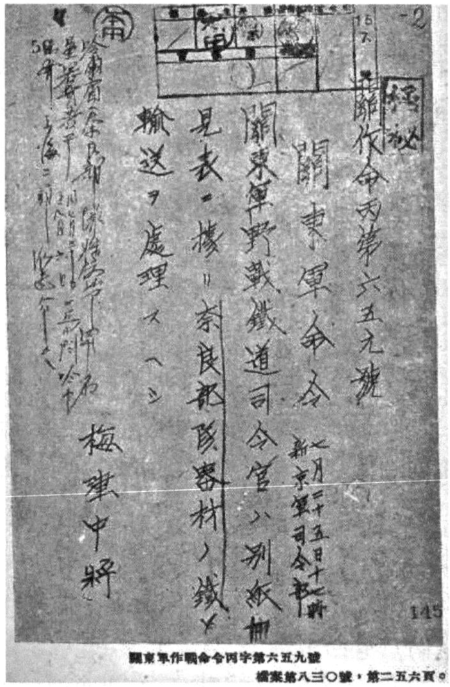
關作命丙第六五九號

關東軍命令 七月二十五日十七時 新京軍司令部

關東軍野戰鐵道司令官ハ別紙細見表ニ據リ奈良部隊器材ノ鐵道輸送ヲ處理スヘシ

梅津中將

關東軍作戰命令丙字第六五九號

檔案第八三〇號·第二五六頁

图 5－2 关东军丙字第 659 号令

资料来源：［苏］《前日本陆军军人因准备和使用细菌武器被控案审判材料》（中文本），莫斯科外国文书籍出版局印行 1950 年版，第 205 页。

关东军作战丙字第 659 号命令还“通报”给以下各部队：

加茂部队，第一、二、三独立警卫队，关东宪兵队司令部，关东军司令部各部，征华日军华北军司令部，征华日军总司令部。

在丙字第 659 号命令的左上方还附有用红墨水写的字条，内容为：

将哈尔滨奈良部队官兵四十名及所带器材于七月三十日至八月六日期间由哈尔滨运到上海一事的命令。①

---

① ［苏］《前日本陆军军人因准备和使用细菌武器被控案审判材料》（中文本），莫斯科外国文书籍出版局印行 1950 年版，第 205、207、209—210 页。

7月26日，关东军野战铁道司令官草场辰巳发布《关东军野战铁道司令部命令第一七八号》：

> 着令哈尔滨、沈阳、锦州各分部长，根据附件所载输送一览表，计划并实行输送奈良部队。沿途给养由各该分部供给。
>
> 关东军野战铁道司令官草场中将

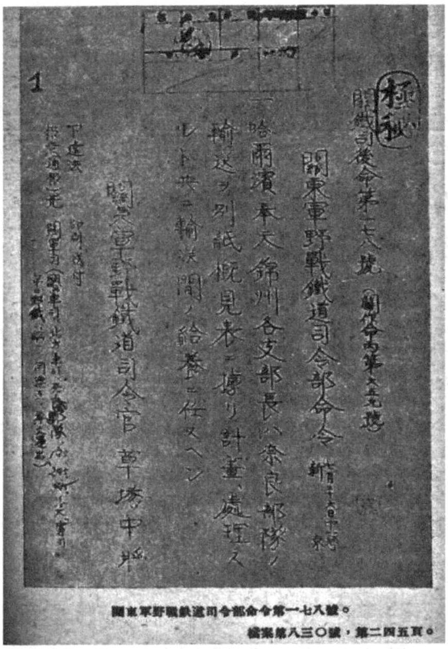

關東軍野戰鐵道司令部命令第一一七八號。

檔案第八三〇號，第二四五頁。

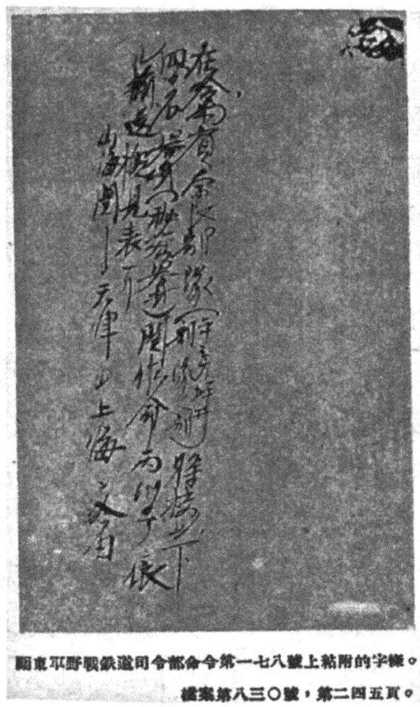

關東軍野戰鐵道司令部命令第一七八號上粘附的字條。

檔案第八三〇號，第二四五頁。

图5－3 关东军铁道司令部第178号令及附件

资料来源：［苏］《前日本陆军军人因准备和使用细菌武器被控案审判材料》（中文本），莫斯科外国文书籍出版局印行1950年版，第211、213页。

该命令除上报关东军司令部外，还通报给以下各部队，内容为：

> 征华日军总司令部、华北日军司令部、奈良部队、第一、二、三独立警卫队、旅大卫戍军、关东宪兵队司令部、第二野战铁道部、海运管理局、海运管理局大连分局及其驻沈代办处。

该命令也附有用红墨水写的字条，附件内容为：

> 依据关东军作战命令丙字第六五九号所拟定的输送一览表，所输送的是驻在哈尔滨的奈良部队（平房坪井部队之一部）校级以下官兵共四十名及其所携带的武器（秘密器材）；行程是山海关——天津——上海。①

这两道命令都盖有“极密”字印。这次南下行动命令由关东军总司令秘密下达，除为这次行动提供后勤保障服务的关东军各部知情外，中国关内只通报给中国派遣军总司令部和华北方面军司令部，没有向华中地区第 11 军和第 13 军司令部通报。也就是说，731“远征队”与南京奈良部队的这次行动，驻武汉的日军第 11 军司令部和驻上海的日军第 13 军司令部并不知情，由此可证这次针对浙江的细菌战保密度确实极高。

2. 731“远征队”人员分批到达杭州笕桥与“荣”1644 部队派出人员汇合

笕桥中央航校旧址位于杭州市笕桥镇（今杭州市江干区横塘中路与同协路交会处附近）。笕桥中央航空学校的前身是 1928 年 11 月在南京成立的中央军校航空队，1929 年，航空队改组扩编后改名为航空班。1930 年，在航空班的基础上决定在交通运输方便的杭州笕桥建立航校。1931 年春，利用笕桥兵营，扩建笕桥机场，“将南京的航空班原班人马和设备全部迁到笕桥”。② 扩建后的航校设施齐全，设备先进。航校东部为机场等军事设施区，有弹油库、机修厂、飞机制造厂等建筑和设施，西部为教学生活区域，有运动场、办公楼、学生宿舍、别墅群等建筑和设施。笕桥中央航校被认为是中国近代规模最大、组织健全完善，管理最严格的航空专业人才培训基地。1937 年全面抗战爆发后，中央航校迁移至广西柳州，接着又迁至昆明市郊王（巫）家坝、巴基斯坦拉合尔，抗战胜利后又迁回笕桥。笕桥中央航空学校旧址今已成为全国第六批重点文物保护单位。

731“远征队”是如何到达浙江杭州笕桥中央航校的，是否分批次到

---

① ［苏］《前日本陆军军人因准备和使用细菌武器被控案审判材料》（中文本），莫斯科外国文书籍出版局印行 1950 年版，第 211、213、217—218 页。

② 陈栖霞、朱鸿道等：《笕桥中央航空学校》，《浙江文史集萃》（政治军事卷上册），浙江人民出版社 1996 年版，第 209 页。

达，原731部队少年班队员石桥直方于1993年7月在接受韩晓、山边悠喜子问讯时，有过较为详细的回忆。这里将其回忆整理如下：

昭和15年（1940年）7月26日（或27日）傍晚，“奈良部队”从哈尔滨平房出发。石桥直方是替代卫生兵前往。他们把飞机机翼折叠装载到铁路专用线的货车上，卡车、轿车也都装载上了，陶制细菌炸弹装载到有篷货车上，然后乘火车南下，途经大虎山、锦州、唐山、山海关、北戴河、天津、德县（山东德州）、济南、徐州、宿县、蚌埠、南京，当时过江（指长江）没有桥，“所以用带轨道的货车航运船把货车载运过去”。731“远征队”一起乘坐运载货车的船过江后，经镇口（镇江）、苏州、嘉兴到达杭州。当时华中“荣”1644部队（时称“多摩部队”）作为“远征队”的协作部队，曾派人到南京车站接站，带他们参观了中山陵、明孝陵、玄武湖等地。“远征队”到达杭州后，“多摩部队”大约50多人，由村上军官率领和731“远征队”汇合。哈尔滨731“远征队”第二批40多人，先乘火车到大连，然后乘船到上海再到杭州，到达时间比第一批晚一天。

8月4日，从哈尔滨过来的第一批“远征队”队员到达南京浦口，在南京周转2天后，于6日到达杭州笕桥中央航空学校。到杭州后，石桥直方一行才明白从哈尔滨空运鼠疫跳蚤到杭州来的目的。航空班人员把装载炸弹的地方进行了改造，用以装载跳蚤。

从哈尔滨和南京来的人员全都住在杭州中央航空学校（即杭州笕桥航空学校），航空学校有飞机场，由从南京来的“荣”1644部队的卫生兵负责警戒。

用于投撒（鼠疫跳蚤）的飞机飞行速度很慢，时速大约只有150公里。飞行员是增田（美保），他是药剂将校，但有飞机驾驶执照。[①]

1984年12月，英国记者彼得·威廉斯（Peter Williams）、大卫·瓦雷斯（David Wallace）曾在“热海”采访过石桥直方，石桥直方“保留

① 金成民、［日］中野胜编：《日本军细菌战原队员证言集》，黑龙江人民出版社2009年版，第41—45页。

了他战时经历的详细日记，记录了一部分石井四郎对中国的秘密袭击”。①2名英国记者于1984年对石桥直方的采访记录与10年后韩晓、山边悠喜子于1993年对石桥直方的采访记录基本一致。这说明，石桥直方对731“远征队”这次南下的记忆较为深刻、真实。

731“远征队”究竟有多少人参加了浙江细菌战活动？南京“荣”1644部队究竟有多少人配合了731“远征队”的这次行动？学术界一般认为731部队、“荣”1644部队共有90余人参加了这次行动。

依据石桥直方的回忆，多摩部队（“荣”1644部队）由村上率领，来了50多人。我们是从哈尔滨由陆路走的，另有40多人是乘火车到大连，然后乘船到上海，再到南京、杭州。石桥直方的“回忆”中没有提及最先乘火车从哈尔滨经陆（铁）路南下的这一批“远征队”队员有多少人。

日本学者近藤昭二曾于1994年采访原“荣”1644部队队员田中辰三。田中辰三曾为“荣”1644部队南京总部第二科（课）人员。据田中回忆，这次从哈尔滨来的“奈良部队”有48人，南京“荣”部队也派出48人参与浙江细菌战。②

《伯力审判材料》的插页中有《关东军野战铁道司令部第178号令》，并附有《石井部队一部分人员输送一览表》。

从这份表中可看出，最先从哈尔滨出发一路坐火车经山海关、天津、浦口南下的官兵人数是40人，第一、第二、第三批“器材”则是经哈尔滨到大连，然后走水路运达上海。这张表的“备考”最先一批走陆路南下的有40人，加上后来走水路线下的40多人，共80多人，再加上“荣”1644部队派出的“加茂部队”约50人，一共大约130人。

综上，日军陆军中央对这次细菌战行动可谓“深思熟虑”。原计划这次细菌作战行动，使用江苏的句容机场，因飞行距离与飞机的航速不匹配，改为使用杭州中央航空学校（机场）。选择笕桥中央航空学校作为731“远征队”及“荣”1644部队人员的行动基地，一是因为杭州被日军占领时，笕桥航校的办公楼、住舍、机场基础设施损坏并不严重（1995年

---

① ［英］彼得·威廉姆斯、大卫·瓦雷斯：《731部队——第二次世界大战中的日本细菌战》，吴天威译，台北：“国史馆”1992年版，第86页。

② ［日］NPO法人731資料センター『会報』，2016年第19号。

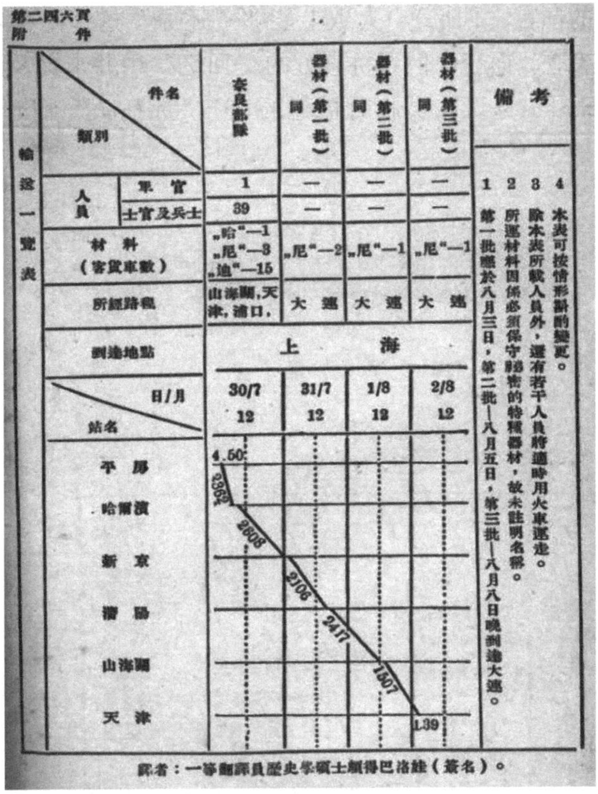

第二四六頁
附　　件

輸送一覽表

類別＼件名		奈良部隊	器材（第一批）同	器材（第二批）同	器材（第三批）同
人員	軍官	1	—	—	—
	士官及兵士	39	—	—	—
材料（客貨車數）		„哈“—1 „尼“—3 „迪“—15	„尼“—2	„尼“—1	„尼“—1
所經路程		山海關，天津，浦口，	大連	大連	大連
到達地點		上海			

站名＼日/月	30/7 12	31/7 12	1/8 12	2/8 12

備考

1 本表可按情形酌變更。
2 除本表所載人員外，還有若干人員將適時用火車運走。
3 所運材料因係必須保守機密的特種器材，故未註明名稱。
4 第一批應於八月三日，第二批—八月五日，第三批—八月八日晚到達大連。

譯者：一等翻譯員歷史學碩士顧得巴洛娃（簽名）。

图 5－4　《石井部队一部分人员输送一览表》

资料来源：［苏］《前日本陆军军人因准备和使用细菌武器被控案审判材料》（中文本），莫斯科外国文书籍出版局印行 1950 年版，第 219 页。

4 月，原 731 航空班队员松本正一接受采访时曾回忆说：“杭州的中央航空学校是一个三四层楼的很漂亮的建筑。”）；二是因为考虑到投撒细菌武器的飞机是九七式轻型飞机，航速慢，单次飞行距离短，所以才将执行投撒任务的飞机起降机场改为离攻击目标最近的杭州笕桥中央航空学校的机场。由于原作战计划有改变，原定 7 月的作战时间顺延。原本 7 月是正式作战时间，变成 7 月是准备作战时间、最终方案的确定时间，8 月末完成一切准备，9 月才正式进入细菌战实施阶段。

3. 731“远征队”的另一个临时据点（基地）

731“远征队”南下后的落脚点并非只有笕桥中央航校，还有一处更为隐秘、临时搭建的细菌武器实验、实战“野营地”。据原 731 部队工务班队员 H. F 的证言（回忆），大致上能够“还原”这个隐秘在杭州附近山林间的“基地”面貌。但石桥直方的“回忆”中并未提及这个在杭州附近山林由日军工务班队员临时搭建的 731 “远征队”临时“野营地”（见图 5 –5）。

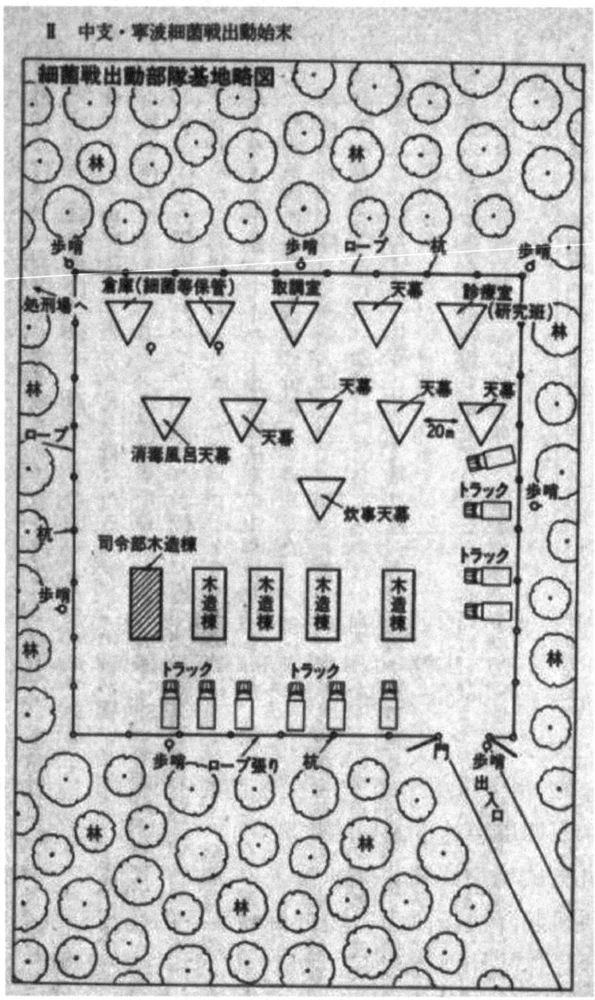

图 5 –5　日军浙江细菌战出动细菌部队基地略图

资料来源：［日］郡司陽子：『【真相】石井細菌戦部隊』，東京：德間書店 1982 年版，第 69 页。

H. F 是日本千叶县人（石井四郎家乡人，千叶班成员），昭和 14 年（1939 年）进入哈尔滨关东军 731 工务班。在哈尔滨平房时，曾负责建造七八栋房子。

现将 H. F 回忆（证言）整理于下：

> 昭和 15 年（1940 年）7 月某日晚，H. F 接到次日晚 9 点出差命令，队长是一名曹长，约 10 名队员，H. F 是工务班唯一南下的队员（因有建房技术和经验）。为保密，坐在运送物资列车的闷罐子车厢里，途经奉天（沈阳）、山海关、北京、天津、徐州、南京、上海，最后到达杭州。H. F 开始并不知道这次南下的具体任务，直到在杭州见到从卡车上下来的 731 防疫给水班人员（其中有认识的）时才有些明白。
>
> 从车站坐卡车出发，大约 1 个小时后到达杭州某山林深处的一个百米见方的空旷地带，在大约一星期内，搭了约 10 顶帐篷，建起五六栋木房。营地建成后，又陆续来了差不多 200 人，约 50 名将校（军医为主）、20 名士兵，其余是各种研究班、写真（照相）班和勤杂人员（军属组成）。营地总指挥是一名细菌学军医大尉。基地戒备森严，哨兵 24 小时执勤。
>
> 每天早上有二三十名身着中国服、会说中国话的队员从营地出发，坐卡车外出侦察地形，打探中国人聚居区内情、抓人，晚上才回营地。把抓来的人当作抗日分子，在关押、拷问后将他们活埋或斩首，抓到基地的四五十名中国人，约有一半被处刑。

H. F 听细菌攻击班的队员说，先侦察，然后攻击班出动，在河流上游或水井里投撒伤寒、鼠疫菌毒。攻击班队员回到营地后要进行严格消毒。之后，由军医带专门班（测定班、照相班）着中国服，对河水、井水污染度进行调查，检测细菌武器“效果”。收集中国居民感染不明“疫病”的情报，给病人吃药，观察病人不同反应，采集病人血液，然后回到基地。至此，H. F 完全明白了这次出差的真正目的是细菌“实验”。

实验的目的是实战。731 航空班从哈尔滨平房运送“细菌炸弹”到（杭州）基地飞机场，改用轻型飞机负责投撒，攻击目标为中国人聚居区（村镇），这种攻击有三四次。在投撒细菌一星期后，由专门班（效果测定班、军医、照相班、护卫士兵共计二三十人）着防毒服、面具（因为投撒的是鼠疫菌）乘车到细菌炸弹投放地——中国居民区进行调查。当地居民看到这些人来后，没染病的大多数跑了，染病的躺在地上，发着高烧，军医测他们的呼吸、体温、脉搏，提问"'炸弹'投放时你在哪里?"，给病人做一点处理，采集病人的血样。又给那些没跑的健康人打针（注射细菌），结果，整个村镇全部受害，照相班选病人痛苦的样子给他们照相。调查完后撤退时，对所用物品进行彻底消毒，回到基地后又进行一次全面消毒，并将采集血样送交基地研究室保存。

由于杭州的新闻报纸大量报道不明传染病猛烈流行，部队的（细菌战）秘密隐瞒不住了，731 部队总部好像也知道了这个消息，虽然对细菌攻击"效果"很满意，但也知道"消息"公开后会有"危险"（指违规使用细菌武器，会遭到世界舆论谴责）。一天早上，突然接到返回原地的命令。基地只留下一个帐篷，其余能拆的都拆掉，用卡车运走。H. F 和曹长以下约 10 人（先期来的那 10 人）留下来处理和销毁残留物、废弃物后才离开。

H. F 在证言的最后说：来的时候（附近）什么事都没有，离开的时候因为到处都流行传染病而感到不安。①

H. F 证言中提及的这个在杭州近郊临时搭建、相当隐秘的细菌实战性实验基地（据点），在《井本日志》及其他日文文献中都没有明确的记述。笔者以为，田村良雄于 1954 年 10 月 10 日提交的笔供词可以印证：

> 1940 年大量生产细菌期间，于 7 月中旬前后，柄泽十三夫大尉随同野崎幸雄少佐，率领班员中前秋雄军曹及雇员桂岛长次郎、桥本一男、横山三郎等，去华中地区进行阴谋活动，以细菌杀害中国人民。我听桂岛长次郎说，在天津、杭州、汉口等地照了相，我也看见照片了。又听桥本一男说，在进行伤寒病菌谋略战时，他自己还传染上伤寒病了。②

---

① ［日］郡司陽子：『【真相】石井細菌戦部隊』，德間書店 1982 年版，第 58—84 页。

② 中央档案馆等编：《日本帝国主义侵华档案资料选编·细菌战与毒气战》，中华书局 1989 年版，第 250 页。

田村良雄的供词与H. F证言中提到的南下时间、交通工具（乘火车南下）、细菌攻击方法——“谋略战”（人工谋略，即通过人工进行地面攻击）、己方有人员感染病菌等内容相似。田村良雄“笔供”柄泽十三夫参与了这次“去华中地区进行阴谋活动”，但柄泽十三夫在伯力接受审讯期间，并未如实供述自己参与了此次行动。

4. *石井四郎在浙江细菌战中的“角色”定位*

石井四郎是浙江细菌战的总策划者，但他并没有在哈尔滨遥控指挥这次细菌战行动，他也到了华中地区，只是他没有坐镇华中“荣”1644部队总部指挥，也没有在离细菌攻击目标最近的据点杭州笕桥中央航校指挥，而是和731部队的部分军官到了汉口。“荣”1644部队在武汉三镇之一的汉口设立了汉口支部，石井四郎一行应该就是住在那里。

据伯力审判期间柄泽十三夫供称：1940年9月，石井四郎“带了部队内其他一部分军官到汉口去，同年十二月返回了本部队”。[①]

伯力审判期间，被告西俊英也供称石井四郎在1940年5月至7月，率领731“远征队”在华中宁波一带使用过鼠疫菌攻击，方法是飞机散播鼠疫跳蚤。这一消息是他在731训练部保险柜内发现的文件中了解到的，文件上明确记载远征队员“担负有使用致命细菌的任务”。此外，西俊英还亲眼看过在战区投掷细菌地点摄下以证实所用细菌武器有效的影片。该影片有：特种器皿挂在几架飞机下面、中国军队在移动、一个村庄、实施攻击的飞机转回机场、“任务完成”字样、石井四郎和碇常重从飞机上走下来、中国报纸报道宁波发生鼠疫等。[②] 石井四郎带碇常重南下参与指导浙江细菌战，是因为碇常重时任731部队第二部实验部部长，在1939年日苏诺门罕战役中担任过细菌战敢死队队长，有细菌实战经验。

柄泽十三夫、西俊英供词中对石井四郎南下华中的时间记忆有出入。西俊英说是5月至7月，柄泽十三夫说是9月至12月。这可能不是他们记忆有误，可能是石井四郎在5月至12月，曾数次往返哈尔滨、汉口、南京。《井本日志》第10卷明确记载了石井四郎于11月中旬前后到过南京。

---

① ［苏］《前日本陆军军人因准备和使用细菌武器被控案审判材料》（中文本），莫斯科外国文书籍出版局印行1950年版，第24页。

② ［苏］《前日本陆军军人因准备和使用细菌武器被控案审判材料》（中文本），莫斯科外国文书籍出版局印行1950年版，第25、300—301页。

> 此时（11月中下旬）石井大佐来宁……突然提出撤退。石井大佐对11月末终止作战没有异议。[①]

这是石井四郎接到上级终止浙江细菌战命令后，到南京来与中国派遣军司令部协商如何终止事宜。

伯力审判法庭医学检验委员会在审判《结论》中明确指出：石井四郎负责的731部队在进行多年细菌战准备工作后，其时使用细菌武器已成为可能，于是就装备过几届派到中国几个区域内去使用细菌武器的“远征队”。1940年，“由石井四郎亲自率领了第731部队内一个装备有大量伤寒、霍乱菌及大量鼠疫跳蚤的战斗远征队到中国宁波一带去”。[②]

（三）浙江细菌战细菌武器来源、种类及数量

由于“荣”1644部队建成与浙江细菌战实施相隔只有一年半的时间，“荣”1644部队在南京总部的细菌武器生产尚在起始阶段，不足以为这次行动提供鼠疫跳蚤等菌种，只能从相隔南京数千里之外的731部队细菌生产工厂空运过来。

活発に証言活動を続ける元少年隊員篠塚良雄

图5-6　田村良雄

资料来源：［日］西里扶甬子：『生物戰部隊731』，東京：草の根出版会2002年版，第131页。

1. 1954年9—10月，原731部队少年班队员田村良雄[③]供词：

> 1940年5月上旬至6月上旬，在关东军防疫给水部本部（加茂部队）田中、筱田班培养跳蚤时，根据部队的命令，我和其他18名少年队员一起，以雇员的身份参加了这一活动。在田中、筱田班技手田中的直接指挥下，擦煤油桶，将少量小麦装入桶内，然后再将装在笼子里的老鼠放进去，大约一

---

① 李海军等编译：《侵华日军细菌战重要外文资料译介》，中国社会科学出版社2018年版，第11页。

② ［苏］《前日本陆军军人因准备和使用细菌武器被控案审判材料》（中文本），莫斯科外国文书籍出版局印行1950年版，第437页。

③ 田村良雄：又名筱冢良雄，日本千叶县人，1939年加入关东军防疫给水部，1946年加入解放军，1952年自首，1956年与其他1108名日本战犯被遣送回日本。自20世纪90年代中期以后，曾多次到东北、浙江、湖南等细菌战受害地，以亲身经历揭露侵华日军细菌战罪行，真诚地向被害者表示忏悔，向中国人民谢罪。

个月内，每日清早给老鼠一些胡萝卜，死的老鼠要用活的换出来。我每天管理 10 个煤油桶，培养了 70CC 跳蚤。同年 6 月上旬，和 15 名队员一起培养了 900CC 跳蚤，这些跳蚤被动物班领去，和 2000 只老鼠一同由航空班搬去，用飞机运往南京。

1940 年 7 月上旬至 11 月上旬，（我）和另外 120 名（队员）一起，参加了大佐川岛清为总指挥的细菌大量生产队。

7 月上旬至 8 月下旬，在细菌大量生产队一大队无菌室和其他 30 名（队员）一起进行霍乱病菌、发疹伤寒病菌的配置和收集。

8 月下旬起大约两个星期，在细菌大量生产队本部材料班内和雇员制造了搬运细菌用的冷冻液，用时大约一星期。其后约一星期，和另外约 10 名（队员）一起准备了操作 1000 罐需要的材料，同时每天制造配置细菌用的棉棒，并进行了采取棒、中布、蛋白质水溶液空瓶的灭菌工作，从而使细菌的配置收集工作得以顺利进行。

9 月初，和材料班的 3 个人一起在研究室将装载在蛋白质水溶液中的约 10 公斤伤寒病菌放在 2 个木箱内，将“人造冷冻剂”装进后封存，第二天由航空班用飞机运往南京。

9 月上旬至 11 月上旬（中间有 1 个月参加长春预防鼠疫）在细菌大量生产队菌苗班与另外 4 名队员，每天生产 1000 个培养罐，制造疫苗所需用的 3% 的普通寒天营养液，并对器材进行了杀菌消毒，使大量菌苗生产得以顺利进行。①

1940 年 7 月初至 9 月下旬，10 月下旬至 11 月中旬，编制了临时大量生产细菌队，从（731）各部召集了 120 名人员，在总指挥川岛清大佐、本部野崎少佐、第一大队长早川清少佐、第二大队长铃木启之少佐的指挥命令下，在两个细菌生产工厂里制造了约 270 公斤伤寒、霍乱、副伤寒、鼠疫、脾脱疽菌。这些细菌都由航空班送往南京及华中地区的“远征队”使用了。②

---

① 中央档案馆等编：《日本帝国主义侵华档案资料选编 · 细菌战与毒气战》，中华书局 1989 年版，第 248—249 页。

② 中央档案馆等编：《日本帝国主义侵华档案资料选编 · 细菌战与毒气战》，中华书局 1989 年版，第 57—58 页。

田村良雄 1954 年 10 月的这份供词主要明确了以下几个事实：

第一，1940 年在浙江衢州、宁波等地使用的各类细菌武器全部由 731 部队总部生产。

第二，1940 年 5 月上旬至 6 月上旬，731 部队第四部（生产部）筱田班增加人手，培养用于生产鼠疫菌的跳蚤，培养的近 1000CC 跳蚤同 2000 只老鼠被空运至“荣”1644 部队总部。

第三，1940 年 7 月，应浙江细菌战所需，生产部从各部召集 120 人，成立“细菌战大量生产队”，扩大细菌武器生产规模。

第四，8 月制造搬运细菌用的冷冻液，是为了让运往南京的细菌（武器）不因路途遥远、季节气候不同而受损。

第五，7 月初至 11 月初，生产部的两个细菌生产工厂加人、加班、加点，生产出伤寒菌、发疹伤寒菌、霍乱菌、鼠疫菌、脾脱疽菌等共计 270 公斤，全部用飞机运往南京及华中地区。

从田村良雄的这份供词中可以清晰地看出 731 部队第四部（生产部）为浙江细菌战做准备、扩大规模生产多种细菌武器的全过程。田村良雄的供词是基于他自己参加制造细菌武器的经历，加上有其他证言可以佐证，故其可信。

2. 佐证材料之一：对原 731 航空班飞行员松本正一的调查材料

1995 年 4 月，松本正一接受日本静冈大学森正孝调查询问时，给出了比较详细的回答。在此将其中与 1940 年浙江细菌战有关的内容整理于下：

> 去过南京的多摩部队，去的时候是重型轰炸机，（带了）2000 只或 3000 只老鼠，分别装进这么大的箱子里。每只箱子里大老鼠装 200 只，小的装 300 只。
>
> 重型轰炸机基本是用来运输。投撒跳蚤的是九七式轻型轰炸机，机翼下有缆索和十几段笼子，把跳蚤直接装在笼子里边。由专业人员装载，飞机上安有部队制造的装罩，在炸弹将要爆炸之前一搂扳机，瞬间就能打开……采用低空飞行。我没有直接攻击过，寺泽少佐攻击过。听说是把跳蚤与麸子掺和在一起装的。
>
> 去杭州进行细菌实验，使用的是真的（细菌）炸弹。有从平房坐火车去的，我觉得去了 200 多人，我是乘飞机去的。也有从南京

（1644 部队）来的人。①

3. 佐证材料之二：伯力审判期间被告柄泽十三夫的供词

1940 年下半年，铃木少佐奉石井将军②命令，指派柄泽十三夫准备70 公斤伤寒菌和50 公斤霍乱菌，因为石井将军正准备率领一个特别远征队去（华中地区）用细菌反对（击）中国军队。同时，（731 部队）第二部（实验部）为石井将军远征队培养了 5 公斤染有鼠疫的跳蚤，以便去散布鼠疫。③

操縦服の松本正一パイロット。731部隊航空班の軍属だった

图 5－7

资料来源：［日］西里扶甬子：『生物戰部隊 731』，東京：草の根出版会 2002 年版，第 59 页。

石桥直方、松本正一、柄泽十三夫等人的供词和回忆，因为他们各自了解（亲身经历、看到或听到）的具体情况有所不同，他们的记忆或有误差，但基本上与史实相一致。故作为实证引用于此。

（四）浙江细菌战实施经过

浙江细菌战是日本大本营陆军省、参谋本部共同策划，领受日本天皇裕仁“大陆命”指示后下令进行，中国派遣军司令部、关东军司令部只是起了辅助作用。所以，浙江细菌战实施经过只有以解读日方文献资料为主才能还原历史真相。而自始至终参与浙江细菌战谋划、调配等具体工作的中国派遣军参谋井本熊男写的工作日志中就有较为详细的记录。除日方文献外，伯力审判材料、中国档案文献及调查材料亦可佐证之。

① 金成民、［日］中野胜编：《日本军细菌战原队员证言集》，黑龙江人民出版社 2009 年版，第 52—55 页。

② 1938—1941 年 3 月石井四郎的军衔为大佐，1941 年，晋升为将军。

③ ［苏］《前日本陆军军人因准备和使用细菌武器被控案审判材料》（中文本），莫斯科外国文书籍出版局印行 1950 年版，第 24、281 页。

1.《井本日志》记录

《井本日志》中比较清楚地记载了731“远征队”和“荣”1644部队实施这次细菌战的经过。井本熊男在浙江细菌战计划准备及实施过程中，除负责联络、协调，起穿针引线作用外，还以中国派遣军主任参谋的身份积极参与作战计划的修订和攻击目标的进一步确认工作。可以说，井本熊男全程谋划并积极参与了这次行动。正是因为他全程参与了，浙江细菌战的“内幕”才会在他的业务（工作）日志中被“有条不紊”地记录下来，成为浙江细菌战是日军两大细菌部队所为的铁证。

1940年8月28日，井本熊男与参谋本部的第一部长富永、作战课作战班、编成动员科编成班有关人员就“ホ（保）”号事宜进行了联络。30日，井本熊男与“荣”1644部队长增田知贞中佐就“奈良部队（731远征队）经费”“奈良部队编成表呈出件”进行了联络。9月10日，井本熊男与“奈良部队”就进攻目标、细菌输送进行了联络。[①]

《井本日志》记载：

> 一、9月10日，与奈良部队太田（澄）中佐、增田（美保）大尉联络
>
> 1. 搜索目标，宁波和衢县是否适当（金华如何?）
>
> 2. 第一批弹药延迟，数日后到达，第一批弹药由C（霍乱）改为T（伤寒）[②]。

这一记载表明，这次731“远征队”细菌攻击行动的直接指挥者是太田澄中佐，增田美保就是驾机飞行员，攻击首要目标初步选定宁波和衢县，金华是备选首要目标。用以攻击的第一批细菌武器由霍乱（代号为“C”）改为伤寒（代号为“T”）。令人奇怪的是，鼠疫跳蚤不是第一批运达的细菌武器。

《井本日志》9月18日记载：

---

① ［日］井本熊男：『井本日誌』第8卷，转引自［日］吉見義明、伊香俊哉「日本軍の細菌戦」，载『戦争責任研究』（季刊）2号（1993年冬季号），第10页。

② ［日］井本熊男：『井本日誌』第8卷，转引自［日］吉見義明、伊香俊哉「日本軍の細菌戦」，载『戦争責任研究』（季刊）2号（1993年冬季号），第10页。

18/9（9月18日）星期三

一、（省略）

二、与奈良部队的联络：

1.（作战）开始延迟的理由

2. 弹药除空运外，还采用陆上运送并行方式

3. 福岛雇员战死情况

4. 生产量每日10公斤（C），（T）产量更高

5. 目标可设为宁波（附近村庄，1平方公里1.5公斤）

金华、玉山1平方公里×2公斤（附近村庄，1平方公里0.7～0.8公斤）

据山本参谋（关东军参谋山本源一）

1. 有将稀释弹药大范围投掷或将大浓度弹药较少次数投掷的两种做法，将后者目标选定为温州（台州 温州 丽水?）

2. 决定采用雨下法，使用降落伞一事

宁波的海上方案

3. 借用航空照相机一台

4. 使用笕桥机场的相关事宜

其他部队使用要做长远考虑，其他联络事宜

5. 交付地图

6. 谋略相关事项①

9月18日《井本日志》记载内容主要反映出，9月18日前后仍是浙江细菌战准备阶段。5月底至9月，731部队和“荣”1644部队为准备和实施细菌战，整个计划一直处在调整状态。

与奈良部队联络是为了弄清楚作战时间一再延迟的具体原因，其中最主要的原因是进攻所用的“弹药”（细菌武器）须通过空运和陆路运输到达杭州笕桥基地，而在运输过程中因路线选择不同，行程中会遇到一些实际问题，使原定“作战”时间顺延。

福岛雇员“战死”也是“作战”顺延的原因之一。福岛雇员为何

① ［日］井本熊男：『井本日誌』第9卷，转引自［日］吉見義明、伊香俊哉「日本軍の細菌戦」，载『戦争責任研究』（季刊）2号（1993年冬季号），第10—11页。

“战死”，这次细菌战行动非常隐秘，作为“雇员”身份的福岛不可能是在与中国军队的战斗中“战死”，很可能是在“弹药”运输、保管过程中，因细菌泄露，受到感染，不治身亡。据石桥直方回忆：在杭州机场向飞机转运（弹药）时，由于操作失误，带鼠疫菌的跳蚤逃跑了。因为很危险，所以撒了大量的杀虫剂。[①] 2000 年 11 月 15 日，原 731 部队航空班飞行员松本正一为中国原告向东京地方法院法庭提供的证词中也有类似的陈述：在一次细菌攻击作战行动中，因装有鼠疫跳蚤的箱子后门打不开，里面的跳蚤滚成一团，播撒不充分。返回笕桥机场后，在机场草丛上打开箱子，里面跳出大量跳蚤，慌乱中消毒不彻底，结果造成机场污染。[②]

《井本日志》特意记载霍乱（C）、伤寒（T）的月产量，很可能是鼠疫跳蚤产能不足，加上又泄露过鼠疫跳蚤，退而求其次，在“弹药”问题上，可以考虑适当增加 C、T 两类“弹药”；攻击目标包括宁波及附近村庄，金华、玉山及附近村庄，至于温州、台州、丽水这几个目标在最初的计划中并未列入，但从 9 月 18 日起列入攻击目标范围；不同的攻击目标，每平方公里投放的细菌武器重量有差别；飞机投放细菌方式（雨下法）分为两种，即大面积投放低浓度细菌和集中（小面积）投放高浓度细菌；投放细菌的时间应为 9 月 18 日之后（9 月 18 日至 10 月 7 日）；笕桥机场应作为细菌攻击的专用机场。

《井本日志》10 月 7 日记载：

10 月 7 日

一、听取奈良部队情况（山本参谋、福森大佐、太田中佐、金子大尉、增田大尉）

1. 运输（弹药），迄今 6 次，其中船运 2 次，空运当日到达，船运需 6 日，以后空运为宜。

2. 迄今攻击次数共 6 次。跳蚤 1G（克）约 1700 只。

3. 期待（攻击）效果的评定

① 金成民、[日] 中野胜编：《日本军细菌战原队员证言集》，黑龙江人民出版社 2009 年版，第 44 页。

② 王希亮、周丽艳编译：《侵华日军 731 部队细菌战资料选编》，社会科学文献出版社 2015 年版，第 395 页。

秘密侦查

4. 根据测定的杭州气象数据，将之移至现场，不可使用降落伞（只针对宁波，或为对宁波使用跳蚤）。

5. 温州作为雨下法目标，台州等不适合，但攻击温州时，根据气象数据，若不使用降落伞会很困难。

6. （据山本参谋）

目标与攻击法之间的融通

（决定）

重复攻击法更有利

7. 人事问题

8. 兵要地志

9. “ホ（保）”作战前景（对持续下去的见解）①

从10月7日的《井本日志》记载可知，这是细菌攻击行动之后的汇报日志，具体由山本参谋、福森大佐、太田中佐、金子大尉、增田大尉等向上级报告。截至10月7日，一共进行了6次攻击。攻击时用的“弹药”（细菌武器）是分6次从哈尔滨经陆路、海路运达（杭州笕桥机场），但海运较慢。这次细菌武器攻击次数与运输次数一致。特意记载每克有多少只（染疫）跳蚤，说明6次攻击行动中，鼠疫跳蚤是细菌武器中的首选武器之一。细菌攻击效果，暂不得而知，需由（化装成中国人的）“密探”前去打听。“雨下法”并非适用于所有攻击目标，不同的攻击目标应采取不同的攻击方法。投撒细菌的方法需要考虑攻击目标当地的气象条件，就是说气象条件会对攻击“效果”产生影响。对同一目标进行重复攻击会产生更理想的“效果”。

从9月18日到10月7日，20天时间内一共进行了6次细菌攻击。《井本日志》没有逐次记载攻击目标是哪个（哪里），但我们可以从《井本日志》的几则日志内容及浙江受害地受害人的回忆，确认这6次攻击目标依次是鄞县（宁波）、衢县（衢州）、玉山、温州、台州、丽水（按遭受攻击的时间先后排序）。

① ［日］井本熊男：『井本日誌』第9卷，转引自［日］吉見義明、伊香俊哉「日本軍の細菌戦」，载『戦争責任研究』（季刊）2号（1993年冬季号），第11页。

《井本日志》10月8日记载：

> 实验终结的时间不能明确，有必要考虑12月以后怎么办（姑且12月先撤，明年再派）。
>
> 我想C（霍乱菌）不会发生（效果），P（鼠疫菌）也许会成功。①

这是井本熊男调回东京参谋本部任职之前，与其接任者吉桥戒三（中国派遣军参谋）和“荣”1644部队长增田知贞就今后作战方针进行商讨之后的记录。

从这则日志中可看出，井本熊男非常关心攻击“效果”。对霍乱菌的攻击效果不抱什么“希望”，但认为鼠疫菌（P）能产生效果。因为大规模攻击告一段落，至于何时中止这次“实验”需要考虑。12月以后，天气寒冷，所以有必要考虑在12月中止，明年再来。

井本熊男于10月8日调回东京参谋本部就任他曾工作过的作战课后，日志记载并未因此中止。

《井本日志》11月25日记载了日本大本营参谋本部关于中止这次细菌战的781号“大陆指令”：

> 根据大陆指令690号，发出来于本月末中止试验的指示。（《井本日志》第9卷）
>
> 11月25日，日本大本营参谋本部确实发布了大陆指第781号令，决定于11月末终止作战（浙江细菌战）：
>
> 大陆指第781号：
>
> 中国派遣军总司令官西尾寿造阁下
>
> 关东军司令官梅津美治郎阁下
>
> 根据大陆命第439号作如下指示：
>
> 一、中国派遣军总司令根据大陆指第690号目前正在实施的特种毒瓦斯试验应于11月底结束。

① ［日］井本熊男：『井本日誌』第9卷，转引自［日］吉見義明、伊香俊哉「日本軍の細菌戦」，载『戦争責任研究』（季刊）2号（1993年冬季号），第11页。

二、试验结束后，所有人员、器材须尽快返回原属各单位。

三、特别需要重点注意的是严守机密。

参谋总长杉山元

昭和 15 年 11 月 25 日①

从"大陆指"第 781 号内容可知，日本大本营参谋本部是在日本天皇裕仁敕令——"439 号'大陆命'"的指示下，对中国派遣军和关东军司令官下达的这道命令。这是日本天皇知道并参与日军在中国的细菌战活动的重要证据之一。日本大本营向中国派遣军、关东军下达的"大陆指"中的"特种毒瓦斯"实际上就是"细菌武器"；正式实施这次细菌战的命令是"'大陆指'第 690 号"，完成时间是 11 月底。

《井本日志》第 10 卷记载了 11 月 30 日晚上，中国派遣军参谋吉桥戒三提出的关于"ホ（保）"号作战的报告内容：

1. 大约 11 月 20 日停止的方针（总司令官）

2. 对此方针土井大佐（或为土居明夫作战课长）提出到 12 月应考虑如何返转

3. 鉴于上，向□□提示 680 号

突如其来，石井大佐无论如何都要阻止攻击（派遣军也有就此打住的考虑）

此时（11 月中下旬）石井大佐来宁……突然提出撤退。石井大佐对 11 月末终止作战没有异议

对 22 日的工作抱有希望

如果实施成果明了，可在杭州、上海之间持同一方案（建议在我军讨伐地点拍摄空中照片）

此案遭反驳，诚服接受，又提出绍兴、诸暨等地

土井大佐书简表示下次进攻金华，协议达成。以上（21 日）

22 日空中观察②

---

① ［日］井本熊男：『井本日誌』第 7 卷，转引自［日］吉見義明、伊香俊哉「日本軍の細菌戦」，载『戦争責任研究』（季刊）2 号（1993 年冬季号），第 11 页。

② ［日］井本熊男：『井本日誌』第 7 卷，转引自［日］吉見義明、伊香俊哉「日本軍の細菌戦」，载『戦争責任研究』（季刊）2 号（1993 年冬季号），第 11 页。

结合日本大本营于11月25日发布的“大陆指”第781号和《井本日志》第9、第10卷的内容可知，日本大本营参谋本部决定终止这次细菌攻击的理由（依据）是：奉日本天皇“大陆命”第439号发布的“大陆指”第690号，已明确这次“特种毒瓦斯”实验应于11月底终止。

石井四郎于11月中下旬来南京，显然是感到来自大本营要求此次行动终止的压力，加上中国派遣军总司令部也有此考虑，所以不得不前来与中国派遣军总司令部协调如何结束这次攻击行动。

石井四郎及其部属，一方面表示同意11月底终止这次作战行动，另一方面又想通过别的方案继续，如通过空中观察，寻找新的攻击目标（杭州——上海之间），遭到反驳后，又提出绍兴、诸暨等地。在石井四郎及其部属一再软磨下，土井大佐只得表示同意“下次进攻金华”的要求，达成终止这次行动的协议。

2000年11月15日，原731航空班飞行员松本正一为中国原告向东京地方法院诉讼法庭提交的证言，可佐证《井本日志》记载的真实性。

1940年夏秋，松本正一奉命在杭州实施了3个月的细菌战。航空班有20余人参加了这次行动……另有山口班成员及731部队的宪兵、翻译等人。松本正一在杭州的任务是用飞机运输器材和在东京、南京、哈尔滨之间运送731部队的干部。1940年秋，增田驾驶九七式轻型轰炸机，卫生兵今村为投弹手，攻击衢州，称“衢州作战”，撒播的是跳蚤。此后，增田、平泽、佐伯又驾驶九七式轻型轰炸机，细菌攻击的目标是衢州、宁波、杭州，称为“宁波作战”。还有一次在钱塘江边进行细菌战效果实验。还有一次实施细菌攻击作战时因箱子后门打不开，里面跳蚤滚成一团，播撒得不理想。①

2.《伯力审判材料》记录

伯力审判期间，在向被告丙泽十三夫、川岛清等讯问731“远征队”到中国南方实施细菌作战问题时，这几名被告承认有这么回事，并说明自己是如何知道的。因为他们不是直接参与者，所以他们并不清楚浙江细菌战的具体经过。

丙泽十三夫供称：

---

① 王希亮、周丽艳编译：《侵华日军731部队细菌战资料选编》，社会科学文献出版社2015年版，第394—395页。

> 1940年下半年，奉直接长官铃木少佐命令，要为石井四郎的远征队准备伤寒菌、霍乱菌等细菌武器。①

川岛清供称：听石井四郎讲，投放的跳蚤是宁波流行鼠疫的原因。

西俊英供称：看过731“远征队”活动的纪录片。

佐藤俊二供称：在“荣”1644部队时听太田澄、小野寺说1940年在宁波一带使用了细菌武器，并且是从飞机上撒播的鼠疫跳蚤。②

伯力审判经过预审后，审判委员会对浙江细菌战的实施有这样一个简要记录：

> 1940年夏季，由第731部队长石井将军率领的一个特别细菌远征队，被派往华中战区。第731部队的飞机队在宁波一带借染有鼠疫的跳蚤撒播鼠疫到敌人地区中去，结果那里发生了鼠疫。③

再就是前面已提及的、记录有关东军总司令梅津美治郎向关东军野战铁道司令官发布的“关东军作战命令丙子第659号”和关东军野战铁道部司令官发布的执行命令“关东军野战铁道司令部后勤命令第178号”。

3. 中国档案文献记录及后来调查材料

1940年12月5日，浙江省政府主席黄绍竑于（1940年）12月5日才致电重庆蒋介石，告知11月28日两架敌机空袭金华，散布白烟，并有鱼子状颗粒落下，被当地人搜集送检，经严格检验，辨明系鼠疫杆菌。④

衢州地方细菌战研究者邱明轩通过走访调查还原衢州遭受细菌攻击情形：

---

① ［苏］《前日本陆军军人因准备和使用细菌武器被控案审判材料》（中文本），莫斯科外国文书籍出版局印行1950年版，第24页。

② ［苏］《前日本陆军军人因准备和使用细菌武器被控案审判材料》（中文本），莫斯科外国文书籍出版局印行1950年版，第295页。

③ ［苏］《前日本陆军军人因准备和使用细菌武器被控案审判材料》（中文本），莫斯科外国文书籍出版局印行1950年版，第24页。

④ 中央档案馆等编：《日本帝国主义侵华档案资料选编·细菌战与毒气战》，中华书局1989年版，第251页。

> 10 月 4 日上午 9 时许，日军 1 架飞机侵入衢县县城上空，沿城西西安门、下营街、水亭街、上营街、县西街、美俗坊一带，撒播大量麦粒、粟米、棉花、白色粉末和跳蚤等，且往返撒播两次，于 9 时 30 分离去。①

宁波地方细菌战研究者黄可泰、吴元章通过走访调查，更正了宁波遭受细菌攻击的时间和死亡人数。概述如下：

1940 年 10 月 27 日早晨（约 7 时），“一架单翼日机入侵宁波上空，散布荒谬传单”；当日下午大约 2 时许，日机再次入侵，“撒下大量面粉、麦粒”，开明街上空出现“淡黄色云雾”，日机飞走后，有居民发现“跳蚤骤多”。2 天后，有人“染疫发病”。30 日晚，“赖福生夫妇首先暴死”；至 11 月 3 日，已死亡 16 人。据查证，“在这场人为的鼠疫中，有名有姓的死亡人数达 106 人”。11 月 30 日晚，开明街一带 5000 多平方米疫区被国民党当局焚毁。②

1941 年 1 月，国民政府卫生署防疫处处长容启荣撰写了《浙江鼠疫调查报告书》。该报告书主要记述了衢县（衢州）、鄞县（宁波）、金华三地鼠疫流行情况：

> 民国二十九年十月、十一月、十二月间，浙江省鄞、衢两县先后发生鼠疫。据浙江省卫生处及军政部第二防疫大队报告，鼠疫传染来源，似与敌机在该两地投掷异物有关。③

（五）浙江细菌战“效果”

1. 伯力审判期间，2 名被告供词中反映的浙江细菌战“效果”

伯力审判期间，被告柄泽十三夫供称：

> 据那些随同石井将军到过汉口的军官转回来时说，使用染有鼠

① 邱明轩：《菌战与隐患》，香港：天马出版有限公司 2004 年版，第 3 页。

② 黄可泰、吴元章：《惨绝人寰的细菌战——1940 年宁波鼠疫纪实》，东南大学出版社 1994 年版，第 2—3 页。

③ 容启荣：《浙江鼠疫调查报告书》，参见中央档案馆等编《日本帝国主义侵华档案资料选编·细菌战与毒气战》，中华书局 1989 年版，第 255 页。

疫跳蚤一举，业已奏效。散布跳蚤的结果引起了鼠疫流行症。

因为这次实验是在敌军领土内进行的，所以实验结果未能确切证明。但当时为了搜集关于此次动作效果的情报，特留下一个由野崎少佐带领的专门小队，结果野崎少佐弄到了几份记载有关于宁波一带鼠疫流行消息的报纸。[①]

但柄泽十三夫在供词中没有交代亲自参与过浙江细菌战，只说自己以第四部生产分部的一个小队长资格，“担任过保证这个远征队以必要数量细菌的工作”[②]。而田村良雄在1954年的笔供中则说柄泽十三夫带领一个小队被派往远征华中地区，使用细菌谋略作战，杀害了华中地区的中国人民。[③]

被告西俊英（曾担任731部队孙吴支队长、训练部部长）在伯力审判供词中说他间接了解到这次“远征队”在华中的细菌攻击确实产生了“效果”：

我看过一部说明第731部队所派远征队于1940年间在华中一带动作情形的纪实影片……（影片最后）出现了“战果”二字，映出一份中文报纸以及这份报纸上译成日文的一段消息。解释文上说道，在宁波一带忽然间发生了强烈的鼠疫流行病。最后一幅镜头，是表明中国卫生队身穿白大衫在发生鼠疫的地区消毒的情形。[④]

2. 原731“远征队”队员石桥直方回忆中的浙江细菌战“效果”

浙江细菌战发生后，石桥直方在笕桥细菌战基地看到过杭州当地“因为日军投撒细菌，所以中国人感染了鼠疫”的新闻报道。石桥直方看到的“新闻报道”应该是来源于杭州当地发行的报刊。

---

① ［苏］《前日本陆军军人因准备和使用细菌武器被控案审判材料》（中文本），莫斯科外国文书籍出版局印行1950年版，第24—25、281页。

② ［苏］《前日本陆军军人因准备和使用细菌武器被控案审判材料》（中文本），莫斯科外国文书籍出版局印行1950年版，第24—25、281页。

③ 中央档案馆等编：《日本帝国主义侵华档案资料选编·细菌战与毒气战》，中华书局1989年版，第249页。

④ ［苏］《前日本陆军军人因准备和使用细菌武器被控案审判材料》（中文本），莫斯科外国文书籍出版局印行1950年版，第300页。

据石桥直方回忆，他听说过有731部队人员曾到现场（疫区）调查这次细菌攻击“效果”。他认为是由名叫野滝的步兵队进入疫区进行调查的。之所以派野滝步兵队前去调查，是这支步兵队曾大量生产细菌，比较内行。①

日军细菌部队准备对目标进行细菌攻击之前，都会临时组建分工明确的侦察班、效果测定班、细菌攻击班、写真班等。他们通常以2—3人为一组，着中国服，从临时秘密基地出发，潜入遭受细菌攻击的“中国人集落”进行调查。②

3. 伯力审判法庭医学检验委员会关于浙江细菌战的“结论”

在《伯力审判材料》预审文件“在华战争中使用细菌武器”条中简要概述了这次细菌战情况：

> 1940年夏季，由第731部队长石井将军率领的一个特别细菌远征队，被派往华中战区。第731部队的飞机队在宁波一带借染有鼠疫的跳蚤撒播鼠疫到敌人地区中去，结果那里发生了鼠疫。③

伯力审判法庭医学检验委员会在这次审判《结论》中明确指出：

> 1940年，石井四郎率领731部队内一个装备有大量伤寒菌、霍乱菌及鼠疫跳蚤的战斗远征队到中国宁波一带去。由于用飞机散布法使用染有鼠疫的跳蚤，结果在宁波一带发生了鼠疫流行症。该远征队在组织上和行动上的技术特征，就决定了当时受到传染的广阔范围。若估计到战时条件及与此有关的民众迁徙情形，就必须得承认说，该远征队的活动特别是在散布鼠疫方面，不仅对于中国宁波城内的居民，而且对于宁波附近许多区域的居民都是极端危险的。④

---

① 金成民、[日]中野胜编：《日本军细菌战原队员证言集》，黑龙江人民出版社2009年版，第41—45页。

② [日]郡司陽子：『【真相】石井細菌戦部隊』，東京：德間書店1982年版，第89—90页。

③ [苏]《前日本陆军军人因准备和使用细菌武器被控案审判材料》（中文本），莫斯科外国文书籍出版局印行1950年版，第24页。

④ [苏]《前日本陆军军人因准备和使用细菌武器被控案审判材料》（中文本），莫斯科外国文书籍出版局印行1950年版，第437页。

4. 金子顺一论文《PXノ(鼠疫跳蚤)效果略算法》中的浙江细菌战“效果”

金子顺一曾为日军医务官员，被派往731部队平房基地工作3年，主要从事细菌弹设计、制造工作。①

据金子顺一撰写的这篇论文记载，731部队曾派专人秘密调查这次细菌武器攻击“效果”，攻击目标基本上都先后两次出现鼠疫大流行，造成大量中国居民染疫死亡。其中，衢县（州），第一次鼠疫感染死亡219人，第二次感染死亡9060人；宁波，第一次感染死亡104人，第二次感染死亡1405人。这里的第一次感染是指跳蚤投下后直接咬人造成的鼠疫流行，第二次感染是指跳蚤导致当地老鼠感染和鼠疫外传造成的范围更大的鼠疫流行。因此，据日军731部队的资料，浙江细菌战导致的鼠疫流行，共造成中国居民10833人染疫死亡。②

但从当时浙江省的防疫档案记录和后来各地方文史工作者的调查数据看，浙江细菌战造成衢州、宁波、义乌、东阳等县鼠疫大流行，共造成中国居民2700余人染疫死亡。这个数据与金子顺一的这篇论文中的数据相较，论文中的数据是中国防疫档案记录和后来调查所得数据之和的4倍。而浙江细菌战造成的实际死亡人数肯定高于金子顺一这篇论文中统计的“10833人”这个数字。

5. 日军召开“ホ”号作战经验教训总结会

日军对浙江的细菌攻击行动结束后，曾多次派专人前往疫区打探攻击“效果”。1941年2月5日，在日本大本营医务局，专门就1940年浙江“ホ”号作战召开了一次总结会。参加这次会议的人员有：陆军省医务局的渡边加一（卫生课长）、镰田调（医事课长）、中留金藏（课员）、金原节三（课员），731部队的石井四郎、太田澄、碇常重、金子顺一、山本、富森、野崎，“荣”1644部队的增田知贞、小野寺义男，“甲”1855部队的西村英二、板仓等。会议主题是反思“ホ”保号作战经过（如：细菌媒介物如何获取、补给手段、容器准备、实战时动用航空班还

① 金成民、杨彦君主编，马学博、宫文婧译校：《侵华日军第731部队罪行实录·美军调查日本细菌战总结报告书》，中国和平出版社2015年版，第61页。

② ［日］金子顺一：「PXノ效果略算法」，1943年12月14日，『陸軍軍医学校防疫報告』，第1部，第60号，参见李海军等编译《侵华日军细菌战重要外文资料译介》，中国社会科学出版社2018年版，第96页。

是特别队、重型轰炸机夜袭），如何改进进攻（细菌投放）方法，以及今后作战方针的设计等。

三　浙江细菌战造成疫病大流行

关于浙江细菌战造成疫病大流行的中国档案资料较多，这里仅摘录数份档案内容以为证。

（一）陈万里等给黄绍竑的报告

1940年12月，浙江卫生处处长陈万里、军政部第二防疫大队队长刘经邦、福建省卫生处防疫专员柯主光联合写给浙江省政府主席黄绍竑的报告中说：

> 敌机在28日空袭金华时，又有两架敌机在衢县南门外散布白烟，并有鱼子状颗粒落下。有人收集送民众医院检查，见有革兰氏染色法阴性杆菌，但不能确切判断是哪种病原微生物。接着让正在衢县工作的技正吴昌丰详密检查，发现是鼠疫杆菌。刘经邦奉第三战区司令长官顾祝同之命也于30日到达衢县，经多方共同鉴定，在形态学上“确系鼠疫杆菌”，但须继续动物实验。
>
> 此次鄞、衢先后发生鼠疫且发病非常迅速，没有一般鼠疫流行病学上的先行预发象征，如大量死鼠被发现等。经过调查得知，发病前一周，敌机在鄞县疫区曾投下小麦；10月4日，敌机在衢县疫区中心亦投下谷类、小麦，其中混有跳蚤。以科学并客观推论，鄞、衢两县发生鼠疫，似与敌机散布谷麦物质有极大的关联，最近敌机在金华掷下鼠疫杆菌之类的举动，又可作为敌机施行细菌战的证明。①

黄绍竑获悉此消息后，即于12月5日向重庆蒋介石致密电：

---

① 中央档案馆等编：《日本帝国主义侵华档案资料选编·细菌战与毒气战》，中华书局1989年版，第251—252、278页。

密：上月28日敌机空袭金华，2架散布白烟，并有鱼子状颗粒落下，经人民搜集送检，由本省卫生处陈万里、军政部第2防疫大队刘经邦、福建省卫生处防疫专员柯主光、本省卫生处第2科长郑介安、本省卫生试验所技正吴昌丰5员，在严密检视下，鉴定其形，业经辨明系鼠疫霍菌……谨电呈报。①

12月6日，时任中国第三战区司令长官顾祝同向重庆蒋介石致密电：“敬请转饬卫生署所属中央防疫处生物学研究所赶制大量鼠疫菌苗及血清，以应亟需”。②

（二）容启荣《浙江鼠疫调查报告书》记载浙江疫病流行情况

1941年1月，国民政府卫生署防疫处处长容启荣完成《浙江鼠疫调查报告书》，对衢县、鄞县、金华三地鼠疫流行情况做了较详细的记述。摘录于下：

民国二十九年（1940年）十月至十二月，鄞、衢两县先后发生鼠疫。据浙江省卫生处及军政部第二防疫大队报告，传染源似与敌机在两地低空投掷异物有关。

10月4日上午6点半，有一架敌机侵入（衢县）市空，飞行极低速。警报解除后，在柴家巷、罗汉井一带，发现大麦、荞麦、粟米及死蚤等颇多。但直到11月12号才发现有7—8名鼠疫患者死亡……最后一例于12月5日发现，（12月）7日死亡。此次（第一次）衢县鼠疫发生，流行期自11月12日至12月5日共计24天，先后发现鼠疫患者21人，均死亡。其中男性11人，女性10人，20岁以下者为最多（9人）。

10月27日，敌机袭鄞（即宁波），掷下谷麦甚多，当时未悉敌方用意何在，亦未予以特别注意。11月1日上午，县卫生院接报，在县开明街、东后街一带发生疫病，死亡已十余人……自11月1日至10日，每日均有新病例发现……总计自10月29日至12月1日，

① 浙江省档案馆藏，档号：L029—006—844。原件藏中国第二历史档案馆，档号：二②1984。

② 浙江省档案馆藏，档号：L029—006—844。原件藏中国第二历史档案馆，档号：二②1984。

> 鼠疫流行共34天，染病99人，死亡97人，痊愈2人。
>
> 11月28日上午，敌机3架侵入金华市空，其中一架于城区南郊外高空，施放白色烟雾，历时甚久。敌机去后，发现状如鱼子、具黏性、色微黄的小颗粒，经民众医院检查，发现含有革兰姆染色法阴性杆菌，形态颇似鼠疫杆菌，即报告县政府、当地中央军事卫生机关及省卫生处。浙江卫生处处长陈万里等于29日、30日到达金华，会同民众医院沙主任详细检验颗粒，镜检结果在形态学上确系鼠疫杆菌。①

容启荣的报告书中没有提到金华出现鼠疫疫情。这是因为通过对敌机空投物品进行检验，“高空撒播的鼠疫菌已经死亡”，所以官方并无金华发生鼠疫的记载。但据金华地方文史工作者后来调查，日军在金华上空撒播鼠疫菌后，有居民先后发病且在金华出现过鼠疫流行。截至1940年年底，“金华因患鼠疫死亡人数达160人”。②

依据中国档案文献，11月27日、28日，日机在金华县城上空先后两次撒播鼠疫跳蚤。这实际是日军于9月18日至10月7日先后6次对浙江进行细菌攻击的延续，故可以将日机对金华县城的2次细菌攻击视为浙江细菌战的一部分。也就是说，1940年日军浙江细菌战，一共进行了8次。

浙江细菌战引发疫病流行多年，有不少县市的鼠疫流行从1940年一直持续到新中国成立前甚至更远，其间又与浙赣细菌战引发的疫病流行重叠。究竟染疫死亡多少人？因为战时条件、传统习俗所限，加上时过境迁，即便是中华人民共和国成立之初和世纪之交前后，地方文史工作者、新闻媒体多次走访调研，统计仍不可能做到无一遗漏。染疫死亡者的具体数字肯定大于登记在册的数字，那些至今还未统计到的不幸染疫死亡者，只能尘封在历史之中，成为调研者们心中挥之不去的遗憾。

---

① 容启荣：《浙江鼠疫调查报告书》，中央档案馆等编《日本帝国主义侵华档案资料选编·细菌战与毒气战》，中华书局1989年版，第255—270页。

② 浙江省政协文史资料委员会编：《浙江文史资料选辑》第42辑，浙江人民出版社1990年版，第313页。

（三）陆涤寰确认衢县鼠疫流行为日机投毒所致

日军这次对浙江的细菌攻击非常隐秘。但奇怪的是，按流行病学、传染病学原理，最先受到鼠疫跳蚤攻击的衢县及周边并未在第一时间发现任何异常。

1940年冬、1941年春，衢县接连两次出现鼠疫流行。人们怀疑是否真的是因日机投撒毒物所致。这个疑问不仅当时有，就是时至今日，学术界仍有类似的疑问。

早在1950年，河北医学院（今河北医科大学前身）陆涤寰①教授就已经将亲身经历的这段历史做了如下回忆：

图5-8 陆涤寰

资料来源：河北医科大学校史馆。

> 1940年冬，日机在浙江省鄞县、金华、衢县上空空袭时，投下了许多谷类、鱼鳞状琼脂片和跳蚤。
>
> 1941年春，日机又先后在福建省霞浦县、龙溪县、南靖等县城投下很多毒物。福建霞、龙、南三个县投毒后，未发生鼠疫。
>
> 敌机投毒后，浙江当地细菌检查还有不够的地方，重庆又派来鼠疫专家叶墨（德国籍）通过细菌检查及动物试验，未能成功，因此对浙江流行的鼠疫是否由敌机投毒所起而产生疑问。

1941年春，衢县再度发生鼠疫，时任福建省卫生处处长的陆涤寰带领一支防疫队前往协助防治。到达衢县后，他通过调查发现，鼠疫流行前有死鼠被发现。他怀疑是1940年冬鼠疫一度流行后传染及鼠而形成鼠疫流行病，当鼠族间流行到相当程度，就会引起人类鼠疫再度流行。通过进一步调查，他发现1940年冬，衢县第一个病例是喜娘，第二个病例是干果铺老板娘，以后发生的病例就是靠近这个干果铺的邻居。由此他

① 陆涤寰（1898—1956），辽宁沈阳人。1915年考入南满医学堂，1921年毕业后留校从事卫生学研究工作。1935年由南满医科大学授予日本医学博士学位，同年赴美国约翰霍布金大学公共卫生学院进修，获公共卫生硕士学位，1936年回国。抗战时期，为福建、浙江等地的防疫工作作出了贡献，曾任河北医学院教授兼教务长，是河北医学院公共卫生专业的创始人。

认定：日机投下来的毒物就是细菌武器，投下传播我国鼠疫的主要蚤类是印度蚤。以下是他给出的具体理由：

> 鼠疫是鼠族间的一种传染病，人类鼠疫发生前会先有鼠族间的流行，会先发现许多死鼠。这次浙江流行的鼠疫是腺鼠疫，不是肺鼠疫，腺鼠疫的特点是必须经过毒蚤咬后才会发生传染；当时距鄞、衢最近的疫区是庆元、龙泉，相距几百里，庆元、龙泉也没有可供老鼠、跳蚤栖息的货物输入鄞县等地，由此证明毒蚤不是来自疫区。鼠疫潜伏期普通是 3 至 7 天，也有 14 天的，这与鄞县等地在敌机投毒不久就发生鼠疫相符。外籍专家叶墨去搜集毒物检查时，已距投毒有相当长时间的隔离，并且他将在浙江搜到的毒物又带到福建永安检查，时隔这样久，即使（所投毒物）附有毒素，亦可能因时间久和干燥而死灭，所以不能因为他（叶墨）无法证实，就认为无毒。敌机投下的跳蚤是传播我国鼠疫的主要蚤类——印度蚤。[①]

陆涤寰通过分析，否定随卫生署防疫处长容启荣前来调查的外籍专家叶墨（H. M. Jettmar）的怀疑，认定衢县先后两次鼠疫流行是日机投下鼠疫跳蚤（印度蚤）所致。这是他基于深厚的学术背景得出的结论。

当年曾参与防疫救治工作的王毓榛[②]证实：

> 1940 年 10 月 4 日，有日机一架空袭衢州县，散布麦子、粟子等物很多，其中且混有跳蚤。这种跳蚤经过检验，确系“人鼠共患蚤”。在日机投下这些麦子、粟子等物后，至 11 月 12 日该县就发现有鼠疫病患者 22 人，都不治死亡。至第二年即 1941 年 4 月和以后 1946 年、1947 年，衢州县曾三度遭受鼠疫侵袭，因被传染而致死亡的人数，前后达 201 人。[③]

---

① 中央档案馆等编：《细菌战与毒气战——日本帝国主义侵华档案资料选编》，中华书局 1989 年版，第 278—279 页。

② 王毓榛时任浙江省卫生处第 3 科科长，技正。获悉鄞县发现鼠疫病例消息后，于 11 月 5 日赶往鄞县，积极指导当地防疫工作，中华人民共和国成立后曾任浙江省卫生防疫站主任医师。

③ 《浙省人民政府卫生厅职员证明日寇散布毒菌》，《人民日报》1950 年 2 月 9 日第 1 版。

（四）宁波地方文史工作者查证及受害幸存者记忆中的宁波鼠疫流行

1. 当年参加防疫人员证言

1950年2月，王毓榛等人回忆：

> 1940年10月22日，有日机一架侵入宁波上空，低飞盘旋，撒下麦子、棉花很多。约一星期后，10月19日，宁波县发现第一个鼠疫嫌疑病人，经医生检验鉴定为被传染鼠疫，此后陆续发现鼠疫病患者共99人，其中97人不治死亡。①

1963年，据宁波鼠疫期间曾担任主治医师的孙金鉐和工务处长倪维雄回忆，当时疫势蔓延，人心惶惶。经抽血化验，染疫者的检查结果是感染了鼠疫杆菌。又把血片送到省卫生处（当时在金华方岩）鉴定，正式确定为鼠疫。“从所有染疫者的发病情况看，一般都是败血型鼠疫，少数是腺鼠疫，没有发现肺鼠疫。潜伏期为2—7天，快的从发病到死亡不到24小时。所有被传染的人大都死亡，只有极少数侥幸没死。”②

2. 地方文史工作者查证

1994年，宁波地方文史工作者黄可泰、吴元章通过调查取证，对宁波疫情概况做了如下记述：

1940年10月27日晨约7时，天色阴霾，一架单翼飞机入侵宁波地区上空，散布荒谬传单……那天下午2时许，日机再次入侵，撒下大量面粉、麦粒。这时，市中心开明街一带上空顿呈淡黄色云雾样。日机过后，当地居民发现跳蚤骤多……时隔2天，就有人染疫发病……30日晚，赖福（富）生夫妇俩首先暴死，接着……相继死人。至11月3日，已死亡16人。次日又死了7人，一天后，再死20人……据查证，在这场人为的鼠疫中，有名有姓的死亡人数达106人。③

关于日机在宁波撒播细菌的时间，宁波细菌战幸存者钱贵法在1950年回忆说是10月22日。后来在黄可泰采访受害幸存者和其他知情者时，

---

① 《浙省人民政府卫生厅职员证明日寇散布毒菌》，《人民日报》1950年2月9日第1版。

② 宁波市政协文史资料研究会编：《宁波文史资料》第2辑，宁波日报印刷厂1984年版，第175—176页。

③ 黄可泰、吴元章：《惨绝人寰的细菌战——1940年宁波鼠疫史实》，东南大学出版社1994年版，第2—3页。

对钱贵法的"10月22日"说产生质疑。钱贵法根据敌机投毒到发病死人仅相距3天时间，而最先染疫者（赖福生夫妇）死亡时间是11月30日推算，承认以前回忆敌机投毒时间记忆有误，应改为"10月27日"。这个时间与《井本日志》、容启荣《浙江鼠疫调查报告书》中记载的时间相吻合。但对有名有姓的死亡人数，钱贵法认为不是106人，而是107人。

据钱贵法1996年回忆：

图5-9 钱贵法

资料来源：解学诗、［日］松村高夫：《战争与恶疫——731部队罪行考》书前插图，人民出版社1998年版。

11月2日，疫情迅速蔓延，死人越来越多。我开始发起高烧，一天一夜，滴水不进，处于昏迷状态……师兄高保有赶紧叫了一辆黄包车送我到华美医院诊治……被确诊为天字第一烈性传染病——鼠疫杆菌……我店先后发病7人，除我侥幸生还外（其余）全部遇难……（我被送到临时隔离医院后，接受隔离诊治）因病情没有继续恶化，迁至单间病室作隔离观察……（11月）下旬我和陈和尚（50岁左右）被人用担架抬到南门外董孝子庙的一处临时隔离医院，那时我已神志清醒，只感浑身乏力。第三天，我看到又送来两名从乡下追回来的逃疫病人……可到了第四天，我隔壁单间的陈和尚和两个乡下来的病人也都死去了，我木然看见农夫们把他们一个个抬了出去。偌大的一个隔离医院内仅剩下我一人惨然独处。我对这个情况记忆十分深刻，所以后来统计"市民死亡有名有姓可稽者为106人，幸存者只有钱贵法和陈和尚二人"，是将陈和尚病死漏计在内了。今天特作证明，死于鼠疫能查到姓名的应为107人。①

据钱贵法自己回忆，他于1940年12月10日病愈出院。

1999年，黄可泰、邱华士等地方文史工作者依据当年《时事公报》、

① 钱贵法：《我在宁波细菌战中的悲惨遭遇》，《纵横》1996年第4期。

容启荣《浙江鼠疫调查报告书》、几位当年参与防疫的当事人及受害幸存者、目击者、受害者亲属等知情者提供的证据材料，再次校核，确定宁波细菌战死难者人数“计有姓有名可稽者109人”。①

关于宁波细菌战，还有美国记者约翰·鲍威尔的亲身见闻可以证实：

> 1940年，日军在中国中部城市宁波进行了细菌战。731部队出动，从空中散布了大量鼠疫跳蚤，城市和农村迅速出现鼠疫流行，许多人染疫而亡。当时我正巧在宁波……日军在宁波的细菌战结果，就是让很多中国农民像虫一样被杀死……②

四 公共卫生视域下的浙江细菌战防疫工作检讨

（一）1928—1940年南京国民政府及浙江省卫生行政机构设置

无论战时与否，防疫工作均属于公共卫生范畴。公共卫生是关系到一个国家或地区广大民众健康的公共事业，战时，公共卫生安全还会对战争双方的胜负产生重要影响。

20世纪50年代初，中国公共卫生学家毕汝刚先生将“公共卫生”定义如下：

> 一种通过社会全体努力的科学和技术，可以达到预防疾病、延长寿命和促进健康与服务效率的一种科学与设施；是要借改良环境卫生，管理传染病，普及个人卫生教育，设立卫生医药服务机构，从事于早期疾病诊查和预防，使人民有适当的生活，以维持并促进健康。③

---

① 黄可泰、邱华士等：《宁波鼠疫史实——侵华日军细菌战罪证》，中国文联出版公司1999年版，第3页。

② ［日］森村誠一：『続・悪魔の饱食』（改訂新版），東京：角川書店1994年版，第92页。

③ 毕汝刚、郭祖超：《公共卫生概要》，商务印书馆1951年版，第1页。

毕汝刚先生的定义中包含传染病管理、环境卫生、死亡率和民众卫生知识等核心指标。①

中国的公共卫生运动起步较晚，始于19世纪末20世纪初。自国民政府定都南京后，才决定设置地方卫生防疫机构。1928年4月，国民政府内政部下设卫生司，为国家公共卫生、医疗等关乎全民健康事务的最高主管机关，同年10月改称卫生部。1931年易名为卫生署，隶属内政部。此后，卫生署隶属部门时有变更，但直到抗战结束，卫生署没有更名。

1928年，国民政府公布《全国卫生行政组织大纲》，规定：为开展防疫工作、预防疫病流行，省设卫生处，隶属民政部；市县设卫生局，隶属各市县。自此，各省市县卫生行政机构开始筹建，但进度不一。12月又颁布《卫生行政系统大纲》，进一步明确地方卫生行政机构设置。②

1929年8月，卫生部制定地方卫生行政初步实施方案，规定具体办理事项。1934年，南京国民政府召开中央卫生技术会议，颁布《省卫生行政实施法案》，各省设卫生实验处，隶属民政厅，市级政府设卫生局。③由此可知，防疫及预防疫病流行是设置各级卫生行政机构的主要职责。

从表5-1可看出，江西省为响应蒋介石的“新生活运动”及落实卫生部各省应设置卫生行政机关的要求，率先于1934年6月设置“全省卫生处”，湖南、甘肃、青海、宁夏、陕西、浙江等省相继设立“卫生实验处”。除江西外，浙江的技术人员和经费是最多的。1934年4月，内政部卫生署通过《县卫生行政方案》，规定县设卫生院，区乡设卫生（分）所。④

浙江省设立卫生行政机构始于1929年。1935年7月，浙江省正式设立卫生实验处，隶属省民政厅，技术人员32人，行政人员9人，办公经费91.864万元（参见表5-1）。之后，因经费不足等原因几度易名，至

① 王平：《抗战前南京国民政府卫生运动研究》，硕士学位论文，湖南师范大学，2011年，第9页。

② 《全国卫生行政组织大纲》，《卫生公报》1929年第1期；申报年鉴社：《申报年鉴》，国家图书出版社1936年版，第87页。

③ 内政部年鉴委员会编：《内政年鉴》，商务印书馆1936年版，第14—17页。

④ 中国第二历史档案馆编：《国民政府行政院公报》第34册，中国档案出版社2011年版，第444页。

1938 年 9 月设立卫生处。1940 年 9 月，卫生处改由省政府直辖。① 尔后，“卫生处”之名至抗战结束，未有变更。

表 5-1 《部分省设立卫生机关情况表》(1934.6—1936.8)

省别	机关名称	直属上级机关	成立年月	技术人员统计	行政人员人数	经费（万元）
安徽	卫生院	省政府民政厅	1936.8	10	6	49.864
云南	全省卫生实验处	省政府	1936.7	14	15	22.920
浙江	卫生实验处	省政府民政厅	1935.7	32	9	91.864
陕西	卫生委员会	省政府	1935.1	17	7	24.000
宁夏	卫生实验处	省政府	1934.12	18	7	27.820
青海	卫生实验处	省政府	1934.11	8	7	21.996
甘肃	卫生实验处	省政府	1934.9	17	18	20.400
湖南	卫生实验处	省政府民政厅	1934.7	19	6	35.760
江西	全省卫生处	省政府	1934.6	53	52	124.916

资料来源：中国文化建设协会编：《十年来的中国》，上海书店出版社 1996 年版，第 428 页。

关于市级卫生行政机构设立，根据 1928 年年底颁布的《全国卫生行政组织大纲》规定，市设卫生局，总管各市卫生行政事务。1929 年 10 月发布《市卫生行政初级实施方案》，对市卫生局的卫生行政职责做了详细规定。② 如浙江杭州市设立卫生局就早于浙江省卫生实验处。③

关于县级卫生行政机构设立，1932 年年底，全国内政会议决定 1934 年 4 月，卫生署颁布《县卫生行政方案》，要求县设卫生院、所、分所；④ 1937 年 3 月又公布《县卫生行政实施办法纲要》，规定卫生院、所、分所的卫生行政职责，但直到 1940 年，浙江省非沦陷区 71 个县中只有 40 个县设立了卫生院。⑤ 截至 1940 年，浙江省非沦陷区还有 31 个县暂未设立

---

① 孙序堂：《五年来省县卫生设施概况》，浙江省档案馆，档案号：36—16，转引自《侵华日军细菌战罪行学术研讨会论文集》，中共党史出版社 2018 年版，第 150 页。

② 内政部年鉴委员会编：《内政年鉴》，商务印书馆 1936 年版，第 25 页。

③ 中国文化建设协会编：《民国丛书》第五编 69 历史·地理类《十年来的中国》，上海书店 1996 年版，第 428 页。

④ 中国第二历史档案馆编：《国民政府行政院公报》第 34 册，中国档案出版社 2011 年版，第 444 页。

⑤ 孙序堂：《五年来省县卫生设施概况》，浙江省档案馆，档案号：36—16，转引自《侵华日军细菌战罪行学术研讨会论文集》，中共党史出版社 2018 年版，第 150 页。

卫生院，但相比全国大多数省份，这个比例相当高。这40个县的卫生院在随后突如其来的疫情中，为抗疫、防疫做了大量的工作。

（二）浙江细菌战发生前政府部门应“疫”举措

1940年浙江细菌战发生前，浙江绍兴、诸暨、上虞等地就曾经遭受过日军细菌攻击。“据1939年7月29日《绍兴新闻》报道，日机曾于1939年6月13日在绍兴沥海所一带散发大量粉末，经检验，粉末为破伤风、白喉等杆菌及形似肺炎点菌等疫菌。”① 因不属于烈性传染病菌，也未造成大规模疫情，故浙江各级政府并未对绍兴地区的疫菌做出明确应对（至少暂未发现这方面的文献）。

1939年5月19日，浙江省政府从军令部获悉：敌利用夏初气候，派汉奸冒充难民，携带内藏霍乱、赤痢、伤寒等传染病细菌的热水瓶，潜入粤、桂、滇、蜀等处，将其散发于我阵地水质中，并兼探我陆空军后备情况。其派往重庆、西安、桂林、金华、韶关等处的汉奸已于4月铣日（16日）分由海南岛、厦（门?）、汕头、温州、汉口等处出发。第二批现在虹口福民医院实习，不久由南通……（档案不清楚处）为防范汉奸潜入，向省民政厅、保安处、各警备防守司令、各区行政督察专员兼保安司令、各县县长、宁波警察局、大盘山区绥靖专员发出电文，要求“一体注意防范”。②

5月20日，民政厅根据行政院秘书处于17日向各省市下达的为预防夏令疫疠流行，“及时推行夏令卫生运动”的函件，向各县县长致电“举行夏令扩大卫生运动”。省民政厅还于6月26日、8月12日，分别就《关于疫情报告注意事项》《关于订定〈浙江省二十九年各县防疫实施办法〉》致电有关行政部门。③

7月13日，浙江全省防空司令部下达《关于严密侦防敌派汉奸冒充难民携带病菌设计散于我军阵地水中以图毒死我民众的训令》。8月7日，第三战区司令长官顾祝同就获取的“日军运送大批毒性药品往浙东岱山

---

① 中共浙江省委党史研究室著，包晓峰执笔：《日军侵略浙江罪行史》，浙江人民出版社2015年版，第183页。

② 中共浙江省委党史和文献研究室、浙江省档案馆编：《日军侵浙细菌战档案资料汇编》第1册，浙江人民出版社2019年版，第1页。

③ 中共浙江省委党史和文献研究室、浙江省档案馆编：《日军侵浙细菌战档案资料汇编》，第1册，浙江人民出版社2019年版，第8、10、14、16页。

等地，利用汉奸投毒”情报致电蒋介石。①

8月16日，民政厅下达订定《各地疫况旬报表》《收治霍乱病人旬报表》《预防注射人数旬报表》的训令。24日，省政府下达《关于炭疽病兽尸严禁剥食贩卖以杜疫病传染》的训令。②

9月12日，省防空司令部向龙泉县县长下达《关于敌机在龙泉掷下橡皮球转呈鉴核》的指令。③

从以上诸电文、训（指）令等可知，在日军对浙江实施细菌战被当地民众、各级政府发现之前，浙江各有关部门已根据各种渠道获知的敌方有可能在浙施毒的消息通知到县一级政府（各）部门，并要求各地推行夏令卫生运动，对霍乱等易流行的疫病要防患于未然，统计预防（疫苗）注射人数；对卫生机关、正式医师不能确定诊断的疑似病例要按疫情报告办法之规定随时具报；对染上炭疽病的驮骡死尸要严加消毒深埋，严禁剥食贩卖，出现炭疽区域的马厩要迁移、禁止放牧。

只要这些应对措施能够落实到位，就会收到效果。从1939年8月4日象山县政府详报各乡镇注射疫苗（一、二、三次）的统计人数表（图5-10）可知，这份统计表非常详细，证明象山县防疫工作有成效。

（三）浙江细菌战发生后政府部门及卫生防疫机构应“疫”举措

1940年5月至12月，731部队和“荣”1644部队对浙江的细菌战，从策划、计划修订到实施细菌攻击、攻击行动终止，前后达7个月之久。由于细菌攻击行动极为隐秘，所以遭受细菌攻击的受害地居民做出反应的第一时间也只会是日机飞临攻击目标上空撒播细菌的时间，各级政府对此做出反应的时间又会相对晚一点。也就是说，此前浙江省政府、民政厅、防空司令部等部门虽然采取了一些有针对性的预防措施，但由于未曾直面人为造成的重大疫情事件，所以从各级行政部门、（不健全的）公共卫生机构到基层民众，防疫、抗疫意识都不强。重大疫情发生后，政府各部门及各地民众的反应也因疫情突发的具体情况不同而有差异。

---

① 中共浙江省委党史和文献研究室、浙江省档案馆编：《日军侵浙细菌战档案资料汇编》第1册，浙江人民出版社2019年版，第3、5页。

② 中共浙江省委党史和文献研究室、浙江省档案馆编：《日军侵浙细菌战档案资料汇编》第1册，浙江人民出版社2019年版，第20、25页。

③ 中共浙江省委党史和文献研究室、浙江省档案馆编：《日军侵浙细菌战档案资料汇编》第1册，浙江人民出版社2019年版，第27页。

据各类文献史料记载，当年参加浙江抗疫防疫的政府部门和卫生防疫机构包括：

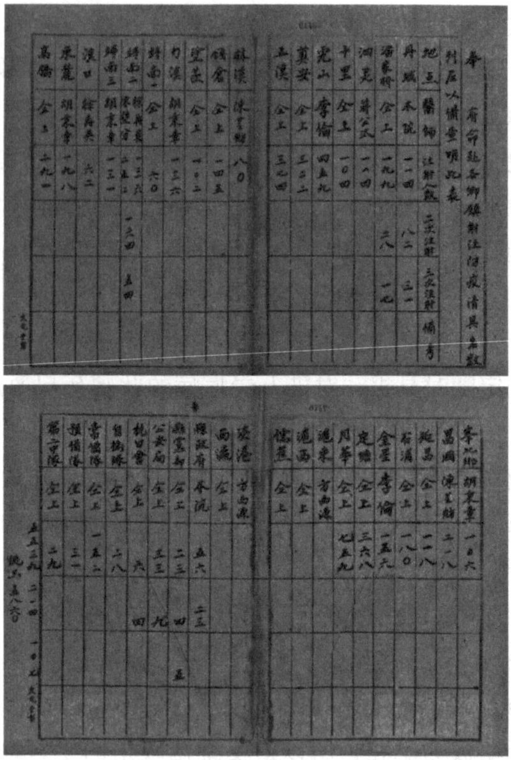

图5－10 《象山县注射疫苗清具名数》（1939年8月4日）

资料来源：象山县档案馆，档案号：01—17—63。参见中共浙江省委党史和文献研究室、浙江省档案馆编《日军侵浙细菌战档案资料汇编》第7册，浙江人民出版社2019年版，第4页。

重庆国民政府（行政院）、卫生署、战时防疫联合办事处、军政部防疫大队、中央防疫队、中国红十字会救护总队，第三战区司令部，浙江省政府、省民政厅、省卫生处、省防空司令部、省审计处及各市县政府、民众教育馆、防疫委员会、临时防疫处、卫生局、县医院（包括公立、私立医院）等。

各级政府部门及卫生防疫机构采取的抗疫防疫主要措施有：检测病人以判断并确定病情；封锁、焚毁疫区疫户住宅；成立防疫委员会或临时防疫处；广泛开展抗疫、防疫宣传活动；设立隔离医院，留治染疫病人，追索疫区逃离居民；实行水陆两地交通管制与检疫；多方筹资购买鼠疫疫苗等药品及消毒剂，进行预防注射，对疫区疫户做消毒处理；制定并实施疫情管理与定期报告制度；开展防鼠、灭鼠、灭蚤运动，进行清洁卫生大扫除。

1. 浙江省政府、第三战区司令部等部门采取的应“疫”措施

1940 年 11 月 28 日，浙江省政府鉴于鄞、衢二县出现鼠疫疫情，致电各县县长及县卫生院院长：

> 查本省鄞、衢二县最近先后发现鼠疫，现正饬卫生处协助，集中力量以期彻底扑灭，惟以是疫病重者迅速报告，裨使防杜。设若迟缓迁延，可使疫势增长、疫区扩大，贻害地方……各县如有发现……应速电报卫生处，不得延误。并即转饬各该县医院诊所及开业医师密切注意，一有预见，应迅速报告县政府、警察局或县卫生机关。①

此电文可证：至少在 11 月 28 日前，浙江省政府主席黄绍竑已获悉鄞、衢二县发生疫情的消息。

12 月 2 日，浙江省政府致电卫生处、各区行政督察专员、各县县长、宁波警察局，注意防范汉奸散布霍乱病菌。② 12 月 3 日，浙江省政府代电各县县长“鼠疫防范要点”：鉴于鄞、衢二县鼠疫蔓延现状，各县政府迅即召集有关机关组织防疫委员会，负责地方防疫事宜……并将办理经过详情由各县迳报本部备核。③

12 月 5 日，浙江省主席黄绍竑就敌机空袭金华密电重庆，该电文是目前所发现的由浙江省政府上报重庆国民政府浙江疫情时间最早的电文。根据电文内容，敌机在金华投撒的颗粒物只是初步辨明为鼠疫菌，有待通过其他方法进一步予以确证。不知这能否成为黄绍竑在获悉敌机在金华投撒颗粒物之事发生一星期后才上报蒋介石的理由。再则，鄞县、衢

① 中共浙江省委党史和文献研究室、浙江省档案馆编：《日军侵浙细菌战档案资料汇编》第 1 册，浙江人民出版社 2019 年版，第 29 页。

② 中共浙江省委党史和文献研究室、浙江省档案馆编：《日军侵浙细菌战档案资料汇编》第 1 册，浙江人民出版社 2019 年版，第 31 页。

③ 中共浙江省委党史和文献研究室、浙江省档案馆编：《日军侵浙细菌战档案资料汇编》第 1 册，浙江人民出版社 2019 年版，第 33 页。

县疫情早于敌机用细菌攻击金华之前就已发生，为何没有及时上报重庆？是因为对敌机在鄞、衢二县投撒的细菌检查结果不确定，还是因为其他原因，值得探究。

12月6日，第三战区顾祝同密电蒋介石，告知敌机最近在浙江省境内散播毒物，经检查断定为鼠疫杆菌。因担心敌机继续撒播会引发疫情传染，遂请求“转饬卫生署所属中央防疫处生物学研究所赶制大量鼠疫菌苗及血清以应亟须”①。

12月7日，浙江省政府快邮致电各县县长，“订发防治鼠疫各种办法及要点”，包括敌机空掷物品紧急处置办法、防制鼠疫紧急处置办法、各县办理防制鼠疫要点、鼠疫疫情报告办法等。②

12月13日，浙江省防空司令部代电各级防控指挥部、情报所、监视队对敌机空掷物品紧急处置办法。

1942年1月6日，浙江省立处州（丽水市的古称）民众教育馆③还印发了《防治鼠疫宣传手册》（见图5－11），其内容包括什么是鼠疫、鼠疫的症状、鼠疫是怎样传染的、鼠疫预防方法。④

总之，浙江省各级政府及卫生防疫机关、医疗部门，在启动防治疫情程序后，还是采取了当时能够想到的、力所能及的措施与办法。

2. 卫生署、军医署、红十字总会救护总队医疗队等采取的应“疫”举措

卫生署于“戌陷”（11月30日）就接到了浙江省卫生处长陈万里、军政部第四防疫大队长刘经邦等人电文，告知28日敌机在金华散布颗粒状物，经检验为鼠疫杆菌。而浙江省政府于（12月）“歌（5）日”才将此事密电卫生署（与密电蒋介石同日）。⑤

---

① 中共浙江省委党史和文献研究室、浙江省档案馆编：《日军侵浙细菌战档案资料汇编》第1册，浙江人民出版社2019年版，第39页。

② 中共浙江省委党史和文献研究室、浙江省档案馆编：《日军侵浙细菌战档案资料汇编》第1册，浙江人民出版社2019年版，第39、42—52页。

③ 民众教育馆是20世纪30年代浙江省政府响应国民政府“训政”号召，借助行政力量，设立的民众教育运动综合机关。抗战时期，开展爱国教育，对提高民众爱国觉悟产生了一些积极影响。

④ 中共浙江省委党史和文献研究室、浙江省档案馆编：《日军侵浙细菌战档案资料汇编》第10册，浙江人民出版社2019年版，第26—32页。

⑤ 《卫生署关于敌机袭浙散布颗粒状物检验为鼠疫杆菌致行政院秘书处的函》，原件存中国第二历史档案馆，档案号：二②1984。

图 5－11 《防治鼠疫手册》（油印本）

资料来源：丽水市莲都区档案馆，档案号：M401—001—349。参见中共浙江省委党史和文献研究室、浙江省档案馆编《日军侵浙细菌战档案资料汇编》第 10 册，浙江人民出版社 2019 年版，第 26 页。

1940 年 12 月 16 日，卫生署署长金宝善致函行政院秘书处，详细报告了敌机在浙江散布的颗粒状物检验为鼠疫杆菌的情形。①

12 月 27 日，朱章赓（卫生署官员）从贵阳致电浙江省卫生处长陈万里，卫生署拟派容（启荣）处长、祝（绍煌）专员、叶墨博士赴浙江考察研究疫情。30 日，军医署第二防疫大队长刘经邦也将容启荣偕国联防疫专家赴浙“彻查研究”的消息电告陈万里。②

容启荣一行除前述电文中的三人外，还有卫生署实验处环境卫生

---

① 《卫生署关于敌机袭浙散布颗粒状物检验为鼠疫杆菌致行政院秘书处的函》，浙江省档案馆藏，档号：L029—006—844。原件存中国第二历史档案馆，档号：二②1984。

② 中共浙江省委党史和文献研究室、浙江省档案馆编：《日军侵浙细菌战档案资料汇编》第 1 册，浙江人民出版社 2019 年版，第 72—73 页。

系主任（兼中国红十字总会救护总队卫生工程指导员）过祖源随行。①

1941年1月6日，容启荣电告浙江卫生处长陈万里，将于7日“自衡来浙”。②

1月8日，刘经邦在江西弋阳电告陈万里，卫生署已派调查鼠疫专员容启荣等自衡阳赴浙江，到弋阳后即陪同来方岩。③ 12日，容启荣一行到弋阳。13日，抵达金华。④ 容启荣一行13日经过衢县时，曾“访化验技佐马子良……稍事查询即离衢赴金华，傍晚到达”。⑤

浙江疫情紧急，容启荣一行抵达浙江的时间说法不一。容启荣在《浙江鼠疫调查报告书》中说是1941年1月12日“到达浙境”；⑥ 李力认为容启荣一行是1月15日抵达浙江。⑦

1月18日，卫生署代电浙江省政府，告知“本署防疫处长容启荣专员、祝绍煌及国联防疫专家叶墨前往黔、桂、粤、赣、浙、闽各省视察本署医疗防疫机关工作，并就便考查贵省之卫生防疫设施……饬属接洽，并于行旅交通赐予协助便利为荷。”⑧

容启荣是在卫生署电告浙江省卫生处赴浙10天后才从湖南衡阳启程，不知为何。容启荣一行人到达浙境5天后，卫生署才致电浙江省政府，也不知为何。从1941年1月28日卫生署致电浙江省政府的内容看，容启荣一行人离开卫生署，辗转黔、桂、粤、赣、浙、闽等省之目的，

---

① 中共浙江省委党史和文献研究室、浙江省档案馆编：《日军侵浙细菌战档案资料汇编》第1册，浙江人民出版社2019年版，第124页。

② 中共浙江省委党史和文献研究室、浙江省档案馆编：《日军侵浙细菌战档案资料汇编》第1册，浙江人民出版社2019年版，第79页。

③ 中共浙江省委党史和文献研究室、浙江省档案馆编：《日军侵浙细菌战档案资料汇编》第1册，浙江人民出版社2019年版，第80页。

④ 中共浙江省委党史和文献研究室、浙江省档案馆编：《日军侵浙细菌战档案资料汇编》第1册，浙江人民出版社2019年版，第82页。

⑤ 中共浙江省委党史和文献研究室、浙江省档案馆编：《日军侵浙细菌战档案资料汇编》第1册，浙江人民出版社2019年版，第124—125页。

⑥ 中央档案馆等编：《细菌战与毒气战——日本帝国主义侵华档案资料选编》，中华书局1989年版，第285页。

⑦ 解学诗、［日］松村高夫等：《战争与恶疫——日军对华细菌战》，人民出版社2014年版，第101页。

⑧ 中共浙江省委党史和文献研究室、浙江省档案馆编：《日军侵浙细菌战档案资料汇编》第1册，浙江人民出版社2019年版，第85页。

主要是检查卫生署在各地的防疫机关工作。容启荣一行人很可能是获知日机在金华投撒颗粒讯息后，才从湖南衡阳启程，未在江西停留，途经衢县也只"稍事查询"，随即赶赴金华。

容启荣一行人赴浙江之目的，由最初"视察本署（在浙）医疗防疫机关工作"变为"赴浙调查疫情"。容启荣一行人在浙江调查时间长达20天之久（1月13日至2月初离开浙江赴闽），辗转金华、方岩、鄞县、衢县等地。在衢县，容启荣及调查团成员很想进行复检，"但惜浙江省卫生处只留蚤虫一枚……已制成标本，故不能举行动物试验"。[①]

1941年2月2日，容启荣写信告知陈万里，拟明、后日启程赴闽，结束浙江行。希望陈万里"寄赐"除鄞、衢两县之外的其他各县与鼠疫疫情有关的各种记录，作为容启荣编写赴浙报告之参考。[②] 军医署第二防疫大队第四防疫分队队长齐树功最先知道衢县疫情消息，并迅速派马子良技佐前往衢县死者家中调查。第二防疫大队队长刘经邦在弋阳接到容启荣一行后，全程陪同、参与在浙江各地的疫情调查，讨论今后浙江全省的防疫计划。

1940年11月18日，军医署第二大队第四防疫分队接到衢县县城出现不明疫情、急症死亡7—8人的报告，要求报告人向当地警局和县卫生院报告的同时，即派马技佐速往死者家中调查。[③] 19日，军医署第二大队第四防疫分队获悉宁波疫情，派人送去大批疫苗。[④]

1941年12月，第四防疫分队第一队函告义乌县政府，派防疫组高惠民主任赴义乌协助防疫；第二防疫大队函告东阳卫生院，速查义乌疫情蔓延至东阳的详情。[⑤]

---

① 中央档案馆等编：《细菌战与毒气战——日本帝国主义侵华档案资料选编》，中华书局1989年版，第260页。

② 中央档案馆等编：《细菌战与毒气战——日本帝国主义侵华档案资料选编》，中华书局1989年版，第85页。

③ 中央档案馆等编：《细菌战与毒气战——日本帝国主义侵华档案资料选编》，中华书局1989年版，第257—258页。

④ 黄可泰、邱华士、夏素琴主编：《宁波鼠疫史实：侵华日军细菌战罪证》，中国文联出版公司1999年版，第52—53页。

⑤ 中共浙江省委党史和文献研究室、浙江省档案馆编：《日军侵浙细菌战档案资料汇编》第1册，浙江人民出版社2019年版，第229、253页。

時事公報 防疫

鄞縣縣政府布告第二九一號

鉅禍！

全體市民一起來撲滅鼠

1940年11月5日宁波《时事公报》报道宁波发生鼠疫。

图5-12 《时事公报》刊发鄞县（宁波）防疫专版报道宁波发生鼠疫（1940年11月5日）

防疫處昨日成立

鼠疫遏止有望

一週來計死亡四十七人

省防疫隊今日可到

图5-13 《时事公报》报道鄞县（宁波）成立防疫处消息（1940年11月7日）

卫生署实验处环境卫生系主任过祖源兼任中国红十字总会救护总队卫生工程指导员，全程陪同容启荣在浙江进行鼠疫调查及其他活动。中国红十字会第312医防队参与衢县、义乌等地防疫工作。

（四）浙江市县地方政府防疫举例

1. 鄞县（宁波）防疫

鄞县（宁波）自1940年11月1日（一说是10月31日）东镇镇长毛稼生向县卫生院报告城区开明街发生鼠疫后，鄞县有关部门立即行动起来。11月1日，迅速向上级报告，华美医院院长丁立成从病人身上刺液取样，做动物实验及细菌培养；11月2日，县政府决定封锁疫区，疫段停市；3日，对疫区进行消毒，当地媒体《时事公报》跟进报道；5日学校停课，当地媒体《时事公报》防疫专栏发出县政府第291号《布告》，俞县长提前离开了原本8日才结束的专员、县长会议，返回宁波；6日，成立防疫处，下设防治组、总务组、警备组、工务组等组；为防疫情扩散，成立搜查队，追查外逃病人；9日，对疫区居民尤其是重点人群进行鼠疫疫苗注射。防疫处从6日成立至30日，一共开了21次防疫会议。30日晚，焚烧疫区，尔后再无新病例发生。12月5日，成立鄞县防疫委员会，负责今后的防疫工作，县卫生院具体执行。

据孙金鉐、倪维雄回忆，除了疫病的诊断治疗外，首先采取的一项措施是封锁疫区，沿疫区四周筑起一堵比平屋略高的隔离墙，对疫区房屋进行二次消毒，最重要也是最困难的是疫区内对人的处置，根据不同情况，设立三处隔离病房。其次是对疫区物资进行处理，设立财产登记处，根据登记册分户搬出进行消毒后，再领回。最后的措施是焚毁疫区房屋，1940年12月4日晚上点火焚毁，烧了三四个小时，200多间房屋全部化为灰烬。[①]

从鄞县（宁波）各有关部门防疫反应看，可谓非常及时；从采取的各项防疫措施看，也很得要领。反应及时、措施得当，防疫效果较为理想。

2. 衢县（衢州）防疫

据容启荣《浙江鼠疫调查报告书》中所写，衢城（衢州）鼠疫病人被发现并确诊比较迟。最早发现鼠疫病例的时间是在11月12日，距日机

---

① 宁波市政协文史资料研究会编：《宁波文史资料》第2辑，宁波日报印刷厂1984年版，第178—179页。

投撒物品（细菌）已有 38 天（10 月 4 日—11 月 12 日），其间，人们放松了警惕。最初发病者前往县卫生院就诊时，接诊医生也未怀疑是鼠疫。因为当时浙江省只有设在丽水的省卫生试验所才有细菌检验设备，除宁波外，其他市县级卫生院尚无细菌检验设备，不能确定诊断结果。

6 天后（18 日），浙江省公路局的副工程师董介如最先向军政部第四防疫分队报告，告知城内罗汉井“有患急症死亡者七八人，不知是否为疫病流行”的消息。第四防疫分队队长齐树功立即派技佐（检验员）马子良赶赴死者家里调查，但因死者发病数日即死亡并掩埋，无法检验。20 日上午，衢县卫生院接到峥嵘镇公所“同样报告”，该院张院长及林医师诊治患者时，根据患者症状，“断定为腺鼠疫”。张院长、齐队长这才觉得“事势严重”，“随即会商防治办法”。张、齐闻悉当地开业汪姓医师“亦曾诊治同样病人，乃前往访问”，汪医师“最初并未疑为鼠疫”，“故未向当地防疫机关报告”。马子良技佐抽液检验一名 16 岁的男性患者时，“作涂片检验，发现鼠疫杆菌”，苦于没有“适当设备”，不能通过细菌培养做动物实验确定结果，只能干着急。直到 30 日，福建省卫生处防疫专员柯主光赶到衢县协助防治，经当日检验患者、刺液镜检、细菌培养、动物实验，最终确定为腺鼠疫。此时，据日机投撒细菌已有近 2 个月。

衢州邱明轩先生“从事衢州卫生防疫工作 40 余年”，也曾亲历侵华日军细菌战带给衢州人民的这场特大灾难。为还原侵华日军衢州细菌战受害史，他做了大量的调查研究工作，写成一部《罪证——侵华日军衢州细菌战史实》。该书第三章“日军在衢州残酷地进行细菌战”部分记述：1940 年 10 月 4 日，日机在衢城上空投下食物与物品。当天中午，县防护团总干事熊俊川、干事李笠农、县卫生院院长张秉权带领医师、护士 5 人，赶赴现场查看和调查，然后向县长崔履坤报告，崔县长又向第五区（衢州）行政督察专员兼保安司令鲁忠修报告，并根据鲁专员指示，发动城区居民开展全面清洁卫生大扫除。5 日，县政府又令卫生院派专人将空投物品直接送省政府转卫生处卫生试验所检验。① 这一记载不见于容启荣《浙江鼠疫调查报告书》中“衢县鼠疫发现情形”部分。

从第一例病人被发现到最终确认此类患者为腺鼠疫，历时近 20 天。

---

① 邱明轩：《罪证——侵华日军衢州细菌战史实》，中国三峡出版社 1999 年版，第 7—8 页。

最先向有关部门报告疫情的是一名工程师，而不是衢县医者和地方行政部门官员，这固然有缺少检测设备之原因，但衢县鼠疫流行，次年鼠疫呈散发性向周边蔓延、失控，衢县卫生院、地方官员确有不可推卸之责任。另外，确定病症的是从福建赶来协助防疫的柯专员，并非浙江省卫生处派来的人员，这固然与衢县本地医者未第一时间向浙江省防疫机关报告有关，但要说浙江省卫生处没有责任，恐怕说不过去。丽水、衢州相距只有200余公里，有检测设备的省卫生试验所派人从丽水到衢州，行程1天足够了。直白地说，作为浙江省最高公共卫生安全行政机关的卫生处至少要对衢州疫情（流行、蔓延）负监管、监察不力之责。

1940—1941年衢县（衢州）鼠疫流行不已的直接原因是日军对衢县的鼠疫细菌攻击。间接原因是鼠疫发生之初，衢县抗疫、防疫措施不及时，加上防疫工作有缺失，引发二次感染。后果是，形成以衢县为中心的浙赣沿线疫灾区，与1942年浙赣细菌战造成的疫情相接、重叠，进而蔓延至义乌、江山、江西上饶等地。

3. 象山防疫

宁波流行鼠疫的消息传开后，象山县政府率先采取了以下一系列措施：

11月12日，宁波保安大队赖文斋致信给象山县盛县长，告知甬埠（“甬”是宁波的简称）鼠疫始于11月初。宁波第一例死亡病例是位于开明街的豆腐浆店主赖甫（富）生夫妻俩。① 赖是象山县西陲乡官山人，死后运回，未知是否深埋。又听说赖甫（富）生弟弟赖阿德也染疫死亡（事后查证于8日死亡），幼弟（赖明文）也感染此病（事后查证是患了寒热病，几天后病愈）。② 赖文斋对此殊感忧虑，因为甬埠虽有省防疫队及中央派来的防疫队与地方各医务机关竭力扑灭，然仍有陆续死亡者。

---

① 关于赖氏，现存文献中有4个不同名字。即“赖甫生”，参见赖文斋写给盛县长的信。“赖阳（福）生”，参见中央档案馆等编《日本帝国主义侵华档案资料选编·细菌战与毒气战》，中华书局1989年版，第268页；黄可泰、吴元章《惨绝人寰的细菌战——1940年宁波鼠疫史实》，东南大学出版社1994年版，第26页。“赖富生”，当年浙江省卫生处、象山所有防疫指令、电文中都用此姓名。因赖氏本来就是象山人，且防疫工作是以赖氏原住地为重点，故采信其名为“赖富生”。

② 据象山档案，赖氏一家仅3人死亡。另据容启荣1941年《浙江鼠疫调查报告书》附《鄞县不在甲部隔离病舍诊治之鼠疫病人登记表》，赖氏一家染疫死亡4人，即赖氏夫妇及2个弟弟赖阿德、赖明文。又据黄可泰、吴元章《惨绝人寰的细菌战——1940年宁波鼠疫史实》一书中的宁波鼠疫《死亡名单》，赖氏一家有5人死亡，即赖富生夫妇、2个弟弟、赖富生6岁儿子。笔者取信象山现存档案记录：赖氏一家仅死亡3人。

而象山县属高山区且地处偏僻，更无卫生（防疫）设备。为防止此疫病自由蔓延为祸至烈，特致函恳请火速设法扑灭以弥巨祸。①

赖文斋很可能也是象山县人。盛县长从接到信的次日（13日）起，采取了一系列应对措施：13日，抄发《防疫实施要点及临时取缔外来旅客入境办法》的致电；手谕警局速派警士兼程赶往西陲乡官山，会同当地保长火速将尸体深埋。14日，下达“为严防鼠疫侵袭指定黄溪道头为专一进出口岸”的训令，同日下达“专派医师前往黄溪道头实施检查防疫给公立医院”的训令。15日，县警局郑警士向盛县长提交“关于掩埋染鼠疫病亡人经过及现场疫况”的报告。18日，县公立医院向县政府呈文报告医院调治鼠疫经过情形。

据县公立医院调治鼠疫经过之呈文，由于处置及时、措施得当，这次鼠疫仅3人病亡，死者亲人及乡邻无恙。

即便防疫成效显著，象山县政府仍不放松，继续采取措施以防疫情复发。

11月27日，下达“调治西陲乡给公立医院”指令，并给县警局、西陲乡公所下达“协办防御鼠疫善后事宜”训令。

12月6日，县立医院呈报注射鼠疫预防针名单（6名与疫死者密切接触者）。9日，县警局遵令派员前往西陲乡办理鼠疫善后事宜。13日，县政府发布“县境内如有鼠疫发现应速报告”训令，筹备成立县防疫委员会，制定防疫委员会组织章程，函请第六区行政督察专员公署代购防疫药品。26日，向省卫生处呈报象山县防治鼠疫经过，同时向第三战区、省政府报告遵令办理防疫事宜经过情形，并要求公立医院随时注意鼠疫发生情形。②

12月21日，浙江省政府还专门代电象山县盛县长，要求颁发《防治鼠疫要点》（12条），扩大防治鼠疫宣传运动，增强民众对鼠疫的认识。③

从以上所列史实可知，象山县各有关部门在遇到鼠疫疫情很有可能

---

① 中共浙江省委党史和文献研究室、浙江省档案馆编：《日军侵浙细菌战档案资料汇编》第7册，浙江人民出版社2019年版，第5页。

② 中共浙江省委党史和文献研究室、浙江省档案馆编：《日军侵浙细菌战档案资料汇编》第7册，浙江人民出版社2019年版，第9—56页。

③ 中共浙江省委党史和文献研究室、浙江省档案馆编：《日军侵浙细菌战档案资料汇编》第1册，浙江人民出版社2019年版，第67页。

在县境内暴发肆虐之时，果断采取了一系列及时、细致、具体、有效的应对举措，堪称防疫典范。笔者在阅读相关档案文献时，不由得为之叹服。

4. 义乌县防疫

1940年6月，义乌县曾向浙江省卫生处致电报告该县东江桥一带发现疫情，省卫生处即派王科长到义乌会同县卫生院人员进行调查，证实东江桥自5月29日至6月19日共死亡6人，但自21日抵达调查时，未再继续发现病人，无法精确诊断死者系何种疾病。①

义乌县第一次确定发现有鼠疫流行是在1941年10月6日②。1941年9月5日，浙赣铁路员工郦冠明在衢县疫区染上鼠疫，发病后乘火车逃回义乌县城北门街5号家中，9月6日病重不治死亡。郦冠明死后，10月6日，北门街一带开始出现鼠疫患者。③ 在义乌医院院长杨尧震一再催促下，义乌县政府才于11日晚召开紧急会议，决定成立义乌县防疫委员会。从成立到12月中旬，虽然召开了10次防疫委员会议，但由于县长章松年不甚重视，加上防疫经费不足，虽然做了诸如防疫宣传，调查疫情，诊治患者，注射疫苗，灭鼠，清洁卫生，建隔离区，封路，设隔离病院、留验所，指派专人掩埋疫尸等工作，但“未能有效防治鼠疫蔓延”。④ 据义乌县防疫委员会统计，截至11月14日，义乌县城区“患鼠疫人数为93人，内经治愈者4人，治疗中9人，死亡者88人（10月36人、11月52人）”。⑤

为防止疫情迁延至临近各县，义乌县政府决定改革县防疫机构，并上报浙江省政府。为长期防疫需要，浙江省政府同意在义乌县政府内设立防疫处。12月16日，在第10次防疫委员会上，决定将防疫委员会改

---

① 卫生署致浙江省卫生处电（防字2109号），民国三十年一月，浙江省档案馆藏，档案号：36—58—10。

② 《义乌县防疫委员会公函（附件）医务组提案》，民国三十年十一月二十五日，义乌市档案馆藏，档案号：334—1—264。

③ 浙江省鼠疫防治所编：《浙江省鼠疫流行史》，1973年内部出版，第42页。

④ 李力：《日军浙江细菌战后的义乌县防疫委员会》，《湖南文理学院学报》（社会科学版）2007年第4期。

⑤ 《义乌防疫委员会第八次委员会议记录》，民国三十年十一月二十四日，义乌市档案馆藏，档案号：334—1—400。

组为防疫处。[①]

5. 龙泉县防疫

当年浙江省各市县的防疫工作、应对举措，也有做得不好的。比如龙泉县鼠疫防治工作从一开始就存在很大漏洞，以至于疫情失控。在疫情肆虐数年后，该县防疫工作才渐有起色。

浙江省鼠疫猖獗“最早是庆元和龙泉，其次是鄞县和衢县”[②]。根据现有文献史料，1938年冬至1939年春，庆元县已有鼠疫流行，但不能完全认定是日军所为。[③] 1940年9月下旬，龙泉县小梅镇出现鼠疫，与《井本日志》中记载的浙江6次鼠疫细菌战时间（9月18日至10月7日）一致。据当地文史工作者查阅相关文献，龙泉历史上并无鼠疫流行记录。[④]龙泉鼠疫流行时间段为1940—1945年，因之可以确认，龙泉鼠疫流行是日军相继实施浙江细菌战（1940年）和浙赣细菌战（1942年）引发的重大公共卫生安全事故。

小梅镇位于龙泉县西南，与庆元县曹岭隔河相望，是龙庆公路的中转站。1940年9月下旬，小梅镇第一保首先发生死鼠，随之该镇出现大批死鼠，此后出现鼠疫病人，全年发病15例，死亡12例（死亡率80%）。1941年春，小梅镇鼠疫复发，流传至查田镇。1941年，小梅镇患鼠疫病33人，死亡26人（死亡率78.78%）。小梅镇1940年、1941年两次鼠疫发病死亡率非常接近。由于龙泉没有切实有效地落实防疫工作，致使小梅、查田两镇疫情在1942年再度复发，并向城关区蔓延。除小梅、查田两镇疫情复发外，1942年1月，三溪乡第二保发现死鼠，所幸该乡未发现染疫病人。[⑤] 据《东南日报》1942年12月24日报道，“（1942年）龙泉之小梅（镇）死亡81人”[⑥]。

---

① 《义乌县防疫委员会公函（附件）医务组提案》，民国三十年十一月二十五日，义乌市档案馆藏，334—1—264。

② 中共浙江省委党史和文献研究室、浙江省档案馆编：《日军侵浙细菌战档案资料汇编》第10册，浙江人民出版社2019年版，第24页。

③ 中共浙江省委党史研究室编：《日军在浙江细菌战专题研究》，浙江人民出版社2015年版，第21—22页。

④ 中共浙江省委党史研究室编：《日军在浙江细菌战专题研究》，浙江人民出版社2015年版，第241页。

⑤ 中共浙江省委党史和文献研究室、浙江省档案馆编：《日军侵浙细菌战档案资料汇编》第10册，浙江人民出版社2019年版，第34页。

⑥ 龙泉县志编纂委员会：《龙泉县志》，汉语大词典出版社1994年版，第20页。

另据《浙江省鼠疫流行史》统计，1942 年，龙泉县共有鼠疫病患者 76 人，死亡 69 人。其中小梅镇患病 14 人，死亡 11 人；查田镇患病 17 人，死亡 13 人；城关、兰巨等地患病 45 人，死亡 45 人。[①]

龙泉县鼠疫蔓延至 1942 年，与浙赣细菌战引发的疫情重叠。1943 年春，龙泉县城出现鼠疫大暴发（是 1940—1945 年疫情的顶峰），至 10 月渐息。由于先期防控工作存在较大漏洞，引起城乡居民恐慌，疫情严重的县城和乡镇，几乎成为无人区。8 月，龙泉城区鼠疫大流行，仅半月就病死 262 人。[②] 城区居民为躲避疫情，想方设法逃往乡下，致使鼠疫呈辐射状蔓延至乡下。1944—1945 年，县城关镇和个别乡镇仍有复发，1946 年后，该县鼠疫才消失。

2015 年，龙泉史志办经过综合分析统计，最终确定：1940—1945 年，龙泉县鼠疫患者死亡 658 人，治愈 468 人，合计发病人数 1126 人。其中，1940—1942 年染疫死亡率较高，1943—1945 年染疫死亡率相对较低，其原因是自 1943 年开始，龙泉各项防疫工作渐有起色，浙江省卫生处下拨给龙泉的防治经费及本县摊派的防治经费大为增加。

从表 5 -2 可以看出，1943 年，龙泉县疫情达到顶峰。

表 5 -2　　1940—1945 年龙泉鼠疫情况统计表

1940 年		1941 年		1942 年		1943 年		1944 年		1945 年	
发病	死亡	发病	死亡	发病	死亡	发病	死亡	发病	死亡	发病	死亡
15	12	158	148	80	69	668	309	135	73	70	47

资料来源：龙泉史志办公室：《日军在龙泉的鼠疫疫菌攻击》，中共浙江省委党史研究室编《日军在浙江细菌战专题研究》，浙江人民出版社 2015 年版，第 248 页。

我们从《龙泉县政府关于本县三溪乡第二保发现死鼠，迅与防疫队密切联络加紧防范给小梅区署、县卫生院的代电》（1942 年 1 月 24 日）、《龙泉县小梅镇公所关于鼠疫流行甚炽，仰祈察核迅予设法救济给县政府的呈文》（1942 年 10 月 21 日）、《龙泉县卫生院关于小梅镇发现鼠疫，

① 浙江鼠疫防治所：《浙江鼠疫流行史》，转引自中共浙江省委党史研究室编《日军在浙江细菌战专题研究·日军在龙泉的鼠疫细菌攻击》，浙江人民出版社 2015 年版，第 242—243 页。

② 龙泉县志编纂委员会：《龙泉县志》，汉语大词典出版社 1994 年版，第 22 页。

前往防止经过给省卫生处、龙泉县政府的呈文》（1942 年 11 月 18 日）[①]这三份“电陈”标题可知：

早在 1942 年 1 月，龙泉县境内就已发现死鼠，标志着鼠疫已在鼠间传播。县政府虽与省卫生处派来的防疫队迅速取得联系，加紧防范，但效果甚微，至 10 月，小梅镇“鼠疫甚炽”。

现将 1942 年 11 月 18 日的“电陈”内容摘录于下：

> 查本县小梅镇发现鼠疫业经呈报在案，近来疫势益形猖獗，死亡惨重。职（卫生院院长李奎林）于本月□日会同省防疫队队长柯主光前往防治，当户张贴标语，发《防疫告民众书》，并督促住户环境清洁，为预防较有具体计，又经召开防疫紧急会议，当地党政士绅因避疫在外，竟无一人出席，与议者似无地方人士，不与省防疫人员密切连（联）系，保甲不能灵活运用，宜乎（当然）疫势之难以扑灭。本院除已设立检疫站、与黄山地方派员实施水陆检疫及积极办理各项重要防治工作外，兹将视察经过情形电陈。

龙泉县疫情防控不力原因何在，龙泉卫生院李奎林院长给省卫生处、县政府的呈文中讲得很清楚。虽然有防疫队，也采取了张贴标语、告民众书、督促民众搞好清洁卫生、召开防疫紧急会议等措施，但地方党政官员和士绅都外出躲避，没有一人出席防疫紧急会，地方人士与上级派来的防疫人员几乎没有联系，加上地方保甲（长）起不到什么作用，致使“疫势难以扑灭”。仅靠县卫生院设立检疫站、实施水陆检疫，开展各项防疫工作，尽管起到了一些作用，但根本不可能做到高效防疫。这应该是当时浙江省部分县防疫实情的真实写照。

五 浙江细菌战小结

关于浙江细菌战研究，笔者在解读相关文献史料、参考既有学术成

① 中共浙江省委党史和文献研究室、浙江省档案馆编：《日军侵浙细菌战档案资料汇编》第 10 册，浙江人民出版社 2019 年版，第 34—40 页。

果的基础上，做了一些研究性叙述。有以下几点体会：

（一）浙江细菌战竭力追求攻击“效果”

日军实施浙江细菌战的主要意图是通过使用与吉林农安细菌实验不一样的投撒方式（法），检验所能达到的“效果”及需要改进的地方，以便在今后对华战争中能够获得更多机会，更大规模地使用细菌武器，以期达到更理想的“效果”，助力日本侵华战略目标实现。

伯力审判期间，川岛清供称：731部队在1940年收到的“用费”达1000万日元，其中有一半花费到了部队“实验工作方面”。[①] 其中第一部（实验部）活人实验“主要是实验鼠疫（菌）”，在打靶场那里实验得最多的细菌也是鼠疫菌。[②]

据有关史料及研究成果，1940年6月，731部队在吉林长春市附近的农安、大赉等地通过人工谋略投撒方式（地面）散布鼠疫跳蚤，接着农安、大赉、安广、新京（长春）等地出现鼠疫大流行，这场鼠疫流行至12月结束，结果造成2139人死亡。[③] 这是731部队第一次正式将他们通过人体实验研制出来且认为是最具杀伤力的细菌武器——鼠疫跳蚤进行大面积人工“谋略投放”（以前只是在室内或专门的实验场进行）。而浙江细菌战则采用飞机撒播即“雨下法”，主要是想通过对未占领地的中国居民聚居区进行更大规模的细菌攻击，对业已产生“效果”的王牌细菌武器即“鼠疫跳蚤”做进一步验证，在实战中通过对比霍乱、伤寒菌与鼠疫跳蚤的杀伤“效果”，进一步确认“鼠疫跳蚤”在细菌武器种类中的优选地位。此后，获得大规模杀伤效能的鼠疫跳蚤“成为日军所谓‘最有效’的细菌武器”。[④]

鼠疫，不易被发现、杀伤面积大、见“效”快、死亡率高，比较而言，当时医疗卫生条件尚好的浙江都难以及时发现、防治，若疫情不幸降临医疗卫生条件较差的内陆省份，其疫情惨状，不可谓不后怕。

伯力审判检验委员会在庭审后的“结论”中明确指出：

---

① ［苏］《前日本陆军军人因准备和使用细菌武器被控案审判材料》（中文本），莫斯科外国文书籍出版局印行1950年版，第256页。

② ［苏］《前日本陆军军人因准备和使用细菌武器被控案审判材料》（中文本），莫斯科外国文书籍出版局印行1950年版，第267—268页。

③ 解学诗、［日］松村高夫：《战争与恶疫——七三一部队罪行考》，人民出版社1998年版，第115页。

④ 陈致远：《日本侵华细菌战》，中国社会科学出版社2014年版，第114、116页。

> 第731部队……及荣字1644部队所制造的细菌武器在使用时可能引起一种既威胁着军队，也威胁着包括妇女老幼在内的和平居民生命的流行症。此种流行症之范围大小，除其他因素外，将由遭受攻击地方的卫生情况和医药设备底（的）水准如何来决定。①

确实如此。

（二）浙江细菌战使用的细菌武器不全由731部队生产

日机在宁波市上空撒播的鼠疫跳蚤应该是刚从哈尔滨空运过来不久且顺利撒播在人口相对密集的街区，才会在投撒数天后，出现疫情并迅速引发鼠疫流行。而在衢州上空投撒的鼠疫跳蚤，很可能是航运过来的，因为航运慢，途中有损耗，所以投下时死蚤较多，加上投撒不充分（装载鼠疫跳蚤的容器未能充分打开），鼠疫跳蚤落到地面后，活蚤少、密度不够，短时间内很难直接传染人。鼠疫跳蚤先是引发鼠间传播，再传到人，这需要一个过程。从《井本日志》记载的攻击目标看，只有宁波鼠疫发生、流行来得较快，衢州等地较慢。遭到细菌攻击的台州、温州、玉山等地，短时间内并没有发生疫情。其主要原因：投撒的是霍乱菌和伤寒菌，飞机“雨下法”的高度没有掌控好，“雨下法”并非适用于任何攻击点（如10月7日的《井本日志》中就记载台州不适合）。后来这几个地方出现疫情也是宁波、衢州疫情蔓延所致。

至于攻击金华的细菌武器——鼠疫杆菌，则很可能是由“甲”1855部队繁殖生产的。因为制造“鼠疫跳蚤”需要大量老鼠，而老鼠不够一直是731等细菌部队研制细菌武器的“瓶颈”，直到日本战败投降之前都未能解决此难题。虽说鼠疫跳蚤在室内和野外实验场进行人体实验以及在居民聚居区撒播时颇具杀伤力，但制造出来放进细菌炸弹（容器）后，则不易保管，更不易保存。疫蚤的存活期大约只有1个月，且每天都有一定的死亡率，从生产到撒播，间隔时间超过一个星期，杀伤力就会大受影响。从《井本日志》可知，浙江细菌战实施就是因为出现细菌武器生产“滞后”及“运输”等问题，才断断续续进行，前后时间拉得较长。

---

① ［苏］《前日本陆军军人因准备和使用细菌武器被控案审判材料》（中文本），莫斯科外国文书籍出版局印行1950年版，第438页。

（三）防疫工作显被动、防疫效果有参差

由于战时受各种主观、客观条件所限，浙江省的公共卫生安全体系并未形成有效机制，而防疫机制不健全势必会影响抗疫效果。浙江各县市抗疫防疫较为成功的是鄞县（宁波）。从当年浙江省政府的一份《关于鄞县、衢县防疫人员奖惩办法的指令》可知，由于鄞县防疫工作开展及时，防疫成效显著，时任鄞县县长俞济民、县政府秘书章鸿宾、县卫生院院长张方庆获得嘉奖。而衢县，仅行政（督察区）专员鲁忠修获得嘉奖，卫生院长张秉权因“动作迟缓、能力薄弱，予以更调”，县长崔履堃、警察局局长崔参（已离职）不予考核……。[①] 两相对比，防疫工作扎实与否，防疫成效若何，高下立判。

在当时的境况下，人们对敌方细菌攻击造成的疫情是很难预防也很难防控的，就是说对这类疫情是防不胜防。尤其是疫情开始不明显的地区，人们的警惕性不会那么高，加上当时人们的公共卫生安全意识非常淡薄，对疫情的态度仍受传统观念支配。虽然在疫情发生后做了一些宣传，但效果并不理想。当年防疫工作远比我们今天想象的要困难得多。这也是有的市县疫情失控的重要原因之一。

（四）有防疫人员在反细菌战斗争中以身殉职

浙江细菌战引发突如其来的疫情，致使浙江反细菌战准备颇显仓促，加上战时缺少防疫经费及所需药品，缺乏抗疫防疫经验，抗疫防疫工作可谓艰苦异常，有工作人员被感染，有的竟以身殉职。

据时任第三战区司令部卫生处长杨济民回忆：浙江抗疫工作中，有两位防疫工作人员感染鼠疫。一位是国联防疫顾问罗伯特·伯力士（R. Pollitzer），在这次防疫过程中，伯力士献计献策，竭智尽虑，使疫情迅速得到控制，为功匪浅。同时不辞劳累，出入疫区，以致感染腺鼠疫，经多方面积极治疗，幸获痊愈。另一位是毕业于上海同济大学的红十字会医疗队队长刘宗歆医师，由于在一次抢救染疫病人过程中不幸感染肺鼠疫，竟以身殉职。[②]

---

① 中共浙江省委党史和文献研究室、浙江省档案馆编：《日军侵浙细菌战档案资料汇编》第1册，浙江人民出版社2015年版，第185—186页。

② 杨济民：《抗日战争中的一场反细菌战回忆》，《长宁文史资料》第3辑。

图 5－14　刘宗歆

资料来源：浙江义乌细菌战罪行展览馆。

刘宗歆（1912—1941），浙江上虞人。1933—1938 年在同济大学医学院求学。大学毕业后，先后在中国红十字会救护大队所属医疗队、新四军军部后方医院任医师，1941 年 3 月奉命担任中国红十字会防疫医疗大队第 312 医疗队队长，先后在衢县、义乌防治鼠疫。6 月 20 日，他被任命为浙江省衢县临时防疫处隔离医院副院长兼医务主任，主持治疗工作。12 月，在义乌救治一名患肺鼠疫年轻女子时不幸被感染，因缺少药物，延误治疗，以身殉职，时年 29 岁。1986 年 1 月，上海市人民政府追认刘宗歆为抗战中牺牲的革命烈士。①

据曾参与宁波、衢州两地防疫工作的胡樾先生回忆，除了刘宗歆之外，衢县警察局的警员周灯也在抗疫防疫工作中不幸染疫殉职。②

① 吴小龙：《反细菌战勇士刘宗歆》，《人民政协报》2020 年 2 月 27 日第 7 版。中国人抗日战争纪念馆藏有刘宗歆的照片和他使用过的钢笔，浙江侵华日军细菌战义乌展览馆有刘宗歆的事迹牌。

② 胡樾讲述，胡畏、钟睿整理：《抗战时，我亲历了衢州鼠疫防治》，《衢州日报》2019 年 1 月 27 日第 1 版。

第六章 “荣”1644部队常德细菌战

一 731部队野（室）外鼠疫菌人体实验

1941年11月初，日军对常德实施了鼠疫细菌攻击，常德细菌战发生。这是731部队和“荣”1644部队在中国南方浙、赣、湘三地联合策动的第二次较大规模的细菌实战，使用的细菌武器是鼠疫跳蚤。

（一）1940年吉林农安、大赉等地鼠疫菌人体实验

有史料证明，731部队研发“鼠疫跳蚤”细菌武器始于1939年，研发细菌武器的活人实验是在731部队特设监狱里的实验室进行的，人体实验对象就是关押在监狱的“马路他（达、大）”，又称“圆木”，日文称“丸太”。[①] 1940年6月初，731部队先后在吉林省农安、大赉等地秘密进行了2次人工投撒，一共投撒了0.015公斤鼠疫跳蚤，造成农安、大赉及附近多地鼠疫流行，致3051人死亡。[②] 这种利用人工在实验室外“谋略投放”鼠疫跳蚤与同年在浙江宁波、衢县等地使用飞机“雨下法”投撒鼠疫跳蚤属于同类细菌武器的不同“投撒法”及“效力”实验。但日本人没有料想到，农安、大赉等地鼠疫竟于是年9月下旬传至伪满都新京，致死26人，其中有一半是日本人。时任关东军总司令梅津美治郎下令731部队迅速派人进驻新京“防疫”，新京鼠疫流行至11月中旬停止。[③] 731部队在吉林农安、大赉的“鼠疫跳蚤”细菌武器实验是目前有史料为

---

① ［日］森村誠一：『悪魔の饱食』（新版），東京：角川書店1996年版，第33页。

② ［日］金子顺一：「PXノ効果略算法」，1943年12月14日，『陆軍軍医学校防疫報告』，第1部，第60号，参见李海军等编译《侵华日军细菌战重要外文资料译介》，中国社会科学出版社2018年版，第96页。

③ 陈致远：《日本侵华细菌战》，中国社会科学出版社2014年版，第114页。

据的第一次野外实验。

日本陆军军医学校防疫教研室研究员高桥正彦撰写了与农安、新京“鼠疫流行”有关的6篇标有“密”字的研究报告，报告内容涉及流行医学、细菌学、临床医学、防疫学等医学领域。这6篇研究报告均在时任731部队长石井四郎的指导下完成。2000年12月8日，日本东京医科大学细菌学家中村明子教授在“侵华日军细菌战受害国家赔偿诉讼”法庭上公布证言证词——《中国发生的鼠疫同日军细菌战的因果关系》。中村明子认为：731部队在农安、新京鼠疫流行时，“进行了多角度的细菌检索”，通过解剖、临床观察、鼠疫血清诊断研究、疫苗研究，“搞清了感染鼠疫的老鼠、跳蚤同鼠疫流行的关系，所以在常德投下了感染鼠疫的跳蚤，使该地区发生了鼠疫”。[①] 就是说，常德细菌战及引发的鼠疫流行与农安、新京鼠疫流行有关联。

（二）1940年浙江细菌战战后“经验”总结

如第五章所述，1940年8—11月，“荣”1644部队密切配合731“远征队”，在浙江宁波、衢州等地实施了大规模的细菌武器攻击，被学术界称为“浙江细菌战”“浙东细菌战”“宁波细菌战”。这次细菌战的“效果”究竟如何，细菌武器的“质量”是否需要进一步提高，投撒细菌（武器）的方式（方法）是否需要做进一步改进？

日本陆军省医务局、731部队、“甲”1855部队、“荣”1644部队均派要员参加了1941年2月5日专门召开的“ホ（保号）”作战讨论会。其中，731部队派出了以石井四郎为首的7人参会，超过“甲”1855部队、“荣”1644部队参会人数，昭示731部队不仅是1940年浙江细菌战的主角，今后的细菌实战仍会由731部队担当主角。

浙江细菌战期间，虽说如《井本日志》等史料中记载，日军使用了包括C（霍乱菌）、T（伤寒菌）、P（鼠疫菌）等细菌武器，但由于推测“C不会出现，P也许会成功”，后来的观测（侦探）结果，主要是P的“效果”明显。凡投撒P的地区几乎都出现了鼠疫流行，致“各地出现了数十乃至数百名因鼠疫死亡的患者”。[②] 而依据731部队本身的资料——

---

① ［日］中村明子：《中国发生的鼠疫同日军细菌战的因果关系》，王希亮、周丽艳编译《侵华日军731部队细菌战资料选编》，社会科学文献出版社2015年版，第418—419页。

② ［日］井本熊男：『井本日誌』第7卷，转引自［日］吉見義明、伊香俊哉「日本軍の細菌戦」，载『戦争責任研究』（季刊）2号（1993年冬季号）。

金子顺一论文《PX ノ（鼠疫跳蚤）效果略算法》，浙江细菌战造成中国军民死亡人数达“10833 人”。

（三）常德细菌战“预演”：安达实验场活人实验

除了总结、评估 1940 年浙江细菌战作战经过之外，731 部队还加紧进行人体实验。伯力审判时，川岛清供称：1941 年 4—6 月，他除了负责领导第四部（生产部）之外，还兼管总务部。其间，与日军宪兵部联络密切，以便能经常从那里领到犯人（包括中国人、俄国人）“作强迫传染致命细菌实验的对象”。①

这种人体实验一部分是由 731 部队第一部在室内实验室进行，另一部分是由第二部（实验部，负责管辖 731 部队航空队、飞机场、打靶场）在室外进行。最典型的一次室外实验是在实验部部长太田澄的亲自指挥下，于 1941 年夏（5 月）在安达实验场进行的鼠疫跳蚤模拟攻击活人实验，以检测单纯用染有鼠疫的跳蚤攻击活人究竟会产生怎样的“效果”。

关于这次在安达实验场用活人进行惨无人道实验的经过，据川岛清供称：

> 除了在第一部各实验室内用活人进行实验外，同时还在第 731 部队各打靶场上近于作战情况的环境中，拿活人进行过实验。1941 年 6 月，我同本部人员一起在安达站附近本部队打靶场上参加过检查鼠疫跳蚤炸弹效能的实验，这次是对十个至十五个被绑在柱子上的犯人来检验细菌飞机弹的效能。当时从飞机上投下了十多个炸弹。我是以总务部部长资格参加这次实验，同时我之所以对这次实验感兴趣，还因为我是生产部部长。但实际指导这次实验的是第二部部长太田（澄）大佐。②
>
> 1941 年夏天，在安达站附近进行装有鼠疫跳蚤的“石井式”瓷壳炸弹效能实验，用来进行实验的有 15 个人（“木头”），被绑到柱子上。为了让飞机容易发现目标，还在靶场上插许多小旗并放一簇

① ［苏］《前日本陆军军人因准备和使用细菌武器被控案审判材料》（中文本），莫斯科外国文书籍出版局印行 1950 年版，第 59 页。

② ［苏］《前日本陆军军人因准备和使用细菌武器被控案审判材料》（中文本），莫斯科外国文书籍出版局印行 1950 年版，第 60 页。

> 乌烟。一架特备飞机从平房那边飞来，飞到打靶场上空时，投下20来枚炸弹，在离地100—200米高的空中全部爆炸，炸弹内装的鼠疫跳蚤就落到地面上。过了很久的时间，让跳蚤尽量散开，传染到这些实验者身上。然后对他们进行消毒，再用飞机送回731平房内部监狱，派人监视他们是否染上鼠疫。从负责实验的领导人太田大佐口中了解到，这次实验没有达到良好效果，原因是温度太高。①

据川岛清回忆，在打靶场实验得最多的细菌（武器）是“鼠疫跳蚤”。②

安达实验场，全称“侵华日军第731细菌部队安达特别实验场遗址”位于今黑龙江省安达市城东约17.5公里的先源乡八一村（又名鞠家窑村）东南，距哈尔滨平房区731部队遗址约120公里。

最初，这里只是打靶场，1943年才正式将这里建为细菌武器实验场。该实验场隶属侵华日军第731细菌部队第二部，是对动物、活人进行野外细菌实验的重要场所，用以检验研制的各类细菌战剂的杀伤“效果”。“1942年9月，日军用两个多月的时间，在这里修建了一个没有跑道的飞机场。飞机场的面积东西约有1.5公里，南北约有2.5公里，在其周围东西12公里、南北17公里之内，自从安置好住人以后，就不许任何人入内……这个飞机场里设置的地下室，是个进行细菌实验的地方……解放后，鞠守忠、刘兴州、杨君等老乡，在烧掉的房子旁边，看见有装着耗子、大眼贼、家雀的铁笼子，在地下室内有很多玻璃瓶子，内有黄色、白色的药面。从这些情况来看，鬼子在此地是大力地进行了细菌实验。”③安达特别实验场遗址原为黑龙江文物保护单位，2013年成为第七批全国重点文物保护单位。

---

① ［苏］《前日本陆军军人因准备和使用细菌武器被控案审判材料》（中文本），莫斯科外国文书籍出版局印行1950年版，第267—268页。

② ［苏］《前日本陆军军人因准备和使用细菌武器被控案审判材料》（中文本），莫斯科外国文书籍出版局印行1950年版，第267—268页。

③ 中央档案馆等编：《日本帝国主义侵华档案资料选编·细菌战与毒气战》，中华书局1989年版，第51—52页。

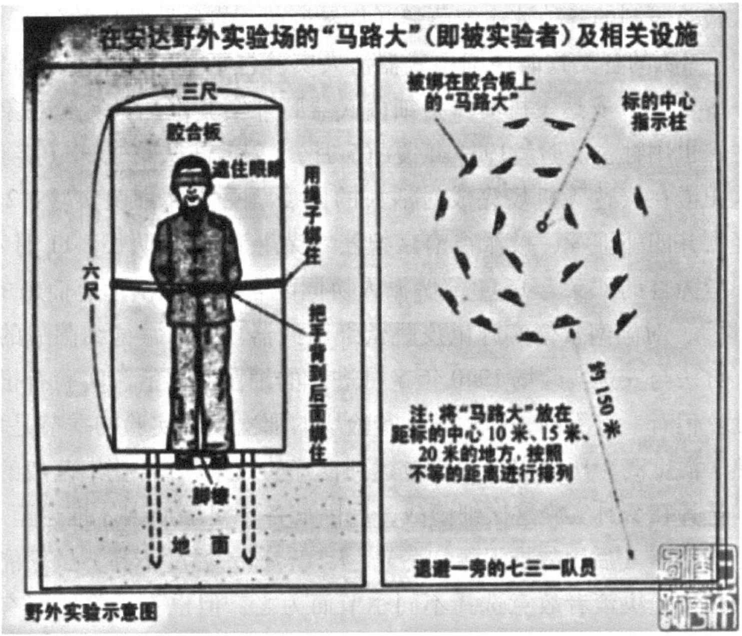

图6-1 安达野外实验场活人(马路大)实验示意图

资料来源:[日]郡司陽子:『【證言】七三一石井部隊』,東京:德間書店1982年版,第96页。

1947年5月10日,太田澄在接受美国德特里克堡细菌战专家费尔审问时供称:1941年,在安达进行了4次战地(人体)实验。①

川岛清供称,之所以要在室内、野外经常用活人进行细菌武器实验,其主要目的就是研究各种细菌及其在细菌战中的应用,“即研究各种细菌的效力,繁殖和应用细菌的方法,大批(量)制造细菌的方法,以及(如何)保存这些细菌的方式”。②

伯力审判期间,被告榊原秀夫、柄泽十三夫、川岛清、西俊英等人供称:从1941年到1945年,731部队由第二部具体负责,在安达实验场

---

① [日]近藤昭二:『731部隊·細菌戦資料集成』,CD—ROM版,東京:柏書房2003年版,CD盘号:3—25—1,参见王希亮、周丽艳编译《侵华日军731部队细菌战资料选编》,社会科学文献出版社2015年版,第54页。

② [苏]《前日本陆军军人因准备和使用细菌武器被控案审判材料》(中文本),莫斯科外国文书籍出版局印行1950年版,第275—276页。

用活人检验研制的各种致命细菌弹（如鼠疫菌、炭疽菌等）的效能。①

731 部队的各类致命性细菌武器活人实验包括室内、室外人体实验。1941—1945 年，安达飞机场作为细菌武器野外实验基地，实验对象以活人为主，也用牲畜实验。1941 年夏（5 月），731 部队第二部（实验部）部长太田澄在安达飞机场完成对活人的鼠疫跳蚤人体细菌实验，2 个月后，经石井四郎推荐，被派往南京担任“荣”1644 部队长。11 月 4 日，以太田澄为首的“荣”1644 部队派人协同配合从哈尔滨远道而来的 731“远征队”，对湖南常德实施鼠疫跳蚤细菌武器攻击。常德细菌战的攻击方式、方法与安达实验场 1940 年 5 月进行的细菌武器活人实验有很多相似之处。但有一点不同，即：安达实验场的那次活人实验的季节是夏季，天气热、温度高，所以实验“没有达到良好的效果”。常德细菌战的决策者原本选择在 9 月实施这次细菌战，后因准备不足等原因才推迟至 11 月初，选择秋季（后因故推迟至初冬），天气转凉，温度不高。虽不能断定这是细菌实验决策者故意选择不同季节而为之，但也不排除他们有根据不同的季节，检验“鼠疫跳蚤”这种细菌武器在实验、实战中不同“效果”的意图（检验哪个季节实施后的“效果”更为理想）。

二　常德细菌战经过

（一）日军谋划实施常德细菌战的原因

1. 为了进一步验证并确认“鼠疫跳蚤”这种最早在中国进行人体实验而研发的细菌武器“效力”

日军试图通过对常德进行鼠疫细菌实验性实战，检验经过技术改进后的细菌武器及实战方法，然后在此基础上再予以改进，直至完善；检验“重型轰炸”（大剂量撒布鼠疫跳蚤）的杀伤效力，进一步论证鼠疫跳蚤作为王牌细菌武器在今后大规模战争中的实用性。

日军为准备实施常德细菌战，可谓蓄谋已久。1940 年浙江细菌战就是一次不同以往的实验性细菌实战。浙江细菌战实施过程并不顺利，日

① ［苏］《前日本陆军军人因准备和使用细菌武器被控案审判材料》（中文本），莫斯科外国文书籍出版局印行 1950 年版，第 17、18、66、80、259、267、303 页。

军使用的细菌武器如霍乱菌、伤寒菌并未达到预期“效果”，但日军至少“获得了一种可在战场上使用的、具有大规模杀伤效能的细菌武器：鼠疫跳蚤”①。这也成为日军谋划、准备常德细菌战时考虑使用鼠疫跳蚤的主要动因。

据《井本日志》记录，1941年上半年，日军在总结浙江细菌战的基础上，对装载细菌武器的容器、投撒时的操作装置进行了改进，又在投撒时间、投撒方式、投撒剂量等方面做了计划调整。日军一直在探讨如何“就近生产跳蚤”以保持细菌的活力，为此还在扩大“甲”1855部队、“荣”1644部队的细菌武器生产能力尤其是鼠疫跳蚤产能问题上想了许多办法。②“就近生产跳蚤”就是为了在接下来对中国南方进行细菌作战时，不必完全依赖731部队生产的鼠疫跳蚤（因为731部队细菌工厂的鼠疫跳蚤生产能力有限，鼠疫跳蚤生产出来后，在保养以及战需运输途中会有一定比例的损耗），而改用一部分由“甲”1855部队、“荣”1644部队生产的鼠疫跳蚤。“甲”1855部队、“荣”1644部队想要扩大鼠疫跳蚤产能，但很不容易达成。这是因为鼠疫跳蚤的培养周期比其他细菌要长得多，加上老鼠供应不足，再就是鼠疫跳蚤培养出来后，保管也非常麻烦，所以，华北、华中这两支细菌部队很难在短期里形成生产规模并扩大产能。

实际上，日军在常德细菌战中使用的鼠疫跳蚤产自731部队细菌工厂。这又一次证明了日军的细菌战计划很难与实验性细菌武器实战同步。就是说，以当时日军细菌武器实验、研制的进度与生产能力及规模，很难按预定计划在实战时足量投入使用。直到1945年第二次世界大战临近结束时，日军细菌武器生产能力才有显著提高。

从日军为准备实施细菌战的各项工作看，重中之重就是如何提高鼠疫跳蚤的繁殖能力。这项工作得到了日本大本营参谋本部的高度认可与大力支持。

据川岛清在伯力审判期间供称，1941年夏，石井四郎曾召集731部队各部部长开了一次会议，传达日军参谋总长的“指示信”，这封信充分

---

① 陈致远：《日本侵华细菌战》，中国社会科学出版社2014年版，第120—121页。

② ［日］井本熊男：『井本日誌』第10—11卷，转引自［日］吉見義明、伊香俊哉「日本軍の細菌戦」，载『戦争責任研究』（季刊）2号（1993年冬季号），第13—14页。

肯定了“731部队在准备细菌战方面，特别是大批繁殖鼠疫跳蚤方面，已达到相当成绩”，并指示“要在这方面加紧研究工作”。①

1941年春，日本关东军司令部向731部队下达“要破坏中国军队占领的重要枢纽常德城以及沿铁路交通线地区的一项命令”，计划“派出第二远征队，由731部队第二部部长太田澄带领，有100余人参加，其中有30名细菌学专家”。

2. 战时常德的军事地理位置至关重要

据1949年12月29日晚伯力庭审记录：

> 1941年夏季，731部队派出了第二次远征队到中国去……这次远征队是专门派去散播鼠疫流行病的。日军司令部给予该远征队的基本任务，是要破坏中国军队的交通线，其重要枢纽是常德城。

战时湖南常德乃华中战场与西南大后方之间的“重要（交通）枢纽”且有大量中国军队驻守于此。1940年6月枣宜战役，宜昌沦陷。日军占领通往重庆的长江水路要塞城市宜昌后，流经湖南常德的沅水就成为通往西南大后方的主要水路；陆路则有抗战时期非常重要的川湘公路，这是中国华东、华中通往西南大后方的最为便捷的陆路通道。而常德正好处在水陆通道的枢纽位置，常德也因此成为日军细菌攻击的重要目标。

3. 战时常德的经济地位非常重要

常德是战时中国湖南粮、棉等军需、民用物资的主要生产地和中转站。

常德位于洞庭湖西侧，物产丰饶，素有“鱼米之乡”之称。抗战时期，常德被西方媒体称为“中国的粮仓”“东方的乌克兰”。

据当年随鼠疫专家陈文贵到常德参与调查防疫工作的叶天星教授回忆：“常德是一个粮仓，是华中一带中国军队军粮以及四川大后方用粮的基地。如果用细菌战方法就可以封锁这个粮仓，老鼠随着运粮，将鼠疫扩散开来，甚至到四川大后方去。”②

---

① ［苏］《前日本陆军军人因准备和使用细菌武器被控案审判材料》（中文本），莫斯科外国文书籍出版局印行1950年版，第260页。

② 郭成周、廖应昌：《侵华日军细菌战纪实》，燕山出版社1997年版，第351页。

常德鼠疫暴发后，第一位参与防治工作的外籍医生肯德[1]在1950年写给《人民日报》的信中仍称常德为“华中的米市”。[2] 这充分证明常德作为中国抗战时期的重要粮食基地，在这位外籍医学专家的心中留下了难以忘怀的记忆。

战略相持阶段，常德不仅在军事地理位置上属于重庆军事委员会决意死守的“陪都屏障”，而且在经济上的地位也举足轻重。常德及附近地区是有名的“鱼米之乡”，粮、棉、油等物资非常丰富。1940年6月，日军占领溯江而上之要津宜昌，封锁通往重庆的长江水道，常德成为陪都重庆乃至整个西南大后方物资运输的主要集散地和中转口岸。[3] 战时湖南有14个植棉县，其中常德、华容、澧县是三个主要种植县，占全省植棉面积的57.4%，占总产量的55.7%。常德地区皮棉年产量约20万石，多被征用为军棉。抗战全面爆发后，湖南成为西南大后方棉花及棉制品的主要供给地之一，滨湖地区棉花种植面积和产量均占湖南省的98%以上，常德县居首位。[4]

常德还是第二次、第三次长沙会战的后援地。因之，日本视常德为“湖南省西部地区的军事、政治、经济中心，与东部的长沙相对，为重庆军补给命脉所在”。[5]

日军选择常德作为在中国南方实施第二次细菌攻击的目标的确带有明显战争意图，旨在通过制造鼠疫大流行，破坏常德这个重要的粮棉军需供应与中转基地。

4. 为日军“北进”计划可能使用细菌武器做预备

1941年6月苏德战争爆发后，日军为准备对苏联作战的“北进”计划，除成倍增加关东军总兵力外，还进行了一场针对苏联的关东军特别军事大演习（简称“关特演”）。“关特演”让731部队更加兴奋，为了

---

① Dr. Henryk Kent，奥地利人，中文名“肯德”（原名音译）。1939年，作为国际援华医疗队第三批队员从马赛启程，1940年年初到达贵阳，被分配到中国红十字会总会第2中队第731医务分队任队长。

② 《奥国医生肯特证明：日寇曾在常德使用细菌武器》，《人民日报》1950年1月8日第4版。

③ 《常德地区·交通志》，湖南出版社1992年版，第85页。

④ 李承家：《常德地区志·农业志》，常德市农业局1997年版，第144页。

⑤ ［日］日本政府防卫厅防卫研究所战史室：《中华民国史料丛稿·译稿·昭和十七、八（1942、1943）年的中国派遣军》，高书全译，中华书局1984年版，第119页。

让大本营进一步认识到大规模战争中使用细菌武器具有“巨大战略意义”。

川岛清供称：

> 1941 年 6 月……石井向日军参谋本部报告过，说第 731 部队已经研究好了用染有鼠疫跳蚤作为细菌武器的方法，说这方面所能达到的成绩可以大规模地使用，达到战争的目的。
>
> 石井告诉我们说，参谋本部对本部队工作成果极为称赞，并指示我们要特别注意改进并继续研究细菌作战武器……是因为国际形势已发生变化，即德国对苏战争已经开始，以及因为关东军中已在实施为反苏军事措施准备的“关特演”计划，所以我们的军队应当充分具备细菌武器，以便能在必要时用去反对苏联。①

伯力审判期间，曾担任 731 训练部部长的西俊英供称：

> ……当 1941 年希特勒命德国进犯苏联，而驻满关东军集中在苏联边境的时候，第 731 部队内当时已确定鼠疫细菌是最有效的攻击武器，至于部队内往后的活动，则是完善大量生产细菌过程和散布细菌的方法。②

由此可见，苏德战争爆发后，关东军积极备战“北进”计划，对日军细菌部队是一个不小的刺激。为了在即将可能到来的大规模对苏联作战中证明此前在诺门罕战役中想证明却未能证明的细菌战之效能，很有必要在中国进行一场颇具规模的实验性细菌武器实战，以此来验证经过不断改进的细菌武器的杀伤效力。为此，日军特意选择他们认为最可靠的、已经在实验性实战中见证其效果的鼠疫跳蚤作为对常德进行细菌战的武器。

综上，常德细菌战是日军经过精心策划、筹备的一次典型的鼠疫细

---

① ［苏］《前日本陆军军人因准备和使用细菌武器被控案审判材料》（中文本），莫斯科外国文书籍出版局印行 1950 年版，第 119—120 页。

② ［苏］《前日本陆军军人因准备和使用细菌武器被控案审判材料》（中文本），莫斯科外国文书籍出版局印行 1950 年版，第 28 页。

菌战。常德城乡居民罹受细菌战之祸已不可避免。

（二）从《井本日志》《伯力审判材料》看常德细菌战

同浙江细菌战一样，731部队派遣的远征队是常德细菌战的主力。作战计划制订、细菌武器制造、远程投送、主要参战人员、领导者都与731部队有关联。具体负责常德细菌战的指挥官是刚就任“荣”1644部队长数月的太田澄（1941年7月上任）。调任南京前，他曾在731部队担任第二实验部部长，他的直接上司是石井四郎。“荣”1644部队选派数十人参加了常德细菌战，他们负责协同731“远征队”队员完成对常德的细菌攻击任务。

迄今，已发现的与常德细菌战有关的文献史料包括日文、俄文、中文、英文史料。这里，仅从《井本日志》和《伯力审判材料》中摘录相关内容予以论述。

《井本日志》对1941常德细菌战实情做了较为详细的记录，包括常德细菌战计划制订、作战时间延后、细菌战实施及“效果”等。

日军于1941年上半年对浙江细菌战进行了讨论与总结，认为要在细菌武器研制、使用方法等方面加以改进。

1941年8月11日，井本熊男到达南京中国派遣军司令部，传达和联络“保”事宜。[①]

《井本日志》记载：

> 1941年9月，为再次开始细菌战实施，局面变得紧迫。9月1日，增田中佐提出，“希望9月底以前决定实施”，决定实施后加强联系。
>
> 9月5日，关于“保”的联络……基本决心实行。9月12日，有关于“ホ件”，“大体可行”。9月15日，“ホ件（正式）决定”。16日，发布“ホ”的大陆指命令。[②]

从以上数则《井本日志》内容可以看出：井本熊男在筹划常德细菌

---

① ［日］吉見義明、伊香俊哉：『731部队と天皇・陆軍中央』，東京：岩波書店1995年版，第29页。

② ［日］井本熊男：『井本日誌』第13卷，转引自［日］吉見義明、伊香俊哉「日本軍の細菌戦」，载『戦争責任研究』（季刊）2号（1993年冬季号），第14页。

战的最后阶段起到了穿针引线作用。8月11日，井本熊男从东京飞到南京，代表参谋本部作战课与中国派遣军司令部就常德细菌战有关事宜做进一步联络。9月初，井本熊男在增田知贞（一再）催促下，初步决定实施常德细菌战。9月15日，正式决定这次细菌攻击行动。9月16日，参谋本部正式发出实施常德细菌战的“大陆指”命令。这几则日志也证实了日军对常德的细菌攻击与浙江细菌战一样，是在日本大本营参谋本部“大陆指”下达后，由731部队和“荣”1644部队联合实施。

1941年11月25日的《井本日志》记载：

> 中国派遣军参谋长尾正夫报告“ホ”号事件
>
> 接到11月4日目标方向天气情况良好的报告，一架97轻型飞机出发（之后4个字被擦掉），5∶30起飞，6∶30到达。浓雾，降低H（高度）搜索，因H（高度）800米附近有云层，在1000米以下实施（增田少佐操纵，一侧箱子打开不够充分，将其投到洞庭湖上）。
>
> 谷子36公斤，之后岛村参谋负责搜索。
>
> 11月6日，常德附近中毒流行（日军飞机在常德附近撒布毒物，凡与之接触者引起猛烈中毒）。
>
> 11月20日前后，鼠疫流行越发凶猛，各战区收集疫病流行卫生材料。
>
> 判定：如果命中（目标），确实会引发疫病。[①]

此篇日志详细记载了常德细菌战实施过程及“效果”。据该日志内容可知：

11月4日凌晨，日军接到常德方面天气良好的气象报告，派出一架97轻型飞机，于日本时间5点30分起飞，6点30分到达。因目标（常德）上空有“浓雾”，日机只能降低高度以便看清攻击目标。飞机下降时，发现除“浓雾”外，800米高度附近还有云层，遂决定对常德的攻击在1000米以下实施（原计划估计是在1000米以上高空实施），由航空班长增田美保少佐具体实施鼠疫菌蚤投掷，但挂在飞机翼下的细菌箱有一

---

① ［日］井本熊男：『井本日誌』第14卷，转引自［日］吉見義明、伊香俊哉「日本軍の細菌戦」，载『戦争責任研究』（季刊）2号（1993年冬季号），第13—14页。

侧没能完全打开，为防止残余菌蚤带回机场可能会造成危险，遂将未能充分开启的细菌箱投入洞庭湖。

这次细菌攻击原计划投下“谷子”（鼠疫跳蚤）36公斤，但是金子顺一论文《PXノ效果略算法》中为“1.6公斤”。[①] 根据当时日军鼠疫细菌武器制造能力看，《井本日志》中所言“36公斤”疑为“1.6公斤”抄写之误，或是因为吉见义明在抄录时因《井本日志》原件字迹模糊所致。

常德细菌战的攻击效果情报由村岛参谋搜索。11月6日，常德附近开始中毒（据搜集的中方资料，日军飞机在常德附近投撒毒物，与投撒物接触的人引起剧烈中毒）。11月20日前后，据从各战区收集的卫生情报反映，常德鼠疫“猛烈”流行。按此“效果”判断，菌弹只要命中目标，确实能产生疫病流行。

图6-2 金子顺一（中间）

资料来源：[日]《战争责任研究》（季刊）15号（1997年春季号），第53页。

该日志并没有明确记载这次对常德进行“雨下法”细菌攻击的飞机

① 李海军等编译：《侵华日军细菌战重要外文资料译介》，中国社会科学出版社2018年版，第96页。

由谁驾驶。虽然提到“增田少佐操纵”，但他应该是只负责“操纵”细菌箱的开启，至于驾驶飞机的则另有其人。

究竟是谁驾驶这架飞机，据原731航空班队员松本正一证言：

> 在南京，我印象中记得进行了两次细菌攻击。航空班的平泽驾驶的九七单发轰炸机，把在轻金属的铝箱里装有感染了鼠疫菌的大量跳蚤撒播出去。这批跳蚤是从哈尔滨运来的。听说攻击地是常德。①

据1946年2月9日美军在日本东京对增田美保的审讯记录：

> 我是卫生技术人员，我在实验中负责用飞机运输药物，研究如何有效地将药物包装好放进木箱，测试瓶装液体在高纬度是否结冰，探明飞机降落时的震动会给药物造成何种影响。实验中驾驶飞机的是清琴平泽少佐和御宇田部队长。②

按松本正一的证言，平泽负责驾驶飞机，增田美保负责投撒细菌。从增田美保的供词可知：增田美保主要负责“药物”（细菌武器）装填、喷洒实验工作。增田美保也承认接受过飞行训练，会驾驶飞机。但他说了，在“实验”时是（清琴）平泽或御宇田驾驶飞机。据此可以确认：1941年11月4日，（清琴）平泽驾驶日机飞临常德上空，增田美保负责“撒布毒物”（鼠疫跳蚤）。

这里有个小问题需要辨明：《井本日志》记载日机在常德上空投撒细菌的时间与中国文献史料记载一致，都是11月4日。但《井本日志》记载“常德附近出现中毒流行”的时间与中国文献史料记载稍有出入。据

---

① ［日］松本正一：《我在航空班的经历》，2000年11月15日在“731部队细菌战诉讼案”一审法庭上的证言，参见张华编《罪证：侵华日军常德细菌战资料集成》，中国社会科学出版社2015年版，第193页。

② 金成民、杨彦君主编，马学博、宫文婧译校：《侵华日军第731部队罪行实录·日本细菌战档案选编》（上），中国和平出版社2015年版，第42—43页。

时任广德医院副院长谭学华[1]医师回忆，11月9日就听说街道上常有死老鼠出现，10日至11日又听说城内有多人死于急症、发高烧及瘀斑等，于两日内死亡。[2] 常德城内发现最早的患者是11月12日送到广德医院医治的一名叫蔡桃儿的12岁女孩，这名女孩13日死亡。尔后至1942年1月11日，常德鼠疫死亡人数仅为8人。[3]

吉见义明、松村高夫、江田宪治等日本学者在他们的相关论著中只依据陈文贵《常德鼠疫调查报告书》等中方的相关防疫档案，认为《井本日志》所载日军“事后”判断常德细菌战造成的“（鼠疫）流行情况被夸大了”,[4]“是不准确的，是出于主观愿望的夸大其词”。[5] 因之，这几位日本学者只认可中国当年各防疫档案所载常德数次鼠疫流行感染致死人数“约100人”。[6]

1941年12月2日的《井本日志》再次记载了由宫野大佐提供的与常德细菌战“效果”有关的讯息：

以常德为中心的湖南省，鼠疫极为猖獗。[7]

12月22日的《井本日志》记载：

---

① 常德广德医院旧址位于今常德市第一人民医院，始建于1898年，最初名为广济诊疗所，是湖南最早的西医院（教会医院）。广德医院在常德细菌战防疫斗争中起了重要作用，副院长谭学华有留美经历，是当时名医。关于常德细菌战，谭学华一共留有4份文献，即：《湖南常德鼠疫发现经过》（《湘雅医学院院刊》，1942年3月）、1945年美国调查团采访记录、《人民日报》报道（1950年2月5日）、《关于日本帝国主义抢到在常德施放鼠疫的滔天罪行经过情形》（1972年写）。

② 谭学华：《关于帝国主义强盗在常德施放鼠疫的滔天罪行经过情形》，常德市档案馆藏，档案号：5—13，249—57。

③ 陈文贵：《常德鼠疫调查报告书》，1941年12月12日，中国第二历史档案馆藏，档案号：372—1—16。

④ ［日］吉見義明、伊香俊哉：『731部队と天皇・陆軍中央』，東京：岩波書店1995年版，第32页。

⑤ ［日］松村高夫：《湖南常德细菌战》，参见解学诗、［日］松村高夫《战争与恶疫——七三一部队罪行考》，人民出版社1998年版，第149页。

⑥ ［日］松村高夫：《湖南常德细菌战》，［日］江田宪治：《中国政府的防疫战——1938—1945年》，参见解学诗、［日］松村高夫《战争与恶疫——七三一部队罪行考》，人民出版社1998年版，第178、207页。

⑦ ［日］井本熊男：『井本日誌』第14卷，转引自［日］吉見義明、伊香俊哉「日本軍の細菌戦」，载『戦争責任研究』（季刊）2号（1993年冬季号），第14页。

> 据增田少佐所述“ホ”事宜：
> 1. 部队士气高涨　对“谷子”非常自信
> 2. 主要兵器　“谷子”第一
> 使用飞机　九九式LB　百型侦察机
> 高空雨下场合可用航空炸弹
> 3. 实施时期　明年六月以后　（八月）　（十月）
> 4. 人员可能
> 得到30万只白鼠，设备大体上没什么问题。
> （以下四行被抹掉）
> 5. 制作20公斤的装置现在就可以使用
> 6. 华北（防疫给水部）有2万个石油罐
> 如果有人手、资金就能产出10—20公斤
> 华中（防疫给水部）苦于没有老鼠（有种跳蚤）
> 华南（防疫给水部）有种鼠……①

从该日志内容看：日军细菌部队人员的士气因为常德细菌战产生的“效果”超出他们的预期而“高涨”，并决定将“谷子”（鼠疫跳蚤）作为今后主要的几种细菌武器中的首选武器；今后使用的飞机应将九七式改为“九九式LB”，以便于运用“雨下法”方式投放“细菌弹”，制订来年实施3次细菌攻击计划；“华北（防疫给水部）”即“甲”1855部队有生产鼠疫跳蚤的能力与条件，但缺乏人手和资金；“华中（防疫给水部）”即“荣”1644部队虽有“种蚤”，但苦于没有老鼠，所以生产（培养）不出鼠疫跳蚤。

《伯力审判材料》中关于常德细菌战的有关内容，主要是从数名被告那里间接获知的一些情况，可与《井本日志》中的有关内容相互印证。

《伯力审判材料》预审文件的《起诉书》中有言：

> 1941年，从第731部队内派出了一个远征队到华中常德地区去。

① ［日］井本熊男：『井本日誌』第14卷，转引自［日］吉見義明、伊香俊哉「日本軍の細菌戦」，载『戦争責任研究』（季刊）2号（1993年冬季号），第15页。

在这次远征中，日机在当地散播了传染鼠疫的跳蚤。[①]

伯力法庭审判期间，一众被告的供词中有不少内容事关常德细菌战。1949年12月6日，川岛清受审时供称：

此外，第731部队又于1941年间又在常德城一带，使用过细菌武器去攻击中国军队。[②]

1949年12月25日晚，川岛清庭审时供称：

（731部队）第一次远征是在1941年夏季举行的。第二部部长太田澄大佐有次通知我说，他要到华中去，并且他当即与我告别。过后不久，他回来又对我说过，在华中洞庭湖附近的常德城一带，曾用飞机投放过鼠疫跳蚤。

此后太田大佐向731部队长石井做过一次报告，他做报告时有我在场。据他报告说，第731部队派出的远征队在常德一带用飞机投放过鼠疫跳蚤，结果发生了鼠疫流行病，有相当数量的人染上了鼠疫病，但究竟有多少人，我却不知道。

川岛清还供称731部队“约有四五十人”参加了这次远征，采取的“是从高飞的飞机上撒放鼠疫跳蚤的办法”。[③]

上述川岛清供词，虽有记忆之误（如：731部队第一次远征“是在1941年夏季举行的”），但至少可以证实：1941年夏季，731“远征队”约有四五十人参加了常德细菌战行动，采用飞机高空投放的办法（雨下法）撒放鼠疫跳蚤；由太田澄具体负责这次行动（但川岛清在供词中没有明确太田澄“荣”1644部队长的身份，以川岛清当时在731部队总务

---

① ［苏］《前日本陆军军人因准备和使用细菌武器被控案审判材料》（中文本），莫斯科外国文书籍出版局印行1950年版，第26页。

② ［苏］《前日本陆军军人因准备和使用细菌武器被控案审判材料》（中文本），莫斯科外国文书籍出版局印行1950年版，第61页。

③ ［苏］《前日本陆军军人因准备和使用细菌武器被控案审判材料》（中文本），莫斯科外国文书籍出版局印行1950年版，第269页。

部部长、生产部部长的身份来看，应该是知道的)。这次细菌攻击的结果是导致常德鼠疫流行。

伯力审判期间，曾任职“荣”1644部队第四任部队长佐藤俊二供称：

> 当我在“荣”字第1644部队供职时，我曾亲自听到太田（澄）大佐及小野寺中佐说，1940年在宁波一带，1941年在常德一带，1942年在浙赣一带动作时，均使用过细菌武器，并且当时所用的，都是从飞机上撒放的鼠疫跳蚤。①

日军撒播细菌主要采用三种方法，即炸弹投掷法（让装载细菌的炸弹在低空引爆)、从飞机上直接撒放法（只需把装载细菌的容器阀门打开即可)、地面上撒放法（人工投撒到河流上游、水井里，化装成中国人趁机混入中国居民聚居区找机会撒放)。② 在准备对常德实施细菌攻击时，鉴于浙江细菌战飞机在数千米高空撒播霍乱、伤寒、鼠疫原菌的“效果”未达预期，遂改为低飞直接打开匣子投撒鼠疫跳蚤的办法。

1949年12月29日晚，伯力庭审记录对常德细菌战做了以下总结：

> 石井部队不止一次派遣过远征队到中国去对和平居民举行过细菌攻击。
>
> 1941年夏季派出了第二次远征队到中国去，领导人是该部队里一个部长太田（澄）大佐。这次远征队是专门派去散播鼠疫流行病的……该远征队内曾有30个细菌学专家参加，全队人员总数达100人。在远征队转回后，太田（澄）曾向大佐石井作过报告。
>
> 太田和石井都非常称赞这次远征的成绩，因为当时在常德一带的居民中间引起了强烈的鼠疫症。③

---

① ［苏］《前日本陆军军人因准备和使用细菌武器被控案审判材料》（中文本)，莫斯科外国文书籍出版局印行1950年版，第326页。

② ［苏］《前日本陆军军人因准备和使用细菌武器被控案审判材料》（中文本)，莫斯科外国文书籍出版局印行1950年版，第294页。

③ ［苏］《前日本陆军军人因准备和使用细菌武器被控案审判材料》（中文本)，莫斯科外国文书籍出版局印行1950年版，第478页。

《伯力审判材料》中有关常德细菌战的庭审“结论”，主要是基于被告川岛清供词写成的。“结论”中提到的太田澄，原为731部队第二部细菌实验部部长。如前所述，1941年7月，太田澄南下接任“荣”1644部队长一职，数月后，即成为常德细菌战的直接指挥官。731部队派出了30多个细菌学专家参加“远征队”，表明常德细菌战应有多种实验目的。

如前文所述，时任“荣”1644部队长的太田澄到南京任职前，曾担任731部队实验部部长。1941年夏，731部队在安达实验场曾对15名活人进行细菌感染实验，采用飞机撒播填充鼠疫跳蚤炸弹的方式，检验带有鼠疫的跳蚤散落在活人身上之后的杀伤效力。太田澄有活人实验“经验”，就可以按既定细菌作战计划，对不同地域、不同气候条件下的中国南方居民聚集区实施细菌攻击，进一步验证鼠疫跳蚤的杀伤效力。石井四郎正是看中了太田澄的“擅长”与“经验”，才派他到南京任职，并具体负责指挥常德细菌战。

11月4日早晨，日机在常德上空投撒的鼠疫跳蚤究竟是哪里生产的，这个问题，有必要弄清楚。

日军对常德实施细菌攻击，距“荣”1644部队建成有两年半时间，按常理，“荣”1644部队已具备一定的细菌武器生产能力。但从现有史料分析，在常德细菌战中使用的鼠疫跳蚤和浙江细菌战中使用的鼠疫跳蚤一样，主要是731部队第四部（生产部）生产的。

据川岛清庭审时（1949年12月25日晚）供述：731部队第四部（生产部）的“主要职务是繁殖和培育细菌，此外，它还制造痘苗和防疫血清”。[①] 当时，“甲”1855部队也有鼠疫菌生产能力，但如下文1941年12月22日《井本日志》摘录，“甲”1855部队缺少“人手、资金”，以致鼠疫跳蚤产量不足。

伯力审判期间，被告川岛清供称：

> 1941年夏季，第731部队在准备细菌战方面，特别是在大批繁殖鼠疫跳蚤方面，已达到相当成绩。鼠疫跳蚤有巨大的战略意义，因此要在这方面加紧研究工作。同时（石井）部队长向我们训示，

---

① ［苏］《前日本陆军军人因准备和使用细菌武器被控案审判材料》（中文本），莫斯科外国文书籍出版局印行1950年版，第259页。

> 说目前部队工作中最大的弱点之一，就是大批繁殖跳蚤的能力很低，因此须集中全部注意力去大批繁殖跳蚤。①

关于第四部（生产部）在 1 个月内能制造多少细菌武器，川岛清供称：

> 在充分利用第四部所有生产能力及全部设备的条件下，该部在 1 个月内可以制造出：鼠疫细菌三百公斤或伤寒症细菌八百至九百公斤，炭疽热细菌五百至七百公斤，霍乱症细菌达一吨。第四部有两套（生产设备），生产能力相同。②

川岛清的这一供词只能证明：731 部队生产部每个月能制造出多少数量的细菌（即生产能力的理论数据），不等于每个月都实际生产、培养了同等数量的细菌，“因为这种数量是预定供战时消费的”。③ 就是说，只要战时需要，731 部队就有这个生产能力。

据松本正一 2000 年 11 月 15 日在“731 部队细菌战诉讼案”一审法庭上的证词，对常德进行细菌攻击的“这批跳蚤是从哈尔滨运来的”。④据此可言，常德细菌战使用的细菌武器——鼠疫跳蚤是由 731 部队生产部生产、培养的。

1941 年 12 月 22 日《井本日志》记载的有关内容可印证松本正一的证词所言不虚。摘录于下：

> ……
>
> 6. 华北（防疫给水部）有 2 万个石油罐
>
> 如果有人手、资金就能产出 10—20 公斤

---

① ［苏］《前日本陆军军人因准备和使用细菌武器被控案审判材料》（中文本），莫斯科外国文书籍出版局印行 1950 年版，第 260 页。

② ［苏］《前日本陆军军人因准备和使用细菌武器被控案审判材料》（中文本），莫斯科外国文书籍出版局印行 1950 年版，第 261 页。

③ ［苏］《前日本陆军军人因准备和使用细菌武器被控案审判材料》（中文本），莫斯科外国文书籍出版局印行 1950 年版，第 59 页。

④ ［日］松本正一：《我在航空班的经历》，参见张华编《罪证：侵华日军常德细菌战资料集成》，中国社会科学出版社 2015 年版，第 193 页。

华中（防疫给水部）苦于没有老鼠（有种跳蚤）
华南（防疫给水部）有种鼠[①]

从该日志内容可知，“华中（防疫给水部）”即“荣”1644 部队虽然有种鼠，但“苦于没有老鼠”，所以，“华中（防疫给水部）”细菌武器生产基地（位于九华山东麓）虽有鼠疫菌生产能力，但并不完全具备生产鼠疫菌武器的条件。

但据战俘榛叶修供称，“在常德使用的细菌是从南京繁殖的”。[②] 综合诸说，我们认为，日军在常德细菌战中使用的鼠疫跳蚤并非如榛叶修供称是由“荣”1644 部队繁殖生产的，而是产自 731 部队细菌工厂。因为“荣”1644 部队虽然有“种跳蚤”，但“没有老鼠”。

（三）飞临常德上空投撒细菌的日机起飞地

飞临常德上空撒播细菌的日机是从哪个机场起飞的，目前有南京、南昌、岳阳等几种说法。

1. 南昌起飞说。据《探索昭和史之谜》记载：

常德作战
出动时间：1941 年 11 月
出动场所：从南昌到常德
出动人员：40—50 人
现场指挥官：太田澄大佐、碇常重中佐
使用细菌：鼠疫菌[③]

“荣”1644 部队的军官与 731“远征队”飞行员曾照过一张集体照。照片下面附有“摄于南昌飞机场”字样。这张照片中有增田美保、小野寺、山本、村上等人，《井本日志》中多次出现这些人的名字。从照片中

① ［日］井本熊男：『井本日誌』第 14 卷，转引自［日］吉見義明、伊香俊哉「日本軍の細菌戦」，载『戦争責任研究』（季刊）2 号（1993 年冬季号），第 15 页。

② ［日］近藤昭二：『731 部隊・細菌戦資料集成』，CD—ROM 版，東京：柏書房 2003 年版，CD 盘号：3—19—1，参见王希亮、周丽艳编译《侵华日军 731 部队细菌战资料选编》，社会科学文献出版社 2015 年版，第 69 页。

③ 《探索昭和史之谜》，转引自全国政协文化文史和学习委员会编《侵华日军细菌战文史资料选编》，中国文史出版社 2020 年版，第 558 页。

人的衣着看，是秋冬服装，这表明“可能是（摄于）1941 年常德（细菌）作战前后”。①

图 6－3 “荣”1644 部队人员合影，增田美保为正中站立者。

地点：南昌机场；季节：冬季

资料来源：［日］水谷尚子：《1644 部队的组织与活动》，《战争责任研究》（季刊）15 号（1997 年春季号），第 53 页。

2. 南京起飞说。据榛叶修供称：

> 在常德使用的细菌是在南京繁殖的，是用南京防疫给水部门的特制飞机从空中投下细菌。总部有 3 架专用飞机，停在防疫给水本部前方的飞机场内（与南京本部相隔中山东路街道）。他认为，在常德撒播细菌的飞机就是从那里起飞的。②

曾参加本次“远征队”的原 731 部队航空班飞行员松本正一，曾撰文回忆这次行动。松本正一也认为飞临常德上空撒播细菌的日机是从“荣”1644 部队总部对面机场起飞的。松本正一说从 1941 年秋至次年的

① ［日］水谷尚子：「一六四四部隊の組織与活動——語りはじめた元部隊員たち」，『戦争責任研究』（季刊）15 号（1997 年春季号），第 53 页。

② ［日］近藤昭二：『731 部隊・細菌戦資料集成』，CD—ROM 版，東京：柏書房 2003 年版，CD 盘号：3—19—1，参见王希亮、周丽艳编译《侵华日军 731 部队细菌战资料选编》，社会科学文献出版社 2015 年版，第 69 页。

半年时间里，哈尔滨731航空班全员30多人几乎都集中在南京，山口班也有相当数量的队员到了南京。

> 航空班使用南京城内航空队的飞机场。据我所知，731部队在南京进行了两次细菌攻击。航空班的平泽驾驶九七单发轻型轰炸机，在轻金属的箱子里装入大量从哈尔滨空运过来的染上鼠疫的跳蚤。攻击目标是常德，在常德上空约200米的地点播撒，事后听说取得了相当成功的效果。①

3. 岳阳起飞说。有人认为很可能是从岳阳起飞的。因为日军自占领岳阳后，在今岳阳市第一中学附近建了飞机场，“荣”1644部队在岳阳设立了岳阳支部。但此说目前尚缺乏有说服力的史料依据。姑且存疑。

（四）从6份报告看常德细菌战

常德细菌战引发鼠疫流行后，组织、参与常德防疫工作的各有关行政部门、医疗单位及个人就常德疫情经过、防控措施等，先后撰成多份报告。这里从中选取6份报告，即钱保康《红十字会救护总队第二中队民国三十年十一月份报告》（以下简称《钱保康报告》）②、陈文贵《常德鼠疫调查报告书》（以下简称《陈文贵报告》）③、伯力士《关于常德鼠疫：致金宝善的报告》（以下简称《伯力士报告》）④、王诗恒《常德鼠疫及控制方案的报告》（以下简称《王诗恒报告》）⑤、容启荣《防治湘西鼠疫经过报告书》（以下简称《容启荣报告》）⑥、湖南省卫生处《湖南省防治常德桃源鼠疫工作报告》（以下简称《湖南省卫生处报告》）⑦。这6份报告的内容各有侧重，综合起来看，基本上能够反映常德细菌战概貌。

---

① 王希亮、周丽艳编译：《侵华日军731部队细菌战资料选编》，社会科学文献出版社2015年版，第395—396页。

② 贵州省贵阳市档案馆藏：《救护总队档案》，档案号：40—3—34。

③ 中国第二历史档案馆藏，档案号：372—2—16。

④ 解学诗、[日] 松村高夫：《战争与恶疫——七三一部队罪行考》，人民出版社1998年版，第210—214页。

⑤ 南京市中国第二历史档案馆藏，档案号：372—6—16。

⑥ 湖南省档案馆藏，档案号：74—3—6。

⑦ 湖南省档案馆藏，档案号：74—3—6。

1.《钱保康报告》(1941 年 12 月 2 日)

钱保康时任中国红十字会救护总队第二中队队长，常德细菌战发生前就已进驻常德，所辖 5 个分队派驻常德周边各部队，中队部驻地位于常德城东南面、沅江南岸德山镇。常德疫情发生后，钱保康中队是最早进入常德城区进行疫情调查研究、配合常德广德医院医师救治患者的医疗组织。

《钱保康报告》主要记述了该中队 11 月参与常德疫情调研及预防工作的基本情形，较为详细地记述了常德城区疫情之初的状况及早期诊治、解剖、检验等情况。这里择其要于下：

11 月 4 日上午 6 时许，敌机飞临常德城上空“投下谷麦絮状等物”。

6 日，钱保康、魏炳华视导员、肯德（分队长）进入城区调查，并与广德医院谭学华、汪正宇一起对日机投撒的谷麦等进行化验。

8 日，常德县政府召开防疫会议，决定成立防疫委员会、设立隔离医院、开展捕捉老鼠、宣传防疫。

12 日晨，患者蔡桃儿被送至广德医院求诊，13 日上午死亡，由谭学华、肯德解剖死者，疑为败血性鼠疫。

13—14 日，对鼠疫可疑病人死亡进行抽样化验，验得革兰氏阴性两极染色杆菌，“常德流行鼠疫殆无可疑”。

14 日，第六战区长官部卫生处长、总司令部刘毓奇主任、军委会俄籍卫生顾问司威威巴克、钱保康、肯德等商讨防疫纲要。

16 日，钱保康会同第六战区长官部卫生处陈处长、总司令部刘主任谒见湖南第四行政督查区欧冠专员，并与常德县郑县长及县卫生院方院长商讨防疫问题，决定在防疫大队未到常德之前，“由红会派队在卫生院协助检验工作”。

20 日，常德防疫委员会改为常德防疫处。

卫生署第二路大队长 18 日到达常德，湖南省卫生处副处长邓一韪 20 日到达，卫生署第 14 医防队 22 日到达，军政部第 4 防疫大队第 4 中队 23 日到达，第 9 防疫大队第 3 中队 27 日到达。

24 日晚，又发现病例，陈文贵一行抵达。25 日，该病例在隔离医院死亡。经解剖抽样培养及动物实验，证实死者系鼠疫致死。

《钱宝康报告》最后附有《常德防疫处组织系统表》《疫情调查病死经检验证实统计表》《疫情调查未经检验证实病患统计表》各一份。从后两份统计表中可知，11 月初至 11 月底，对常德城区及近郊病死者、病患者的检验和证实工作基本上是由钱保康中队部及 5 个分队完成。

2.《陈文贵报告》(1941 年 12 月 12 日)

常德鼠疫疫情发生后，时任军政部战时卫生人员训练总所检验学组主任、中国红十字会总会救护总队部检验医学指导员陈文贵①奉命率领调查人员于 11 月 20 日奔赴常德，进行了为期 8 天的调研工作，于 12 月 12 日完成《陈文贵报告》，呈给时任军政部战时卫生人员训练总所主任、中国红十字会总会救护总队部总队长林可胜。

在此将《陈文贵报告》的主要内容摘录于下：

陈文贵对敌机在 11 月 4 日晨 5 时许掷下的谷麦、絮纸等物的染片进行复查后，未能确定为鼠疫杆菌，“遂起疑窦”。接着，在对第 6 病例进行尸体解剖、细菌培养、动物接种等实验后，根据“各种检查之结果，均证实为真正腺鼠疫无疑”；对 1—5 号病例的涂片进行复查后，“认为确有类似鼠疫杆菌”。

《陈文贵报告》附有《常德腺鼠疫六病例研究与调查结果简表》和腺鼠疫、疑似鼠疫病例临床尸体解剖记录，对常德医务机关、死亡人数、环境卫生也做了简要介绍。

《陈文贵报告》分析了常德“向非疫区”，不存在“本地鼠疫复炽之说”；“根据传染病学之原理……鼠疫由浙江衢县远播至常德，实为事实上所不可能。且上述六病例，均久居常德有年……并未远行他处。又常德为产米之区，粮食之运输，常往外送而不由外来。故此次常德鼠疫之流行，当系起自该城本身，而非由国内其他疫区所传入”。

《陈文贵报告》根据“所有病例悉来自敌机散掷谷麦等物最多之区域”，“敌机所掷下谷麦等物内似藏鼠疫传染性之鼠蚤”，“传染性物可致鼠疫之途”，得出结论：“11 月 11 日至 24 日间常德确有腺鼠疫流行”，“鼠疫传染来源系由敌机于 11 月 4 日晨掷下之鼠疫传染物，内有鼠疫传染性之蚤”。

3.《伯力士报告》(1941 年 12 月 30 日)

伯力士（1885—1968）：奥地利人，毕业于维也纳大学医学院，著名

---

① 陈文贵（1902—1994），四川永川人，微生物学家、中国科学院院士，1929 年毕业于华西协和大学医学院，获博士学位，1955 年被评为中国科学院学部委员（院士）。

的鼠疫专家。第一次世界大战时被征入伍，成为奥匈帝国的一名军医，被沙俄军队俘虏后，流放至西伯利亚。20 世纪初，辗转到中国哈尔滨。适逢哈尔滨暴发鼠疫，著名细菌学家伍连德将其招进东三省防疫事务管理处任职，从事鼠疫防治工作。抗战全面爆发后，伯力士作为国联防疫团的医学专家援华。1940 年，中国与国际联盟的合作因国际形势发生变化而中止，但在卫生署的一再要求及驻国联代表办事处的协调下，“继续延聘”伯力士及叶墨。伯力士从 1940 年至抗战结束，先后奔赴云南、浙江、湖南常德、江西、福建等地从事鼠疫防治工作，为中国抗战时期反日军细菌战作出了重要贡献。1942 年编写《鼠疫防治办法》，由钱大椿医师翻译，战时防疫联合办事处审定，军医署印发。1945 年，著有《鼠疫防治概要》《实用鼠疫检验诊断法》，均由军医署印发。①

《伯力士报告》是由伯力士亲自写成后呈送给时任重庆国民政府卫生署署长金宝善的有关常德鼠疫情况的报告。《伯力士报告》认定常德疫情之初“六病例”中“5 人均患有鼠蹊部淋巴腺肿大，第六人估计是败血性鼠疫”。《伯力士报告》认为：从敌机投下的谷物中收集到的少量谷物虽“未得到肯定（鼠疫杆菌）的结论”，但不能排除“11 月 4 日的一系列攻击同继而在常德流行鼠疫之间的因果关系”。

伯力士认为：“必须承认，如果飞机投下的物质起到了媒介疫蚤的作用，人将更加易于感染……有几名证人曾说，飞机除谷物之外，还投下棉花、碎布，以及纸和木片等各种其他物质。其中尤其是前两种，最能对跳蚤起到保护作用。”

伯力士又基于“近年来湖南没有流行鼠疫的记录，1937 年年末以来这一地区开展了彻底的防疫活动”事实，认为“不存在（本地）导致鼠疫发生的任何依据”。

至于疫情是否从感染鼠疫的最近地点浙江省东部和江西省南部传过来，伯力士也予以否认，理由是，“从其中任何一地到达常德最少需要 10 天，因此无论从哪里来，在到达常德之前都会发病”，所以不可能隔空传至常德；常德和上述两地“处于完全不同的河川交通线上的地点，所以不存在感染的老鼠或跳蚤有可能随着船只移动的交通问题”。

---

① 魏兵、王兆辉、王祝康：《伯力士医生在中国抗疫》，《红岩春秋》2020 年第 6 期；张江义选辑：《抗战时期中国与国联防疫技术合作相关函电一组》，《民国档案》2015 年第 1 期。

基于上述各种分析及理由，伯力士认为，“对于最近常德的鼠疫流行同11月4日飞机进攻的关联，几乎已无可怀疑的余地”；“尽管已经再次确认最近10天没有接到有关新感染病例的报告，但却并未排除未来发生更多病例的可能性。”为了“确定老鼠是否同（常德）鼠疫流行有关”，伯力士主张必须注意检测老鼠。

正如伯力士所预料的那样，常德第一波鼠疫流行时，因老鼠冬眠而基本中止，又于次年春季到来。伯力士通过解剖、检测常德城区捕捉的老鼠，发现占有相当比例的疫鼠。伯力士担心“未来发生更多病例的可能性”成为事实，常德第二波疫情如期而至。

伯力士对常德发生的鼠疫流行记忆深刻。1954年（时隔常德细菌战13年后），伯力士撰写的《鼠疫》（*PLAGUE*）由世界卫生组织（WHO）出版，书中明确记载：

> 1941年，湖南常德发生了因细菌战而流行的鼠疫，此后，鼠疫在老鼠间猛烈流行……1943年年初，（鼠疫）感染才消失。[①]

由此可见，时隔多年后，伯力士依然坚持他在1941年12月底《伯力士报告》中的“认定”：1941年发生在湖南常德的鼠疫疫情是因“（日本）细菌战而流行”。

4.《王诗恒报告》（1942年7月20日）

1942年上半年，王诗恒为贵阳医学院毕业生。因常德疫情告急，她以医务人员身份被派到常德参与防疫工作。《王诗恒报告》是她用英文写成的毕业论文，主要内容包括：简述常德疫情暴发经过，通过病例解剖、情报搜集、检验老鼠、跳蚤等方式，进行人感染鼠疫之研究、鼠患鼠疫之研究、跳蚤患鼠疫之研究；探讨疫区鼠疫控制方案、疫区中心鼠疫控制方案、疫区周边隔绝方案。

《王诗恒报告》认定“湖南常德暴发的鼠疫是1941年11月4日日本飞机撒下的混杂在米粒和棉花中的带菌跳蚤引起的”。

《王诗恒报告》附有1941年11月12日至1942年6月30日《常德鼠疫患者详细记录表》、《常德城区鼠疫分析表》（一）（二）、《常德城区鼠

---

① Robert Pollitzer, *Plague*, Geneva: WHO, 1954, p. 20.

疫病例类型表》、《常德地区对人进行检查的记录表》、《常德接种鼠疫疫苗情况表》。

5.《容启荣报告》(1942 年 10 月)

容启荣时任卫生署防疫处长、战时防疫联合办事处主任。曾于 1942 年 4 月至 5 月(常德第二波鼠疫疫情最为严重时)奉命奔赴常德,督导防疫工作,为期 1 个月。是年 9 月完成《容启荣报告》的撰写,作为卫生署对常德疫情防治工作的集中总结。

《容启荣报告》的主要内容包括湘省(常德、桃源)鼠疫流行概况及传染源(常德鼠疫初次发现情形、常德鼠疫传染来源、常德鼠疫再度流行概况、桃源县发生鼠疫情形)、实施防治经过(包括组织、人员、经费、器材、工作、今后对湘省鼠疫防治工作的展望等)。

在《容启荣报告》中,容启荣根据"当时(常德)鼠疫发现情形与流行病学原理以及国内鼠疫专家(卫生署外籍专员伯力士及军政部战训所主任教官陈文贵等)之实地调查研究","深信常德鼠疫确系敌机散播染有鼠疫杆菌之异物所致,而其传染媒介必为隐藏于谷麦、棉絮内之活性染疫鼠蚤"。

《容启荣报告》附有 10 张表,即《常德鼠族分类检验结果统计表》《桃源鼠族分类检验结果统计表》《(桃源)陬市、河洑两地鼠族分类检验结果统计表》《常德鼠蚤分类统计表》《桃源鼠蚤分类统计表》《陬市、河洑两地鼠蚤分类统计表》《常德鼠疫疫苗预防注射人数按月统计表》《常德鼠疫患者病型分类统计表》《常德鼠疫患者按性别、年龄、月份统计一览表》《常德鼠疫患者经过情形一览表》。

《容启荣报告》还附有 3 张图,即《常德鼠疫患病人数与染疫鼠族百分率比较图》《湖南常德鼠疫病例发现情形图暨检验染疫鼠族情形图》《湖南常德鼠疫病例分布情形图》,其中《湖南常德鼠疫病例分布情形图》参见图 6-4。

6.《湖南省卫生处报告》(1943 年 4 月)

《湖南省卫生处报告》是以上 6 份报告中完成时间最晚的一份,由湖南省卫生处撰成。报告先是简述常德鼠疫发现情形及流行概况,然后对常德鼠疫防治经过做了较为详细的介绍,包括组织防疫机构、拟订防治计划、加强防疫设施、各级部门派员指导协助、防疫工作具体项目及执行情况、防疫经费。

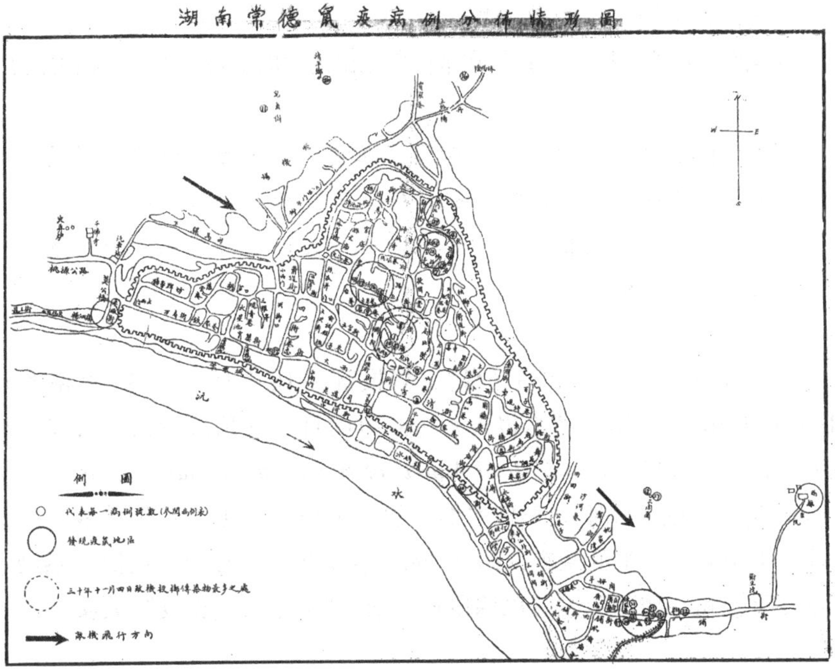

图 6－4　常德城区鼠疫病例分布图

资料来源：容启荣：《防治湘西鼠疫经过报告书》附件，湖南省档案馆，档案号：74—3—6。

《湖南省卫生处报告》附有《常德腺鼠疫六病例研究与调查结果简表》《桃源莫林乡肺鼠疫病人清册》《常德新德乡石公桥广德乡镇德桥鼠疫病人登记表》、常德城区发现鼠疫地点图。

上述关于常德细菌战的 6 份报告无一例外地证实，常德鼠疫与日机于 1941 年 11 月 4 日在常德城区上空投下谷麦、絮纸等物有直接关联。常德本地医院与闻讯赶来的各防疫部门及医疗组织机构的专家们依次对投下的“异物”进行检验、临床诊断、尸体解剖、显微镜检查及流行病学分析后，一致认为：常德鼠疫非地方性疫情，也不是由国内疫区传播过来，而是因日机散播异物所致，传染媒介就是隐藏在谷麦、棉絮等物上的活性疫蚤。其中，外籍鼠疫专家伯力士的《伯力士报告》更具说服力，因为伯力士有多年鼠疫防治经验，其分析是建立在传染病学、流行病学原理基础之上的。尽管《伯力士报告》写于常德第一波鼠疫暴发之时（12 月 30 日），因为老鼠冬眠而很难捕捉到老鼠，对老鼠进行解剖检查，但在次年春季到来后，伯力士对常德居民捕捉的大量老鼠进行解剖，证实了他在《伯力士报告》中的预测。

当年的《解放日报》对日机在常德散布鼠疫菌的实情也进行了相关报道：

> 敌机于上月（十一月）四日，在常德、桃源等地播散疫菌，现经美国广德医院协同详细化验，确系鼠疫杆菌。该地现已发现鼠疫患者二十二人，刻在救治中。幸防御得力，未致蔓延。而敌寇此种阴谋，毒辣已极。①

1947年8月，美国海军少将、情报部主任托马斯·B. 英格利斯（Thos B. Inglis）根据《费尔报告》中获得的日本细菌战情报，写成《海军关于日本细菌战报告》（*Naval Aspects of Biological Warfare*，亦称《英格利斯报告》）。该《海军关于日本细菌战的报告》根据日本细菌战人员的供词及美国调查人员的调查，确认1941年日机在“常德空投混有感染了的鼠疫跳蚤和谷物”引发淋巴腺鼠疫之前，“从未有过鼠疫”属实。②

三　常德防疫组织系统及防疫工作检讨

（一）常德城乡鼠疫流行概况

常德细菌战危害甚巨，导致城区暴发两次鼠疫大流行。第一次是在1941年11月20日前后“猛烈流行”，第二次是在1942年3—6月，较之第一次更大规模的流行，直到7月才基本得到控制。但城区鼠疫又不幸传至桃源县莫林乡（今马鬃岭乡）李家湾（5月）、常德县新德乡石公桥镇（10月）等地，对和平居民造成了极大戕害。

常德城区第一次鼠疫流行死亡人数，据《陈文贵报告》《容启荣报告》记载只有8人；城区第二次鼠疫流行死亡人数，据《容启荣报告》

---

①《敌机在常德散布鼠疫菌》，《解放日报》1941年12月20日第1版。

②［美］托马斯·B. 英格利斯：《海军关于日本细菌战的报告》，参见李海军等编译《侵华日军细菌战重要外文资料译介》，中国社会科学出版社2018年版，第313页。

记载为37人。[①] 城区第二次鼠疫于5月传至桃源县莫林乡李家湾村，染疫致死17人；[②] 10月下旬开始，距城区约30公里的新德乡石公桥、广德乡镇德桥等地相继发生鼠疫致死病例。[③] 据档案文献记载，常德乡间鼠疫大流行，仅石公桥镇染疫死亡人数就达160余人。[④] 但实际死亡人数大大超过这一数字。[⑤] 乡间鼠疫流行至少持续到1943年10月，因为是年10月6日，“湘省卫生处电告，常德境内之周家店发现鼠疫患者3例”。[⑥] 这些数据乃不完全调查统计数据，上述陈文贵、容启荣、湖南省卫生处等6份报告及《疫情旬报》旨在确证并上报、通报日军对常德实施细菌战导致鼠疫流行之事实，“不求数量；甚至压低数量，以免长敌人威风，而造成我社会民众之恐慌”[⑦]。

图6-5 谭学华

（20世纪50年代）

资料来源：谭学华后人提供。

时任广德教会医院副院长的谭学华1972年撰文回忆，常德居民被鼠疫毒害致死“当在500人以上”。[⑧]

时任常德防疫处副处长的邓一韪1965

① 陈文贵：《常德鼠疫调查报告书》，1941年12月12日，中国第二历史档案馆藏，档案号：372—2—16；容启荣：《防治湘西鼠疫经过报告书》，1942年9月，湖南省档案馆藏，档案号：74—3—6。

② 《战时防疫联合处疫情旬报》，1942年5月下旬，第9号，中国第二历史档案馆藏，档案号：476—198。

③ 《战时防疫联合处疫情旬报》，1942年12月上旬，第26号，中国第二历史档案馆藏，档案号：476—198。

④ 湖南卫生处：《湖南省防治常德桃源县鼠疫工作报告》，1943年4月，湖南省档案馆藏，档案号：74—3—6。

⑤ “常德细菌战受害调查会”调查结果（截至2002年8月）：石公桥染疫致死病例为1000余人。

⑥ 《战时防疫联合处疫情旬报》，1943年11月上旬至11月下旬，第10期，中国第二历史档案馆藏，档案号：476—199。

⑦ 陈致远：《日本侵华细菌战》，中国社会科学出版社2014年版，第129页。

⑧ 谭学华：《关于日本帝国主义抢到在常德施放鼠疫的滔天罪行经过情形》，常德市档案馆藏，档案号：372—2—16。

年撰文回忆，常德鼠疫“死亡人数在600以上”①。

“500人以上”“600（人）以上”之说，只是他们当时获知的有限信息的综合，就当时的主、客观条件而言，不可能得到居民染疫致死的准确数据。这便是金子顺一的论文——《PXノ（鼠疫跳蚤）效果略算法》中有关常德鼠疫致死人数、“常德细菌战受害调查委员会”调查鼠疫致死人数远远超过上述档案、回忆中几个数据的主要原因。

据原731部队军医少佐金子顺一于1943年12月14日写成的《PXノ（鼠疫跳蚤）效果略算法》论文中的《既往（鼠疫跳蚤）作战效果概见表》，常德细菌战统计“效果”（两次鼠疫流行致死居民人数）为“2810（310＋2500）人”。②

图6－6 常德广德医院

资料来源：常德市第一人民医院院史馆。

1996—2002年，常德细菌战受害调查委员会调查结果显示，常德鼠疫先后传播流行到常德及周边7个区县市（武陵区、鼎城区、桃源县、

① 邓一韪：《日寇在常德进行鼠疫细菌战经过》，《湖南文史资料选辑》第18辑，湖南人民出版社1984年版，第64页。

② ［日］奈须重雄：《日军细菌战罪证新资料〈金子顺一论文集〉的发现及其意义》，罗建忠译，《武陵学刊》2012年第3期。湖南文理学院“侵华日军细菌战罪行研究基地”资料室藏有日文复印件。

汉寿县、临澧县、南县、津市），60 个乡镇，486 个自然村，有名有姓的死亡者达“7643 人”。[①]

2002 年 8 月 27 日，日本东京地方法院对侵华日军细菌战诉讼案作出一审判决，从法律层面认定了“7643 人”这个数据。[②]

时隔半个世纪后做的这类调查，因社会变迁、地理环境变化及建制沿革与区域变更，加上人口迁徙（移）、当事人已逝或年事已高致记忆力减退等原因，受害死亡人数有遗漏在所难免。依据近年的调查研究，“7643 人”也只是一个比较接近因鼠疫导致居民死亡的数据，常德鼠疫实际造成死亡人数应在“7643 人”以上。

（二）常德防疫组织系统的构建

常德防疫组织系统的构建始于城区发现居民染疫死亡之后，距日军细菌战实施已达十余天。这是典型的本该事先主动然而事实上就是相当被动的防疫机制构建。

1941 年 2 月 13 日，常德县警察局召开第 15 次局务会议，行政科工作报告之五就已强调：“常德县政府通令敌机在金华散放鼠疫杆菌仰注意防范。”[③] 4 月，县政府下发“防御鼠疫组织卫生运动”通知，决定于本月 24 日下午召开各机关团体卫生会议，讨论防御鼠疫等事宜。[④] 8 月，县政府发布“宣传《防御鼠疫》小册子”训令。[⑤] 10 月，卫生署根据浙江衢县等地鼠疫疫情，“请电派湖南卫生防疫处处长张维迅赴常德，联合各有关方面组织临时防疫联合办事处负责防治（可能发生的疫情）”。与此同时，后方勤务部卫生处考虑到常德附近驻有大量中国军队，“请电派第六战区兵站卫生处处长陈立楷，在张维处长未到常德以前应即着手组织防疫联合办事处，一俟（张维）到达，应会同负责办理”。[⑥]

这几则史料证实，早在日军对常德实施细菌攻击前几个月，常德地

---

① 刘雅玲、陈玉芳：《常德细菌战鼠疫死亡人数的七年调查——7643 人的死亡名单是如何产生的》，《常德师范学院学报》（社会科学版）2003 年第 3 期。

② ［日］一濑敬一郎：《细菌战诉讼一审判决意义及今后诉讼焦点》，《常德师范学院学报》2003 年第 1 期。

③ 常德市武陵区档案馆藏，档案号：100—3—171。

④ 常德市武陵区档案馆藏，档案号：100—3—171。

⑤ 常德市武陵区档案馆藏，档案号：100—3—171。

⑥ 《战时防疫联合处重要工作统计表》，《战时防疫联合办事处二十九、三十年工作报告》（附录九），中国第二历史档案馆藏，档案号：372—703。

方政府已经有了防御鼠疫的意识和行动，只是行动仅停留在宣传层面，且《防御鼠疫》宣传册子未在常德城乡大范围散发。至于张维、陈立楷是否按“电请”在常德细菌战之先（即 11 月 4 日之前）到达常德，组织“防疫联合办事处”负责防治（可能暴发的疫情），迄今，未见史料证实。但有史料证明，“常德防疫（办事）处”是日机在常德投放鼠疫跳蚤十余天后，因常德城区发现鼠疫细菌感染致死 4 名居民，战时防疫联合办事处才决定由湖南省卫生处在常德设立防疫处。①

尽管卫生署、后方勤务部卫生处和常德地方政府有对常德可能遭受日军细菌武器攻击的“预警”意识甚或可以说有简单的“预案”，但因“防患于未然”经验不足，“预警”意识不强，未能给常德城乡居民（甚至包括驻扎于此的军队）以足够的“警示”和预防，即使到常德城区出现第一波鼠疫流行时，大多数居民尚不知鼠疫的致命危害性，甚至误以为只是一场“瘟疫”。故可以认为，“事”发后，常德才将构建防疫组织系统提到议事日程上来，这确实属于典型的“亡羊补牢”行为。

1941 年 11 月 4 日凌晨 5 时许，日机在常德上空投下大量感染鼠疫的跳蚤。5 日上午②，县卫生院、防护团、广德医院和当地国民党军警机关召开防疫座谈会，讨论敌机在常德城区投撒谷、麦及棉絮等物之事。根据广德医院谭学华、汪正宇对日机投下的异物初步检验结果，发现有“类似鼠疫细菌的存在”。结合此前报载“浙江衢县曾有日寇飞机在该处施放过鼠疫细菌的暴行”，故判断“此次在常德亦有可能”，遂决定电告湖南省卫生处派专家来常德检验，进行防治工作。③ 邓一韪回忆：省卫生处将获悉的“情况”上报重庆国民政府，国民政府竟怀疑之，复电“不得谎报疫情”；省卫生处向省政当局提交的“假定防治鼠疫为对象的防疫工作计划”也因“经费预算无所凭借”而拖延下来。④ 谭学华回忆，省

① 《后方勤务部卫生处三十年十一月份大事纪要》，中国第二历史档案馆藏，档案号：805—553。

② 谭学华、邓一韪对 11 月 5 日会议的回忆内容基本一致，只是谭学华回忆此次会议 5 日上午召开，邓一韪回忆 5 日下午召开。

③ 谭学华：《关于日本帝国主义强盗在常德施放鼠疫的滔天罪行经过情形》，常德市档案馆藏，档案号：372—2—16；邓一韪：《日寇在常德进行鼠疫细菌战经过》，《湖南文史资料》第 18 辑。

④ 邓一韪：《日寇在常德进行鼠疫细菌战经过》，《湖南文史资料选辑》第 18 辑，湖南人民出版社 1984 年版，第 64 页。

卫生处并未及时派人到常德做进一步检验，反而回电要求常德“切实查明（后）据报”。[①] 11 月 8 日下午，常德县政府召开防疫会议，认定敌机投放物经广德医院化验，“确含有鼠疫杆菌”，商讨“应如何积极制订防疫案”并拟定“急电湖南省政府及卫生处”“即日举行防疫大扫除”“觅借空屋以作临时隔离医院”等 8 项决议，讨论“应否组织防疫委员会请公决案”，决议组织“常德县防疫委员会”。[②] 但委员均为常德地方党、政、军、警、商界要员及地方医院院长，多是鼠疫防疫外行，一时之间有些失措，不知如何制定良策以应对此情形。

常德城第一例鼠疫患者蔡桃儿发病数天死亡后，接连出现鼠疫患者死亡，这才引起中央和省卫生处等防疫机构的高度重视，指派各防疫队赶往常德进行防疫救治工作。“原驻湘西之中央卫生署医疗防疫总队第二大队、军政部第四防疫大队、中国红十字会救护总队第二中队、湘省卫生处等，均先后派员驰往协助防治。”[③]

11 月 20 日，常德行署召开防疫工作会议，此前成立的“常德防疫委员会”改组为“常德防疫处”，由时为省第四行政区督察专员欧冠兼任防疫处处长，下设 7 个股（即总务股、财务股、宣传股、情报股、纠察股、补给股、防疫股）和隔离医院，隔离医院负责隔离病人的治疗。陆续抵达常德的各防疫队医务人员和地方医务人员组成“常德防疫设计委员会”，推湖南省卫生处副处长邓一韪为主任委员，县卫生院院长方德诚兼任隔离医院院长。[④] 常德防疫处的成立是常德防疫体系基本建成的标志，常德防疫工作随着技术力量的加强日见成效。

1942 年 3—4 月，常德城区出现第二波鼠疫流行。5 月 10 日，卫生署防疫处处长兼战时防疫联合办事处主任容启荣到达常德，并带来一批药

---

① 谭学华：《关于日本帝国主义强盗在常德施放鼠疫的滔天罪行经过情形》，常德市档案馆藏，档案号：372—2—16。

② 《常德县防疫会议记录》，常德市武陵区档案馆藏，档案号：100—5—168。

③ 容启荣：《防治湘西鼠疫经过报告书》，1942 年 9 月，湖南省档案馆藏，档案号：74—3—6。

④ 钱宝康：《中国红十字会救护总队第二中队民国三十年十一月份工作报告》，转引自贵阳市档案馆编《中国红十字会九十年》，贵州人民出版社 2009 年版，第 158 页。另据 1942 年 3 月上旬《战时防疫联合处疫情旬报》：1941 年 11 月下旬取代“常德县防疫委员会”的是“（常德）临时防疫处”，中国第二历史档案馆藏，档案号：476—198。

品器材，次日前往桃源调查常德鼠疫疫情。[①] 6月1日，容启荣鉴于鼠疫已扩传至桃源县境内（4月，桃源县城就已发现疫鼠，5月莫林乡鼠疫致死17人），遂电告："常德鼠疫已达桃源，常德外围应严格检疫，为免蔓延，拟请湘省府即设湘西防疫处，下辖常德、桃源两处，及各检疫所等，以便统一指挥。"[②] 设立"湘西防疫处"标志城区鼠疫外延，防疫形势更为严峻，防疫范围扩大，防疫工作难度增加。湘西防疫处下设桃源防疫分处，旨在"阻止常德鼠疫传播至大后方"。[③] 10—11月，距常德城区约30公里外的石公桥、镇德桥等乡镇相继发生较大规模的鼠疫流行，由湘西防疫处负责防疫工作。

自常德鼠疫被发现并流行后，先后抵达常德从事防疫工作的防疫队和防疫人员不可谓少，几占当时全国卫生防疫人员总数的1/6。据邓一韪回忆："常德鼠疫流行严重，经过剖验证实后，中央和省方陆续派出了20个医疗防疫队200余人，在常德进行紧张的防疫工作……全市防疫工作，直到1943年3月才基本结束。"[④]

（三）常德防疫工作检讨

1. "鼠疫跳蚤"降临常德

1941年11月4日凌晨5时许，一架日本军机在常德城区中心关庙街、鸡鹅巷、法院街、高山街和东门外五铺街、水府庙一带上空低飞投下的谷、麦和破布、絮棉等"异物"。警报解除后，警察局派人将日机投下的谷麦等"异物"样品送达广德医院检验。谭学华、汪正宇从被检物培养液中发现一些与鼠疫杆菌图谱极为相似的革兰氏阴性杆菌，初步断定是日军对常德实施的鼠疫细菌攻击。

鼠疫专家陈文贵奉命组织"湖南常德鼠疫调查队"，随带检验器材、疫苗及治疗鼠疫特效药品等于11月20日从中国红十字会救护总队总部贵阳驻地出发，24日抵达常德调查；12月21日，卫生署又派遣外籍鼠疫专

---

① 战时防疫联合处：密《鼠疫疫情紧急报告》，1941年5月27日，第33号，中国第二历史档案馆藏，档案号：372—706。

② 战时防疫联合处：密《鼠疫疫情紧急报告》，1941年6月5日，第34号，中国第二历史档案馆藏，档案号：372—706。

③ ［奥］肯德：《第2中队1942年4月份工作报告》，转引自贵阳市档案馆编《中国红十字会九十年》，贵州人民出版社2009年版，第164页。

④ 邓一韪：《日寇在常德进行鼠疫细菌战经过》，《湖南文史资料选辑》第18辑，湖南人民出版社1984年版，第68页。

家伯力士抵达常德调查。陈文贵、伯力士等人的报告中均认定：日机在投下的谷、麦和破布、棉絮中掺和了大量感染鼠疫细菌的跳蚤，这些“鼠疫跳蚤”降落地面后，如直接叮咬人，将导致第一次鼠疫流行，如寄附在老鼠身上，次年将导致第二次鼠疫流行。

据金子顺一细菌战秘密研究论文——《PXノ（鼠疫跳蚤）效果略算法》记载，日机在常德投下了1.6公斤鼠疫跳蚤。1克跳蚤约1700只，1.6公斤跳蚤是270余万只，当时常德城区人口约6万，平均每人将受到约45只跳蚤的威胁。

2. 常德出现第一次鼠疫流行及防疫工作

常德第一次鼠疫流行主要在城区。1941年11月5日上午，常德防空指挥部、警察局、卫生院、县政府召开座谈会，谭学华提议：由各警察所负责组织居民将日机投掷物清扫、焚灭之；在报刊上宣传日机在常德可能已投放鼠疫细菌，介绍鼠疫症状及防御方法，灭鼠；电告湖南省卫生处，速派专家来常检验、证实，以便早作预防治疗；立即找合适的房子作防疫医院，作隔离及治疗之用，避免鼠疫蔓延。就当时而言，谭学华的提议是恰当可行的，但负责具体执行的县卫生院方院长“怕负责任，未能及时做到”。①

8日下午县政府召开会议，成立“常德县防疫委员会”，决议：举行防疫宣传；全城灭鼠；在东门外借民宅设隔离医院；电报湖南省卫生处，速派人员携药品、器材来常以资防范。② 会后，这些决议未全部实施。

当时常德居住人口及医疗卫生设施情况如下：全城居民62510人，驻军4000人；③“全城环境卫生状况甚为恶劣……城内房舍多为木制，最易为鼠类潜匿”；④ 全城医院只有2所，一为广德医院，有100张病床，属私人教会医院，另一为县政府下属的县医院，但仅有门诊部，而无病床。

常德第一名鼠疫患者是关庙街11岁少女蔡桃儿，11日高烧，12日送

---

① 谭学华：《关于日本帝国主义强盗在常德施放鼠疫细菌的滔天罪行经过情形》，常德市档案馆藏，档案号：5—13，249—57。

② 《常德县防疫会议记录》，1941年11月8日，常德市武陵区档案馆藏，档案号：100—5—168。

③ 王诗恒：《常德鼠疫及其控制方案报告》（英文），1942年7月20日，中国第二历史档案馆藏，档案号：372—6—16。

④ 陈文贵：《常德鼠疫调查报告书》，1941年12月2日，中国第二历史档案馆藏，档案号：372—2—16。

广德医院求治，13 日晨死亡，经解剖检验证实为鼠疫。[①] 继蔡桃儿死亡后，城内出现大量鼠疫患者。邓一韪回忆："蔡桃儿无辜死亡后，关庙街、鸡鹅巷一带相继发生病例多起，往往来不及医治而死。染疫人数一天天增多，平均每天在十人以上，传染极为迅速，一人有病，波及全家……市民谈鼠色变。"[②]

最早投入常德防疫工作的防疫医疗队是中国红十字会总会救护总队第2 中队。奥地利人肯德时任中国红十字会总会救护总队第2 中队第731 医务分队队长，后又任第 2 中队代中队长。第 731 分队驻地本来在常德安乡县。常德城区发生鼠疫时，肯德恰好在第 2 中队队部驻地德山接洽业务。他在听闻常德发现疑似鼠疫病人的消息后，于 6 日被中队长钱保康派至城区广德医院。肯德是常德暴发鼠疫后，最早进入城区从事检验和调查工作的外籍专家。1942 年，常德防疫处扩为湘西防疫处，在常桃外围重要交通线之各县，除既设防疫委员会外，另设防疫站。其中，常德鼠疫防疫站（8 个站点）由肯德负责，任检疫组、技术组组长。可以说，肯德在反细菌战工作中"完全站在中国人民的立场上说话"，为常德鼠疫防治工作作出了重要贡献。肯德还根据常德防治鼠疫情况写成《鼠疫横行在常德》《中国红十字会在常德防治鼠疫之活动简史》等报告。其中，肯德写成的《鼠疫横行在常德》报告与陈文贵等人撰写的报告在战后被"转载于国际法庭有关日本法西斯战犯罪行汇编中，为 1953 年在沈阳军事法庭审判日本战犯时提供了日寇在华中地区进行细菌战的罪证"。[③]

常德暴发鼠疫流行后，除卫生署、军医署、中国红十字会总会救护总队调派人员前往防治外，"湖南省卫生处及第六战区及第九战区卫生防疫主管人员亦分赴该地指导防治事宜"，"第六战区司令长官部卫生处处长兼兵站卫生处处长陈立楷、战时卫生人员训练所检验组主任陈文贵、卫生署医疗防疫总队第 2 大队长石茂年、卫生署医疗防疫第十四队湖南卫生处主任技正邓一韪、工程师刘厚坤等抵达常德防疫。中国红十字会

① 陈文贵：《常德鼠疫调查报告书》，1941 年 12 月 2 日，中国第二历史档案馆藏，档案号：372—6—16。

② 邓一韪：《日寇在常德进行鼠疫细菌战经过》，《湖南文史资料选辑》第 18 辑，湖南人民出版社 1984 年版，第 64 页。

③ 贵阳市档案馆编：《战地红十字——中国红十字会救护总队抗战实录》，贵阳人民出版社 2009 年版，第 155—169 页、书前"概述"。

总会救护总队第2中队第731队、军政部第9防疫大队第3中队、第4防疫大队第1中队、湖南省巡回卫生第3队、常德县卫生院、常德广德医院、湖南省卫生处处长张维、卫生署外籍专员伯力士博士亦于12月中旬赶往指导一切”。①

随着各防疫队的陆续到达，防疫技术力量大为增强，防疫措施更加专业具体，常德县防疫委员会改组为“常德防疫处”。当时采取的主要防疫措施包括：在东门外徐家大院设立隔离医院收治和隔离疑似病人；对全城军民进行预防注射；疫区街巷由军警封锁、控制；建立疫情报告监控制度和实行交通管制；设立火葬炉，鼠疫病人尸体一律火化；全城开展灭鼠、灭蚤活动，组织防疫卫生大清扫。②

1942年1月中旬至3月中旬，经过防疫人员的努力，城区鼠疫暂时得以控制，再未发现患者，③ 但仍然存在“隐患”。陈文贵一行到达常德后，通过解剖疑似鼠疫死亡者龚操胜的尸体、细菌培养，观察动物接种结果，证实死者“确属真正腺鼠疫”感染致死。接下来对捕捉的数百只老鼠解剖后却未发现感染鼠疫的“病例变化”，他所了解的死亡病例只有6例（陈文贵离开常德后又发现2例），加上23日后“无新病例继续发现，乃率全队队员于12月2日离（开）常德，6日抵筑（贵阳）”。④ 这是一个不应该的“大意”，陈文贵未曾料到次年春季常德城区会再次暴发鼠疫并扩散至数十公里外的乡下，较1941年冬季严重得多。另外，“常德首次发现鼠疫时，并未发现大量死鼠，但同时未即实行鼠族检查，实为大憾”。⑤

3. 常德出现第二次鼠疫流行及防疫工作

常德第二次鼠疫流行较之第一次要严重许多，流行区域包括城区、

---

① 《战时防疫联合处疫情旬报》，1942年3月上旬，第1号，中国第二历史档案馆藏，档案号：476—198。

② 容启荣：《防治湘西鼠疫经过报告书》；陈文贵：《常德鼠疫调查报告书》；邓一韪：《日寇在常德进行鼠疫战经过》；谭学华：《关于日本帝国主义强盗在常德施放鼠疫的滔天罪行经过情形》；王诗恒：《常德鼠疫及其控制方案》。

③ 容启荣：《防治湘西鼠疫经过报告书》，1942年9月，湖南省档案馆藏，档案号：74—3—6。

④ 陈文贵：《常德鼠疫调查报告书》，1941年12月2日，中国第二历史档案馆藏，档案号：372—2—16。

⑤ 容启荣：《防治湘西鼠疫经过报告书》，1942年9月，湖南省档案馆藏，档案号：74—3—6。

桃源莫林乡、常德石公桥、镇德桥等乡镇。1942年3月24日城区出现第一个病例，此后不断发现患者，至4月达到高峰，并出现极其危险的可通过空气传染的肺鼠疫。

富有经验的外籍鼠疫专家伯力士1941年12月21日到达常德后，即作为常德防疫设计委员会的技术顾问“指导一切”。他密切关注常德疫情，通过解剖大量老鼠后发现，1942年3月城内老鼠染疫率已达22.4%，4月染疫率猛增至44.4%。4月14日，伯力士在防疫会议上报告：“解剖鼠只总数228只，阳性110只，染疫率48.3%。”他所担心的由鼠间鼠疫而引起人间鼠疫的第二次鼠疫流行在常德城区发生了。自3月24日出现第一个病例后不断有患者被发现，至4月达到高峰，并出现极其危险的经由空气传染的肺鼠疫。根据伯力士提议，防疫处紧急下令：学校停课，全城旅馆、剧院、饭店、浴堂、妓院及公共场所一律停业。① 同时国民政府又从各地调派防疫队计达20支共200余人赶赴常德，中央卫生署防疫处处长容启荣也自重庆亲临常德督导防疫。整个防疫工作较之第一次鼠疫流行期间大为加强，但防疫工作仍存在不少漏洞，以致城区鼠疫于5月传至桃源莫林乡。为防鼠疫进一步蔓延，尤其是担心西传大后方，容启荣提议将常德防疫处改组为湘西防疫处，下设疫情诊察队、常德水路交通检疫所、常德鼠疫隔离医院、卫生工程队、鼠疫病理检验所、防疫纠察队、防疫担架队、鼠疫留验所共八个单位。② 并在莫林乡周围的“漆家河和大田乡，罗家店成立防疫委员会，注意情报及检验”。③

当时，国民政府鉴于常德疫情相当严重，遂向常德紧急调运“足供17万人用量之鼠疫疫苗”，又“经由卫生署商请美国红十字会捐赠（治疗鼠疫）特效药磺苯胺噻唑（Sulfathiazole）”运往常德，用于灭鼠、灭蚤的药和消毒用化学药品也调运常德，其中灭鼠灭蚤最有效的氰酸气也“由美国运到”。④

---

① 《常德防疫处设计委员会第二次会议记录》，1942年4月11日，常德市武陵区档案馆藏，档案号：100—3—171。

② 容启荣：《防治湘西鼠疫经过报告书》，1942年9月，湖南省档案馆藏，档案号：74—3—6。

③ 战时联合防疫处：密《鼠疫情况紧急报告》，1931年6月15日，第35号，中国第二历史档案馆藏，档案号：372—706。

④ 容启荣：《防治湘西鼠疫经过报告书》1942年9月，湖南省档案馆藏，档案号：74—3—6。

常德第一次鼠疫流行后，出现了防疫机构不健全、工作不灵活、方式欠妥当等防疫问题。为进一步加强防疫工作，在继续采取隔离治疗、病家消毒、患者家属留验等措施的同时，又在以下几个方面予以改进：

一是完善疫情报告制度。所有医院及开业中西医生，若发现鼠疫或疑似病人，应即时报告；警察局、所暨乡、镇公所应督饬保长、甲长，随时查询所辖各户，遇有疑似鼠疫，即应报告；死亡者应由家属于当日分报保长、甲长及警察局、检疫所，转报防疫处填发安葬许可证；发现死鼠地带，由防疫处派员挨户收集，随时侦察有无染疫者。

二是强化交通检疫原则。在水陆交通要道设检疫站，次要水陆路口设检疫哨，通往城外不重要的小路予以破坏；凡经过检疫站哨的船舶、车辆及肩舆，必须接受检查，发现鼠疫或疑似鼠疫病人即送隔离病院，行李做消毒灭蚤处置；出入疫区旅客一律接受预防注射；通过常、桃的船只，严禁停靠；五谷、棉花、被服等绝对禁止外运；所有经过常、桃又准予停留的船只，日间可在两岸停靠，黄昏至翌晨须离岸抛锚；所有上下行船只，黄昏与天明之间一律禁止通行；疫区出境病人须向防疫处领取出境许可证；疫区迁运出境的尸体须领防疫处颁发的安葬证始可放行；发现有疫鼠及鼠疫病人的船只，施行灭鼠灭蚤消毒处置；无预防注射证的船员及旅客，应留验七日，如发现肺鼠疫，所有旅客船只，均须留验七日方可放行；遇有肺鼠疫流行，由军警协助，完全断绝交通，无特别通行证者一概不得出入疫区。

三是强化预防注射原则。若疫区内鼠族感染率增加，应立即普遍强制施行鼠疫预防注射；凡前往或经过疫区的旅客一律接受预防注射，否则不准入境；疫区内居民随时自愿向各地卫生防疫机关请求施行防疫注射；邻近疫区的居民无须强制施行预防注射，但若疫势猖獗，由湘西防疫处斟酌实情，临时规定强制执行预防注射。①

外籍鼠疫专家伯力士，“又在常德成立防治鼠疫人员培训班，迄8月底止，已开班2次，每期1月，培训医师4人、护士6人、检验员7人，共计17人”。②

① 容启荣：《防治湘西鼠疫经过报告书》1942年9月，湖南省档案馆藏，档案号：74—3—6。

② 容启荣：《防治湘西鼠疫经过报告书》，1942年9月，湖南省档案馆藏，档案号：74—3—6。

四是妥善处置疫尸。处理疫尸最妥善的办法是火葬。但常德第一次鼠疫暴发后，疫尸实行火葬时，曾有并非疫尸亦予以火葬，并有数具疫尸一同焚毁，或用同一火葬炉既焚疫尸又焚疫鼠等情况发生，引起死者家属怨恨及民众反感，于是出现疫者隐匿不报，或分向四乡逃避等情况。防疫处经慎重考虑，4 月始停止火葬，改设公墓，规定疫尸消毒办法及埋葬地点。这样既尊重民间习俗，又顾及集体安全。①

居民因不习惯西医预防注射、尸体解剖、疫尸焚毁等做法，多所躲避逃匿。为此，常德中医药界曾主张筹设“中医鼠疫医院”，但未获防疫处批准，只允许“如鼠疫病人愿请中医诊治者，可听其延至隔离医院诊察主方，并派人煎药进药，其主治之中医与煎药进药之亲属仍应遵守隔离规则，并着防蚤衣，佩戴口罩，以免传染，并主治到底”。② 不过，这一规定带有歧视性，挫伤了中医参与防疫工作的积极性，故没有中医前往坐诊。

1942 年 4 月中旬是常德鼠疫流行最为严重的时期，当时全城各街巷均发现鼠疫死亡者，并出现肺鼠疫。第六战区司令长官陈诚获悉“常德鼠疫复发，为患甚烈”，遂电令对常德防疫工作施行军事管制，“由集团军总部协助强制执行一切”。具体由第 20 集团军司令霍揆彰派来两连全副武装的士兵，协助防疫处实行强制防疫。③

1942 年 7 月，常德城区第二次鼠疫流行终于得以控制，防疫人员赖世芳护士在工作中不幸感染鼠疫，因公殉职。④ 下半年，防疫处继续严密防疫，在城区没有发现鼠疫患者。次年 3 月，防疫处继续在全城对居民进行预防注射并灭鼠灭蚤。⑤ 5 月鄂西会战爆发，常德全城市民撤离。11 月常德会战爆发，常德城被战火摧毁。在此期间，常德的防疫组织机构

---

① 容启荣:《防治湘西鼠疫经过报告书》，1942 年 9 月，湖南省档案馆藏，档案号：74—3—6。

② 容启荣:《防治湘西鼠疫经过报告书》，1942 年 9 月，湖南省档案馆藏，档案号：74—3—6。

③《常德防疫处三一年度第三次会议记录》，1941 年 4 月 14 日，常德市武陵区档案馆藏，档案号：100—3—171。

④ 容启荣:《防治湘西鼠疫经过报告书》，1942 年 9 月，湖南省档案馆藏，档案号：74—3—6。

⑤《湖南省湘西防疫处座谈会记录》，1942 年 3 月 7 日，常德市武陵区档案馆案，档案号：100—3—171。

基本停止活动，与此同时，鼠疫也基本被消灭。常德城区居民因数波鼠疫侵害，共计死亡 1000 余人。[①]

1942 年 10 月 27 日，距常德城区 30 公里之外的新德乡石公桥突告发现鼠疫死亡病例，许多老鼠死于街头和居民家中，之后暴死乡民，“几每日均有死亡”。11 月下旬，距石公桥约 5 公里的镇德桥也发现鼠疫死亡病例，经湘西防疫处调派“九（个）（防疫）单位”共计 30 余人在伯力士的全方位指导下开展防疫工作。另外卫生署第 15 巡回医防队、军政部第 4 防疫大队第 1 中队也赶往疫区协防。[②] 防疫人员到达后，成立防疫临时办事处，设隔离医院，派军队前往管制交通，严格执行各项措施，至 12 月初，“近一周来，尚无新病例发现”。[③]

常德为应对第二波鼠疫流行，确实改进了一些工作方法，但毋庸讳言，防疫工作依然存在措施不当、不力等问题，归纳起来主要有以下几点：

一是防疫组织系统显薄弱。疫情发生后，政府部门的防疫意识虽有所增强，但一时之间，防疫人员难以配齐（况且战时防疫人员本来就严重缺乏）；防疫技术人员专业技能有参差，工作失序；政府部门与战区军事单位在防疫事宜上互有掣肘，“致阻疫政之顺利进行”，虽经伯力士和肯德“督促”，“效能仍觉不速”。[④]

二是防疫宣传工作不务实。城区居民缺乏防疫知识，防疫意识淡薄，乡间民众尤甚。常德城区第一次鼠疫流行前，“街上常有死老鼠发现……但没有人将死老鼠送医院检验，也没引起注意”。[⑤] 城区数十公里外的石公桥、镇德桥发生鼠疫流行后，经调查得知，“在未发现病例前即已有死

---

① 陈致远：《1941 年日军常德细菌战造成城区居民死亡人数研究》，《民国档案》2006 年第 2 期。

② 《战时防疫联合处疫情旬报》，1942 年 12 月上旬，第 26 号，中国第二历史档案馆藏，档案号：476—198。

③ 战时防疫联合处：密《鼠疫疫情紧急报告》，1942 年 12 月 21 日，第 38 号，中国第二历史档案馆藏，档案号：372—706。

④ ［奥］肯德：《第 2 中队 1942 年 4 月份工作报告》，转引自贵阳市档案馆编《中国红十字会九十年》，贵州人民出版社 2009 年版，第 164 页。

⑤ 邓一韪：《日寇在常德进行鼠疫细菌战经过》，《湖南文史资料选辑》第 18 辑，湖南人民出版社 1984 年版，第 63 页。

鼠发现，惜民众未谙疫鼠死亡之先兆，致酿此流行惨剧”。[①] 这说明，事前事后的防疫宣传工作不到位，导致常德城乡居民对鼠疫的危害性认识不够全面深刻。

三是防疫经费及药品不足。《容启荣报告》，肯德的报告，谭学华、邓一韪等人的回忆均提到了防疫经费及药品不足的问题。防疫经费不充裕且迟迟没有着落，甚至答应了的部分“政府之急救经费亦从未发下应用”；防疫药品用罄之际，补充不及时。当然，这是战时很难克服的一个防疫工作难题。

四是工作方式欠妥。疫情紧急，地方军政当局为追求防疫效果，不顾民间习俗，采取高压、强制、惩罚、武力等方式推行防疫工作（如强行解剖、焚烧疫尸等），以至于出现“当地民众视卫生人员如寇仇，竟有殴打防疫工作人员”[②] 的情况发生。

五是民间旧习陋俗妨碍疫政。常德城乡民众由于受根深蒂固的旧习陋俗影响，没有充分理解防疫政策，故对有的防疫工作不予配合。如预防注射，“许多具有高等教育者尚且拒不接受，是则知识水准较低的民众更难期其乐于接受”；“火葬疫尸”更是遭到多数民众百般阻挠，后来被迫改为“公墓公葬疫尸”。

上述防疫中出现的诸问题，有的本可以避免或做得较好，然事与愿违；有的则囿于战时主、客观条件，无法解决。其教训不可谓不深刻，足让后世以为镜鉴。

参与常德疫情防治工作的各级行政部门、医疗组织单位及个体，总体而言，认真负责，有个别医务人员不幸染疫殉职。就如卫生署防疫处长容启荣在其《防治湘西鼠疫经过报告书》的最后所称道的那样：“驻常之卫生署、军政部军医署及中国红十字会总会救护总队医疗防疫工作人员，暨当地卫生机关各同仁，均能不避艰危，不辞劳怨，良足嘉尚。卫生署外籍专员伯力士，已届高龄，常驻疫区，于实地工作之余，指导后

① 容启荣：《防治湘西鼠疫经过报告书》，1942 年 9 月，湖南省档案馆藏，档案号：74—3—6。

② 容启荣：《防治湘西鼠疫经过报告书》，1942 年 9 月，湖南省档案馆藏，档案号：74—3—6。

进，孜孜不倦。”① 容启荣《防治湘西鼠疫经过报告书》对常德防疫工作的充分肯定与客观事实基本相符。

综上，常德防疫工作有得有失。常德防疫组织系统虽在仓促中建立，但自构建伊始直至整个防疫工作基本结束，工作成效总体而言值得肯定。防疫工作取得的最大成效是：没有让鼠疫蔓延越出常德地境，进而影响抗战大局。以当时防疫技术、人力、物力、财力及其他各种不便，能够做到这样，确属难能可贵。

四 美、英对常德细菌战情报的收集与态度

（一）美国对常德细菌战情报的收集与态度

1941年11月中旬，常德城区暴发第一次鼠疫大流行。常德城区出现鼠疫大流行的信息通过多种渠道逐渐被外界所知。美国驻重庆大使馆武官威廉·梅耶（Colonel William Mayer）上校于12月5日写信给在湖南常德的美国宣道会（“基督教徒及传教士联盟”）负责人E. 索瓦尔德逊（E. Thorvaldson）询问常德鼠疫详情（这封信直到17日才收到），E. 索瓦尔德逊根据所掌握的信息，于19日写了一封回信，回信的主要内容如下：

> （1941年）11月4日一架日机抵达（常德）城市上空，飞得很低，丢下一些未碾碎的稻谷和破布之类的东西，经广德医院做细菌学调查，发现含有类似鼠疫杆菌的细菌。由于没有进一步调查和实验，不能明确下结论。
>
> 培养的细菌注射到兔子体内反应较轻。几天后，一个小女孩被送到广德医院，有鼠疫症状。小女孩死之前和之后做的所有细菌涂片证实了广德医院医生的诊断。之后，又有几个病例被诊断（为鼠疫），中国政府的专家用小白鼠实验和进一步的实验室测试证明是鼠疫。鼠疫（流行）环境已经形成。

① 容启荣：《防治湘西鼠疫经过报告书》，1942年9月，湖南省档案馆藏，档案号：74—3—6。

> 一位红十字会外籍专家和他的中国同事已在此工作数周。这位外籍专家亲自告诉我们，约有20至25个死亡病例，尚有不少未登记的病例。虽然暂未达到疫病流行的程度，但医卫人员一直认为鼠疫肯定会扩散。当地长者说，这次鼠疫前，从未听说过（常德）发生过鼠疫。毋庸置疑，鼠疫是日机投撒的谷粒造成的。我们希望罪恶的鼠疫不要扩散。①

这两封来往信件足以证明美国方面获得常德出现鼠疫信息的时间应该在12月5日之前，也就是美国正式对日宣战数天之前。信件中的“红十字会外籍专家”指的就是国际援华医疗队员奥地利籍肯德医生。美国基于己方利益考虑，对日本在中国战场的所有行动都给予关注。E. 索瓦尔德逊的回信中明确告知常德城里出现的鼠疫不是自然形成，而是因日机投撒“谷粒”所致。

威廉·梅耶上校在写信给E. 托瓦尔德逊的次日，又给雅礼（耶鲁）协会（Yale Association）的临时负责人、常务理事W. W. 佩特斯（W. W. Pettus）写信询问同一件事。20日，W. W. 佩特斯回信的主要内容如下：

> 收到信件时，奔赴常德调查鼠疫的伯力士刚拜访我。伯力士是一位国际上有名的流行病学家，曾受雇于国联，现在受雇于（中国）中央卫生署。他很慷慨地把他了解到的常德鼠疫情报全部提供给我。
>
> 毋庸置疑，（常德）疫情由鼠疫引起。这已被伯力士和在长沙的湘雅医院的细菌实验室证明。伯力士认为常德鼠疫不可能是自然输入。虽然浙江、福建鼠疫正在流行，但浙江、福建鼠疫不可能跳过江西和湖南东部输入。
>
> 常德长老会的一位传教士目睹了日机抛撒谷粒和其他东西。8天后，发现第一例鼠疫病例，类似于鼠疫杆菌的细菌从日机投下的物质中被发现。尽管不能下结论，但这（日机投撒谷粒等物）是铁证。

对比W. W. 佩特斯与E. 索瓦尔德逊的回信，可以看出W. W. 佩特

---

① *A Letter from E. Thorvaldson to William Mayer*, National Archives, Dec 19, 1941, R112, E295A, B11.

斯的说法比 E. 索瓦尔德逊的说法更具说服力，因为 W. W. 佩特斯是“用权威专家伯力士的论断和湘雅医院的科学检测结果确证常德鼠疫是日机实施的（细菌武器）攻击所致”。①

除了 E. 索瓦尔德逊和 W. W. 佩特斯的两封回信外，中国红十字会救护总队队长林可胜也于 12 月 20 日致信美国援华医疗局的 Co Tui 博士，提供了常德鼠疫流行是因日军军机在常德抛撒染疫物质而引起的调查结果，明确指出，“日军正在对我们发动细菌战”。这封信还附有陈文贵于 12 月 12 日提交给中国红十字会救护总队的《常德鼠疫调查报告书》。

1941 年 12 月 9 日，美国因珍珠港事件被迫正式对日本宣战，重庆国民政府也应美国要求在同一天正式对日本宣战。此后，中国把常德鼠疫流行的情报陆续提供给美国有关部门。1942 年春季，正如伯力士所预料的那样，常德出现鼠间鼠疫并引发第二波人间鼠疫流行。常德再次暴发鼠疫的消息再度引起美国的注意。5 月 1 日，美国大使馆武官包瑞德（David D. Barrett）中校向美国陆军情报处汇报中国媒体对日本细菌战、化学战的相关报道。② 美国陆军部高度重视包瑞德的情报，立即咨询这方面的专家。5 月 15 日，陆军军医医学情报处的惠恩（T. F.）与长期在华生活、工作的美国国务院文化关系处的顾问顾临（Roger S. Greene）专门讨论了常德细菌战及鼠疫大流行问题。次日，顾临决定将林可胜于 3 月 10 日写给他的一封关于常德细菌战和其他战场发生鼠疫情况的摘要交予惠恩，其中就讲到 12 月 12 日陈文贵的那份关于常德鼠疫病理学的报告，并基于自己对陈文贵在斑疹伤寒、霍乱、破伤风方面的研究成果的了解，认可这份报告的真实性。

1942 年 4 月 6 日，负责英美外交事务的外交部主任委员王世杰依据中央卫生署长金宝善提供的报告（该报告列举了浙江细菌战等，但最为详细的是常德细菌战）举行了一场新闻发布会，揭露日军在华实施细菌

---

① 张华：《美国对常德细菌战情报的收集考释》，《近现代国际关系史研究》2017 年第 2 期。

② *A Letter from R · K · S · Lim to Co Tui*, National Archives, Dec 20, 1941, R112, E295A, B11.

战的真相。[①] 4月7日，美国政府就收到了《中国驻美大使馆关于来自重庆外交部的电报》，“该报告叙述了日军在中国境内开展细菌战的情况，是在听取了中外医学专家的意见后汇编整理而成的。报告明确证实，日军至少在中国的5个地方实施了残忍的细菌战”[②]。

这场旨在向世界各国揭露日军在中国多地实施细菌战的新闻发布会，让美国政府知道了日军在战争中实施细菌战的危害性。1942年6月6日（美国时间），美国总统罗斯福根据不断传来的日军在中国各地使用毒气（毒瓦斯）[③] 的报告，代表美国政府，严厉谴责日军在中国实施细菌战的罪恶行径，并发表声明：

> 如果日本继续对中国和其他任何联合国成员国使用这种非人道的战争形式，此种行为将被美国政府视同对美国的攻击，而给予同样的和全面的报复。[④]

罗斯福总统代表美国公开谴责了日本细菌战罪行，但美国内部对常德细菌战的真实性仍存怀疑。1942年4月11日，高斯在致伯恩斯的信件中提到对金宝善的报告存疑，理由是该报告“没有将常德发生鼠疫的原因归于日本的决定性证据”。为了排除怀疑，美国陆军化学战部队还派詹姆斯·R. 吉登斯到常德进行实地调查，向广德医院副院长谭学华和美籍院长涂德乐了解常德鼠疫的真实情况。吉登斯通过采访形成的报告得到美国军方的肯定，美国化学部驻中国代表处作出如下结论：

> 这是迄今为止，日本在中国使用细菌武器最有力的证据。这极

---

① *Government Statements*: *Chinese Government Finds Evidence of Five Enemy Attempts at Bacterial Warfare*, WO 188/680, April 9, 1942.

② 韩雯：《保存在国外档案馆的有关浙江细菌战的几则史料》，《浙江档案》2005年第9期。

③ 日军在中国多地实施细菌战是秘密进行的。当时世界各国把细菌战、毒气战统称为化学战或毒气战，这里的“毒气战”实际上包括细菌战和化学战。

④ ［美］罗斯福：《一九四二年六月六日聲明書》，美國國家解密檔案，WRO 1931/712，UKPRO，参见［英］彼得·威廉姆斯（Peter Williams）、大衛·瓦雷斯（David Wallace）《731部隊——第二次世界大戰中的日本細菌戰》，吳天威譯，臺北：“國史館”1992年版，第125页。

有可能是真实的细菌战，可能具有实验性质。①

(二) 英国对常德细菌战情报的收集与态度

英国对细菌战的“兴趣”比美国要早。1936 年，英国防御协调部长汤姆斯·因思克浦（Thomas Inskip）爵士就提议英国防卫委员会设立细菌战分会，由毛瑞斯·韩奇（Maurice Hankey）爵士任主席。

日军对常德的细菌战消息传出后，美国在重庆的情报机构“迅速行动”。11（应为 12）月 27 日，美国“化学战团”收到美国驻重庆情报机构的一份常德细菌战“解释”报告，在美国华盛顿的英国参谋机构（于 1942 年 1 月 1 日）将这一情报报告给英国“（陆军）作战部”。（英国）第 10 军事情报组单独将此情报资料转给英国在波尔顿镇（Porton Downd）的秘密化学防卫实验站细菌组（又称“波顿研究所”，即英国生化武器研究所）。至于英国政府获悉此事，则是由当时英国驻重庆大使馆的科学参事、剑桥大学生物化学家李约瑟（Joseph Needham）提供。②

1942 年 1 月，丘吉尔战时内阁防卫委员会就已同意毛瑞斯·韩奇爵士的建议，“如果敌人采取细菌战，英国采取措施做同样的报复”。英国有专家认为常德细菌战“那好像是个不可能的故事”，“这个事件（指日军对常德的细菌攻击行动）不能作为证实细菌战的例子”。③

英国生化专家对日军在常德进行细菌战持“怀疑”态度，固然与《陈文贵报告》中没有十分“肯定”系日军所为有关，但更深层的原因是：英国专家在心理上很难接受晚于欧洲、“新近走向现代工业化世界的日本”能有“如此的远景和技术”。

英国陆军作战部为了进一步证实来自华盛顿传教士关于常德因遭受日机投下物质引发鼠疫的报告，要求驻华使馆的武官处做进一步查证。英国驻华武官处于 1942 年 2 月 3 日回电称：金宝善的报告虽有一定证据，但非决定性的。常德鼠疫是否是日军所为尚存疑虑，日军实施细菌战的

---

① Government Statement, *Central China – Japanese Use of BW at Chang Te, Hunan Province*, WO 188/680, April 9, 1942.

② ［英］彼得·威廉姆斯（Peter Williams）、大衛·瓦雷斯（David Wallace）《731 部隊——第二次世界大戰中的日本細菌戰》，吳天威譯，臺北：“國史館”1992 年版，第 129 页。

③ ［英］彼得·威廉姆斯（Peter Williams）、大衛·瓦雷斯（David Wallace）《731 部隊——第二次世界大戰中的日本細菌戰》，吳天威譯，臺北：“國史館”1992 年版，第 131、133 页。

证据链不完整。2 月 5 日英国陆军情报部又将驻华使馆武官处的回电内容寄给英国细菌学研究权威机构——波顿研究所，请求做出解释。[①]

1942 年 4 月 6 日，中国外交部还正式照会英国政府，希望同盟国间共同击败日本帝国主义，制止日本这种屠杀和野蛮行为。4 月 11 日，英国大使馆塞默向外交大臣送交了中国外交部长就日本细菌战问题的备忘录，但总体而言，“英国仍然不相信金宝善的报告”。[②]

1942 年 7 月，蒋介石通过驻伦敦大使顾维钧，正式向英国政府提交有关日军“最低限度曾有 5 次在中国试验细菌战”的报告。但波顿研究所的专家们已将自 1941 年 12 月以来获取的有关情报“归档”，在顾大使的报告上或写下“读毕一笑置之”，或写下“看一眼这个垃圾”。英国内阁则以“麻烦”形容顾大使屡屡请求“将日本细菌战的控告提交太平洋战争委员会”的行为。只有丘吉尔“看了有关文件，并同意为了下次会议把文件分发”。[③]

直到 1943 年 2 月，英国才正式确认日军在中国常德实施鼠疫细菌战的情报属实。设法从德国柏林获得石井四郎的重要助手北条圆了于 1941 年在日本陆军军医学校的讲演稿《关于细菌战》的德文本，并将其译成英文。[④]

（三）美国收集常德细菌战情报之意图

常德细菌战引发鼠疫大流行后，英、美等国尤其是美国给予了高度关注。其原因主要是美、日在珍珠港事件爆发前就已视彼此为对手。美国收集日本在中国进行细菌战的情报当然有自己的意图。

第二次世界大战爆发前，美国专家对细菌武器是否适合在战争中使用，原本就持怀疑态度。如美国陆军化学战部医疗部主任雷恩·A. 福克斯少校就认为：“因尚有许多技术上的难关，细菌武器不可能在战争中被有效使用。”[⑤] 自 1939 年 2 月后，美国的军事战略家们对细菌战的关注度持

---

① ［日］松村高夫：《湖南常德细菌战》，参见解学诗、［日］松村高夫等《战争与恶疫——日军对华细菌战》，人民出版社 2014 年版，第 173—175 页。

② ［日］松村高夫：《湖南常德细菌战》，参见解学诗、［日］松村高夫等《战争与恶疫》，人民出版社 2014 年版，第 176 页。

③ ［英］彼得·威廉姆斯（Peter Williams）、大衛·瓦雷斯（David Wallace）《731 部隊——第二次世界大戰中的日本細菌戰》，吳天威譯，臺北：“國史館”1992 年版，第 133 页。

④ ［日］西里扶甬子：『生物戰部隊 731』，東京：草の根出版会 2002 年版，第 90 页。

⑤ ［美］谢尔顿·H. 哈里斯：《死亡工厂：美国掩盖的日本细菌战犯罪》，王选等译，上海人民出版社 2000 年版，第 245 页。

续上升。这是因为，石井四郎团队的骨干成员——内藤良一等（以医学研究的名义）向纽约洛克菲勒研究所要黄热病毒，遭到拒绝后又企图用金钱贿赂洛克菲勒研究所的技术员，甚至劝诱研究所实验室主任维尔伯·索亚，均未得逞。后来又有日本化学战连队配备受过细菌战训练的部队的消息和德国在法国占领区开始研究细菌毒素的消息相继传到华盛顿。

尽管美国军事战略家们和陆军化学战部医疗部主任对日本、德国的细菌战（包括化学战）信息持“谨慎和怀疑”态度，但接连不断的细菌战信息促使美国陆军部长亨利·斯蒂姆逊于1941年10月1日要求美国科学院选派“民间人士”参加特别非军事性细菌战委员会（WBC），由9名最优秀的生物学家组成，从攻击、防御两方面对细菌战进行研究，提出细菌战明显可行的报告。亨利·斯蒂姆逊全面接受了特别非军事性细菌战委员会的建议，并上报罗斯福总统同意。

1942年8月，在美国新泽西州的默尔克医药公司成立以乔治W. 墨克为首的非军事民建委员会——战争预备局（WRS）。2个月后，美国科学院又应战争预备局要求，成立国家研究委员会顾问委员会（ABC），该委员会由约翰·霍普金斯大学等著名大学选出的9名优秀“科学家”组成，“ABC由此成为WBC的后继者”。可以说，美国的细菌战计划从1942年年底开始，“在主导者和委员会的一起努力下，以惊人的速度开始进行”。①

谢尔顿·H. 哈里斯认为，战争预备局作为协调机构存在，并不进行细菌战研究。1942年11月，美国陆军化学战部着手细菌战研究。最初，细菌战工作“在位于马里兰州的化学部的艾治渥德兵工厂进行”。但这里并不适宜扩大规模且易暴露。1943年年初，将地处偏僻的马里兰州德特里克堡作为其主要的细菌战研究基地。从此，德特里克堡地和其他细菌战研究机构全由美国陆军化学战部特别项目部管理。②

综上，美国对日本在中国进行的细菌战持续给予关注，确实有究明其“真相”之目的，但随着这类情报越来越多，加上德国在欧洲占领区

---

① ［美］谢尔顿·H. 哈里斯：《死亡工厂：美国掩盖的日本细菌战犯罪》，王选等译，上海人民出版社2000年版，第252—253页。

② ［美］谢尔顿·H. 哈里斯：《死亡工厂：美国掩盖的日本细菌战犯罪》，王选等译，上海人民出版社2000年版，第253—254页。

从事细菌战工作情报的汇集，美国基于自身“安全”考虑，遂将这类情报作为建立细菌战机构的充分“理由”。1945 年 8 月，日本战败投降后，美国多次派专家到日本寻访日军细菌部队官兵和知情者，其意图就是想独家获取并占有侵华日军在中国进行的非人道的活人体实验数据为其“科研”所用。

美国在日本细菌战情报的“驱动”下建立的细菌战研究机构和生产基地随着时间的推移，不断扩大规模。至今仍有诸多秘密不为外界所知。

五　常德细菌战小结

（一）常德细菌战谋划时间长、目标明确、“效果”明显

日军常德细菌战，从最初的策划到正式实施，其间仅准备、调整时间就长达数月之久。原定计划 9 月底之前实施，因鼠疫细菌武器生产、运输及人员调配、气象条件等因素的制约，最终于 11 月初才正式实施。从这次细菌攻击计划延期施行可看出，日军很注重细菌攻击前的准备工作，体现了其计划的灵活性一面。

早在 1940 年浙江细菌战结束后不久，日军就已经开始筹备接下来的细菌攻击行动，并将湖南常德这个战时非常重要的水陆交通枢纽、粮棉供应基地和中转站作为其在华中战场继浙江细菌战之后的又一攻击对象，这完全符合石井四郎、增田知贞等日本细菌战“精英”的细菌战理论体系中“规划”的细菌战基本攻击目标。为了“很好”地完成对常德的细菌攻击，事先还将具有丰富的鼠疫菌野外活人实验经历（验）的 731 部队实验部部长太田澄调到南京任“荣”1644 部队长，具体负责协调 731“远征队”与“荣”1644 部队人员共同实施这次细菌战行动。

1941 年常德细菌战，日军仅仅使用了其王牌细菌武器——鼠疫跳蚤，就在常德居民中间“引起了强烈的鼠疫症”，造成 1941 年、1942 年两次鼠疫大流行，达成了日军想要达到的满意“效果”。

（二）常德细菌战受害致死人数至少“7643 人”

目前，关于常德细菌战受害致死人数，有以下几种说法。

一是日本学者松村高夫仅据当年常德细菌战档案文献记载的数次感

染致死人数“共死亡约100人”①；二是时为湖南省卫生处主任技正、湘西防疫处特派员邓一韪撰文回忆：“一段时间内，（常德）死于鼠疫的约在600人以上，其中大多数是腺鼠疫”②；三是当年参与防疫救治工作的广德医院副院长谭学华时隔多年后回忆，“常德鼠疫的流行及被鼠疫毒害而死的当在500人以上”③；四是原日军细菌部队人员金子顺一论文《PXノ效果略算法》中的《既往作战效果略见表》统计的常德鼠疫感染造成死亡人数为“2810人”④；五是“常德细菌战受害调查委员会”历时6年（1996—2002年），在常德市及周边10余个区县走访调查，从15000多份受害控诉材料中严格审核、甄别，确认常德细菌战致死人数为“7643人”⑤。

我们认为，日本学者松村高夫认可的常德细菌战死亡“约100人”这一数字，仅仅只是当年统计的很不完整的受害数据。因为常德出现过数次鼠疫暴发流行，常德城乡有大量隐瞒未报的死亡者被家人悄悄土葬，加上战时统计本就不便，尤其是在乡村此类统计工作更难顺利开展，有的乡村甚至没有统计上报。正如日本学者松村高夫所言，“以往我们列举的数字都是被收容在隔离病房的数字，而且是死亡的数字。经过今年的调查，实际上许多受害人担心被国民党政府知道后会被收容在隔离病房，房屋会被烧毁，所以私下把尸体埋葬在附近地区，这些数字没有统计出来，所以实际的牺牲者要比现在统计的数字更多”⑥。

所以说“常德菌战受害调查委员会”历时7年走访调查、严加甄别后统计的“7643人”这个数字更接近于常德细菌战染疫实际死亡总人数。

---

① 解学诗、［日］松村高夫等：《战争与恶疫——日军对华细菌战》，人民出版社2014年版，第178页。

② 邓一韪：《日寇在常德进行鼠疫细菌战的经过》，1965年11月，参见《湖南文史资料选辑》第18辑，湖南人民出版社1984年版，第64页。

③ 谭学华：《关于日本帝国主义抢到在常德施放鼠疫的滔天罪行的回忆》，常德市档案馆藏，档案号：5—13，249—57。

④ ［日］奈须重雄：《日军细菌战罪证新资料〈金子顺一论文集〉的发现及其意义》，《武陵学刊》2012年第3期，第82页。湖南文理学院“侵华日军细菌战罪行研究基地”资料室藏有日文复印件。

⑤ 刘雅玲、陈玉芳：《常德细菌战鼠疫死亡人数的七年调查——7643人的死亡名单是如何产生的》，《常德师范学院学报》（社会科学版）2003年第3期。

⑥ ［日］松村高夫：《从日、美、中、苏史料解析侵华日军731部队和日军的细菌战》，参见王希亮、周丽艳编译《侵华日军731部队细菌战资料选编》，社会科学文献出版社2015年版，第511页。

（三）常德细菌战情报加速了美国细菌战计划实施

常德鼠疫流行情报之所以引起美国重视，很大程度上与美国正准备建立细菌战研究机构（基地）计划有关。第二次世界大战期间，尽管美国反对首先使用生物（细菌）武器，但它基于自身“安全利益”考虑，通过掌握常德细菌战有关情报，进一步论证建立细菌战机构的可行性、必要性，以此作为其建立与敌对国对等的细菌战研究基地之“充分理由”。

1942 年，美国总统罗斯福威胁要使用化学武器（包括细菌武器）对日本进行报复，1943 年又对德国发出同样的威胁。美国学者珍妮·吉耶曼认为：如同美国战时总动员一样，1943 年“也是美国生物武器计划快速进展的一年”①。可以说，正是由于日军常德细菌战达成的“效果”刺激并加速了美国细菌战计划实施进程。

1943 年 4 月底，美国化学作战部在马里兰州建成了以德特里克堡为中心的“特别计划处”。它实际上就是“美国生物武器研制计划 1943 年开始之地”，是“作为保密的特殊基地建立的，其目的也秘而不宣”。②谢尔顿·H. 哈里斯认为：德特里克堡实际上就是美国“主要的细菌战研究基地”，为了“辅助德特里克堡的细菌战计划，还建设了三个大规模的设施（野外细菌实验场、细菌制造厂）”。③ 1943 年全年，“美国军方对生物武器计划有了更多的控制”，“文职顾问变得越来越边缘化”；到第二次世界大战临近结束时，“美国的生物武器计划花费了 4 亿美元……主要用于研究和开发”。④

---

① ［美］珍妮·吉耶曼：《生物武器：从国家赞助点研制计划到当代生物恐怖活动》，周子平译，生活·读书·新知三联书店 2009 年版，第 47 页。

② ［美］珍妮·吉耶曼：《生物武器：从国家赞助点研制计划到当代生物恐怖活动》，周子平译，生活·读书·新知三联书店 2009 年版，第 53—54 页。

③ ［美］谢尔顿·H. 哈里斯：《死亡工厂：美国掩盖的日本细菌战犯罪》，王选等译，上海人民出版社 2000 年版，第 253—254 页。

④ ［美］珍妮·吉耶曼：《生物武器：从国家赞助点研制计划到当代生物恐怖活动》，周子平译，生活·读书·新知三联书店 2009 年版，第 60、63 页。

第七章 “荣”1644部队浙赣细菌战及华中地区其他细菌战

一 浙赣细菌战经过

（一）日军实施“浙赣作战”及浙赣细菌战的原因

1. 为今后可能发生战略性决战而使用细菌武器做预备

日本近代史上也曾屡遭西方诸列强的侵凌。但自1868年明治维新后，日本开始发展资本主义，逐步走上军国主义道路。日本自然资源匮乏，“不甘处岛国之境”，遂制定了针对东亚诸国的“大陆（经略）政策”。19世纪末，日本效仿西方列强对外侵略扩张，在列强侵华中扮演重要角色。1894—1895年中日甲午战争，清政府战败，被迫签订丧权辱国的《马关条约》，日本从中国攫取了巨大赔款等利益，日本经济因之得以迅速发展。尔后，日本对中国的侵略野心愈加膨胀和猖狂，其种族优越感亦愈加凸显。20世纪30年代初，世界经济危机爆发，日本为了摆脱困境，又将侵略魔掌伸向中国东北，并在1937年7月发动全面侵华战争。1940年，国际形势波谲云诡，日本趁机公布其“大东亚共荣圈”计划，陷入狂妄的思想泥坑。日本企图与欧洲的德国法西斯联手，以不断扩大战争规模和范围的方式称霸世界。在这样一个庞大的邪恶计划驱动下，日本自上而下，一方面加紧侵略中国，另一方面为染指东南亚及南太平洋地区做准备。为达成其战争目的，日军无视国际公法，把扩大使用细菌武器列入其庞大的罪恶侵略战争计划之中。日军要想准备在对欧美等国的战争中大规模使用多种类细菌武器，消灭对方军队及和平居民，就必须以实战性的实验方式检验其研发的细菌武器。

利用战争两方集结出动大批主力、展开大规模决战之机，配合己方作战部队对敌方进行实战性细菌实验，持续探究如何改进细菌武器，以掌握更为“有效”使用各类细菌武器之法，这是日军在中国东北、华北、华中、华南及南洋建立多支细菌部队一以贯之的企图，1942年浙赣细菌战也不例外。因为更接近于实战性质的细菌实验才能获得室内外活人实验不易获得的实验数据和细菌战“效应（成效）”，所以日军细菌部队更热衷于投身其中。这种带有军事实战性质的细菌实验之终极目的或者说根本原因，就是为今后可能到来的战略性决战做准备，届时可通过细菌武器饱和式攻击，取得常规战争无法达成的战略“效果”。事实上，浙赣细菌战近乎一场大规模细菌武器实战，只是日军细菌攻击队事先未曾想到会发生“意外”。

2. *为破坏浙赣沿线中国军用机场及其他军事设施*

美军远程空袭日本本土，使用中国浙赣沿线军用机场，是日军策动“浙赣作战”并同时进行浙赣细菌战的直接原因。

1937年8月，侵华日军发动淞沪会战。12月中旬占领南京后，日军调集兵力进攻杭州。12月下旬，杭州沦陷，浙江省政府及各部门迁至丽水、衢县、永康等地，浙江成为抗战前沿。始建于1933年、1934年的衢县、长兴、丽水等机场军事地位凸显，尤其是始建于1933年的衢州机场。12月，中国空军总指挥部将衢州空军站作为中国空军空袭日本本土的重要基地，杭州空军总站易名为衢州空军总站，并兼管江西省玉山等机场。衢州自古为兵家必争之地，此时成为中国东南战局之重心。1938年5月，从武汉起飞的两架中国军机在距日本较近的丽水机场加油，夜航日本，投下纸弹，震慑日本。日军开始感到浙江及江西的这几个机场已对日本本土构成威胁。

1941年12月初，日本突袭美国夏威夷珍珠港得逞，美、英等国对日宣战，太平洋战争爆发。1942年4月18日，杜立特中校率领美军B25轰炸机群（16架）从靠近日本近海的航母上起飞，空袭东京、名古屋、大阪等地，因返程燃油不够，完成空袭任务的美军轰炸机群只能选择就近的中国浙赣沿线第三战区各机场降落。

根据日本大本营陆军部战争指导班《机密战争日志》（1942年3月25日、27日，4月18日）记载，大本营基于苏德战争的变化，“强化对重庆战略进攻的态势”，计划从3月下旬开始重新讨论并准备实施重庆作战计划。但这次空袭行动让日本上下感到惶恐不安，日本大本营颇为震惊，认为这是中、美联合对日作战的行动。遂改变对华作战方针，决定实施以破坏美军轰炸机着陆的中国东部各机场的“浙江（赣）作战”。①

据井本熊男《业务日志》及《畑俊六日志》，4 月 21 日（杜立特轰炸机群空袭日本本土之后第 3 天），参谋本部要求停止第 13 军所计划的自 25 日开始实施的“第 19 号作战（从三方面向宁国附近击破当面之‘敌’的作战）”。畑俊六向参谋本部呈报反对中止第 19 号作战的意见被驳回后，遂于 22 日派野田谦吾副总参谋长和草地贞吾参谋前往上海，向第 13 军司令泽田茂传达。4 月 24 日，参谋本部又派高山信武中佐至南京，向中国派遣军总司令部出示“浙江作战”方案。4 月 30 日，日本大本营“就摧毁浙江省方面敌航空基地作战”即“浙江作战（せ号作战）”，以天皇名义发布“大陆命”第 621 号：

> 一、中国派遣军总司令官应尽快开始作战，主要击溃浙江省方面之敌，摧毁其主要航空根据地，遏止敌方利用该方面（地区）空袭帝国本土之企图。
>
> 二、有关具体事项，由参谋总长指示。

大本营根据“大陆命”第 621 号，于同日下达“大陆指”第 1139 号：

> 一、计划以地上兵力攻占之敌主要航空根据地，主要为丽水、衢县、玉山附近的敌机场群及其一切附属设施，对其他机场群，应尽力依靠航空部队适时予以压制摧毁。
>
> 二、在攻占前项前段敌机场群之后，要确保一定时期，至情况许可时，要彻底破坏机场及其一切军事设施与主要交通道路等，然后返回原驻地。②

---

① ［日］芳井研一编、宋芳芳译：《太平洋战争时期的对华战略与谋略》，参见徐勇、臧运祜总主编《日本侵华决策史料丛编》（军事战略篇专题二），社会科学文献出版社 2017 年版，第 221—223 页。

② ［日］日本防卫厅战史室编纂：《日本军国主义侵华资料长编》（中），四川人民出版社 1987 年版，第 211—214 页；［日］芳井研一编、宋芳芳译：《太平洋战争时期的对华战略与谋略》，参见徐勇、臧运祜总主编《日本侵华决策史料丛编》（军事战略篇专题二），社会科学文献出版社 2017 年版，第 224—228 页。

中国派遣军的作战构想则是根据上述命令（“大陆命”第621号、“大陆指”第1139号），参考其作战要领方案，制定作战方针，将“浙江作战”扩大为“浙赣作战”。大本营方案原计划是以第13军主力配属第11军及华北方面军一部共计40多个大队为基干“向西进军”，但中国派遣军作战构想则是以合计步兵80多个大队为基干，以超出大本营方案一倍的兵力，“进行东西夹击的大规模作战”。①

由是观之，大本营与中国派遣军的作战“构想”并不完全一致。中国派遣军并不满足于大本营以“摧毁敌航空基地”为目的的“浙江作战”，而是按照自己“早已设想了的以第13军和第11军的夹击作战”构想，进行以击破中国第3战区军队主力、夺取第3战区航空基地、打通浙赣线为目的的“浙赣作战”。大本营的作战“构想”是为了不影响实行正在计划中的“西安作战”，所以不主张“打通浙赣（线）的作战”。②

3. 为了大量掠夺浙江境内的萤石矿藏

中国派遣军掠夺浙江金华、义乌、武义等地出产的萤石也是“浙赣作战”、浙赣细菌战的目的之一。③ 因为萤石是制造飞机等机器不可或缺的矿物质，将它添加铝土矿后就可以变成轻金属的铝。通过在金华、杭州之间铺设铁路，将掠夺的萤石矿运至上海，再航运回日本九州。④

基于上述原因，自1942年5月15日始，日军第13军出动5个师团、2个旅团从上海、杭州出发，沿浙赣线向西进行攻击。5月底，第11军出动2个师团从南昌沿浙赣线向东攻击，夹击衢州。“浙赣作战”预定计划6月15日结束（为期1个月），实际历时四个半月（到9月底）才结束。日军经过“艰难”作战，打通了浙赣线，攻占了丽水、金华、义乌、温州、衢州等要地，破坏了中国在浙赣沿线的多处军用机场。8月中旬，日军开始撤退，至9月底，敌我双方恢复原态势。

---

① ［日］日本防卫厅战史室编纂：《日本军国主义侵华资料长编》（中），四川人民出版社1987年版，第214—215页。

② ［日］日本防卫厅战史室编纂：《日本军国主义侵华资料长编》（中），四川人民出版社1987年版，第320页。

③ ［日］日本防卫厅战史室编纂：《日本军国主义侵华资料长编》（中），四川人民出版社1987年版，第317页。

④ ［日］水谷尚子：「一六四四部隊の組織与活動——語りはじめた元部隊員たち」，『戦争責任研究』（季刊）15号（1997年春季号），第57页。

(二)浙赣细菌战谋划及准备

1941年12月初，日军根据情报，知道常德细菌战获得了“成功”，“以常德为中心的湖南省，鼠疫极为猖獗”。① 因为常德细菌战“效果”超出“预期”，日军细菌部队“士气高涨，对‘谷子（鼠疫跳蚤）’信心十足”，遂决定“主要兵器，谷子第一”，并计划接下来的细菌战行动时间为“明年六月以后（八月）（十月）”。②

从这则《井本日志》内容可知，太平洋战争爆发后不久，日军细菌部队为争取主动，对细菌战计划进行过讨论，决定在今后的细菌实战中，将“谷子”作为首选“兵器”。这次讨论还对下一次细菌战实施的时间做了具体安排，虽未明确具体目标，但恰与半年后日军策动“浙赣作战”、浙赣细菌战时间同步。

1942年3月，日本参谋本部曾考虑在与美国、菲律宾军队争夺巴丹半岛的战役中使用细菌武器，由于这一攻击计划所需细菌武器数量远远超过当时731部队、“荣”1644部队的细菌生产能力，于是决定在东京制作。后因4月上旬日军南方军击败美国、菲律宾军队，攻占巴丹半岛而取消。③

虽然取消了对巴丹半岛的细菌战攻击计划，但日军细菌战进攻计划仍在酝酿之中。就在美军出动轰炸机远程空袭日本本土之前6天（1942年4月12日），日本大本营就出台了“昭和17年ホ号指导计划”，该计划共有6个攻击目标：

1. 昆明［接下来有几个字被擦掉了］
2. 丽水、玉山、衢县、桂林、南宁（中国沿岸飞行基地）
3. SAMOA
4. DH、AD、AK
5. 澳洲要塞

---

① ［日］井本熊男：『井本日誌』第14卷，转引自［日］吉見義明、伊香俊哉「日本軍の細菌戦」，载『戦争責任研究』（季刊）2号（1993年冬季号），第15页。

② ［日］井本熊男：『井本日誌』第14卷，转引自［日］吉見義明、伊香俊哉「日本軍の細菌戦」，载『戦争責任研究』（季刊）2号（1993年冬季号），第15页。

③ ［日］井本熊男：『井本日誌』第14卷，转引自［日］吉見義明、伊香俊哉「日本軍の細菌戦」，载『戦争責任研究』（季刊）2号（1993年冬季号），第15－16页。

6. 加尔各答①

这份“ホ号指导计划”表明，自太平洋战争爆发后，日军已准备将研制的细菌武器由以实战性细菌实验为主上升至以细菌实战为主。1942 年对中国的细菌战重点目标确定为浙赣沿线附近有军用机场的城市及中国西南三个交通枢纽城市，说明日军在美国首次远程空袭日本本土之前，就已经意识到中国浙赣沿线的军用机场对他们可能会造成的“威胁”，意识到中国西南三个交通枢纽城市在获取外来援助物资方面的重要性。除了中国东南、西南几个重点目标外，日军还计划对南太平洋的萨摩亚（第二次世界大战时，这里有美国海军陆战队预备役部队）、澳大利亚要塞、印度的加尔各答等地进行细菌战。客观地说，日军根本不可能完成这样一个远超巴丹半岛细菌攻击计划的六大攻击目标任务，因为此时日军细菌部队的细菌生产能力远不能满足其细菌作战计划所需，但这并不妨碍他们对细菌武器实战的偏执与狂热。

5 月 27 日，参谋本部为达成大本营第 621 号“大陆命”，专门召开了一次由石井四郎、村上隆、增田知贞、小野寺义男、增田美保等日军细菌部队要员参加的“ホ号碰头会”。会议主要内容：

> （1）注意保密；（2）具体计划编成装备；（3）使用“带有新撒布器”的九九式双引擎飞机；（4）本年可使用 C、T（生产状况一般）、PA（生产状况良好）、P（提高到 1/1000 万毫克），即可使用霍乱、伤寒、副伤寒、鼠疫菌；（5）平房已备有鼠疫菌 2 公斤、南京 1 公斤（因为老鼠不足），其他（生产）1 公斤，合计 4 公斤；（6）为防止友军感染及保密工作，需要专门安排 2 个班（负责）。

此次会议，对 4 月 12 日“昭和十七年ホ号指导计划”中的攻击目标作了进一步明确与细则制定。石井四郎在会上还就一些急需改进的问题提出建议：

---

① ［日］井本熊男：『井本日誌』第 18 卷，转引自［日］吉見義明、伊香俊哉「日本軍の細菌戦」，载『戦争責任研究』（季刊）2 号（1993 年冬季号），第 17 页。

(1) 增强 731 部队的细菌制造部门;(2) 为实施细菌战,增加中央机关编制;(3) 无视国际联盟;(4) 要求把军医学校与 731 部队的要员派到华中派遣军,提议“用气球散布(跳蚤、老鼠)”。①

很显然,石井四郎的“建议”是为接下来的“ホ号”作战任务考虑,要增强细菌生产部门的生产能力,增加直接参与攻击行动的“要员”编制。

5 月 30 日,参谋本部第一部部长田中新一正式向参加 27 日“ホ号碰头会”的石井四郎、村上隆、增田知贞、小野寺、增田美保等骨干“传达‘大陆指令’及相关注意事项”。②

日本明治大学松野诚也博士通过解读日军第 13 军司令官泽田茂的《阵中记录》及其他相关文献,认为日军在“浙赣作战”期间使用细菌武器,是日本参谋本部借此“机会”,在“野战”中进一步检验细菌实战之后改进了的新式细菌武器,以便在战事紧张、战局恶化时,“使用对手没有的强有力的新式武器”。这里所谓的“对手”指的就是美、苏等国。③

伯力审判期间,川岛清、柄泽十三夫、佐藤俊二分别供述了他们所知道的浙赣细菌战实情。

1949 年 12 月 6 日伯力审判预审时,川岛清供称:

1942 年间,第 731 部队奉关东军司令部命令,派了一个约 100 人的远征队,前往华中浙赣战区去使用细菌武器反对中国军队。参加这次远征的,有第一部、第二部和第四部工作人员。我从生产部内派了 8 个人。根据石井将军命令,我叫生产部制备了约 130 公斤副伤寒菌和炭疽热菌供该远征队之用。此外,第一部人员还带有由他们配制的若干罐霍乱菌和鼠疫菌,其必要数量则由他们在南京荣字

---

① [日] 井本熊男:『井本日誌』第 18 卷,转引自 [日] 吉見義明、伊香俊哉「日本軍の細菌戦」,载『戦争責任研究』(季刊) 2 号 (1993 年冬季号),第 17 页。

② [日] 井本熊男:『井本日誌』第 18 卷,转引自 [日] 吉見義明、伊香俊哉「日本軍の細菌戦」,载『戦争責任研究』(季刊) 2 号 (1993 年冬季号),第 18 页。

③ [日] 松野诚也:《〈泽田日志〉记载的日军浙赣作战中的细菌战》,参见王希亮、周丽艳编译《侵华日军 731 部队细菌战资料选编》,社会科学文献出版社 2015 年版,第 363 页。

部队内就地培养。第二部人员携带有充分数量染有鼠疫的跳蚤。①

川岛清的这份供词包括以下内容：731部队为准备浙赣细菌战计划派遣的“远征队”人数（规模）、“远征队”队员的构成、“远征队”携带的细菌武器总量、细菌武器种类及“荣”1644部队也为这次细菌战培养（准备）了“必要的（霍乱菌、鼠疫菌）数量”。

1949年12月25日晚庭审时，川岛清再度供称，浙赣细菌战的目的是“探究使用细菌武器最好的方法”，731部队是“遵照日军参谋本部命令”组织“远征队”，随后“关东军总司令就下令责成专门派一个远征队到华中去”。其主要任务是要“研究所谓地面传染方法，即在地面上施放细菌的方法”。为此，石井四郎专门召集731部队全体指挥员开了一次动员会，说明这次远征行动具体安排和部署，并责成第二部部长村上中佐拟订远征计划，规定远征人数为100—300人，拟使用的细菌武器种类包括鼠疫菌、霍乱菌、伤寒症菌等。6—7月，“远征队”（为掩人耳目）分成几个小队，分批坐飞机或火车抵达“荣”1644部队总部。731“远征队”以“荣”1644部队总部为基地，“还建立了一些据点”。731“远征队”的细菌攻击与日军“浙赣作战”同时进行。细菌攻击原定7月末进行，由于日军（第13军及第11军的一部）在“浙赣作战”后期撤退时动作迟缓，所以“远征队”的细菌攻击行动推迟至8月底进行。攻击目标主要是玉山、金华及浦江一带（浙赣沿线），“对中国人施行了鼠疫、霍乱及副伤寒症细菌攻击”。②

此时，尽管731部队生产部的细菌武器生产能力大为提高，但川岛清说：“我们只配制了副伤寒菌和炭疽热两种细菌。”130公斤副伤寒菌和炭疽热菌配制完成后，“随即用飞机送到华中去了”。③

另据柄泽十三夫供称，约在1942年年中，他的直属上司铃木少佐曾吩咐他备制一批副伤寒菌和炭疽热细菌，总共备制了130公斤。备制的各

① ［苏］《前日本陆军军人因准备和使用细菌武器被控案审判材料》（中文本），莫斯科外国文书籍出版局印行1950年版，第61页。

② ［苏］《前日本陆军军人因准备和使用细菌武器被控案审判材料》（中文本），莫斯科外国文书籍出版局印行1950年版，第270页。

③ ［苏］《前日本陆军军人因准备和使用细菌武器被控案审判材料》（中文本），莫斯科外国文书籍出版局印行1950年版，第271页。

种细菌分批用飞机、火车运到731部队远征队基地所在地南京。“荣”1644部队替这个远征队备制过一些细菌（备制数量及种类他记不清）。1644部队还派遣人员协助过（731）远征队。[①] 柄泽十三夫还认为，石井四郎数次率队（南下）远征的目的“就是要在具体战斗环境内进行探求大量散播细菌方法的实验，也就是把细菌实际用作战争武器去攻击中国军队”。[②]

从哈尔滨运到华中的细菌武器种类及数量，柄泽十三夫与川岛清的供词一致（副伤寒菌、炭疽热菌，共计130公斤）。

按川岛清的供词，这次远征队原计划使用的细菌包括鼠疫菌、霍乱菌、副伤寒症菌3种，但731部队生产部“只培养了副伤寒症和炭疽热”这两种细菌。也就是说，731部队生产部并没有按原计划向远征队提供鼠疫菌和霍乱菌（尽管也制造了这两种细菌）。而浙赣细菌攻击行动中实际使用的细菌武器种类又包含了鼠疫菌和霍乱菌。那鼠疫菌、霍乱菌从何而来？

按柄泽十三夫的供词，“荣”1644部队替731“远征队”备制的一些细菌武器中就应该包括鼠疫菌和霍乱菌，因为此时“荣”1644部队已经具备一定的细菌武器生产能力。“荣”1644部队的细菌生产能力及细菌生产种类有佐藤俊二的口供词、榛叶修的笔供词为证。

伯力审判期间，佐藤俊二供称：浙赣细菌战中使用的鼠疫跳蚤是“荣”1644部队生产的。佐藤俊二前往“荣”1644部队任职部队长时，曾听其前任太田澄大佐及“荣”1644部队总务部长小野寺中佐说过，1940年在宁波一带，1941年在常德一带，1942年在浙赣一带均对中国居民进行过细菌攻击。浙赣细菌战期间，“荣”1644部队派出部分人员帮助731“远征队”进行这次攻击。当时从731部队那里派来了很多军人。佐藤俊二不知道具体经过情形，但知道“荣”1644部队司令部为731“远征队”繁殖了相当数量的跳蚤用于传染鼠疫。佐藤俊二到南京任职前，“荣”1644部队已经有能力繁殖鼠疫跳蚤。佐藤俊二到南京任职部队长后，具体负责培养细菌及繁殖跳蚤工作的是村田大尉，还成立了“专门

---

① ［苏］《前日本陆军军人因准备和使用细菌武器被控案审判材料》（中文本），莫斯科外国文书籍出版局印行1950年版，第281—282页。

② ［苏］《前日本陆军军人因准备和使用细菌武器被控案审判材料》（中文本），莫斯科外国文书籍出版局印行1950年版，第70页。

负责培养跳蚤及繁殖鼠疫细菌的分部”。731“远征队”到达南京后就驻扎在“荣”1644部队营舍内。[①]

1946年4月，战俘榛叶修笔供：

> 昭和17年6月制造下列细菌是事实：一、霍乱，二、伤寒，三、鼠疫，四、赤痢。制造有关者为防疫科全部人员。

从这份供词可知：昭和17年（1942年），“荣”1644部队已经能够制造出包括鼠疫菌在内的4种细菌武器。榛叶修的笔供词可与佐藤俊二的庭供相互印证。这两份供词均可证实：日军在浙赣细菌战中使用的鼠疫、霍乱、伤寒、赤痢就是由“荣”1644部队细菌工厂生产的。

综上所述，比较川岛清、佐藤俊二、柄泽十三夫等人的供词，可以看出，虽然柄泽十三夫对自己南下参与细菌武器人工谋略作战讳莫如深，但对731部队细菌生产能力的交代还是比较坦诚的。他说1942年年末至1943年年初担任生产部分部部长时，他所领导的生产分部“运用自己所具有的设备，每月内可培养如下数量的某一种细菌：鼠疫菌100公斤、炭疽热菌200公斤、伤寒菌300公斤、副伤寒菌（A）300公斤、霍乱菌330公斤、赤痢菌300公斤”。[②] 就是说，当时仅731部队的一个细菌生产分部就有生产多种细菌武器的能力，且每月产能基本上可达数百公斤。这也证明，日军在1940年浙江细菌战、1941年常德细菌战中，虽以鼠疫跳蚤作为主要细菌武器，但并未放弃其他各种细菌武器的研制进程，一直在想方设法提高细菌武器产能。其意图很显然，就是为今后可能与苏联、美国等国发生大规模战争做准备，届时使用多种细菌武器，争取赢得战争胜利。

据《畑俊六日志》记载，1942年6月15日，参谋本部作战班长辻政信中佐从大本营来到中国派遣军总司令部，“讨论了进攻西安的作战事

---

① ［苏］《前日本陆军军人因准备和使用细菌武器被控案审判材料》（中文本），莫斯科外国文书籍出版局印行1950年版，第326—327页。

② ［苏］《前日本陆军军人因准备和使用细菌武器被控案审判材料》（中文本），莫斯科外国文书籍出版局印行1950年版，第69页。

宜，当时也商议了细菌战事宜”。[①] 此可证实：中国派遣军总司令畑俊六对石井四郎等人策划浙赣细菌战、参谋本部同意等内幕是知情的。

据具体负责指挥“浙赣作战”的日军第13军司令官泽田茂的《泽田日志》记载，731“远征队”及“荣”1644部队利用“浙赣作战”之机，对浙赣沿线既定重要目标实施细菌攻击的情况相当清楚。为便于解读《泽田日志》，这里将其6月至7月的4篇日志摘录于下。

6月16日《泽田日志》：

> 辻中佐称，大本营考虑要使用石井部队。我（泽田茂）陈述了反对意见却被搁置，这将在中日关系上留下百年伤痕，而且不知利与害，给我方防疫上也带来了麻烦，还将牺牲山区、田园百姓，何益之有？

6月25日《泽田日志》：

> 中国派遣军陈述了反对使用石井部队的意见，但大本营没有采纳，下发了大陆命。因是命令，没有办法，但作战需要秘密（进行）。总长（指参谋总长杉山元）应该抑制年轻的作战课人员。这实在是遗憾。为了防止鼠疫，部队下令焚烧一部分房屋。

7月11日《泽田日志》：

> 石井少将为联络事来，听其报告并未取得预期效果。效果不佳、弊害之多，为何还要强行此作战，碍难谅解。堂堂王者之战，为何实行如此手段，不可解也。但既然接受命令，必须实施，特强调三点注意：一是绝对保守秘密；二是预防××；三是瞄准飞机场予以攻击。

---

① ［日］伊藤隆、照沼康孝编：《畑俊六日志》，转引自［日］松野诚也《〈泽田日志〉记载的日军浙赣作战中的细菌战》，参见王希亮、周丽艳编译《侵华日军731部队细菌战资料选编》，社会科学文献出版社2015年版，第355页。

7月12日《泽田日志》：

> 石井部队的行动要领经幕僚研究，但到底能否保守住秘密，特命作战主任从保守秘密的角度，对石井部队的行动不能任其独行，应从战术常识研究决定其如何进行行动。①

这4篇日记内容是“第一线的（日军）最高指挥官用自己的笔揭露出的侵略中国的日军进行细菌战的事实”。② 我们对这4篇日记可作如下分析：

日记中提及的“石井部队”不只是731部队（“远征队”），还应包括“荣”1644部队的派出人员。日本陆军中央（陆军省、参谋本部）极力赞成在“浙赣作战”中使用细菌部队，为此，参谋本部专门派作战课的作战班班长辻政信到南京中国派遣军司令部商议“细菌战事宜”，并向直接负责“浙赣作战”的部队转达大本营要在这次作战过程中，使用石井部队实施细菌战的意图。中国派遣军司令官畑俊六及日军第13军司令官泽田茂虽然各自提出过反对意见，但既然是大本营下达的命令，在提出的反对意见被驳回后，只能选择服从。

虽然目前并不清楚中国派遣军反对石井部队参加“浙赣作战”且未被大本营采纳的意见的具体内容，但从《泽田日志》内容可窥其大概（是年7月15日《井本日志》也有相关记载，可相互印证）。泽田茂认为，完成“浙赣作战”，有第13军5个师团、2个旅团及第11军2个师团已足够。7月11日，石井四郎到第13军司令部陈述关于浙赣细菌战的“报告”，并未让泽田茂觉得有什么“效果”，反而觉得有些“碍手碍脚”，对日军野战部队行动造成种种“不便”。根据《泽田日志》中泽田茂数次“担心”是否能保守细菌战“机密”的内容推测，不完全排除泽田茂作为职业军人，不屑于石井部队这种见不得光的“下三滥”行为。

当然，泽田茂反对石井部队进行细菌战的“理由”不可能上升到这是一种违背国际公约的战争犯罪、是一种非人道行为的认识高度，因为

---

① ［日］松野诚也：《〈泽田日志〉记载的日军浙赣作战中的细菌战》，参见王希亮、周丽艳编译《侵华日军731部队细菌战资料选编》，社会科学文献出版社2015年版，第355—357页。

② ［日］藤本治：《浙赣作战与细菌战》，《浙江学刊》1995年第5期。

泽田茂根本就没有这种战争犯罪意识。如“浙赣作战”行动中，日军第 13 军就使用过化学武器，泽田茂对化学战的态度是：作战行动中，“应充分利用更有杀伤效果的（毒剂），中央应下定决心，即在整个战场掀起瓦斯战”。[①] 这足以证明泽田茂并不反对在战场上使用国际公约禁止的违规武器。

至于泽田茂在日记中提及他反对细菌战的理由之一是担心“中国非战斗人员的受害”，“将在日中关系上留下百年伤痕”，这并非是泽田茂对浙赣沿线中国居民有“恻隐之心”。泽田茂的这一“担心”，是基于细菌战伤及浙赣地区“山中乡下百姓”于“浙赣作战”行动之目的“无益”而提出的，因为破坏浙赣沿线中国军用机场才是这次作战的主要目的。另外，据 7 月 15 日的《井本日志》记载，泽田茂反对细菌战的态度只是“稍微消极”，反对无效后，泽田茂又主张“瞄准居民的进入，先在无人居住地带施行”。[②] 泽田茂的意思是等居民外逃后，可以在不为人知的无人区进出地带撒布细菌，待日军撤退后，返回居住地的居民就会在不知不觉中感染细菌。

基于泽田茂这一“担心”的本意和他的“又主张”，我们不认同松野诚也“泽田将军明确地反对细菌战”观点，因为泽田茂与石井四郎在侵华战争的态度与行为上总体一致。泽田茂当然知道细菌战是日军的“极密”行动，不能让前线日军中下层官兵知道。可细菌感染防不胜防，即便有所“预防”，误伤己方也完全有可能。这才是泽田茂最为“担心”“稍微消极（反对）”的理由。受限于“大陆命”“大陆指”细菌作战命令不可违抗，泽田茂只得对石井部队接下来的细菌作战行动提出三点注意事项：绝对保密、预防己方人员感染、以攻击敌方机场为主要目标。泽田茂在日记里应该是有意隐瞒了他的“又主张”，不料，《井本日志》对其“又主张”做了上述记录。

日本学者藤本治认为，泽田茂对石井部队实施细菌战的心态是矛盾的。一方面，他“非常清楚细菌战的‘弊害’”；另一方面，他曾担任大本营参谋次长，此时身为日军第 13 军司令官，又是具体负责指挥“浙赣

---

① ［日］松野诚也：《〈泽田日志〉记载的日军浙赣作战中的细菌战》，参见王希亮、周丽艳编译《侵华日军 731 部队细菌战资料选编》，社会科学文献出版社 2015 年版，第 361 页。

② ［日］井本熊男：『井本日誌』第 18 卷，转引自［日］吉見義明、伊香俊哉「日本軍の細菌戦」，载『戦争責任研究』（季刊）2 号（1993 年冬季号），第 18 页。

作战”行动的最高指挥官，他不敢也不可能违背“大陆命（既是大本营陆军部，也是天皇的命令）”第621号。当天皇对这次作战稍加表扬，泽田茂“立刻感激君恩”，发誓“决死奉皇”。泽田茂“并没有处在以细菌攻击残害中国人民的现场，对细菌战的惨况没有实感，因此也没有对细菌战严重性的继续深思”。① 藤本治的分析与泽田茂战时心态基本相符。

综上，藤本治、松野诚也两位日本学者各自论文中摘录的《泽田日志》相关内容确实有助于中国研究者进一步“还原”浙赣细菌战事实，应予肯定。

松野诚也通过对《泽田日志》的探究发现，日本防卫厅防卫研究所战史室编撰的《战史丛书》资料之一《昭和17、18年的中国派遣军》（1972年出版）“浙赣作战”部分，有意识地隐瞒了“细菌战与化学战”，因为编撰人员看到过《泽田日志》原件，“以《泽田日志》为主要内容，记述了浙赣作战”。② 日本《战史丛书》资料编撰者有意掩盖细菌战与化学战相关重要资料之态度与日本政府拒不承认在战争中实施过细菌战和化学战之态度是一致的。这便是研究者在这套《战史丛书》中找不到任何与细菌战、化学战有关资料的原因。

《大东亚战争全史》的作者服部卓四郎曾担任日本大本营参谋本部第一部（作战部）作战课课长，依据《泽田日志》所记载，至少浙赣细菌战，服部卓四郎是知情的，因为细菌战“大陆指”“是由作战课筹划方案，然后逐级呈报议定，最后由参谋总长发出”的。③ 1942年6月15日，作战班长辻政信中佐从日本大本营派到中国派遣军总司令部“商议细菌战事宜”，服部卓四郎不可能不知情。日本战败后，服部卓四郎与龟井贯一郎、内藤良一等人就开始秘密活动，于1946年年初同美国在日本的最高指挥官麦克阿瑟达成“免于追究石井四郎等细菌部队干部战争罪责”协议。④ 但他在1953年撰成的《大东亚战争全史》中，对浙赣细菌战及其他细菌实战却只字未提。这也可视为日本在战后刻意隐瞒（浙赣）细

---

① ［日］藤本治：《浙赣作战与细菌战》，《浙江学刊》1995年第5期。

② ［日］松野诚也：《〈泽田日志〉记载的日军浙赣作战中的细菌战》，参见王希亮、周丽艳编译《侵华日军731部队细菌战资料选编》，社会科学文献出版社2015年版，第364—365页。

③ ［日］松野诚也：《〈泽田日志〉记载的日军浙赣作战中的细菌战》，参见王希亮、周丽艳编译《侵华日军731部队细菌战资料选编》，社会科学文献出版社2015年版，第365页。

④ 解学诗、［日］松村高夫等：《战争与恶疫——日军对华细菌战》，人民出版社2014年版，第10页。

菌战真相的又一证据。

尽管战后日本政府及部分战史作者有意隐瞒细菌战事实真相，但仅“以日军高级军官和骨干幕僚写下的日志、日记等资料，也可以知晓日军实施的细菌战”。[①] 这就是《泽田日志》所具有的史料价值。谨此学术价值而言，应对持客观态度研究日本细菌战史的日本学者予以肯定。

（三）浙赣细菌战实施经过

经过多次实验（包括实战性实验），日本细菌部队在如何使用细菌武器方面已总结出最为有效的两种方式，即雨下法和人工谋略投放。

伯力审判期间，山田乙三（曾担任关东军总司令）供称：

> 使用细菌武器的基本方法和最有效方法，原是从飞机上撒布细菌以及在地面上直接施放细菌。从飞机上撒布时，是把细菌装在一种特制炸弹内，或者由飞机上的一种特别装置撒播下来。直接在地面上施放时，是用细菌去传染蓄水池、牧场和牲畜。[②]

由731“远征队”及“荣”1644部队派出人员组成的细菌特别攻击队，主要是配合日军第13军及第11军一部的“浙赣作战”。1942年6月、7月，细菌攻击队以金华为中心，撒布霍乱菌、鼠疫菌、伤寒菌、赤痢菌等。

战俘榛叶修接受美国战略情报局审讯时供称：“在浙江、江西战斗（指‘浙赣作战’）第一阶段，日军沿着晋江和浙赣之间的重要交通线向小水塘和小河空投了霍乱、伤寒症和痢疾病菌，图谋使对方战士和民众染病以削弱其战斗力。”[③]

由于中国军队退却速度之快超出日军想象，匆匆进入细菌撒布区域的日军野战部队饮用、食用了被细菌污染过的河水、井水，结果造成上万人感染，仅死亡人数就超过1700人。[④] 日军有这么多官兵被自己人撒

---

① ［日］松野诚也：《〈泽田日志〉记载的日军浙赣作战中的细菌战》，参见王希亮、周丽艳编译《侵华日军731部队细菌战资料选编》，社会科学文献出版社2015年版，第365页。

② ［苏］《前日本陆军军人因准备和使用细菌武器被控案审判材料》（中文本），莫斯科外国文书籍出版局印行1950年版，第96页。

③ 王希亮、周丽艳编译：《侵华日军731部队细菌战资料选编》，社会科学文献出版社2015年版，第69—70页。

④ ［日］常石敬一编訳：『標的・イシイ』，東京：大月書店1984年版，第141—142页。

布的细菌感染，染疫人数、死亡人数是日军自上而下的决策者、实战者、知情者均始料未及的。

8月中旬，参加“浙赣作战”的日军第13军及第11军一部开始撤退，为避免后撤的日军野战部队再受大面积感染，作战后期的细菌攻击行动推迟至8月底进行。8月末，日军细菌攻击队在金华、玉山、浦江一带的河流、水池、水井里再次投撒鼠疫、霍乱、副伤寒菌。

“浙赣作战”后期，日军野战部队撤退后，日军细菌攻击队又进行了一次较大范围的细菌攻击之事实，在伯力审判期间，被告西俊英、柄泽十三夫、川岛清等人的供述可证。

西俊英供称：

> 1942年，当日军从华中某战区撤退时，第731部队又组织了一次远征。①

柄泽十三夫供称：

> 为了进行这次远征，石井将军率领一队人出发到当时日军正在撤退的华中区去。远征队员们乘日军退却之际，在行将放弃的区域内撒布了细菌，好让进攻的华军染上传染病。②

川岛清供称：

> 1942年7月，事先加以准备之后，远征队就分批开到华中去……这次使用细菌武器的方法是地面传染法，按军事破坏活动向该地区撒布细菌。③

① ［苏］《前日本陆军军人因准备和使用细菌武器被控案审判材料》（中文本），莫斯科外国文书籍出版局印行1950年版，第28页。

② ［苏］《前日本陆军军人因准备和使用细菌武器被控案审判材料》（中文本），莫斯科外国文书籍出版局印行1950年版，第28页。

③ ［苏］《前日本陆军军人因准备和使用细菌武器被控案审判材料》（中文本），莫斯科外国文书籍出版局印行1950年版，第29页。

关于浙赣细菌战实施的具体过程，可从伯力审判证人古都、三品及日军第13军司令官泽田茂的《阵中日记》中窥其大概。

1941年7月，古都以关东军雇员身份，被调到731部队第一部（实验部）第一分部。1942年参加731“远征队”，主要任务是“在玉山一带对中国军队及和平居民进行细菌军事破坏工作”。伯力审判期间，古都作为证人在受审时供称：

> 7月间，731部队所派由120名官佐及雇员编成的一个队伍，乘火车从哈尔滨开走。首先是开到日本驻华中远征军防疫给水司令部驻屯的南京市，当时有该司令部中的一部分官佐和兵士加入了我们的队伍。结果我们那个远征队人员名额增加到了150、160人。①

这次远征由石井四郎亲自带队。用于攻击的伤寒菌、副伤寒菌，先是装在玻璃瓶里，为了掩人耳目，还在装玻璃瓶的箱子上写有“给水”二字。运到南京后，将一部分细菌分装在轻铁瓶里，然后与玻璃瓶一起装进箱子，用飞机送到预定攻击地，再由“远征队”队员投撒在蓄水池、水井、沼泽地及居民区。另外，还将注射了伤寒菌、副伤寒菌的3000个烧饼发给两处中国战俘营的战俘吃，然后将这些吃了烧饼的战俘放走，有不少战俘感染，其中效力最大的是副伤寒菌。②

古都以731“远征队”队员身份参加了浙赣细菌战，所以他对731“远征队”的人数比川岛清更清楚。731“远征队”分批到达南京后，“荣”1644部队派出三四十人予以协助，远征队员“名额”才增加到150—160人。古都开始并不清楚“日本驻华中远征军防疫给水司令部”实际上是一支与731部队并立的细菌部队，731“远征队”南下华中进行细菌战，只是临时将“荣”1644部队总部作为驻地而已。

伯力审判期间，证人三品供称：

“浙赣作战”是日军第13军和第11军的一部按照日军驻华派遣军总司令的命令进行的，作战意图是消灭中国在浙赣铁路沿线金华、龙游、

---

① ［苏］《前日本陆军军人因准备和使用细菌武器被控案审判材料》（中文本），莫斯科外国文书籍出版局印行1950年版，第378—379页。

② ［苏］《前日本陆军军人因准备和使用细菌武器被控案审判材料》（中文本），莫斯科外国文书籍出版局印行1950年版，第381—382页。

衢县、玉山一带的有生战力。他认为配给13军的特种细菌部队是由“荣”1644部队人员组成（三品认为这是“荣”1644部队专门派到第13军各师团服务的防疫人员）。8月，第13军、第11军开始退却至原有阵地，石井四郎“于24或25日到达战斗动作地区”。第13军司令官泽田茂召集各师团长、司令部参谋长、作战课长与石井四郎及随行的数名军医开了一个秘密会议。会后，数名官佐（军医）留下，石井四郎飞回南京。8月底，第13军司令部由衢县撤退至金华，但那几名军医仍留在衢县。三品因在第13军司令部任职，所以知道“这几个留下的官佐曾与先头部队的防疫队一起在战场上撒播过鼠疫细菌”。三品的消息来自中国军队的一份油印文件（某军司令部发给师长的命令），内容主要是说日军在浙赣区作战的军队退却时，曾在衢县一带将鼠疫细菌投撒到地面，应特别注意防备。三品说他并没有亲眼见到撒播细菌，但从召开秘密会议、留下数名军医及“荣”1644部队专门派人到第13军各师团“防疫”等“事实”来看，“这次动作是南京部队人员在石井四郎少将一般指导下而非在他所留下的那几名官佐直接指导下进行的”。①

三品曾在关东军独立警备队、司令部工作过，1941—1943年，又在第13军司令部任侦探科科长，后又回关东军任师团参谋长，他应该早就知道石井四郎及731部队。他虽然没有亲眼见过浙赣细菌战攻击“动作”，但基于他对石井四郎及731部队的了解，基于石井四郎偕数名军医到浙赣战区后，泽田茂司令官专门召开一次会议，加上那份中国军队的油印文件内容，他才“确认”石井四郎指导“特种细菌部队”进行了细菌作战。再加上三品的供词是在审判长反复交代他只能说“实话”，不能“伪供”的前提下供述出来的，时间、人物、细节等都比较清楚，也能与其他史料相印证，所以他的供词可信。

从三品的供词推知，石井四郎8月下旬到达“战斗动作区”的目的有二：一是为了向泽田茂解释日军“浙赣作战”一线部队有部分官兵受到此前细菌攻击队撒播在地面的细菌感染，二是安排随同到达作战区的数名细菌专家留下来，指导细菌攻击队完成余下撒播任务。7月26日《井本日志》记载，根据8月初定期人事调动，石井四郎将转任关东军第

---

① ［苏］《前日本陆军军人因准备和使用细菌武器被控案审判材料》（中文本），莫斯科外国文书籍出版局印行1950年版，第419—423页。

一军军医部部长。但不等于石井四郎就不再负责今后的“ホ号工作”了，只有在浙赣细菌作战结束后，石井四郎才能正式调任他职。这样看来，三品供词中言及石井四郎携数名军医还于8月下旬飞到浙赣前线，参加泽田茂主持的会议之事并非虚构。

7月18日的《泽田日志》记载：“第15师团长（山内正文中将）内部指示，石井部队伴随第四期作战。”①

“第四期作战”是日军“浙赣作战”计划的最后阶段。这则日记至少可以证明日军细菌部队参与了“浙赣作战”后期撤退时的细菌撒布行动。这则日记还可证明，参与“浙赣作战”的日军师团长知道“此”事。

浙赣细菌战是什么时候结束的？

“浙赣作战”5月15日开始，9月30日结束，敌我双方恢复战前态势，最终结束。至于浙赣细菌战结束时间，有以下诸说：

据8月20日的《泽田日志》记载：

> 早，据飞机侦察，敌30名侵入广信，此外没有其他敌之动态。我第一线师团秩序井然，开始回撤，ホ号作战也在广信和广丰秘密结束。②

按《泽田日记》这一记载，浙赣细菌战于8月20日结束。但根据松野诚也在日本防卫厅研究所战史研究室整理的内部资料《大本营陆军部指示目次收录》中查阅到的1942年11月7日“大陆指”第1332号件，发现上面标有“ホ之件”字样。从“大陆指”第1332号中的第一、二条“指示（中国派遣军总司令依据‘大陆指’第1170号指示结束战斗；依据前项指示，关东军派遣人员、器材迅速返回原建制）”可知，浙赣细菌战“应是从5月30日‘大陆命’第1170号开始，最后指示撤回实施细菌战部队的应该是11月7日下发的‘大陆指’1332号”。③

---

① ［日］松野诚也：《〈泽田日志〉记载的日军浙赣作战中的细菌战》，参见王希亮、周丽艳编译《侵华日军731部队细菌战资料选编》，社会科学文献出版社2015年版，第357页。

② ［苏］《前日本陆军军人因准备和使用细菌武器被控案审判材料》（中文本），莫斯科外国文书籍出版局印行1950年版，第357页。

③ ［日］松野诚也：《〈泽田日志〉记载的日军浙赣作战中的细菌战》，参见王希亮、周丽艳编译《侵华日军731部队细菌战资料选编》，社会科学文献出版社2015年版，第359页。

《林笃美日记》是日军“浙赣作战”期间，“荣”1644部队金华支队、义乌分遣队深度参与浙赣细菌战的重要史料依据。

林笃美毕业于日本陆军军医学校。“浙赣作战”期间，林笃美曾被分配到日军第13军第22师团第86联队任职军医。在他的日记中记述了他经历的浙赣细菌战“事态”：1942年9月初，（细菌战伤及己方人员）造成了第22师团半数在陆军医院接受治疗，为维持日军的战斗力，有必要对鼠疫采取应急措施。其中一环就是考虑到杭州陆军医院院长山田兵三作为第22师团的军医部长到金华任职，同时急速组成师团和各联队的军医部以及从“荣”1644部队派遣要员的共同协力态势。“荣”1644部队急派担任防疫指挥的近喰秀太大尉与权名少佐，以山下喜明为队长的“荣”1644部队金华支队和高山中尉为队长的义乌分遣队驻扎在当地。①

身为军医，林笃美固然要履行其军医职责，但其内心深处“对细菌战非人性的痛恨”也表露在他的日记里。从水谷尚子披露的部分《林笃美日记》内容可看出，林笃美记下了浙江义乌崇山村1942年鼠疫流行情况和“荣”1644部队设立的金华支部及临时组建的义乌分遣队开展的“工作”。②

林笃美作为战时一名军医大尉，只是看到了浙赣细菌战的“弊害”，其内心对细菌战“弊害”的“痛恨”不可能站在国际法理的高度，也不必强求他具有这种国际法理意识。但不可否认，他的日记确实流露了他内心深处不曾全然泯灭的“良知”，他感叹参与细菌战时期，“是黑暗的生活，今生的污辱”。③

《井本日志》中关于浙赣细菌战的记载也有不少，兹就《井本日志》对浙赣沿线多个目标实施细菌攻击的记载略陈于下。

7月6日记载：碇常重中佐向大本营报告：“中国ホ号已准备好，只要天气状况允许就可随时行动。”④

7月15日记载：中国派遣军内部对实施细菌战产生不同意见，宫淳总参谋长就如何做好预防工作、避免前线士兵受到感染，提出“特别关

---

① ［日］藤本治：《浙赣作战与细菌战》，《浙江学刊》1999年第5期。

② ［日］水谷尚子：《崇山村的鼠疫流行与日本1644部队》，《浙江学刊》1997年第6期。

③ ［日］藤本治：《浙赣作战与细菌战》，《浙江学刊》1999年第5期。

④ ［日］井本熊男：『井本日誌』第18卷，转引自［日］吉見義明、伊香俊哉「日本軍の細菌戦」，载『戦争責任研究』（季刊）2号（1993年冬季号），第18页。

切”。中国派遣军司令官畑俊六提出可（改为）对美军出入的“桂林、衡州（阳）进行攻击的意见”，第13军司令官泽田茂则主张“先在无人居住地带施行”，待日军撤退后，返回的居民就会受到感染。由于“饼（老鼠）不足”，“实力攻击预定为八月中旬以后”。[①]

7月26日记载：8月20日实施细菌战的“可能性很大”，8月10日是“二次强化”；石井四郎感叹“Px、C、T等的方法”即鼠疫跳蚤、霍乱、伤寒的撒布方法“在无人区实施○○战很难奏效”，“桂林、衡州等地有敌人航空部队控制”。“赣州、建瓯等从低空实施，（桂林、衡阳攻击）与战斗机轰炸机同时行动。”当井本熊男获悉“石井四郎少将于8月1日调任第一军军医部长”的消息后，连续反问：石井四郎少将今后的工作还会与“ホ号”有关吗？作为军医部长还继续生产跳蚤吗？[②]

7月26日的《井本日志》信息量很大：待“浙赣作战”的前线日军完全撤离后，会进行一次更大规模的细菌攻击行动；鼠疫、伤寒、霍乱菌在无人区实施效果不佳；已经实施攻击的目标范围很广，不只包括浙赣沿线一带的几个既定目标，还包括“昭和十七年ホ号作战计划”中的桂林等目标，但攻击桂林、衡州的效果不佳；还对赣州、建瓯等目标实施空中投撒细菌行动；石井四郎将调任他职。

7月27日记载：参谋本部第一部（作战部）部长对石井少将下达指示，“石井少将实施‘ホ’的善后工作”。[③] 参谋本部下达这道命令主要是因为石井四郎转任第一军军医部长后，有一段时间“完全不参与（‘ホ’工作）”。石井四郎不再参与“‘ホ’工作”，就会对浙赣细菌战的后期作战产生不利（井本熊男因此发出带有“牢骚”反问）。如前述伯力审判期间证人三品的供称所言，命令下达后，石井四郎即与数名军医飞临浙赣前线，参加了第13军泽田茂主持的会议。

由731部队和“荣”1644部队组成的细菌特别攻击队在日军撤离上饶、广丰、玉山、江山等地区后便开始更大规模、更大范围的细菌攻击。

---

① ［日］井本熊男：『井本日誌』第18卷，转引自［日］吉見義明、伊香俊哉「日本軍の細菌戦」，载『戦争責任研究』（季刊）2号（1993年冬季号），第18页。

② ［日］井本熊男：『井本日誌』第18卷，转引自［日］吉見義明、伊香俊哉「日本軍の細菌戦」，载『戦争責任研究』（季刊）2号（1993年冬季号），第18页。

③ ［日］井本熊男：『井本日誌』第18卷，转引自［日］吉見義明、伊香俊哉「日本軍の細菌戦」，载『戦争責任研究』（季刊）2号（1993年冬季号），第18页。

8月28日的《井本日志》对此做了比较具体的记述：

> 1. 广信（上饶） Px［鼠疫］（1）毒化跳蚤（2）给老鼠注射后放掉
>
> 广丰 （1）
>
> 玉山 （1）（2）（3）在米上黏附P［老鼠］干燥菌
>
> 目的建立老鼠—跳蚤—人传染链
>
> 江山 C（霍乱）（a）直接投入井中（b）附在食物上（c）注入水果里
>
> 常山 （a）（b）（c）与江山相同
>
> 衢县 T［伤寒］、PA跳蚤
>
> 丽水T［伤寒］、PA跳蚤
>
> 2. 全部弹药在南京集中，［飞机］→衢州—［汽车］→目的地
>
> 3. 攻击人员大约110名，其中1/3乘机，其余坐汽车从杭州出发，3/8（8月3日）展开行动
>
> 4. 与地面作战的关系
>
> 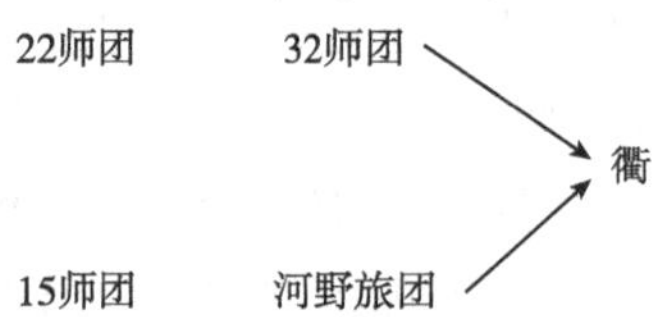
>
>
> 15师团、22师团与实施地区有关，撤退后开始攻击①

从这则日志内容可知，日军这次细菌攻击行动，针对不同的目标，使用不同的细菌武器。为保证日军野战师团不（再）受细菌感染，待他们回撤后才开始实施。

这是浙赣细菌战的最后一次攻击行动，覆盖面广，包括浙、赣两省6县（市）。采用的投撒方法属于典型的“人工谋略细菌战（人工谋略投放）”。

10月2日记载：关于“ホ”事件，“参谋次长来电，原定用飞机实

---

① ［日］井本熊男：『井本日誌』第19卷，转引自［日］吉見義明、伊香俊哉「日本軍の細菌戦」，载『戦争責任研究』（季刊）2号（1993年冬季号），第19页。

施计划暂时延期”。①

日本参谋次长电令原定使用飞机投撒细菌的作战计划延期，究其原因，是重庆国民政府对外发布揭露日本在中国多地进行细菌战的一份报告后，产生了反响。

1942 年 3 月 31 日，时任国民政府卫生署署长的金宝善汇集了日军 1940—1942 年年初在衢县、鄞县、金华、常德、绥西等地实施细菌攻击的资料，撰写了《关于日军在华开展细菌战的报告》，公开揭露日本细菌战行为。这份报告于 4 月 7 日，由中国驻美大使馆通报给美国政府。该报告明确证实，“日军至少在中国的 5 个地方实施了残忍的细菌战”。

在金宝善的报告正式对外发布之前，美国国家健康总署已于 1942 年 1 月 24 日接到来自美国医药援华办公室的《流行病第一号报告》，告知在中国湖南（常德）、浙江（衢县、义乌）等地暴发鼠疫。②《第一号报告》是在来自中国湖南、浙江等地的日军细菌战情报（包括当时在细菌战受害区的美国人提供给美国驻华大使馆的情报）基础上形成的。

通过对日军在中国多地实施细菌战的各类情报进行综合分析，美国总统罗斯福初步认定日本在中国使用了细菌武器，这才于 1942 年 6 月 6 日正式发表警告日本“勿使用化学战（含化学战和细菌战）”的声明。

10 月 5 日的《井本日志》记载：增田大佐报告浙赣细菌战“地上实施的实情”，提到“Px（P 其他）先成功？衢县也将 T 成功投入水井里”。飞机上使用的 6 公斤细菌，“依照‘使用方法’做了处理”。③

据原“荣”1644 部队防疫科工作员榛叶修在 1945 年 1 月 8 日的《日军罪行证明书》：

> 自昭和 17 年 6 月中旬至 8 月末，在“浙赣作战”中，华中派遣军直属荣第 1644 部队多摩部队（防疫给水部队总部），用飞机积载各种虎疫、赤痢、鼠疫等病菌，向金华、兰谿（溪）方面中国军阵

① ［日］井本熊男：『井本日誌』第 19 卷，转引自［日］吉見義明、伊香俊哉「日本軍の細菌戦」，载『戦争責任研究』（季刊）2 号（1993 年冬季号），第 19 页。

② 韩雯：《保存在国外档案馆的有关浙江细菌战的几则史料》，《浙江档案》2005 年第 9 期。

③ ［日］井本熊男：『井本日誌』第 19 卷，转引自［日］吉見義明、伊香俊哉「日本軍の細菌戦」，载『戦争責任研究』（季刊）2 号（1993 年冬季号），第 19 页。

地与后方一带撒布，企图使传染病发生蔓延，因之无数中国良民和军人染恶疫而死。①

棒叶修在 1946 年 4 月 17 日的一份笔供中再次供称："荣" 1644 部队防疫科 1942 年 6 月制造的霍乱、伤寒、鼠疫、赤痢，于 6 月至 7 月撒布在以浙江金华为中心的一带。"结果，由于中国军队迅速撤退，日军进入撒布地区，休息、住宿时使用附近的水作为饮料或烧饭，发生许多传染病患者。另外，中国居民中也出现多数患者。"②

榛叶修的供词可以印证："浙赣作战" 初期（6 月、7 月），日军细菌攻击队撒布的细菌，确实造成了大量不明真相、贸然急进的日军野战部队官兵感染疫病。这反映并证明了日军细菌部队侧重细菌武器的进攻性研究，缺乏己方如何有效防御的研究。

据日本学者水谷尚子调查，原"山田班" 多名队员的证言证实：曾在"荣" 1644 部队任职的细菌学专家山中太木参与了浙赣细菌战行动。在"浙赣作战" 后期，日军野战部队"撤退之际曾指挥部下向当地居民散发染有细菌的馒头"。③ 当时，山中太木及其属下"化装成中国人"，④ 深入中国居民区，进行细菌战活动。

以上各种关于浙赣细菌战的文献史料基本源自 731 部队、"荣" 1644 部队人员的供述材料（《井本日志》《泽田日志》除外）。他们的供词，总体来看，确实从供述者的角度"还原" 了浙赣细菌战的部分"过程"，但由于他们各自所见所闻、所经历的情况不一，加上供述、回忆内容或多或少会存在"偏差"，难免有矛盾、抵牾之处。《井本日志》《泽田日志》相对而言在记述的细节上要更准确一些，但两人的日志也不能反映浙赣细菌战的全部。尤其是《井本日志》，我们今天所能看到的并非井本

---

① 中央档案馆等编：《日本帝国主义侵华档案资料选编 · 细菌战与毒气战》，中华书局 1989 年版，第 239 页。

② 中央档案馆等编：《日本帝国主义侵华档案资料选编 · 细菌战与毒气战》，中华书局 1989 年版，第 236 页。

③ ［日］水谷尚子：「一六四四部隊の組織与活動——語りはじめた元部隊員たち」，『戦争責任研究』（季刊）15 号（1997 年春季号），第 51 页；［日］西里扶甬子：『生物戦部隊 731』，東京：草の根出版会 2002 年版，第 180—181 页。

④ ［日］水谷尚子：「一六四四部隊の組織与活動——語りはじめた元部隊員たち」，『戦争責任研究』（季刊）15 号（1997 年春季号），第 51 页。

熊男写的原始日志，而是吉见义明从《井本日志》中摘录的内容，属于第二手资料，摘录时遗漏日志中的重要史料在所难免。就是说，我们依据这些文献史料，很难清晰无误地“还原”浙赣细菌战全过程，但这些来自日方的文献史料作为日军曾进行过浙赣细菌战的历史证据毋庸置疑。

我们认为，浙赣细菌战的性质并不是吉见义明等日本学者所理解的“各种实战性实验”①，而是不折不扣的、典型的细菌武器“实战”。伯力审判期间（1949年12月6日），原731部队生产部分队长柄泽十三夫的供词也证实了日军细菌攻击队在“浙赣作战”期间把细菌武器当作“战争武器”使用。

> 石井将军在1940年以及1942年率队远征的目的，就是要在具体战斗环境内进行探求大量散播细菌方法的实验。但其实也就是把细菌实际用作战争武器去攻击中国军队。②

1940年浙江细菌战、1941年常德细菌战，日军攻击的主要目标皆为中国居民聚居区，感染者主要是当地中国居民，“实战性实验”目的明显。日军旨在通过这类实验，检验不同细菌种类的杀伤效力及技术方法，以作为改进细菌战系统中存在的技术方法问题和如何优选细菌武器的重要参考。1942年浙赣细菌战，日军攻击的主要目标则明显是针对中国第三战区的中国军队（当然也包括浙赣沿线的中国居民），中国一线部队有大量官兵被感染。基于日军主要攻击目标的变更，可以认为浙赣细菌战除了具有既往的“实战性实验”意图外，更应该看作是日军进行的一次细菌武器“实战”。

二　浙赣铁路沿线城乡疫病大流行

上述源自日方的各种文献史料足以证明，在为期近6个月的浙赣细

① ［日］吉見義明、伊香俊哉：『731部队と天皇・陸軍中央』，東京：岩波書店1995年版，第32页。

② ［苏］《前日本陆军军人因准备和使用细菌武器被控案审判材料》（中文本），莫斯科外国文书籍出版局印行1950年版，第70页。

菌战（日军浙赣细菌战结束时间晚于日本战史书中的“浙赣作战”结束时间）过程中，日军细菌攻击队主要通过地面人工谋略投放、兼用飞机撒播等方法，使用了包括鼠疫、霍乱、伤寒、副伤寒、赤痢、炭疽等细菌武器，造成浙赣铁路沿线浙江境内的金华、义乌、衢县、兰溪、浦江、龙游、江山、常山、丽水、云和等10余个县多种疫病大流行。

这里有必要提及，1940年浙江细菌战引发宁波、衢州、丽水等市县出现鼠疫流行后，各地确实采取了一系列有针对性的、力度不等的防疫措施，但由于日军细菌攻击是秘密进行的，中国方面基本上是被动应对。尤其是普通城镇居民，由于经济条件、文化水平受限，人们的防疫意识有参差（即便出现疫情后，出台了“亡羊补牢”式的防范教育，但收效甚微）。加上各地开展的防疫工作不尽细致，在听到敌机“撒毒”消息后，有的市县政府官员并未引起足够重视，甚至接到鼠疫病例报告时，个别市县政府官员的反应仍显迟钝。再则，各地遭受细菌攻击的时间有先后，疫情发生的时间有早有迟，致使各市县防疫成效不一。正是因为1940年浙江细菌战后有部分市县的防疫工作不甚成功，遂与1942年浙赣细菌战造成的疫病大流行重叠，致使疫情复发、蔓延，疫区居民连续多年罹灾受难。

中国方面的馆存文献史料和近数十年来浙、赣两省专家学者（包括地方文史工作者）深入受害地走访调查、整理成文的各类史料可为佐证。

（一）浙赣细菌战后浙江疫病流行概况

1. 衢州地区疫情述略

衢县疫情

衢县，又名衢州，与江西上饶相邻，为浙赣沿线重要城市之一。由于水陆便利，1940年浙江细菌战，衢州成为被细菌攻击的重要目标之一。日军细菌攻击衢县38天后（11月12日），城内出现疫情，由于防范不及时且失当，致使当年疫情流行20多天后，被确诊的鼠疫患者达37人，死亡35人。[①] 次年再度流行，并在城内扩散至多条街巷。由于日机多次轰炸衢县县城，大量城内居民（含染疫者）逃至周边乡镇及邻近江山、开化、义乌等县，至12月底染疫死亡者达2000余人。[②]

---

① 邱明轩：《疫战与隐患》，香港：天马出版有限公司2004年版，第10页。

② 邱明轩：《疫战与隐患》，香港：天马出版有限公司2004年版，第11页。

1942 年浙赣细菌战，在衢县及周边撒布的细菌有霍乱、伤寒、鼠疫、赤痢、炭疽等菌种。据衢县防疫委员会统计，9—12 月，全县感染各类病菌者达 20000 余人，病死 3000 余人。①

衢县遭受 1940 年、1942 年两次大规模细菌攻击，因为疫情事发突然，官民猝不及防，致疫病呈辐射状蔓延。疫情蔓延后，又因疫情愈加复杂，陆续颁布的防疫措施无法从上至下一一落实到位，更加上 1944 年日军又发动“龙衢战役”，衢县及周边疫情再度出现流行高峰，直到 1948 年年末，疫情才得到有效控制。整个疫情流行时间长达 8 年，“累计死亡人数 7964 人”。②

与衢县毗邻的江山、龙游两县属衢州地区，接连受到衢县疫情影响。

江山县疫情

江山与衢县，水陆相接。1940 年 11 月、12 月，衢县鼠疫流行。次年，疫病从衢县随逃至江山的居民扩散，致江山县城区及乡村出现鼠疫病例，但疫情并不严重。

江山成为日军浙赣细菌战攻击的主要目标之一。8 月，日军在县城及周边多个乡镇投撒霍乱、伤寒、痢疾、炭疽等多种病菌，污染水源，并将注入菌液的食品或送或投，引发多种疫病流行，“时间长达 7 年之久，累计死亡人数 2537 人”。

表 7－1　江山市 1941—1948 年染疫死亡人数统计表

年份	1941	1942	1943	1944	1945	1946	1947	1948	合计
死亡人数	4	445	130	316	5	1600	14	23	2537

资料来源：中共浙江省委党史研究室编：《日军在浙江细菌战专题研究》，浙江人民出版社 2015 年版，第 189 页。

龙游县疫情

1940 年，衢县疫情发生后，因防控不严，蔓延至龙游。

1942 年，日军发动“浙赣作战”。5 月 27 日，龙游沦陷。8 月 29 日，日军撤离龙游，数以万计的龙游百姓陆续返回老家。由于战乱失序，龙

① 邱明轩：《疫战与隐患》，香港：天马出版有限公司 2004 年版，第 18 页；衢州市卫生局编：《衢州卫生志》，上海交通大学出版社 1997 年版，第 147 页。

② 中共浙江省委党史研究室编：《日军在浙江细菌战专题研究》，浙江人民出版社 2015 年版，第 174—175 页。

游县政府未能采取积极有效的防疫措施，居民在毫无防备的情况下，误饮日军细菌攻击队撒布病菌的水源，误食日军细菌攻击队故意留下的带有病菌的食品，不幸感染疫病的误食者又传染给亲人或近邻。“短期内，龙游县出现了历史上前所未有的鼠疫、霍乱、伤寒、副伤寒、痢疾、炭疽等多种传染病。”[①] 仅1942年，全县就有170人“因患鼠疫、霍乱、伤寒、副伤寒、痢疾、炭疽等传染病而死亡”。[②] 1942—1948年，全县23个乡镇有22个遭受疫情灾难，“患细菌疫病死亡的至少6772人”。[③]

常山县疫情

1942年“浙赣作战”结束之际，日军细菌部队对常山实施鼠疫、霍乱、伤寒、炭疽等疫菌攻击，造成常山疫病暴发流行。1942—1948年，常山县死于日军细菌战的居民达19401人。[④]

开化县疫情

开化地处浙西。1940年，衢县城区鼠疫疫情暴发后，有染疫者逃至开化县大溪边乡，引发7个乡9个村鼠疫流行，死亡40人。1942年8月，日机在开化青山底村空投细菌弹，引发疫情，至是年年底，疫情蔓延至全县城乡多地。鼠疫蔓延的同时，日军撤退后，又在侵占过的地方散播霍乱菌。当鼠疫、霍乱流行之际，伤寒、副伤寒、疟疾、炭疽等疫病亦流行蔓延。1942—1948年，开化县因日军细菌战染疫致死者“2350人（鼠疫1304人、霍乱403人、伤寒518人、痢疾71人、炭疽54人）”。[⑤]

2. 金华地区疫情述略

金华是战时浙赣沿线通往西南大后方的重要交通要地，是浙江省中部重要交通枢纽。1940年浙江细菌战，金华是主要攻击目标之一。1942年浙赣细菌战，金华再次成为日军攻击的重要目标。

---

① 龙游县史志办公室：《日军细菌战在龙游肆虐概述》，参见中共浙江省委党史研究室编《日军在浙江细菌战专题研究》，浙江人民出版社2015年版，第180—182页。

② 邱明轩：《疫战与隐患》，香港：天马出版有限公司2004年版，第22页。

③ 龙游县史志办公室：《日军细菌战在龙游肆虐概述》，参见中共浙江省委党史研究室编《日军在浙江细菌战专题研究》，浙江人民出版社2015年版，第186页。

④ 中共常山县委党史研究室：《日军在常山实施细菌战综述》，参见中共浙江省委党史研究室编《日军在浙江细菌战专题研究》，浙江人民出版社2015年版，第199页。

⑤ 中共开化县委党史研究室：《日军在开化实施细菌战综述》，参见中共浙江省委党史研究室编《日军在浙江细菌战专题研究》，浙江人民出版社2015年版，第206页。

义乌县疫情

1941年9月至次年2月，经由衢县传至义乌而引发的鼠疫疫情，在城区采取一系列行之有效的防疫措施后，总算基本得到控制，但周边乡镇疫情仍在延续。

1942年5月，日军第13军第22师团第86联队占领义乌。义乌“防疫工作被迫中断，义乌疫情再度转烈，尤以江湾乡为最”。[①] 据义乌历史档案记载，11月15日、16日，义乌县佛堂区长、崇山乡长、江湾镇长先后向县政府呈文，报告崇山江湾一带“于旧历八月二十日（公历9月29日）起发生鼠疫，蔓延甚剧”；“每日死亡约在5人以上，总计死亡不下300人，目前疫势猖獗，有增无减，较诸去年城区尤为严重，也经日军化验，确实鼠疫”。[②]

11月18日上午，日军以“防止鼠疫蔓延”为名，包围崇山村，放火焚毁“200余户，计屋400余间，约计灾民700余人”。[③] 有9名在床上的鼠疫患者被活活烧死。[④] 日军还将部分鼠疫病人隔离在村外的林山寺，在寺中大殿佛像之下对鼠疫患者施以活人解剖实验。

据不完全统计，义乌因受侵华日军细菌战侵害，共计死亡1327人，仅崇山村鼠疫死亡病例就达400余人。[⑤]

武义县疫情

浙赣细菌战期间，日军对武义县采取多点零散撒布方式传播病菌。1942年5—9月，日军前沿部队先后在武义县马昂村（永康、金华、宣

---

① 李力：《浙赣细菌战——1940—1944年》，参见解学诗、［日］松村高夫等《战争与恶疫——日军对华细菌战》，人民出版社2014年版，第121页。

② 《义乌县佛堂区署关于崇山江湾一带发生鼠疫，请派员莅区治疗并予拨款救济给县政府的呈文》《义乌县崇山乡长、江湾镇长关于疫病蔓延甚剧，请派员治疗并予拨款救济给县政府的呈文》，浙江义乌档案馆藏，档案号：M334—001—349，转引自中共浙江省委党史和文献研究室、浙江省档案馆编《日军侵浙细菌战档案资料汇编》第8册，浙江人民出版社2019年版，第199、200—201页。

③ 《义乌县崇山乡长、江湾镇长关于崇山村发生鼠疫，日军包围焚屋，请迅予拨款赈济给县政府的呈文》，浙江义乌档案馆藏，档案号：M334—001—349，转引自中共浙江省委党史和文献研究室、浙江省档案馆编《日军侵浙细菌战档案资料汇编》第8册，浙江人民出版社2019年版，第199、2002页。

④ 张世欣：《侵华日军细菌战在义乌》，参见义乌市政协学习与文史委员会编《义乌文史资料》第10辑，2001年版，第252页。

⑤ 《侵华日军细菌战义乌受害调查纪实》，参见中共浙江省委党史研究室编《日军在浙江细菌战专题研究》，浙江人民出版社2015年版，第109页。

平、武义之间的重要交通枢纽）、堰下村、郑回村等地施放霍乱菌，被日军抓去的挑夫在途经义乌县城时被日军军医涂上“消炎”药水感染炭疽。① 从1940年2月算起，武义县共有15个乡镇遭受鼠疫、霍乱、伤寒、疟疾、炭疽等细菌侵害，计有“1610人染疫致死（不含中国军队士兵），378人受伤”。②

婺城区（包括金华县、汤溪县部分区域）疫情述略

婺城区是细菌战侵害重灾区之一。据不完全统计，金华、汤溪二县“查实的日军细菌战受害者2508人，其中鼠疫死亡1226人、霍乱死亡331人、炭疽死亡408人、伤寒死亡522人”。③

兰溪县疫情

1942年，日机曾在兰溪县空投赤痢、伤寒等细菌，鼠疫、炭疽等疫情是周边疫情蔓延过来所致。兰溪因日军细菌战引起的炭疽病例就达393人，死亡99人；鼠疫病例36人，死亡12人。④

浦江县疫情

浦江位于浙赣沿线，毗邻义乌，1940—1946年，主要有霍乱、炭疽等疫情发生。据不完全统计，浦江因日军细菌战造成的死亡人数有292人。⑤

抗战期间，金华各县民众因日军细菌战致各种疫病流行，共计鼠疫死亡2770人，霍乱死亡867人，伤寒死亡526人，炭疽死伤1719人。⑥

3. 丽水疫情概略

1942年5月15日，日军策动“浙赣作战”。6月下旬开始进攻丽水，8月初进攻松阳、遂昌等县。8月底，日军沿撤离线投放鼠疫、霍乱、炭

---

① 中共武义县委党史研究室：《武义县受日军细菌战祸害史实调查》，参见中共浙江省委党史研究室编《日军在浙江细菌战专题研究》，浙江人民出版社2015年版，第150—154页。

② 《侵华日军细菌战武义县受害史实》，参见中共浙江省委党史研究室编《日军在浙江细菌战专题研究》，浙江人民出版社2015年版，第109页。

③ 《婺城区人口伤亡和财产损失调研报告》，参见中共浙江省委党史研究室编《日军在浙江细菌战专题研究》，浙江人民出版社2015年版，第110页。

④ 《关于日军肆虐兰溪致使疫病大流行的调查报告》，参见中共浙江省委党史研究室编《日军在浙江细菌战专题研究》，浙江人民出版社2015年版，第112页。

⑤ 《日军细菌战浦江受害情况概述》，参见中共浙江省委党史研究室编《日军在浙江细菌战专题研究》，浙江人民出版社2015年版，第161页。

⑥ 中共金华市委党史研究室：《日军在金华地区实施细菌战综述》，参见中共浙江省委党史研究室编《日军在浙江细菌战专题研究》，浙江人民出版社2015年版，第114页。

疽、伤寒等细菌，造成丽水、遂昌、东阳、云和等县疫病暴发流行。

丽水县疫情

丽水县地处浙江西南部。抗战时期，为浙江第九区专员公署所在地。1941年日军攻占宁波，温州成为东南沿海唯一出海口，丽水交通枢纽地位凸显。1942年6月下旬，日军开始进攻丽水，8月底撤离时投放细菌，造成鼠疫、伤寒、炭疽等多种疫病流行。丽水市日军细菌战受害者协会经过十余年走访调查，初步统计，1942—1947年，日军细菌战造成丽水县伤亡人数达“3138人”，仅鼠疫伤亡人数就有“1926人”。①

龙泉县疫情

龙泉县地处浙江西南地区，战时成为浙江重要的抗战后方基地之一。1940年，鼠疫由庆元县传入龙泉。1942年5月，日军发动“浙赣作战”，浙江省政府部分机关从永康迁到云和。庆元县民夫运输军粮至云和，途经龙泉，带来鼠疫。1940—1945年，龙泉县小梅镇、查田镇等50余个村相继发生鼠疫。1943年，龙泉县城暴发鼠疫，并蔓延至周边乡下。发病1126人，死亡658人。②

云和县疫情

云和县鼠疫始于1942年。1943—1945年，云和县鼠疫流行最为严重。据云和县史志办组织调查，截至2008年4月，全县遭受鼠疫、炭疽、霍乱等病菌的受害者达1237人，染疫死亡1007人。③

由于日军接连实施的细菌攻击是经过精心策划和准备的，加上日军也有将人为细菌战与因季节或其他自然因素引发的疫情相混淆之企图，所以疫情发生后很难控制，致受害区居民蒙受重大灾难。卫生署也曾派奥地利籍鼠疫专家伯力士和当时正在福建协防鼠疫的邓炳明等进入浙江，“自1943年11月25日至1944年1月26日，到庆元、龙泉、云和、丽水（城区）……等县及温州督导鼠疫防治工作……伯力士等调查疫情，辅导防治工作，发表学术演讲，对浙江的鼠疫防治工作起了推

① 丽水市莲都区史志办：《丽水县日军细菌战受害综述》，参见中共浙江省委党史研究室编《日军在浙江细菌战专题研究》，浙江人民出版社2015年版，第238—239页。

② 龙泉市史志办：《日军在龙泉的鼠疫疫菌攻击》，参见中共浙江省委党史研究室编《日军在浙江细菌战专题研究》，浙江人民出版社2015年版，第238—239页。

③ 云和史志办：《日军细菌战云和受害情形与疫源研究》，参见中共浙江省委党史研究室编《日军在浙江细菌战专题研究》，浙江人民出版社2015年版，第238—239页。

动作用，可惜他忽视日军细菌战的种种形迹，错误和武断地把浙南地区流行的疫病统统归结为由江西光泽县传来（事实上龙泉发生鼠疫比光泽早），对以后浙南各县的鼠疫疫源的研究和揭露日军细菌战产生了一定的负面影响”。①

据不完全统计，1939—1948年，“浙江省死于细菌武器攻击的有“6万人，受伤者数倍于此”。其中，衢州地区有39938人，丽水地区6800余人，金华地区5000余人。②

时隔70年，浙江丽水市疾病预防控制中心通过采集当地鼠疫细菌战受害幸存者的血清样本，进行流行病学调查，其结果“仍能从当年国民政府诊断为鼠疫患者的25%的幸存者中检测到高滴度F1抗体”，据此可证，“日军细菌战制造了一个严重的污染区，留下长期隐患”。③

（二）浙赣细菌战后浙江炭疽病流行概况

炭疽又名“脾脱疽”，是日军细菌部队除鼠疫菌外，又一种颇为依赖的细菌武器。被称作《达古威文档》的三部报告（A报告、G报告、Q报告）是美军调查日本细菌战的总结报告书。A报告即《731部队炭疽菌实验报告》、G报告即《731部队鼻疽菌实验报告》、Q报告即《731部队鼠疫菌实验报告》。其中的A报告就是关于炭疽菌人体实验的报告书。根据A报告“调查病例提要”，已研究30个炭疽感染病例，分为皮肤感染（1例）、口服感染（9例）、鼻腔呼吸感染（20例）三类。④ 炭疽和马鼻疽一样，是一种杆状病菌，属人畜共患的传染性疾病。这种细菌武器既可毁灭牲畜，又能传染人类。人感染炭疽后，会患上4种炭疽病，即皮肤炭疽、肺炭疽、肠炭疽、髓膜炭疽。第一次世界大战时期，德国军队曾使用过。

《希尔报告》中列有日军细菌部队医学者的研究专长，其中，太田澄

---

① 丁晓强：《关于浙赣地区日军细菌战的调查研究》，社会科学文献出版社2012年版，第183页。

② 中共浙江省委党史研究室编：《日军在浙江细菌战专题研究》，浙江人民出版社2015年版，第5—6页。

③ 陈秀英、雷永良：《侵华日军鼠疫细菌战幸存者F1抗体血清调查》，《传染病监测》2015年第1期。

④ 金成民、杨彦君主编，马学博、宫文婧译校：《侵华日军第731部队罪行实录·七三一部队炭疽菌实验A报告》，中国和平出版社2015年版，第3页。

的研究课题就是炭疽，石井四郎的研究课题包括瓦斯坏疽、马鼻疽。[①] 另外，北野政次的笔供中也承认在细菌武器研究项目中包含有鼻疽、炭疽研究。炭疽研究包括预防方法研究、治疗方法研究、作为细菌武器的考察（研究）。[②]

伯力审判期间，曾担任关东军军医处长的梶塚隆二供称：与赤痢菌、伤寒菌、副伤寒菌、霍乱菌和鼠疫菌相较，“炭疽热菌一类是最坚韧的细菌”。[③]

伯力审判期间，曾担任关东军兽医处长的高桥隆笃供称炭疽热（菌）是最适合进行细菌战的细菌武器之一。[④]

据田村良雄供称，早在1940年浙江细菌战过程中，就使用过炭疽菌。731部队生产部2个细菌生产工厂制造的大约270公斤各类细菌武器中就包括脾脱疽菌（炭疽菌），它与伤寒、霍乱、副伤寒、鼠疫等细菌武器由航空班送往南京及华中地区，交由731“远征队”使用。[⑤]

高桥隆笃供称：从1941年9月开始，100部队“开始生产鼻疽菌、炭疽熟菌和锈菌”。[⑥] 此供词可视为100部队也生产炭疽、鼻疽菌的有力证据。

伯力审判期间，柄泽十三夫供称：1942年，由他负责的731部队生产部（第四部）生产科制备了“130公斤副伤寒菌和炭疽热菌”，交给731“远征队”带到华中用于“反对华军”。[⑦] 此供词可与上述证词互证：浙赣细菌战期间，日军使用的细菌武器除了鼠疫菌、霍乱菌、副伤寒菌

---

① ［日］西里扶甬子：『生物戰部隊731』，東京：草の根出版会2002年版，第180—181页。

② ［日］近藤昭二编：《731部队·细菌战资料集成》（3），《北野政次提出的文书》（日文），第24页，参见王希亮、周丽艳编译《侵华日军731部队细菌战资料选编》，社会科学文献出版社2015年版，第86页。

③ ［苏］《前日本陆军军人因准备和使用细菌武器被控案审判材料》（中文本），莫斯科外国文书籍出版局印行1950年版，第104页。

④ ［苏］《前日本陆军军人因准备和使用细菌武器被控案审判材料》（中文本），莫斯科外国文书籍出版局印行1950年版，第347页。

⑤ 中央档案馆等编：《细菌战与毒气战——日本帝国主义侵华档案资料选编》，中华书局1989年版，第57—58页。

⑥ ［苏］《前日本陆军军人因准备和使用细菌武器被控案审判材料》（中文本），莫斯科外国文书籍出版局印行1950年版，第112页。

⑦ ［苏］《前日本陆军军人因准备和使用细菌武器被控案审判材料》（中文本），莫斯科外国文书籍出版局印行1950年版，第70页。

等菌种外，还包括“炭疽热菌”。

令人有些不解的是，日军在1942年浙赣细菌战中确实使用了炭疽菌，且有上述川岛清、柄泽十三夫、北野政次、田村良雄等原日军细菌人员和知情者的供词及战后美军情报人员的调查报告为证，但在《井本日志》中，有使用鼠疫菌、霍乱菌、伤寒菌、副伤寒菌的记录，没有使用炭疽菌的记录。

2001—2005年，浙江民间学者李晓方历时4年，在浙赣沿线走访了浙、赣两省的金华、丽水、衢州、上饶等地共计20多个市县、800多个乡镇村，通过调查，共发现300多位炭疽菌、鼻疽菌受害幸存者。2005年，李晓方从中选取百余位“烂脚老人”的照片并附文字说明，编著了一部《泣血控诉：侵华日军细菌战炭疽、鼻疽受害幸存者实录》。根据走访调查，仅在金华义乌市、浦江县、兰溪市、婺城区、金东区的300多个乡镇，就发现70余位炭疽菌、鼻疽菌受害幸存者。尔后，李晓方继续在浙赣铁路沿线展开调查，又在杭州、绍兴、台州、温州、金华、丽水、衢州等50多个市县“均发现了炭疽受害者”。2017年，《泣血控诉：侵华日军细菌战炭疽、鼻疽受害幸存者实录》修订版《侵华日军细菌战炭疽、鼻疽受害幸存者实录》面世。

李晓方结合传世文献史料，“确定这些乱腿病老人，就是侵华日军使用炭疽、鼻疽（细菌）战的受害者”。李晓方的这一“结论”，不仅得到中国资深细菌学、病毒学专家郭成周先生（已逝）的认同，而且也得到美国医学历史学家、微生物学家、病理学家马丁·弗曼斯基博士等西方学者的认可，一致认为浙江“乱腿村”的皮肤炭疽和鼻疽这两种疾病的发生“无疑是由细菌武器攻击造成”的。①

（三）浙赣细菌战后江西鼠疫、炭疽等疫病流行概况

日军对江西的细菌攻击重点区域是临近浙江衢州的上饶地区。上饶位于江西东北部，东与浙江、南与福建、北与安徽毗连，是中国东部沿海进入内陆省份的必经之地，素有“八方通衢”“豫章第一门户”之称。抗战时期，因浙赣铁路线之重要而位居抗战前沿，当时国民党第三战区司令部就设在今上饶市铅山县。1940年浙江细菌战，尤其是1942年浙赣

---

① 李晓方：《侵华日军细菌战炭疽、鼻疽受害幸存者实录》，浙江人民出版社2017年版，第11、241、247页。

细菌战，对上饶地区造成了重大危害。

1. 日军在上饶地区实施细菌攻击史实

1940年日军浙江细菌战，江西省玉山县为其6个（一说8个）目标之一。

浙江细菌战"新增"的进攻目标中，除温州、台州等地外，还包括江西省玉山县。据1940年9月18日《井本日志》记载：

金华、玉山1公里×2公斤（附近村庄 1平方公里0.7—0.8）①

虽然日军对玉山的细菌攻击属实，但玉山地方历史文献没有明确记录。究其原因，一是细菌攻击在秘密中进行，不易被（当地居民）发现，二是细菌攻击采用空中撒布法即"雨下法"，所以"效果"不明显，没有引起疫病流行。

1941年3月，衢县城区鼠疫再度暴发。疫情期间，日机频繁空袭，迫使城区居民向乡下疏散，鼠疫随之向周边地区蔓延，"波及义乌、江山及上饶等地"。②

1942年5月，日军第13军、第11军为破坏浙赣铁路沿线中国军用机场、打通浙赣线，策动"浙江作战（七号作战）"，后扩大为"浙赣作战"。日本陆军中央向731部队、"荣"1644部队下达了细菌战"大陆指"命令，以浙赣沿线中国第三战区有军事设施的城镇为细菌攻击主要目标，由731部队的"远征队"和"荣"1644部队派出人员负责实施，以配合日军第13军、第11军的作战行动。

1942年8月28日，《井本日志》记录了中国派遣军参谋长尾（大佐）关于"ホ（保）"号作战实施情况的报告，其中地面撒布细菌行动包括以下内容：

广信 Px（1）毒化跳蚤（2）给老鼠注射后放掉

广丰（1）毒化跳蚤

---

① ［日］井本熊男：『井本日誌』第18卷，转引自［日］吉見義明、伊香俊哉「日本軍の細菌戦」，载『戦争責任研究』（季刊）2号（1993年冬季号），第11页。

② 李力、郭洪茂：《论日寇浙赣细菌战及其后果》，《社会科学战线》1995年第5期。

玉山（1）毒化跳蚤

（2）给老鼠注射后放掉

（3）在米中附上P（鼠疫）干燥菌，目标：老鼠—跳蚤—人感染[①]

依据《井本日志》上述内容，日军撤离上饶时，确实按原定细菌作战计划，向广信（上饶）、广丰、玉山等城镇实施了“不同的攻击方法或实验方法”，投放鼠疫跳蚤、染疫老鼠、干燥鼠疫菌等，细菌撒布方式主要是采用地面人工投放。日军在上饶数个县市撒布的鼠疫菌、鼠疫跳蚤、染疫老鼠，“留下了鼠疫流行的祸根”。[②]

原731部队成员古都作为证人，在伯力审判期间受审时承认：1942年，他参加731“远征队”前往华中，“最主要的任务是要在玉山城一带对中国军队及和平居民进行细菌战军事破坏工作”，“就是用伤寒菌、副伤寒菌传染蓄水池、水井、建筑物的办法进行细菌攻击”。古都参加了“把盛有细菌的瓶子投到水井、沼泽及和平居民住房”的行动，还参加了把注射伤寒菌、副伤寒菌的烧饼送到关押中国战俘集中营的行动。[③] 另有史料记载，1942年5月，日军在江西投撒过斑疹伤寒菌等。[④]

2. 上饶地区鼠疫、炭疽流行概况

据战时防疫联合办事处《鼠疫疫情紧急报告》（第37号），1942年11月6日，上饶发现鼠疫。上饶发现鼠疫前，广丰已发现鼠疫，“经第六中心卫生院涂片检验，有类似鼠疫杆菌”。到上饶发现鼠疫时，“广丰疫势仍烈，邮电梗阻”。[⑤]

据1943年3月上旬《疫情旬报》，1942年10—12月，广丰发现鼠疫患者共计11例，有1例以磺苯胺噻唑（Sulfathiazole）治愈，其余10例

---

① ［日］井本熊男：『井本日誌』第18卷，转引自［日］吉見義明、伊香俊哉「日本軍の細菌戦」，载『戦争責任研究』（季刊）2号（1993年冬季号），第19页。

② 李力：《浙赣细菌战——1940—1944年》，参见解学诗、［日］松村高夫《战争与恶疫——日军对华细菌战》，人民出版社2014年版，第126页。

③ ［苏］《前日本陆军军人因准备和使用细菌武器被控案审判材料》（中文本），莫斯科外国文书籍出版局印行1950年版，第379—381页。

④ 王希亮、周丽艳编译：《侵华日军731部队细菌战资料选编》，社会科学文献出版社2015年版，第76页。

⑤ 許峰源：《國民政府抗日戰場中的反細菌戰》（二），香港：開源書局2020年版，第166页。

死亡。1942年11月，上饶共染疫死亡19例，经显微镜检查出类似鼠疫杆菌者11例。[①]

但据《江西省卫生志》统计，1942年，有医疗记载的鼠疫患者，“上饶78人，死亡78人；广丰42人，死亡42人”[②]。感染者无一幸存。这是时隔50多年后的统计数据，与1943年3月上旬的《疫情旬报》中的数据有较大出入，主要原因是受当年统计条件所限。

《江西民国日报》曾报道玉山疫情受害状：玉山战前有25万人口，至1944年11月，只剩下不到21万。这4万多人虽然不全是死于疫病，但（减少的）数据确实很惊人。玉山光复后，“一直流行着几种可怕的传染病症……这儿的人民无时不陷在恐怖和窒息中”。[③] 可见，玉山疫情相当严重，且持续时间较长。

江西鼠疫始于1942年10月，止于1950年。“除1943年无病例报告外，其余8年均有发病。先后有14个县、市发病2989人，1550人死亡。在此之前，江西省无鼠疫史料记载。”[④] 江西师范大学吴永明等通过爬梳史料、走访调查，认为“上述数字仅仅是就诊于各地医疗机构的统计数字，并不准确，不能完全反映当时鼠疫的危害情况”。[⑤]

有学者认为，20世纪40年代初，赣东抚州鼠疫疫源来自福建省光泽县，“是唯一单纯由于福建鼠疫自然传播形成的疫区”。亦有学者对此持怀疑态度。此不赘述。

关于江西炭疽疫情史实，如上所述，日军浙赣细菌战使用过炭疽菌。有史料证明，除浙江省的金华、衢州、丽水、温州等地有严重的炭疽受害情况发生外，江西省玉山县的炭疽受害情况也很严重。

玉山县原玉山机场及周边是日军细菌攻击的重点地区。赣南师范学院教师谢志民在江西师范大学读研期间，曾参与江西细菌战受害调查。他们一行在玉山机场附近的岩瑞镇梅花墩村调研时，找到一位名叫涂秋冬的老人。据老人回忆，（1942年）日军从玉山撤退后，村民回到村里，

---

① 許峰源：《國民政府抗日戰場中的反細菌戰》（二），香港：開源書局2020年版，第191—192页。

② 江西省卫生编辑委员会编：《江西省卫生志》，黄山书社1996年版，第169页。

③ 《江西民国日报》1944年11月23日第4版。

④ 江西省卫生编辑委员会编：《江西省卫生志》，黄山书社1996年版，第168页。

⑤ 吴永明、谢志民：《侵华日军江西细菌战的危害与战争遗留问题》，《江西社会科学》2005年第9期。

事隔不久，村里有很多人（开始）烂脚，100个村民就有60多个烂脚。[①]事实上，上饶地区（玉山县）的炭疽病例表明这一地区是这一时期江西省境内炭疽病发病最严重的地区，中华人民共和国成立后亦然。据统计，在旧疫区，“炭疽的发病率远远高于江西省其他地区”，1956—1989年，上饶炭疽患者为311例，比发病人数位居第二的吉安（189例）多122例。[②] 这与炭疽菌传染性特点相符。

另据玉山县炭疽感染者杨金荣等人回忆，当时日机曾投下鸟和羽毛，此可证明“日军使用过禽类羽毛投放炭疽菌”的事实。[③]

日军对江西的细菌攻击虽然不如浙江那么严重，受害区域也基本上限于赣东北，但同样造成了被攻击区域疫病流行，“给当地居民带来了极其严重的危害，且疾疫难除”。[④]

3. 江西防疫应对概述

相比较而言，江西近代卫生事业建设起步并不晚，尤其是在1934年，江西率先设置省级卫生机构“全省卫生处”（参见表5－1），负责管理、监督省内各级卫生机构及传染病预防、卫生教育等。抗战时期，江西卫生组织体系也有一定的发展（如各县、区、乡镇设卫生院、分院、卫生所等），1940年还设立了省立传染病医院，1941年设立了防疫总队。由于战乱，防疫体系、成效均受到严重影响。据战时防疫联合办事处一份报告附录的《防疫人员统计表》（见表7－2），至1940年年底，浙、赣、湘三地防疫人员，浙江人数最少，江西次之，湖南最多。

浙赣细菌战引发上饶、广丰鼠疫流行后，江西各级地方政府以其有限的防疫力量，派遣军队，封锁疫区，“采取隔离措施”。卫生署指派防疫处科长蔡谦奔赴上饶、广丰指导防疫，[⑤] 战时防疫联合办事处专门召开加强上饶、广丰防疫工作的会议，并请“卫生医疗防疫总队电调第六巡回医疗队驰往上饶”以增强防疫力量。至是年12月中旬，上饶鼠

---

① 谢志民、刘加波：《江西在侵华日军实施细菌战期间受害状况探析》，《上饶师范学院学报》2005年第5期。

② 江西省卫生编辑委员会编：《江西省卫生志》，黄山书社1996年版，第180页。

③ 徐浩一：《侵华日军浙赣细菌战中的炭疽攻击》，《中共党史研究》2002年第2期。

④ 吴永明、谢志民：《侵华日军江西细菌战的危害与战争遗留问题》，《江西社会科学》2005年第9期。

⑤ 《战时防疫联合办事处三十一年十二月工作报告》，中国第二历史档案馆藏，档案号：372—704。

疫得到控制。[①] 但疫情只是“得到控制”，并未停止。因为防疫机制不健全，防疫工作有漏洞，加上旧有传统习俗的不利影响，防控具体举措很难一一落到实处，“疫病防治的社会力量严重缺位……政府不能动员一切力量控制疫情”，[②] 以至于鼠疫在抗战胜利后仍流行数年，直到1950 年才结束。

表 7－2　　浙、赣、湘防疫人员统计表（1940 年 12 月底）

省份	医师	护士	工程师	卫生稽查	助理员	技工	检验员	其他	总计
浙江	6	9			13			1	29
江西	20	29	1	35	33		12	4	134
湖南	37	69	1	18	116		5	6	252

资料来源：《战时防疫联合办事处二十九、三十年工作报告》附录十，贵州省档案馆藏：M116—289。

三　浙赣细菌战小结

（一）浙赣细菌战是日军在中国南方进行的最大规模细菌实战

日本记者朝野富三认为，使用细菌兵器实战，规模最大的是昭和 17 年（1942 年）的“浙赣作战”。以 731 部队为主，“荣”1644 部队协助、支援，指挥官是石井四郎。[③]

浙赣细菌战造成的疫情与 1940 年浙江细菌战造成的疫情相连，使原有的疫区民众雪上加霜。无论是日军细菌作战预备之充分、细菌特别攻击队规模之大（数百人）、细菌作战持续时间之长（数月）、实战中使用的细菌武器种类之多、细菌攻击方法之全（飞机投撒、地面投撒、人工谋略投放），还是疫病种类之多（鼠疫、霍乱、伤寒、痢疾、炭疽等）、疫灾区域之广（波及浙东、浙南、闽西、赣东北）、中国（军民）受害人

① 李力：《浙赣细菌战——1940—1944 年》，参见解学诗、［日］松村高夫《战争与恶疫——日军对华细菌战》，人民出版社 2014 年版，第 128 页。

② 吴郁琴、徐茂明：《南京国民政府时期江西卫生防疫体系述论》，《江西财经大学学报》2010 年第 6 期。

③ ［日］常石敬一、朝野富三：『細菌戦部隊と自決した二人の医学者』，東京：新潮社 1982 年版，第 191 页。

数之巨（成千上万）、疫情持续时间之久（达 8 年）、贻害时间之长（至今极少数炭疽幸存者仍受不愈之苦）、经济损失之大（无法估量），都超过了 1940 年浙江细菌战和 1941 年常德细菌战。

（二）浙赣细菌战主要攻击目标是中国军队，其次是当地居民

“浙赣作战”期间，日军沿浙赣线，大范围实施多种类细菌战。主要攻击目标是军队，但当地普通居民无法预知，所以也有不少人被感染。其“主要兴趣是用细菌战攻击军队。他们设计波型炸弹用来造成伤口炭疽感染，除此之外别无其他目的。也是用散射弹和细菌尘雾攻击平民和家畜”。①

日军战俘榛叶修承认，细菌战的目的是“企图将恶性剧烈的病菌撒布在敌军阵地后方，人为使传染病猖獗起来，以毒毙敌军，消灭其士气”。②

如前所述，伯力审判期间，柄泽十三夫也曾认为石井四郎数次率 731“远征队”南下远征华中地区的目的“就是要在具体战斗环境内进行探求大量散播细菌方法的实验，也就是把细菌实际用作战争武器去攻击中国军队”。③

（三）“荣”1644 部队特别攻击队率先发动细菌攻击

最先在浙赣地区实施细菌攻击行动的细菌战分队，应该是“荣”1644 部队派出的特别攻击队。由于细菌战实施的隐蔽性非常强，“一旦日军发动细菌战，可能只有在收到细菌侵袭地区附近的分支部队指挥官和独立部队会得到通知，这样的消息不会让其他军官和整个部队知道”。④ “浙赣作战”之初（第一阶段），随日军第 11 军跟进的“荣”1644 部队细菌战特别攻击队率先沿晋江和浙赣之间的重要交通线向水塘、小河空投病菌，“图谋使对方战士和民众染病以削弱其战斗力”。⑤

---

① ［美］托马斯 · B. 英格利斯：《海军关于日本细菌战的报告》，参见李海军等编译《侵华日军细菌战重要外文资料译介》，中国社会科学出版社 2018 年版，第 313 页。

② 中央档案馆等编：《细菌战与毒气战——日本帝国主义侵华档案资料选编》，中华书局 1989 年版，第 236—237 页。

③ ［苏］《前日本陆军军人因准备和使用细菌武器被控案审判材料》（中文本），莫斯科外国文书籍出版局印行 1950 年版，第 70 页。

④ ［日］近藤昭二编：《731 部队 · 细菌战资料集成》（1），《日本和细菌战》，第 3—19 资料，参见王希亮、周丽艳编译《侵华日军 731 部队细菌战资料选编》，社会科学文献出版社 2015 年版，第 69 页。

⑤ ［日］近藤昭二编：《731 部队 · 细菌战资料集成》（1），《日本和细菌战》，第 3—19 资料，参见王希亮、周丽艳编译《侵华日军 731 部队细菌战资料选编》，社会科学文献出版社 2015 年版，第 69—70 页。

原日军第11军第116师团军医部部员安腾正孝回忆：“浙赣作战”期间，116师团野战医院曾在衢州收容“赤痢患者”若干名，用飞机运往杭州陆军医院救治。这些赤痢患者就是日军前线官兵误入“自己人”撒布细菌疫区后感染的。另外，衢州鼠疫疫情发生后，第116师团防疫给水部“协力”调查有哪些房屋里曾出现过患者，并将患者房屋烧毁。① 此可证明：参加浙赣细菌战的日军细菌部队人员，除731“远征队”、“荣”1644部队细菌战特别攻击队之外，还有野战师团军医部、配属野战师团的防疫给水部（支部）“协力”。

（四）日军细菌战并未形成不可控的流民、难民潮

1940—1943年，浙、赣、湘三地因日军实施细菌战，在一定程度上造成受害区域多种疫病大流行，但并未形成不可控的流民潮、难民潮现象。究其原因，一是中国人自古以来就有安土重迁、故土难离的桑梓情怀；二是浙、赣、湘三地细菌战受害区域相对而言是自然条件比较好的地区，不具备引起居民大规模迁徙、流离失所的条件；三是疫情发生后，各地各级政府部门、防疫组织机构采取了力所能及、较为有效的防治疫情及管控措施。加上受害者的亲朋好友在一定程度上互帮互助，让他们勉强渡过难关，疫情也就没有明显地、不受控制地呈辐射状波及更远区域，仅出现局部区域流传。这在客观上既利于当时西南大后方的相对稳定，又能基本满足前方中国对日作战部队的各类军需供应。也就是说，侵华日军细菌战，虽然给受害地的居民造成大量伤亡及财产损失，但并未动摇受害区域的抗日根基。

四 1943—1945年侵华日军在华中的细菌战

（一）浙赣细菌战后，日军在华中的细菌战活动

伯力审判期间，被告梶塚隆二在1949年10月23日受审时供称：北野政次任职731部队长期间，“第731部队有一组工作人员曾（驾）

① ［日］陸上自衛隊衛生学校：『大東亜戦争陸軍衛生史』（9），東京：株式会社雄建社1971年版，第94页。

驶（飞机）往上海以南华军战线内，从高空把染有鼠疫的大批跳蚤投掷到中国居民区。跳蚤落下后还活着，结果就在它们落下的地方引起鼠疫流行病”。①

梶塚隆二的供词证实：1942年浙赣细菌战后，1943—1945年日本战败投降，731部队的南下“远征”行为并未绝迹。②

日本学者松村高夫认为：“1943年以后，日军第731部队没有再派遣远征队到浙赣地区，在该地区进行细菌战的任务交由驻南京的‘荣’字1644部队独立承担。”③

中国文献记载：1943年，日机在金华、兰溪等地空投赤痢、伤寒等细菌。④1944年，龙衢战役前后，日军在衢州、金华、丽水等地撒播鼠疫、霍乱、白喉、炭疽等细菌。1944年9月，日军“由岩泉、太平等地经原路向北撤退，并撒下大量带有各种病菌的毒饼后，撤出丽水县”。⑤日军撤出丽水后，又“有敌机多次在城郊一带低空俯冲。敌机过后，在金鱼缸水面上发现有跳蚤。数日后，多处街道、里弄下水道、阴沟等处有鼠尸发现”。⑥

1944年3月，有日本间谍在金华市武义县城西南近郊横塘、代石等村投放过伤寒菌。⑦

1944年6—9月，为配合打通“大陆交通线作战”，日军第13军在浙赣沿线及附近，又一次进犯龙游、衢州、丽水、温州等地。日军同样使用了鼠疫、伤寒、白喉等疫菌。1945年4月，日军在云和县空投鼠疫菌；6月，撤离温州时，在乐清、永嘉撒播霍乱菌，造成温州地区疫病流行。⑧

---

① ［苏］《前日本陆军军人因准备和使用细菌武器被控案审判材料》（中文本），莫斯科外国文书籍出版局印行1950年版，第106页。

② 李力、郭洪茂：《论日寇浙赣细菌战及其后果》，《社会科学战线》1995年第5期。

③ 解学诗、［日］松村高夫等：《战争与恶疫——日军对华细菌战》，人民出版社2014年版，第107页。

④ 《金华市志》，浙江人民出版社1992年版，第1048页。

⑤ 《丽水县志·政治志资料》，1965年，第116页。

⑥ 唐国俊：《丽水城鼠疫病流行的回忆》，《丽水县文史资料》第2辑，1985年，第189页。

⑦ 中共武义县委党史研究室：《武义县受日军细菌战祸害史实调查》，参见中共浙江省委党史研究室编《日军在浙江细菌战专题研究》，浙江人民出版社2015年版，第152页。

⑧ 中共浙江省委党史研究室编：《日军在浙江细菌战专题研究》，浙江人民出版社2015年版，第5页。

（二）九江支部在“常德作战”期间的细菌战活动

有史料证明，侵华日军对常德的细菌战不只是上述1941年11月初的那一次鼠疫细菌攻击。1943年11月，日军在“常德作战”期间，曾投放霍乱菌。[①]

日俘榛叶修供称：

> （南京）防疫给水部九江支部（桧1644部队天作队）兵长西川等3名，于昭和18年11月5日常德作战中，强拉中国良民5名，中途因病，步行困难，捆置洞庭湖畔空屋中放火烧杀。[②]

榛叶修的供词证实：在“常德作战”期间，“荣”1644部队九江支部派出一支小分队——“天作”随日军第11军第68师团行动。结合美国联合情报收集局10596号文件内容，“天作队”应该实施过霍乱细菌攻击。被其强拉的5名中国人很有可能被当做挑夫使用，不幸染疫后，被天作队的3名细菌队员“放火烧杀”。

据笔者在今桃源县枫树乡三里铺村调查，日军在“常德作战”后期北撤后，当地有大量居民因不明原因死亡。这很可能是因为饮用了日军撤退时人工投撒霍乱菌污染水源所致。

有史料证明，1942年，登户研究所研制的“生物细菌兵器”运到南京，计划与“荣”1644部队共同实施“撒布实验”。经长江水路运至武昌（支部），由武昌支部人员具体负责配合行动。攻击目标为湖南洞庭湖西侧，桃源、常德附近的水田。[③]

另据《新华日报》载：1942年7月，“敌机周来迭犯湘境，并频施恶毒伎俩，撒布毒菌。最近湘乡首善乡石板一带，又发现敌机投掷多数纸包黑色小颗及腐烂稻草等物”[④]。

---

① ［美］联合情报收集局，10596号文件，1944年12月4日，参见王希亮、周丽艳编译《侵华日军731部队细菌战资料选编》，社会科学文献出版社2015年版，第76页。

② 中央档案馆等编：《日本帝国主义侵华档案资料选编·细菌战与毒气战》，中华书局1989年版，第239页。

③ 参见日本明治大学平和教育登户研究所资料馆渡边贤二研究员未刊稿《陸軍登戸研究所の秘密戦（3）生物·化学兵器》，湖南文理学院侵华日军细菌战罪行研究基地收存。

④ 《日机在湖南湘乡散布毒菌》，《新华日报》1942年7月，参见中央档案馆等编《日本帝国主义侵华档案资料选编·细菌战与毒气战》，中华书局1989年版，第380页。

（三）1949年、1950年浙江鼠疫流行概略

根据1939—1948年浙江疫情流行情况，浙江省主要疫区有三，即浙赣铁路沿线的衢州（衢县、义乌、金华）、瓯江流域上游丽水地区（包括龙泉、云和、庆元）、瓯江下游温州地区（永嘉、乐清、文成、瑞安）。

仅就鼠疫而言，1949年，永嘉发现鼠疫患者6例，死亡2例；文成则更为严重，发现患者47例，死亡37例。① 稍加计算即可得知：永嘉鼠疫患者死亡率达33%，文成鼠疫患者死亡率更是惊人，高达79%。

1950年，浙江省仍有鼠疫发生。据统计：

> 衢县方面在（19）50年7月间，开始发现死鼠，经检验证明保菌鼠达58只，疫鼠百分率达42%，以防治得宜，未发生人类鼠疫。
>
> 丽水方面亦于7月间发生疫情，计在庆元经镜检证实者，有现疫及续发败血型鼠疫各1例。
>
> 温州方面，自1月起，腺鼠疫病人，不断散在发生，至7月6日止，经镜检证实者共28例，且疫鼠发现终年不绝，在5月份疫鼠百分率高达17.6%。……永嘉永强区在3、4月间发现病例3例，6月间瑞安发现1例，3、4月间文成及乐清清虹桥区各有死鼠发现，幸防治得力，疫情得以潜消。
>
> 总计1950年度浙江鼠疫发现病例者有温州、永嘉、瑞安、庆元等4个市县共34例，发现疫鼠者，有衢县、温州、永嘉、文成、乐清、庆元、丽水等7个市县。②

浙江温州、永嘉、瑞安、庆元等地鼠疫疫情在20世纪50年代仍有发生。这说明鼠疫疫情一经发生并流行后，即便采取系列防治措施，也很难绝迹。1939年，庆元就出现了鼠疫，但这并不能排除尔后在庆元周边各市县发生的鼠疫全都源自庆元。日军在浙江实施的历次细菌战中，均使用过鼠疫菌，且引起过鼠疫流行。因之，浙江省1949年、1950年的鼠疫疫情与日军在浙江的历次细菌战之关系很难撇清。

“浙赣作战”后，日军驻上海的第13军司令官泽田茂调回日本，由

---

① 阮步蟾编著：《鼠疫概要》，新医书局1951年版，第123—124页。

② 阮步蟾编著：《鼠疫概要》，新医书局1951年版，第122页。

下村定接任（1942年10月上旬接任）。第二次世界大战结束后，下村定接受美军调查官桑德斯调查询问时承认：“我担任上海区总指挥期间曾视察过位于南京的中央防御给水部基地。这次视察为时2小时左右，当时我对细菌战问题没有任何概念”。但他否认记得“荣”1644部队南京基地负责人，只记得他的军衔是“医务方面的大佐”，“他对防疫给水部的方方面面都进行了详细报告，单单没有提到过细菌战”，所以下村定说他对细菌战方面的问题“确实是一无所知”。[①] 下村定提到的这个“医务方面的军医大佐”或是太田澄，或是佐藤俊二。下村定说自己对细菌战事情“一无所知”，这与他视察过“荣”1644部队总部基地的行为自相矛盾。他不可能一点都不知道。虽说他是在“浙赣作战”结束后才接任日军第13军指挥官，但“浙赣作战”期间，因秘密实施细菌战，“意外”造成日军第13军前线官兵成千上万人感染，直到1943年9月，杭州陆军医院还“住满传染病患者”，[②] 下村定不可能“一无所知”。

---

① 金成民、杨彦君主编，马学博、宫文婧译校：《侵华日军第731部队罪行实录·美军调查日本细菌战总结报告书》，中国和平出版社2015年版，第96—97页。

② 中央档案馆等编：《细菌战与毒气战——日本帝国主义侵华档案资料选编》，中华书局1989年版，第237页。

第八章 “荣”1644部队与陆军中央、“姊妹”部队、“九研”、同仁会的关系

一 “荣”1644部队与日本陆军中央的关系

（一）日本陆军中央与日军细菌部队组织管理体系

日本大本营是日本明治维新后，因对外战争需要而临时设立的最高军事指挥机关。历史上已设立3次，分别是甲午中日战争期间、日俄战争期间、日本全面侵华战争期间。日本大本营由陆军省、海军省、参谋本部、军令部的最高将官组成。大本营直接听命于日本天皇，每周在日本皇宫举行1—2次会议，日本内阁不得参与。日本大本营掌控日本军权，且有“左右日本政府”的能量。①

日本陆军中央由陆军省和参谋本部组成。日本陆军实行军政、军令二元制，陆军省负责军队的建设与管理，参谋本部负责制定军事作战计划与下达作战命令。陆军省的最高长官是陆军大臣，参谋本部的最高长官是参谋总长。

1928—1930年，石井四郎前往亚非欧美多个国家“考察”达2年之久，就是在永田铁山等日本陆军中央要员支持下，由日本军部直接派出。

1935—1936年，日本陆军中央（陆军省、参谋本部）奉日本天皇裕仁“敕令”，下达“大陆指”命令，731部队和长春100部队几乎同时建立。731部队、100部队在日常事务管理上属关东军司令部辖制，但在人员安排、经费、细菌武器研制、细菌战实施等方面的决策、命令，皆由陆军中央控制。

---

① 张效林译：《远东国际军事法庭判决书》，五十年代出版社1953年版，第116、323页。

伯力审判预审时，川岛清供称：

> 1935 至 1936 年间，已由日本参谋本部和陆军省按照天皇裕仁诸次密令在满洲境内成立有两个用来准备和进行细菌战的极端秘密部队活动。①

伯力审判期间，除川岛清外，原日本关东军军医部长梶塚隆二、原关东军兽医处长高桥隆笃等人也有类似的供词。②

1937 年，日本第三次正式建立大本营。日本基于其战略企图，由陆军中央具体负责，在中国及东南亚扩建细菌部队，至 20 世纪 40 年代初，一共建成 6 支颇具规模的细菌部队。日军细菌部队除在“业务”上直属陆军中央统辖外，又隶属日本在海外的三大战略集团，即关东军（辖 731 部队、100 部队）、中国派遣军（按战区划分，“甲”1855 部队隶属华北方面军，“荣”1644 部队隶属华中方面军，“波”8604 部队隶属华南方面军）、南方军（“冈”9420 部队）。

这 6 支细菌部队由总部和若干支队（部）组成，每个支部又与所在地的日军海外战略集团的野战部队陆军医院、病马厂医院、同仁会医院等医疗单位保持密切联系，形成一个呈网状分布、相当庞大的细菌战组织管理体系。

南京大学历史学者高兴祖认为：“所有这些细菌战部队，都遵照陆军省和参谋本部的指令，进行大规模的细菌生产、用活人进行实验和寻求使用细菌武器最有效方法，陆军省和参谋本部为此提供了一切必要的设备和原料。”③

（二）日本陆军中央对华细菌战决策

日本陆军中央向细菌部队下达对中国进行细菌攻击的命令是以参谋总长名义发出的“大陆指”。按惯例，须有日本天皇裕仁的“大陆命”后才能正式发出细菌作战指示“大陆指”。这说明，日本天皇裕仁对日军

---

① ［苏］《前日本陆军军人因准备和使用细菌武器被控案审判材料》（中文本），莫斯科外国文书籍出版局印行 1950 年版，第 10 页。

② ［苏］《前日本陆军军人因准备和使用细菌武器被控案审判材料》（中文本），莫斯科外国文书籍出版局印行 1950 年版，第 308、346 页。

③ 高兴祖：《论日本军部进行细菌战的罪责》，《南京大学学报》1999 年第 1 期。

（细菌部队）在中国实施细菌战是知情的。

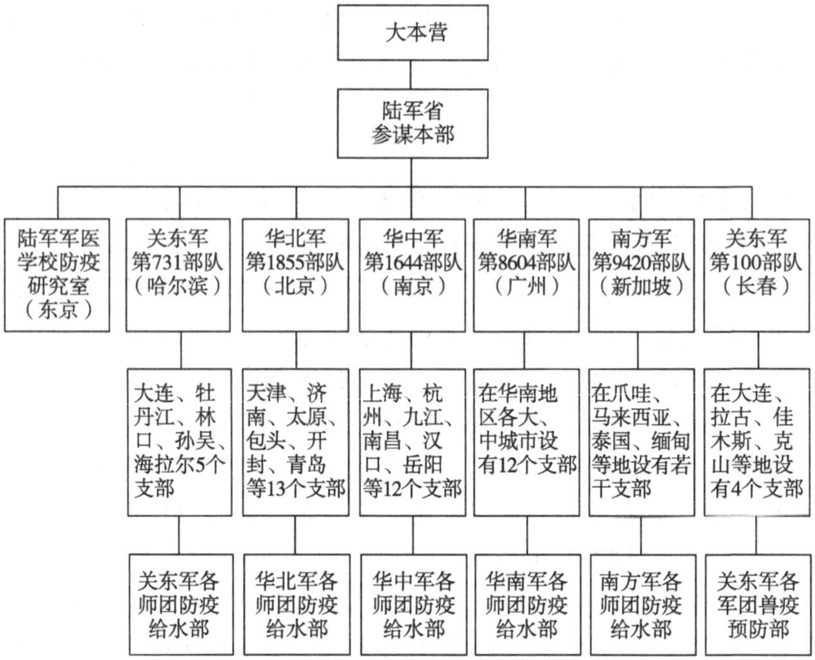

图 8－1　日本细菌部队组织管理体系

资料来源：陈致远：《日本侵华细菌战》，中国社会科学出版社 2014 年版，第 289 页。

日军各支细菌部队的建立以及它们实施的每一次细菌战活动，如细菌武器实验（包括实验结果、新细菌武器研发）、生产、实战等，几乎都是在日本陆军中央“大陆指”命令下进行的，而且，细菌战因人体实验数据（经验）、实战“效果”使得它“在陆军中央的位置随着（海外）战局的恶化而上升”。[①] 至于关东军、中国派遣军司令部则无权干涉细菌部队的“业务（细菌战行动）”，只起配合、协调作用。

日军细菌部队“姊妹”之间，因细菌战“业务”的需要，从一支部

① ［日］吉見義明：「日本側の文书・记录にみゐ731 部隊と细菌戦——井本熊男『業務日誌』に現れゐ细菌兵器使用の记述を中心に」。该文是日本中央大学商学部吉见义明教授于 2000 年 12 月在东京“731 部队细菌战诉讼案”一审法庭上为中国受害者出庭作证的证词。参见［日］731・細菌戦展示会実行委員会、731・細菌戦裁判キヤンペーン委員会、ABC 企画委員会『裁かれゐ細菌戦』第 3 集，2001 年，第 44—45 页。

队临时“差出”人员“配属”给另一支部队时，也必须是在接到陆军中央下达的正式密令文件后方可进行。

1993年，吉见义明（日本中央大学教授）、伊香俊哉（立教大学讲师）依据《井本日志》“ホ”号作战（细菌战实施）记述的内容，认为：只要是与“ホ”号作战有关的事，井本熊男就有必要与参谋本部、陆军省上层取得联系，因为参谋本部的编成动员课和陆军省的军务局军事课，对细菌作战实施很重要。①

伯力审判期间，山田乙三供称：1945年，由于各战场上“军事情况恶化”，日本副陆相指令加紧“扩大细菌武器生产”；731部队“关于使用鼠疫跳蚤的实验结果，是由731部队领导，越过关东军司令部，直接呈报帝国大本营”。②

第二次世界大战结束后，美军调查官桑德斯前往日本进行调查时，曾在东京陆军军医学校担任重要职位的内藤良一在其提供给桑德斯的信息中承认：“日军有进行细菌战的经过和防御机构。参谋本部作战二课负责进攻性作战，医务局和卫生处负责研究和防御工作。”③ 这个信息算是桑德斯在日本调查期间获得的为数不多且有些许价值的信息之一。

综上，日军细菌部队，凡是与细菌战有关的事项，皆在陆军中央统一“决策”下，接受“指导”、被“认可”、按“指示（密令）”进行（参见图8－2）。

（三）“荣”1644部队细菌战行动须接受陆军中央“大陆指”命令

日军细菌部队的细菌战“行为”，从计划、准备、联络到实施、结束等环节，均须得到陆军中央的“指导和许可”，细菌实战从正式开始到完全终止，须由参谋总长直接下达“大陆指”命令后方可进行。

井本熊男的《业务日志》中，凡有“ホ（细菌战）”号标记的日志内容，均与陆军中央（参谋本部、陆军省）有关联。左侧均署有陆军省、参谋本部等陆军中央主要人物的名字，如参谋次长泽田茂中将，参谋本

---

① ［日］吉見義明、伊香俊哉：「日本軍の細菌戦」，载『戦争責任研究』（季刊）2号（1993年冬季号）。

② ［苏］《前日本陆军军人因准备和使用细菌武器被控案审判材料》（中文本），莫斯科外国文书籍出版局印行1950年版，第101、103页。

③ 金成民、杨彦君主编，马学博、宫文婧译校：《侵华日军第731部队罪行实录·美军调查日本细菌战总结报告书》，中国和平出版社2015年版，第16—17页。

部第一部长富永少将，作战课冈田大佐、荒尾中佐等，陆军省次官阿南中将，军务局长武藤少将，军事课原田大佐、松谷中佐、松下中佐等。另外，还有关东军司令官、中国派遣军司令官、总参谋长及下属华北方面军、华中方面军、华南方面军司令官及具体负责联络事项的大佐、中佐军官知情。

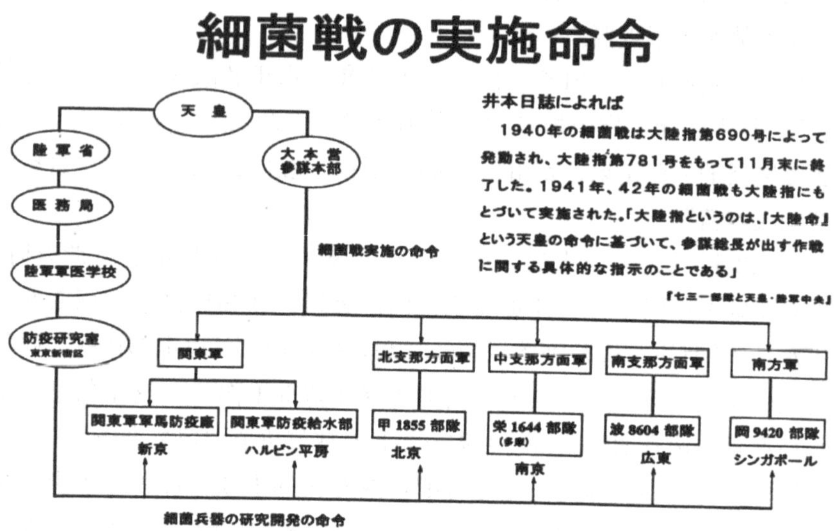

图 8－2 日军细菌战命令系统

资料来源：［日］731・細菌戦展示会実行委員会、731・細菌戦裁判キャンペーン委員会、ABC 企画委員会：『裁かれる細菌戦』第 7 集，2002 年，第 27 页。

1940 年浙江细菌战，从作战计划议定到作战命令正式下达、实施、结束，陆军中央全程参与。具体负责策划、制订实施计划的是参谋本部作战科（课）员荒尾兴功、中国派遣军参谋井本熊男、“荣” 1644 部队代理部长增田知贞。

1940 年 5 月 31 日的《井本日志》记述表明，在“ホ（细菌战）”标记的左侧，就列举了参谋本部、陆军省的高层领导及一般科（课）员，包括参谋次长泽田茂，参谋本部第一部长富永恭次，作战课长、作战课作战班班长及课员，陆军省次官阿南惟几，军务局长武藤章，军事科长、课员等。[1] 井本熊男作为中国派遣军参谋人员在这一天返回日本，与参谋本部、陆军省高层人员就“ホ”号作战进行了联络。除高层外，参谋本部的作战部、课、班成员及陆军省的军务局科、班成员都对实施细菌作战“非常重要”。

1940 年 6 月 5 日，井本熊男就细菌战实施时间、攻击目标、攻击方法、细菌攻击队指挥官等，与参谋本部作战科员荒尾兴功等人进行了“‘ホ’之商议”。6 月 28 日，井本熊男为“ホ”号事宜，再次从南京紧急返回东京，“与（陆军）中央联络”。7 月 10 日，井本熊男再一次与参谋本部作战科员荒尾兴功就“‘ホ’事宜”进行了联络。[2]

7 月 21 日，井本熊男“收到东京（陆军中央）来电，说为了传达（作战）命令”，并就 731“远征队”（加茂部队）“滞留”地（临时据点）的重新选定也做了指示（杭州笕桥机场旧址）。

就是说，陆军中央的两大机构（参谋本部、陆军省）从高层到一般的科（课）班人员大都全程参与了细菌作战计划的议定和细菌战实施命令即“大陆命”的正式下达。这实际上就是一个自上而下的为准备和实施细菌战的计划议定模式和细菌作战命令下达的例行程序。

浙江细菌战正式开始后，井本熊男与参谋部本部的联络一直没有中断。8 月 28 日，井本与参谋本部第一部部长富永恭次、作战课作战班和编成动员科编成班科员、班员进行了联络。

浙江细菌战中止命令也是由陆军中央下达，即“大陆指”第 781 号。其内容：

> 基于大陆命第 439 号做如下指示
>
> 一、中国派遣军总司令部按照大陆指第 690 号，目前实施的特种毒瓦斯实验应在 11 月末结束。
>
> 二、实验结束后所有人员、器材迅速归还原建制。
>
> 三、特别要严守机密。
>
> 昭和 15 年 11 月 25 日　参谋总长　杉山元

---

① ［日］井本熊男：『井本日誌』第 7 卷，转引自［日］吉見義明、伊香俊哉「日本軍の細菌戦」，载『戦争責任研究』（季刊）2 号（1993 年冬季号），第 9 页。

② ［日］井本熊男：『井本日誌』第 7 卷，转引自［日］吉見義明、伊香俊哉「日本軍の細菌戦」，载『戦争責任研究』（季刊）2 号（1993 年冬季号），第 9 页。

致：中国派遣军总司令　西尾寿造
关东军司令官　　梅津美治郎①

“大陆指”第781号中所言“特种毒瓦斯实验”指的就是细菌武器实验。11月25日《井本日志》也有同样的记载：参谋总长杉山元下发“大陆指”第781号，“根据‘大陆指’第690号，发出了于本月末中止实验的指示”。

1941年常德细菌战，同样是在陆军中央发布“大陆指”后进行。

1941年夏季，石井四郎在731部队总部收到日军参谋本部要求大批繁殖鼠疫跳蚤，加紧这方面研究工作的“指示”。②

1941年8月11日《井本日志》记载：根据杉本参谋的指示，井本熊男到达南京，向中国派遣军传达、联络“ホ号”事宜。9月16日《井本日志》记载：“发布‘保’的‘大陆指’命令。”

从以上几则《井本日志》内容可以看出，井本熊男在筹划常德细菌战的最后阶段起到了穿针引线的作用。8月11日，井本熊男从东京飞到南京，主要是代表参谋本部作战课与中国派遣军司令部就常德细菌战有关事宜做进一步的联络；9月初，井本熊男在增田知贞的（一再）催促下，初步决定实施常德细菌战；9月16日，正式由参谋本部发出实施常德细菌战的“大陆指”命令。据此可言，常德细菌战与浙江细菌战一样，是由日本大本营参谋本部下令，联络中国派遣军和731部队及“荣”1644部队共同实施。

1942年浙赣细菌战，也是由陆军中央负责发布命令。

据1942年5月30日《井本日志》记载，石井四郎少将、村上隆中佐、增田知贞中佐、小野寺义男少佐、增田美保少佐等731部队和“荣”1644部队的干部一行5人被招到参谋本部，“由第一部部长传达‘大陆指’及注意事项”。

---

① ［日］森松俊夫監修、原剛解說：『大本営陸軍部「大陸命」「大陸指」総集成』第五卷，東京：エムティ共同出版社1994年版，第108页，转引自［日］吉见义明《日本文档资料中记载的731部队和细菌战——井本熊男〈业务日志〉中关于使用细菌武器的记载》，参见王希亮、周丽艳编译《侵华日军731部队细菌战资料选编》，社会科学文献出版社2015年版，第436—437页。

② ［苏］《前日本陆军军人因准备和使用细菌武器被控案审判材料》（中文本），莫斯科外国文书籍出版局1950年版，第260页。

“浙赣作战”、浙赣细菌战结束后，日本大本营还就731“远征队”如何“归建（派遣人员、各种器材）”做了明确指示：

> 大陆指第1332号指示
>
> 中国派遣军总司令官畑俊六、关东军梅津美治郎：
>
> 根据大陆命第575号特指示如下：
>
> 一、中国派遣军总司令官依据大陆指第1170号指示结束战斗
>
> 二、依据前项指示，关东军派遣之人员、器材迅速返回原建制
>
> 三、详细情况由中国派遣军总司令官同关东军协商。
>
> 昭和17年11月7日
>
> 参谋总长 杉山元①

松野诚也认为：“浙赣作战”最后撤出细菌部队的“指示”，即细菌战最终结束的“指示”就是“大陆指”第1332号。其理由是，1994年6月，日本防卫厅防卫研究所战史研究室整理的内部资料《大本营陆军部指示目次收录》中有“大陆指”第1332号文件，并标有“ホ之件”，且标明方案制作者为“井本”。1942年，除“浙赣作战”外，日军在华中地区并无其他大规模作战。②

从图8-3《华中防疫给水部ノ编制改正并防疫给水部一部复归要领决定案》（以下简称《决定案》）扉页内容看，日本大本营陆军参谋部第三课奉命制作的时间是昭和15年11月1日（1940年11月1日）。《决定案》的具体内容与本书第二章提及的“昭和15年（1940年）3月仍有6支‘移动’防疫给水部活跃在华中地区”有关。此时，隶属华中防疫给水部的第3、4、5、6、7、9“移动”防疫给水部在战地继续“活动”7个月后，按《决定案》条款，需要进行“编制改正（复归）”。③

---

① 转引自［日］松野诚也《〈泽田日志〉记载的日军浙赣作战中的细菌战》，参见王希亮、周丽艳编译《侵华日军731部队细菌战资料选编》，社会科学文献出版社2015年版，第358—359页。

② ［日］松野诚也：《〈泽田日志〉记载的日军浙赣作战中的细菌战》，参见王希亮、周丽艳编译《侵华日军731部队细菌战资料选编》，社会科学文献出版社2015年版，第359页。

③ ［日］大本營陸軍部七拾五部：「中支那防疫給水部ノ編制改正竝防疫給水部一部復歸要領決定案」，資料編號：JACAR（アジア歴史資料センター）Ref. C01005931600（图像1513、1515、1516、1517），https：//www.jacar.go.jp，2020年9月15日。

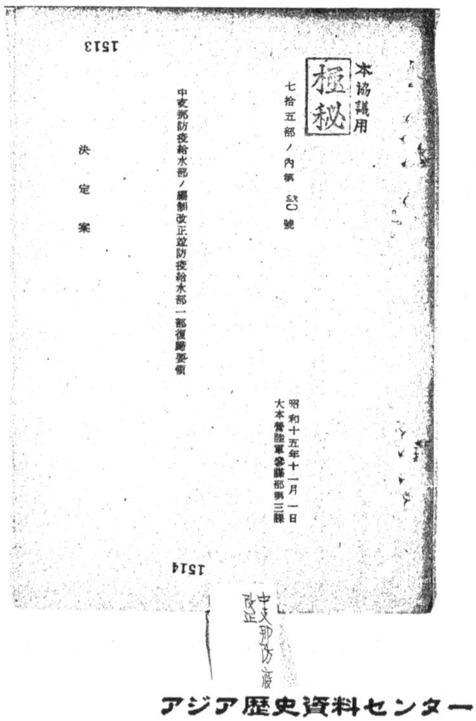
本協議用
極秘
七拾五部ノ内第50號
中支那防疫給水部ノ編制改正竝防疫給水部一部復歸要領
決定案
昭和十五年十一月一日
大本營陸軍部第三課
アジア歴史資料センター

图 8-3 《华中防疫给水部编制修正及防疫给水部一部归建要领决定案》

资料来源：［日］大本營陸軍部七拾五部：「中支那防疫給水部ノ編制改正竝防疫給水部一部復歸要領決定案」，資料編號：JACAR（アジア歴史資料センター）Ref. C01005931600（图像1513），https：//www. jacar. go. jp，2020 年 9 月 15 日。

图 8-4 是大本营陆军部的一个请示参谋总长、陆军大臣的“照会”件，这类文件钤有“密”“極密”“军事機密”等字样，并以“陆支（極）密”“参密”发送。

昭和 16 年（1941 年）4 月 8 日，陆军省的“陆支密第 3152 号”、大本营、陆军部的“参密第 213 号”命令就是请示时任参谋总长杉山元、陆军大臣东条英机的一份钤有“秘”字的文件。主要内容包括：请示从关东军防疫给水部“差出”5 人“配属”给华中防疫给水部；从“关东防疫给水部（731 部队）”抽调到华中防疫给水部（“荣”1644 部队）人员的姓名、官职身份、出身年月、携带的物品等都要列表登记在册，并上报大本营陆军部备案；完成派遣任务后“复归（归建）”，也要详细报

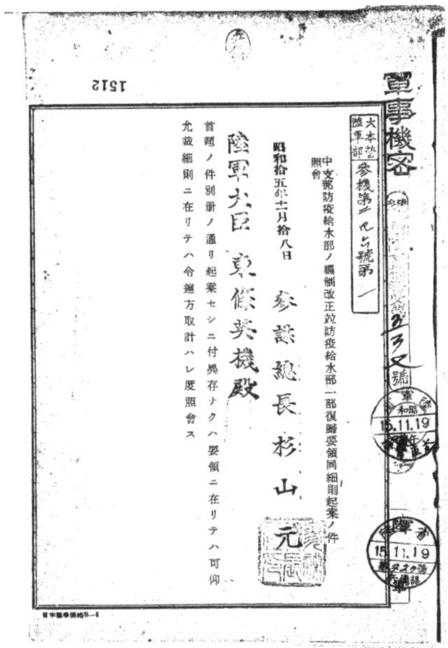
軍事機密
大本營陸軍部 參機第二九五號第一
中支那防疫給水部ノ編制改正竝防疫給水部一部復歸要領同細則起案ノ件照會
昭和拾五年十一月拾八日 參謀總長 杉山元
陸軍大臣 東條英機殿
首題ノ件別冊ノ通リ起案セシニ付異存ナクハ要領ニ在リテハ可仰允裁細則ニ在リテハ令達方取計ハレ度照會ス
1512

アジア歴史資料センター

图 8－4 《华中防疫给水部编制修正及防疫给水部一部归建要领细则》

资料来源：[日] 大本營陸軍部：「中支那防疫給水部ノ編制改正竝防疫給水部一部復歸要領同細則起案ノ件」，資料編號：JACAR（アジア歴史資料センター）Ref. C01005931600（图像1512），https：//www. jacar. go. jp，2020年9月15日。

备给大本营陆军部（参见图8－5）。

最先公开披露《井本日志》中有关日军细菌战机密的日本学者吉见义明教授认为：《井本日志》的价值"不仅在于作者的高层身份和工作职务的涉密性而使其内容具有极强的真实性和可靠性，还在于它揭示了日军细菌战实施的指挥命令系统，从而证实日军细菌战是日本最高当局的战争行为"。①

综上，"荣"1644部队与731"远征队"共同实施的浙江细菌战、常德细菌战、浙赣细菌战都是按照日本陆军中央"大陆指"命令进行的。

① [日] 吉见义明：《〈井本日志〉的发现及其内容的真实性和价值》，《武陵学刊》2010年第2期。

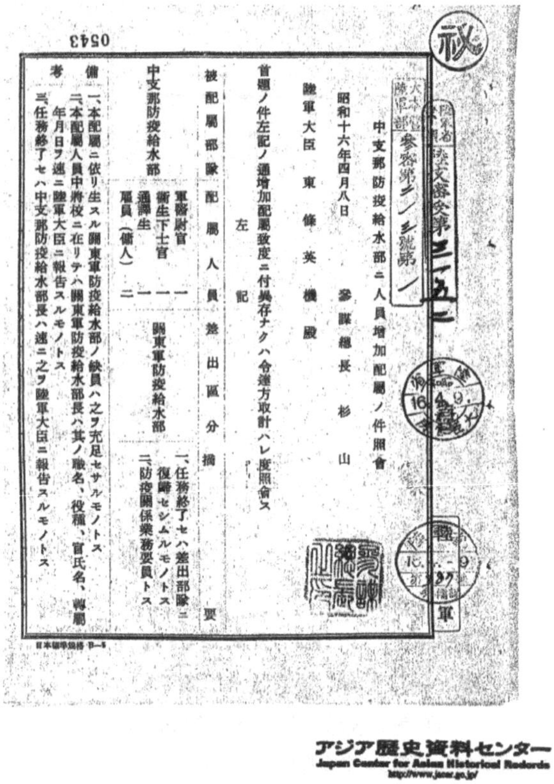
中支那防疫給水部ニ人員增加配屬ノ件照會

昭和十六年四月八日　參謀總長　杉山

陸軍大臣　東條英機殿

首題ノ件左記ノ通增加配屬致度ニ付異存ナクハ令達方取計ハレ度照會ス

左記

被配屬部隊	配屬人員		差出區分	摘要
中支那防疫給水部	軍醫尉官	一	關東軍防疫給水部	一、任務終了セハ差出部隊ニ復歸セシムルモノトス 二、防疫關係業務要員トス
	衛生下士官	一		
	通譯生	一		
	雇員（傭人）	二		

備考

一、本配屬ニ依リ生スル關東軍防疫給水部ノ缺員ハ之ヲ充足セサルモノトス

二、本配屬人員中將校ニ在リテハ關東軍防疫給水部長ハ其ノ職名、役種、官氏名、轉屬年月日ヲ速ニ陸軍大臣ニ報告スルモノトス

三、任務終了セハ中支那防疫給水部長ハ速ニ之ヲ陸軍大臣ニ報告スルモノトス

图 8－5 《华中防疫给水部人员增编通报》

资料来源：［日］大本營陸軍部：「中支那防疫給水部ニ人員增加配属件ノ照会」，資料編號：JACAR（アジア歴史資料センター）Ref. C01005931600（图像 1512），https：//www. jacar. go. jp，2020 年 9 月 15 日。

二 “荣”1644 部队与“姊妹”部队的关系

（一）“荣”1644 部队与 731 部队的关系

西里扶甬子认为：“荣 1644 部队是 731 细菌部队的‘姊妹’部队。”①

① ［日］西里扶甬子：『生物戰部隊 731』，東京：草の根出版会 2002 年版，第 93 页。

日本学者常石敬一也认为 1939 年建置的北京“甲”1855 部队、南京“荣”1644 部队、广州“波”8604 部队是 731 部队的“姊妹”部队。①

我们认为，731 部队与“荣”1644 部队的关系更像是一种“母子”关系。也就是说，731 部队是“荣”1644 部队的母体。从“荣”1644 部队组建伊始，731 部队长石井四郎就给予其不同于其他细菌部队（如“甲”1855 部队、“波”8604 部队）的重视。“荣”1644 部队的第一、二、三任部队长皆与 731 部队有着直接关系。1939 年 5 月“荣”1644 部队建成时，首任部队长就由时为 731 部队长的石井四郎兼任，其心腹之一增田知贞为代理部队长。1941 年 2 月，增田知贞正式担任“荣”1644 部队第二任部队长。1941 年 7 月，增田知贞调回日本，曾任 731 部队第二部（野外实验部）部长的太田澄南下就任“荣”1644 部队第三任部队长。总之，在“荣”1644 部队建立与发展过程中，石井四郎确实对它“关爱与呵护”有加。

“荣”1644 部队各类人员配置、各种防疫给水器械调集、细菌武器研发及细菌战准备与实施等诸多方面都与 731 部队有着直接关系。如前所述，“荣”1644 部队“是出于军事作战目的，于 1939 年由 731 部队将其一部分人才、器材运往南京而建立起来的一支特别部队”②。

“荣”1644 部队初建成时，新兵要“接受 3 个月的卫生教育，教育主任是从参谋本部抽调过来的高级副官小野寺义男军医少佐。奉 731 部队命令前来担任教育队长的小山田功大尉，教育结束后就返回哈尔滨了”③。

1940 年浙江细菌战、1941 年常德细菌战、1942 年浙赣细菌战，这三次在中国南方浙、赣、湘三省实施的较大规模的细菌战均以 731“远征队”为主力，“荣”1644 部队派遣人员参与。

据日本大本营“陆支密第 1074 号、1075 号”，昭和 16 年（1941 年）4 月 15 日，参谋总长答复同意从关东军防疫给水部“差出”军医官 1 人、卫生下士官 1 人、翻译 1 人、雇员 2 人，“配属”华中防疫给水部，并将此

---

① ［日］常石敬一：『十五年戦争極秘资料集』補卷 23『陆軍軍医学校防疫研究報告』（解説・総目次），東京：不二出版 2005 年版，第 6 页。

② ［日］水谷尚子：《让历史事实公之于世——曾在一六四四部队服务的美术兵石田甚太郎的证词》，《文汇报》1995 年 11 月 29 日第 9 版。

③ ［日］水谷尚子：「一六四四部隊の組織与活動——語りはじめた元部隊員たち」，『戦争責任研究』（季刊）15 号（1997 年春季号），第 54 页。

令传达给中国派遣军总司令部和关东军司令部“备案”（参见图 8－4）。

1941 年 4 月 15 日《井本日志》中也有相关记载：“为了宁波的 P 研究”，采取了“从关东军抽 5 名人员，增员配给华中防疫给水部”等措施。①

结合上述史料可知：自 1940 年 10 月底在宁波投放“P”（鼠疫菌）获得“成功”后，“荣”1644 部队因缺人手，遂向陆军大臣报告。在日本大本营陆军部的直接安排下，专门从 731 部队抽调 5 名技术人员，（临时）配属给“荣”1644 部队，助其“研究”宁波鼠疫细菌战之“效力”及其他细菌武器相关“技术”。而这种人员调配，并非一次。

据石田甚太郎的证词，近喰秀太是在“荣”1644 部队初建时从 731 部队转过来的，转过来后，一直到战败为止都在总部一科工作。②

与“甲”1855 部队、“波”8604 部队等日军细菌部队相比较而言，以石井四郎为首的 731 部队对“荣”1644 部队的重视和支持力度是最大的，甚至几乎可以说是全方位的。“荣”1644 部队的建制沿革、细菌武器研制、细菌武器实战、战后总结等，均有 731 部队人员在其中。

（二）“荣”1644 部队与“甲”1855 部队的关系

伯力审判期间，被告西俊英（曾先后担任 731 部队孙吴支队长、731 部队训练部部长）供称：

> 1940 年 8、9 月间，我到过北京防疫给水部司令部。当我在北京防疫给水部司令部的时候，那里收到了由南京防疫给水部司令部交来的一个文件。我从这个文件中知道了在宁波一带使用细菌的消息。后来，北京防疫给水部部长吉村中佐又通知我，说在中国使用的鼠疫细菌是从石井那里（笔者注：此指 731 部队本部哈尔滨平房）运来的。1940 年 9、10 月间，我的友人濑户少佐由南京来到北京时通知我，说他是刚从华中那里进行过动作后回来的。③

---

① ［日］井本熊男：『井本日誌』第 11 巻，转引自［日］吉見義明、伊香俊哉「日本軍の細菌戦」，载『戦争責任研究』（季刊）2 号（1993 年冬季号），第 13 页。

② ［日］水谷尚子：「元一六四四部隊員の証言——軍画兵、石田甚太郎の体験から」，『戦争責任研究』（季刊）10 号（1995 年冬季号）。

③ ［苏］《前日本陆军军人因准备和使用细菌武器被控案审判材料》（中文本），莫斯科外国文书籍出版局印行 1950 年版，第 300 页。

依据西俊英的这份供词，可作如下分析：

“荣”1644部队与“甲”1855部队（以及与其他各细菌部队）在细菌战情报讯息方面是互通的，“南京交来的文件”“吉村的通知”可为证。

“甲”1855部队派人员参加了1940年浙江细菌战实施。至少，“甲”1855部队的濑户少佐“在那里进行过动作”，“动作”完成之后，返回原（“甲”1855）部队。这可以作为731部队、“荣”1644部队、“甲”1855部队共计三支日军细菌部队派员实施1940年浙江细菌战的证据之一。

（三）“荣”1644部队与“波”8604部队的关系

如上述“荣”1644部队与“甲”1855部队的关系一样，“荣”1644部队与“波”8604部队属于“姊妹”部队关系。

“波”8604部队始建时间早于“荣”1644部队，但它们建成的时间一致，即1939年5月20日。“波”8604部队刚建成时的规模小于“荣”1644部队。

这两支部队之间在人员调配上，有一些证据。如：

“波”8604部队第四任部队长佐藤俊二任职时限为1940年12月至1943年2月。佐藤俊二离开“波”8604部队后，调往南京任职“荣”1644部队第4任部队长。佐藤俊二在“荣”1644部队任职部队长的时限为1943年2月至1944年3月。尔后，佐藤俊二离开南京，调往东北，任关东军第5军军医处长。

曾担任过“波”8604部队第4课课长的渡边（军医少佐），最先是731部队的成员，在离任“波”8604部队后，调往南京担任“荣”1644部队上海支部部长以及朝鲜军的军医部长。[①]

根据上述两条证据，我们认为，日军细菌部队之间骨干人员的调配（动），除了有一部分直接来自731部队外，其他“姊妹”部队之间，也有一些流动。

就目前所掌握的文献资料而言，尚不能确定它们之间在细菌人体实验、实战等方面是否有“业务”往来或“技术”合作。

（四）“荣”1644部队与“冈”9420部队的关系

“冈”9420部队即日本南方军防疫给水部。有史料证明，“南方军防

① ［日］近藤昭二：「丸山茂さんの証言」，参见［日］NPO法人731資料センター『会報』，2017年第20号，第5页。

疫给水部”是在华中防疫给水部（“荣”1644 部队）总部所在地南京编成。

日军建立“冈”9420 部队，主要是基于两个意图：一是因为受南太平洋地区热带气候影响，日本南方军官兵患热带病情况比较严重，需要组建一支防疫给水部队“防疫”；二是用细菌武器弥补其在太平洋战争爆发后，因南方军作战区域扩大所导致的兵员不足问题。

1942 年年初，日军在南京组建南方军防疫给水部先遣队，经中国上海、中国台湾、菲律宾马尼拉，于 1942 年 2 月 12 日到达新加坡。1942 年 4 月 1 日，日本陆军部正式下达南方军防疫给水部编成命令。1942 年 4 月 22 日，时任中国派遣军总司令畑俊六向日本陆军部呈交《南方军防疫给水部编成地及编成完成日报告》。在这份报告中，“南方军防疫给水部”的秘匿称号为“荣”（与当时中国派遣军的秘匿称号“荣”、华中防疫给水部”秘匿称号“荣”一致），数字代码为“九四二〇”。具体负责南方军防疫给水部编成的直接责任人是华中防疫给水部部长，而时任华中防疫给水部部长的是第三任部长太田澄。由此可知，“南方军防疫给水部”从最初的“防疫先遣队”到奉命正式组建的“南方军防疫给水部”，都在南京“荣”1644 总部完成，“业务”主管是太田澄。5 月 12 日，畑俊六又给日本陆军部呈交《南方军防疫给水部编成完结及文书提交报告》，该报告明确标识南方军防疫给水部的编成时间是 1942 年 5 月 5 日。[①]“南方军防疫给水部队（‘荣’9420 部队）”前往新加坡的路线与其先遣队路线一致，于 6 月 20 日到达新加坡。尔后，因隶属南方军（日军第七方面军，秘匿称号为“冈”），故“荣”9420 部队将秘匿称号改为“冈”9420 部队。

根据“冈”9420 部队《留守名簿》，其所有成员中，来自 731 部队的 7 人，来自“波”8604 部队的 66 人，来自“甲”1855 部队的 5 人，来自“荣”1644 部队的 132 人。[②] 从这组数字可知，来自“荣”1644 部

---

① ［日］近藤昭二：『解説岡 9420 部隊』，载 731 研究会编『細菌戦部隊』，東京：晩聲社 1996 年版，第 244 页。另说“冈”9420 部队正式编程时间是 1942 年 3 月 26 日。参见［日］“菊の防給”編輯委員会编『菊の防給——第十一防疫給水部の步み』，東京：汲粹會 1980 年版，第 25 页。

② 杨彦君：《第二次世界大战时期日本侵驻东南亚的生物战部队》，《北方文物》2020 年第 12 期。

队的人员最多。来自“荣”1644部队的这些人员，军衔和职级包括军医大尉、卫生大尉、卫生准尉、卫生曹长、卫生军曹、卫生伍长、卫生兵长、卫生上等兵以及辎重兵、会计曹长、雇员等。

据水谷尚子调查，羽山良雄担任“荣”1644部队上海支部长后不久，就被调往“冈”9420部队，“到战败时，一直担任新加坡‘冈’9420部队长”。[①] 据“冈”9420部队《留守名簿》记载：羽山良雄是第二任部队长，“昭和18年（1943年）6月3日编入南方军防疫给水部，军医少将”。[②]

从“冈”9420部队初建于“荣”1644部队总部、初建时负责人为华中防疫给水部部长、《留守名簿》记载其成员来自同类部队以“荣”1644部队人员最多等史实看，“冈”9420部队的“基干”出自“荣”1644部队，远超其他各支细菌部队的总和。

三 “荣”1644部队与“九研”的关系

（一）日本“第九陆军技术研究所”

第二次世界大战时期，日本国内曾“更为系统地、更大规模地进行过包括生物武器和化学武器的特殊武器研究”，研究基地的名称即“登户研究所”。因其总部设在日本神奈川县川崎市多摩河畔一个叫“登户”的地方，故名。其前身为日本陆军于1903年设立的武器研究机构“陆军技术审查部”，1919年改称“陆军科学本部”，同时设立“陆军科学研究所”，进行军事科学技术基本研究。1925年，“陆军科学研究所”改变内部机构，设第一部（物理方面）、第二部（化学方面）、第三部（毒瓦斯方面）。1927年，在东京新宿户山原的“陆军科学研究所”第二部设立“秘密战资材研究室”，从此开始秘密战研究。[③]

1937年11月设立“陆军科学研究所登户实验场”，只有18名工作人

---

① ［日］水谷尚子：「一六四四部隊の組織与活動——語りはじめた元部隊員たち」，『戦争責任研究』（季刊）15号（1997年春季号），第52页。

② 杨彦君：《第二次世界大战时期日本侵驻东南亚的生物战部队》，《北方文物》2020年第12期。

③ ［日］中野胜：《秘密战基地“登户研究所”》，《东北史地》2004年第10期。

员，同时参谋本部第二部进行机构改革，设立第八科（谋略科），1938 年正式开始秘密开发新武器研究。1939 年 8 月改称“陆军科学研究所登户出张所”，工作人员增加至 60 人，下设第一科（强力电波科）、第二科（谋略武器科）、第三科（制造假币科）。1941 年 6 月，陆军技术本部机构改编，废除陆军研究所，独立设立 9 个研究所，其中，第六研究所的研究课题为“化学武器、有关化学武器的医学调查”；第九研究所的研究课题为“机密武器，材料的研究、创造，设计和试验，通称‘陆军登户研究所’”，1942 年改称“第九陆军技术研究所”，因其秘密性，研究内容没有记入正式文件。①

“第九陆军技术研究所”，简称“九研”。它隶属日本陆军省和参谋本部。其职能是研发生物化学武器、制造假币，从事秘密战、谋略战研究。“九研”规模最大时，有建筑物 100 余栋、各类工作人员 1000 余人。

据长期在“九研”二科工作过的伴繁雄（技术少佐）回忆：“九研”共有 4 个科室，第一科是物理兵器科，研究内容包括气球炸弹、特殊无线电器、强力电波、人造雷等；第二科是谋略兵器科，研究内容包括秘密通信法、毒物制造及消毒、军用犬防御剂、动物植物谋略武器；第三科假币制造科；第四科是对第一科、第二科的研究品进行制造、补给、指导。

二科研究的“谋略兵器”分为两大类：破坏（爆破）杀伤谋略和生物谋略。生物谋略又分为三类：毒物谋略（3 班负责）、植物谋略（6 班负责）、动物谋略（7 班负责）。② 伴繁雄的回忆进一步证实了“九研”研究生化武器的性质。

（二）研验生化武器等

“九研”关于植物的细菌武器研究，始于 1938 年对农作物发生疫病的研究，1942 年 5 月做过此类实验。对动物的细菌武器主要研究家畜感染的牛疫病、霍乱等传染病。1940 年设置生物谋略兵器研究室，最初是从陆军军医学校收集伤寒、鼠疫菌进行研究，“战争末期对人体的生物武器是在 731 部队，对动物的生物武器在陆军登户研究所里分别进行研

① ［日］中野胜：《秘密战基地“登户研究所”》，《东北史地》2004 年第 10 期。

② ［日］伴繁雄：『陸軍登戸研究所の真実』，東京：芙蓉書房 2001 年版，第 69 页。

究”。①

1941 年，“九研”研制了一种和氰相似的新毒药，在动物实验上获得成功。为了调查这种新毒物的性能，了解对人的致死量、观察病状以及和氰酸比较等，遂派专人前往“荣”1644 部队总部做人体实验。

美国学者谢尔顿 · H. 哈里斯认为：1941 年，“荣”1644 部队的人体实验细菌战研究成果达到高峰。这一年的任务特别多，以至于未来继续研究项目不得不抽调其他技术部队的人员。最后，增田知贞和陆军第九技术研究所，即所谓的“九研”，共同合作进行了一系列穷尽人类想象的实验。②

日本《每日新闻》记者朝野富三为弄清楚“荣”1644 部队活人实验真相，在对知情者进行调查时，发现了“九研”与“荣”1644 部队研究员联合进行活人实验的证据材料。

1941 年 5 月，“九研”技术科第二科科长率领他的 7 名得力助手（5 名技术官、2 名技手）到达南京。他们从“九研”本部带来各种人体实验用的毒素，如氰化钾、丙酮、氢氰酸、亚砷酸盐、台湾蛇毒、河豚毒素和提纯的“trikabuto”，还携带了各种类型的细菌。

在南京，来自“九研”的研究人员与“荣”1644 部队通力合作，进行活人实验以检验所带各种毒素的“毒力”。实验在实验楼（副楼）秘密进行，“荣”1644 部队总部有 2 名军医及 1 名翻译参与。在为期一个多月的时间内，几乎每天都有犯人从 4 楼被押到 3 楼的各个实验室。翻译蒙骗坐在实验室床上的“犯人”说，“不用害怕，穿白大褂的是给你们治病的医生”。当这些“犯人”被注入蛇毒或氢氰酸以及其他毒物后，“医生”和“技师”们就静心专志，仔细观察“犯人”（被实验者）的反应。由于担心被实验者看出什么，给他们注射“药物”时动作非常迅速。其中有一个“犯人”刚注射完毕就瘫痪了，几分钟后心脏完全停止跳动。

其中有一名技师，为了验证人吃亚砷酸盐后心脏会停止跳动的理论是否正确，就让 6 个“犯人”吃下掺有亚砷酸盐的馒头，开始剂量小，没成功，接连加大剂量，最后剂量增加 10 倍后仍未达到预期效果。实验

① ［日］中野胜：《秘密战基地“登户研究所”》，《东北史地》2004 年第 10 期。

② ［美］谢尔顿 · H. 哈里斯：《死亡工厂：美国掩盖的日本细菌战犯罪》，王选等译，上海人民出版社 2000 年版，第 180 页。

结果让这位技师大失所望，只是“懊丧”地宣称文献不可靠，看不出他有什么负罪感。①

上述“九研”技术科一行 7 人于 1941 年到“荣”1644 部队总部进行人体实验之事实，有原陆军第九技术研究所（登户研究所）技术少佐伴繁雄的日志得以印证。据伴繁雄日志中记载：1941 年 5 月上旬，根据参谋本部的命令，登户研究所为了进行毒物人体实验，专门派遣 7 名工作人员到南京华中防疫给水部即“荣”1644 部队总部出差……这次“九研”人员“南京之行”，事先由“九研”所长筱田与 731 部队长石井四郎在参谋本部商议之后决定。②

“九研”与“荣”1644 部队之间究竟是隶属关系还是合作关系呢？国内有著述认为“荣”1644 部队隶属于“九研”。多年来研究日本侵华细菌战史的知名学者陈致远教授否认这一说法，认为：“九研”长期利用“荣”1644 部队的人员、设施和“马路他”资源“开发秘密谋略武器”，二者之间就是一种“合作”关系。③

由于“荣”1644 部队与“九研”在“业务”上有着广泛的“合作”，因此“荣”1644 部队有时也称“多摩部队”“登户部队”。

四 “荣”1644 部队与同仁会的关系

（一）日本同仁会简介

1902 年 6 月，同仁会作为日本的一个向海外拓展的医疗事业团体在东京成立，至中国抗战前，“利用多种扩张形式，成为日本在华最大的医疗团体”④。其成立之初的目的是想向中国及东亚诸国输出所谓日本先进的医学技术。因为日本自明治维新后，尤其是 19 世纪末和 20 世纪初，医学发展较快，在医学的多学科领域走在亚洲诸国前面。1904 年 10 月，同

---

① ［日］常石敬一、朝野富三：『細菌戦部隊と自決した二人の医学者』，東京：新潮社 1982 年版，第 201—202 页，参见哈里斯著、王选等译《死亡工厂：美国掩盖的日本细菌战犯罪》，第 180—182 页。

② ［日］伴繁雄：『陸軍登戸研究所の真実』，東京：芙蓉書房 2001 年版，第 80—81 页。

③ 陈致远：《日本侵华细菌战》，中国社会科学出版社 2014 年版，第 236 页。

④ 王萌：《抗战时期日本在中国沦陷区的卫生工作——以同仁会为对象的考察》，《近代史研究》2016 年第 5 期。

仁会在发布的纲领中称言：

> 要将日本先进的医学注入清（朝）韩（国）及其他东洋诸国，使其人众均浴斯学恩泽。帮助诸国改善医事卫生。①

这个借行医取信中国人之目标背后含有裨益日本工商业在中国的拓展，扩大日本医科大学毕业生在国外的就业市场的真实意图。②

日本同仁会从1902年6月成立到1946年2月解散，其间，在中国开设医院、出版刊物，与中国医学者在多个医学领域进行学术交流，但这个时段恰与日本觊觎中国、逐渐升级军事对抗进而策动全面侵略中国的时间大致相当。从20世纪20年代起，日本侵略中国的野心不断膨胀，日本同仁会在中国各地（尤其是华北、华中）设立的医疗机构并未置身“事”外。如1928年5月初，日军制造“济南事变”，同仁会遵照日本总领事之意，命令与外务省有渊源的同仁会济南医院全面为日军提供服务，并要求同样与外务省有渊源的同仁会青岛医院支援济南医院。同仁会济南医院除了将所有医疗设施提供给军队使用外，还参与运送弹药、搜集情报的工作。日军登陆青岛时，同仁会青岛医院提供库存品、睡床、备用病床等。③

1937年7月，日本拉开全面侵华战争的序幕后，“同仁会停止了在华的一切事业，在国内重新组成诊疗医护班，在军队指挥下进行宣抚工作。1939年设置防疫班，进行占领地的防疫工作”④。日本全面侵华战争让这样一个在成立和发展之初还算是较为纯粹的日本医疗团体抛却“普及日本医学、医疗”的初衷，在很多“行为”上出格，助力日本军政当局侵略中国。更让人惊讶的是，日本在中国华北、华中地区的同仁会机构还充当了侵华日军华北、华中细菌部队的帮凶。

（二）在沦陷区开展医事卫生调查和“宣抚”工作

1930年，同仁会专门成立调查部，负责调查中国各地的医疗卫生现

---

① ［日］穗坂唯一郎：『同仁会四十年史』，東京：同仁会1943年版，第2页。

② ［日］岡田和一郎：「同仁会の設立について」，『京都医事衛生雑誌』，1903年，102：3—5。

③ ［日］穗坂唯一郎：『同仁会四十年史』，東京：同仁会1943年版，第127—128、152页。

④ 丁蕾：《日本近代医疗团体同仁会》，《中华医史杂志》2004年第2期，第102页。

状。1937年7月全面抗战爆发前，日本对南京地区医事卫生情报的搜集，主要是利用国民政府公开发表的各种信息。南京沦陷后，日军军医直接在当地秘密开展医事卫生调查，公开的调查由同仁会具体负责。全面抗战时期，日本同仁会奉日本军政当局指令，先后组建多支诊疗班、防疫班，在中国沦陷区进行医事卫生调查，成为日军侵华的工具。

随着日本对中国华北、华中地区的侵略规模不断扩大，此前国民政府在这两个地区建立的卫生防疫机构被迫关闭，公立、私立医院大多停业或内徙，“沦陷区内公共卫生体系陷入瘫痪，民众流离失所，各种疫病渐有蔓延之势”。① 日本军政当局基于侵略利益考虑，决定在占领区开展带有殖民主义性质的诊疗防疫卫生工作。

日本同仁会组建由医学人员构成的诊疗班，协助日军特务机关下属的“宣抚班”在沦陷区开展医疗“宣抚”和防疫工作。

1937年9月，同仁会、大阪帝国大学医师团等医疗团体受外务省之命组建“诊疗班”，准备前往中国华北、华中地区，协助日军“宣抚班”开展工作。10月，来自日本驻外使馆“国际联盟将派遣防疫班来华”的情报引起日本外务省等部门的警惕。② 日本外务省根据当时中国华北各地“卫生现状”，决定仍由同仁会负责执行对华防疫工作，成立“临时对华防疫事业部”，并给予财政“独立预算权利”。③ 日本外务省又密令东京帝国大学教授宫川米次等医学专家前往华北调查“疫情”。宫川一行途经“伪满洲国”进入华北时，与时任关东军防疫给水部（后来易名为731部队）负责人石井四郎等就华北卫生问题进行了密谈。宫川米次回国后不久即出任日本同仁会副会长，“负责联络防疫专家，筹划对华防疫业务”。④ 汉口医疗班是日本同仁会在华中地区最早设立的诊疗班之一，是以原汉口同仁会医院为主体建立的。汉口医疗班最先受华北日军特务机关之命前往河北沧州、山东德州开展“宣抚”医疗工作，日军占领武汉后，汉

① 王萌：《抗战时期日本在中国沦陷区的卫生工作——以同仁会为对象的考察》，《近代史研究》2016年第5期。

② 王萌：《抗战时期日本在中国沦陷区内的卫生工作——以同仁会为对象的考察》，《近代史研究》2016年第5期。

③ ［日］外務省文化事業部：「対中国防疫事業概要」1938年9月1日，近现代資料刊行会：《中国占领地の社会调查Ⅰ》第8卷，東京：近现代資料刊行会2010年版，第6—7页。

④ 王萌：《抗战时期日本在中国沦陷区的卫生工作——以同仁会为对象的考察》，《近代史研究》2016年第5期。

口诊疗班回到汉口继续活动。[①] 1937年12月，南京沦陷。日本同仁会决定开展第二阶段的医疗“宣抚”工作（第一阶段共设立汉口、济南、青岛三个诊疗班，活动范围主要在华北），向占领区南京、上海、太原、石家庄派出由各大学医学部医学专家组成的4支诊疗班。其中，派往华中地区的以东京帝国大学医学部为主体的南京诊疗班、庆应义塾大学医学部为主体的上海诊疗班被视为两支重要的诊疗班。[②]

1938年4月16日，由东京帝国大学、北海道帝国大学等大学医学部毕业的11名医师组成的同仁会南京诊疗班到达南京。在驻南京的日军协助下，于5月初开办同仁会南京医院，着手对南京市民施行医疗“宣抚”。1939年6月至1945年5月，同仁会机关学术刊物《同仁会医学杂志》共刊载339篇医师们的调查报告及研究论文。从这些已经发表的调查报告及论文可以看出，同仁会对各地传染病的流行情况，不管是急性传染病还是慢性传染病，都以“大陆医学”名义纳入调查研究范畴。在各种传染病中，同仁会对霍乱疫情的调查研究论文报告占比较高，最主要的调查成果是《南京市民的疾病观》，发表之后即受到日本军政当局的高度重视。1941—1942年，同仁会各地卫生机构在日本军政当局的指挥下，进行了一次关于中国各类疫病流行的大调查，调查范围几乎涵盖沦陷区所有省份，从中可看出沦陷区内传染病的流行概况。

1938年3月，日本同仁会在上海设立华中防疫总部，下设南京支部。南京沦陷后，对南京及附近地区的民众展开各种医事卫生调查，“自1938年5月启动，一直延续至日本战败”。[③] 日军军医的调查较为隐秘，由同仁会进行的调查则是公开进行。

1941年12月，太平洋战争爆发后，日本政府开始安排占领军全面接管占领区外国医院。日军每占领一个地方即指示同仁会经营。

1938年7月，日军占领长江沿线重要通商口岸城市江西九江。1940年3月，进驻九江市的日军第68师团强占始建于1896年的教会医院“但福德医院”（1901年正式命名开业，今为九江市妇幼保健院），将其易名

① ［日］穗坂唯一郎：『同仁会四十年史』，東京：同仁会1943年版，第127—128、275页。

② 王萌：《抗战时期日本在中国沦陷区的卫生工作——以同仁会为对象的考察》，《近代史研究》2016年第5期。

③ 王萌：《日本对沦陷后南京的医事卫生调查》，《民国研究》2018年第1期。

为“同仁会病院”。根据侵华日军《桧第六十八师团史》中的《九江市街要图》[①]，当时在九江市有两所“同仁会病院”。其中，一所“同仁会病院（前身即上述但福德医院）”与“桧”第68师团司令部（今九江市第二中学）、师团野战医院（今九江市第一人民医院）、师团病马厂相隔很近，另一所“同仁会病院（今湓浦路消防队）”与“桧”第68师团军医部官舍相邻。“荣”1644部队在“桧”68师团驻地九江市设有分支机构——“九江支部”，九江市的这两所“同仁会病院”基于战时日本军政当局的指令，在“业务”上隶属“荣”1644部队，也就是说，“荣”1644部队是它们的“实际指导机关”。[②] 由此可证，“荣”1644部队设置在九江市的细菌战分部——“九江支部”与这里的两所“同仁会病院”必定有“业务”往来，它们彼此之间，在“业务”上应该是既有分工又有协作。

同仁会在华诊疗班的“宣抚”工作与之前相比，增加了以小组为单位，配合日军野战部队深入中国的巡回活动。如：1942年5月，上海诊疗班奉日军“荣”1644细菌部队之命，派人员前往苏州协助日军调办大米等物资。[③] 这虽不能直接证明上海诊疗班与“荣”1644部队在细战活动方面有直接关联，但至少证明它们之间存在隶属关系。1944年年底，为配合日军“一号作战”，南京诊疗班派出一个由1名医员和3—4名护士组成的临时小组在白水至衡阳间巡回。[④]

（三）配合日军细菌部队开展活动

日本对华全面战争开始后，日本同仁会接受日本军政当局指令，利用其在中国已取得的合法、公开身份，派遣医师与医学家（其中有不少是细菌学专家）组成诊疗班，开展防疫工作。日本外务省、军部又先后均对同仁会下达“命令”，旨在控制同仁会设立的防疫班，服务日本军方，接受日军细菌部队长指挥，配合日军细菌部队开展活动，从事一些

① ［日］武田登司雄编集：『檜第六十八師団史』，檜第六十八師団史編纂委員会1980年版，第144页；另参见中国人民政治协商会议九江市委员会《九江文史资料选辑·日军在九江市区布防图今昔地名对照》（第三辑：纪念抗日战争胜利40周年专辑，星子县印刷厂印行）1985年第1版（内部发行），第172—174页。

② 王萌：《抗战时期日本在中国沦陷区的卫生工作——以同人会为对象的考察》，《近代史研究》2016年第5期，第118页。

③ ［日］佐加倉滬浪：「江南施療行」，『同仁会報』1942年第8号。

④ ［日］「杉江善夫致青木義勇函」，『青木義勇文書』第1卷，第252、254页。

与其身份根本不相符的“特别防疫”工作。

1938年3月底，日本外务省向同仁会下达《对华防疫事业方针》，明确同仁会在中国的防疫区域为华北、华中两个地区，待条件成熟后，在这两个地区的防疫班由临时机构改为常驻机构，在沦陷区建立以日本为主导的防疫体系。① 日本军部为了控制同仁会在华防疫业务，规定：“派往中国者将解除外务省委托的一切现职，转为我军的‘嘱托’并隶属我军。”② 日本外务省及军部的规定让同仁会负责人倍感在华“防疫”任务非同“寻常”。1938年4月初，同仁会副会长宫川米次等利用到京都参加日本医学总会之机，与日本医学界防疫专家商讨技术援助问题，参与讨论的有石井四郎、北野政次等日军细菌部队专家。同仁会派出由东京帝国大学医学部教授高木逸磨负责的98人规模的华北防疫班（部），③ 以及由大阪帝国大学医学部教授谷口腫二负责的88人规模的华中防疫班（部）。④ 华北防疫班（部）到达北京后，因上海暴发霍乱疫情，为阻止疫情北上，在各铁路沿线要地进行检验和预防。其使用的检测设备与疫苗基本上是在天坛试验所生产的。华北防疫班（部）分设总务、教育、生产、调研4个部，其中生产、调研二部隶属日军菊池部队。⑤ 华北防疫班（部）接受华北日军指挥，成为“军队的防疫机关，以战斗为基准，按军方要求实施并指导传染病的消毒与指导工作”。菊池部队的许多细菌战工作细节在华北防疫班（部）的业务报告中都有所体现。⑥ 可见，当时华北防疫班（部）与华北日军细菌部队存在隶属关系，华北防疫班（部）进行的防疫业务中至少有一部分具有细菌战业务性质。

华中防疫班（部）的防疫任务较之华北防疫班（部）的任务更重。

---

① ［日］穂坂唯一郎：『同仁会四十年史』，東京：同仁会1943年版，第426页。

② 《对中国防疫事业实施方法》，转引自王萌《抗战时期日本在中国沦陷区的卫生工作——以同仁会为对象的考察》，《近代史研究》2016年第5期。

③ 华北防疫班（部）最初只是配属华北日军野战部队的临时防疫给水部队，不久，在关东军防疫给水部即731部队支持下，建立华北防疫给水部，时称菊池部队，后来称“甲”1855部队。

④ 王萌：《抗战时期日本在中国沦陷区的卫生工作——以同仁会为对象的考察》，《近代史研究》2016年第5期。

⑤ ［日］穂坂唯一郎：『同仁会四十年史』，東京：同仁会1943年版，第437—438页。

⑥ ［日］《华北防疫班業務報告（第一報）（1938年7月）》，《同仁会関係雑件/防疫事務関係》第4卷，H—4—3—0—3之5—004。转引自王萌《抗战时期日本在中国沦陷区的卫生工作——以同仁会为对象的考察》，《近代史研究》2006年第5期。

日军攻占上海后，同仁会将华中防疫班（部）据点设在上海旧市政府，下辖7个部门及上海、南京两个支部。由于当时华中地区日军还没有正式成立统一的防疫给水部，所以同仁会华中防疫班（部）在具体业务上要“与上海、南京日军野战防疫部（即野战临时防疫给水部）密切联系”。[①] 除了与上海沦陷区的一些伪防疫组织“保持密切合作”外，华中防疫部还强行给当地中国民众注射疫苗以保障沦陷区日军的卫生安全。在日军授意下，华中防疫（班）部还派遣医师前往无锡、杭州、九江等地巡回防疫。1939年1月，华北、华中两个防疫班（部）归属兴亚院。[②] 3月，华中防疫班（部）易名为华中防疫处。兴亚院又将上海自然科学研究所的设备移交过来，华中防疫处疫苗生产能力大大提高。[③]

1939年5月，日军华中防疫给水部（即“荣”1644部队）在南京正式建成后，同仁会华中防疫处又隶属华中防疫给水部（但彼此在防疫业务上有较明确的分工）。华中防疫班（部）更名为华中防疫处后，其下南京支部更名为南京防疫处。此后，华中防疫处陆续派出多支防疫班前往沦陷区各地，与当地同仁会诊疗班合作，成为同仁会在华中沦陷区中小城市的派出机构。

由于同仁会里面的多数医师毕业于大学医学部，其中有不少是细菌学领域的专家，所以他们对“荣”1644部队的细菌战秘密比较清楚。如原同仁会汉口诊疗班医师山口伊典在战后回忆“荣”1644部队汉口支部——利根部队的情况时说：

> 因终战后的军政关系，在华中防疫给水部之名已不复存在，利根部队也消失了。大多为部队（主要是陆军医院）所吸收而解散。我认为，这或许因他们与满洲、上海本部的战犯活动存在关联吧。就我所知，汉口利根部队并未进行过战犯的活动（有一个混蛋队长，

---

① ［日］穗坂唯一郎：『同仁会四十年史』，東京：同仁会1943年版，第72页。

② 兴亚院是日本处理所有与中国有关的外交事务问题的机关，通过弱化外务省权限来扩大军部权限。

③ ［日］上野太忠：『上海自然科学研究所十周年記念誌』，上海自然科学研究所1942年版，第122页。

曾劝我进行实验，而为我一笑了之)。①

山口伊典否认利根部队进行过“战犯活动”（细菌战活动），不能自圆其说。因为利根曾劝他做细菌实验，他只是没答应而已。山口伊典的回忆可以证明同仁会的医师与日军细菌部队人员之间有不少往来。所以，山口伊典的回忆可作为同仁会人员与“荣”1644 部队等日军细菌部队有过密切交往的证据之一。

20 世纪 90 年代中期，正在中国留学的日本籍学生水谷尚子通过走访原日军“荣”1644 部队部分成员（包括她的舅爷石田甚太郎），获取了大量证据。她指出“荣”1644 部队进行细菌战活动的团体内有同仁会参与，同仁会与兴亚院都隶属于日本军部。她提供的证据摘录于下：

> 1940 年 11 月宁波细菌战之前，同仁会华中联络所和南京防疫处②按兴亚院要求，就中国的医药情况（各种传染病的流行详情和防御、医药品的产地及流通等）和卫生行政（从事防疫的人员及相关机关）进行了调查。由兴亚院出版了包装精美、秘密处理过的《事变前中国方面的防疫事业及设施》《事变前中国卫生行政机构及卫生教育机关》《事变前中国的医学培育机构》《尸体的处理》，以上书于 1940 年 3 月出版，《国民政府卫生事业概况》（1940 年 9 月出版），这些书作为实施细菌战之前的预备知识，成为重要的中国卫生行政情报信息。
>
> 1942 年“浙赣作战”撤退战中，（日军）撒布了细菌。（“浙赣作战”之前）同仁会（派员）到浙赣地区进行了调查。在《同仁会医学杂志》（1943 年第 17 卷 12 号）登载有同仁会华中防疫处门马健次撰写的《关于浙赣地区的马来微丝蚴分布状态》论文。（论文提及）参加浙赣地区现场综合调查团，从事卫生设施、防疫状况调查以及在调查之际给予日军陆军种种援助。从论文（内容）看，同仁会在（浙江）诸暨、金华、龙游、衢州等浙赣铁路沿线城市，向合

① ［日］「山口伊典致青木義勇函」，『青木義勇文書』第 1 卷，第 242 页，转引自王萌《抗战时期日本在中国沦陷区的卫生工作——以同仁会为对象的考察》，《近代史研究》2016 年 5 期。

② “南京防疫处”即“荣”1644 部队。

> 计 1000 多名中国人采集了血液并标上记号，调查了他们的年龄、职业、在当地居住时间等。
>
> （20 世纪）40 年代，在同仁会医学者群体内，与户田正三等 1644 部队（人员）有很深关系的，名字可以叫出来的有很多。①

从水谷尚子提供的证据可知，同仁会在“荣”1644 部队第一次对中国南方进行细菌战（宁波细菌战，或称浙江细菌战）之前，已由当初的一个民间团体组织，通过其合法身份，随战局的推进，蜕变为隶属于日本陆军管辖的一个特殊组织。通过多种途径与方式收集了不少与中国卫生防疫工作有关的情报，并写成秘密报告，提供给包括日军细菌部队在内的有关部门作为对华军事行动的参考。同仁会华中联络所与“荣”1644 部队在宁波细菌战正式实施前，刺探中国卫生行政方面的各种信息，研究中国方面的传染病防治能力（水准），并撰集成册出版，以备日军细菌部队之用。同仁会华中防疫处医学专家门马健次在“浙赣作战”之前，参加在浙江境内的现场综合调查团，通过抽样调查获取了当地中国人的血样、年龄、职业等信息，其目的就是为日军细菌部队有针对性地制造细菌武器，以期达到最佳杀伤“效果”。从“浙赣作战”后，同仁会华中防疫处调查团所到浙赣铁路沿线地区成为鼠疫、霍乱等疫病“污染区”来看，1942 年浙赣细菌战之前的这次调查所获取的“信息”确实对研制细菌武器具有参考价值。同仁会内有不少医学者与“荣”1644 部队人员“有很深的关系”。

---

① ［日］水谷尚子:「一六四四部隊の組織与活動——語りはじめた元部隊員たち」,『戦争責任研究』（季刊）15 号（1997 年春季号），第 58—59 页。

第九章 “荣”1644部队的覆亡

一 毁灭罪证

（一）日本陆军中央高层下达毁灭细菌战罪证指令

1945年5月8日，德国正式签署无条件投降书，第二次世界大战欧洲战场战事宣告结束。7月26日，中、美、英三国联合发布敦促日本投降的《波茨坦公告》，但直到7月30日，日本首相铃木贯太郎仍在记者会上宣称要将大东亚战争坚持到底。8月8日，苏联外交人民委员部部长莫洛托夫会见日本驻苏联大使佐藤，正式向日本政府递交《苏联对日本宣布进入战争状态宣言》，该宣言声明苏联基于雅尔塔会议精神，忠于同盟国义务，宣布从次日起两国进入战争状态。由于苏联参战，日本大本营预感到战败投降的日子临近。

日本陆军中央高层当然知道日本细菌部队在中国各地研究、实验、生产、使用违反国际公约的生化武器证据一旦被发现、公开，就有被追究重大战争犯罪行为的严重后果。

陆军省军事课员新妻清一（中佐）是日本陆军特殊武器研究负责人。1945年8月15日（中午），日本正式宣布无条件投降。而在此前一天（14日），新妻清一“判断”出战争将结束。考虑到“细菌武器的开发在国际法上触犯了禁止细菌武器的《日内瓦议定书》，如果让美国知道会有麻烦”，所以决定“尽早处理”。于是，新妻清一在8月15日上午8点就“同有关方面进行了联系”，下达“销毁证据”指示。日本天皇裕仁正式宣布投降后，陆军大臣阿南惟几在陆军省召开联络会议，随后同样下达“烧毁让盟军看出的对己不利的军方文件”。而在新妻清一下达“销毁证据”指示之前，“731部队就已经销毁了证据，解散了部队”。这是因为大本营参谋本部作战参谋朝枝繁春（中佐）在 8 月 9 日就已告知“苏联已开始军事行动”，担心 731 部队“落到苏联军队手里”。8 月 10 日，朝枝繁春以参谋总长名义给在长春的石井四郎发出密电，并在当天飞临长春，当面向石井四郎传达参谋总长命令，要求细菌部队官兵（包括支部）迅速行动，销毁罪证。主要研究人员及高级技师直接乘机回日本，其余职员、家属等走铁路，经大连坐船回国。①

1994 年 7 月 4 日，一名不愿透露真实姓名的原日军中将承认：他曾于 1945 年 8 月 15 日奉命“颁布毁灭所有（有关细菌战的）罪证”，这名中将一直保存着这份命令的副本。②

2006 年，在日本发现了记载日军销毁开发细菌武器证据的“新妻文件”。这份文件是由专门负责搜集“军事科学情报”的日本陆军参谋新妻清一（中佐）收藏。新妻清一死后，他的二女儿小畑畑供枝将这份文件交给了日本防卫厅防卫研究所。③

销毁所有与细菌战有关证据的指令同样下达到“荣”1644 部队、“甲”1855 部队、“波”8604 部队。

（二）“荣”1644 部队毁灭罪证的证据

南京“荣”1644 部队接到销毁“证据”命令后，立即采取行动。凡是在细菌武器实验中没有用完的“材木（人体实验对象）”就地秘密毒杀，“荣”1644 部队总部、华中各地支部、九华山下血清疫苗厂的所有文件、资料一律销毁，供研究、实验、生产细菌战剂的设备、工具、原材料等全部毁弃，囚室、实验室改造成娱乐室，总部营房附近临时掩埋的那些在活人体实验中被杀者的遗骨挖出来重新焚烧，骨灰撒入长江，不留痕迹。在销毁所有“证据”后，“荣”1644 部队各部各类人员赶在南京被中国军队正式接收之前，仓皇逃回日本。

证据一：原“荣”1644 部队军画兵石田甚太郎证言

石田甚太郎曾是“荣”1644 部队军画（美术）兵，1993 年 9 月临终前，他将“荣”1644 部队的部分真相告诉了时在复旦大学留学的外甥女水谷尚子。1995 年，水谷尚子在日本《战争责任研究》（季刊）第 10 号

---

① ［日］近藤昭二：《日本国家意志对细菌战的隐匿》。参见王希亮、周丽艳编译《侵华日军 731 部队细菌战资料选编》，社科文献出版社 2015 年版，第 541—545 页。

② 《参考消息》1994 年 7 月 7 日第 4 版。

③ 金成民：《日本军细菌战》，黑龙江人民出版社 2008 年版，第 344 页。

（1995 年冬季号）上发表了《原一六四四部队队员的证词——军队美术兵石田甚太郎的亲身经历》一文。1995 年 11 月 29 日，上海《文汇报》详细刊载了由水谷尚子整理、徐静波翻译的石田甚太郎证词，摘录于下：

> 收音机里播放天皇宣布投降诏书的 8 月 15 日，从军官到士兵，1644 部队里所有的人员都集合在大院子里，耷拉着脑袋收听广播。
>
> 其时我一个人未参加集合，而是将机密文件搬到部队后院的防空壕内，将这些堆积成山一般的魔鬼的记录烧毁。
>
> 上司对一科事务室负责人木村准尉直至我，下了一道命令：由石田负全责，销毁机密文件……不准许有一张纸片散佚或留存下来。
>
> 我首先在防空洞里侧的顶部挖了一个洞。然后将书库中两个巨大的、犹如西式大衣橱般的文件柜中藏放着的 1939—1945 年六年间所存在的日军细菌部队“荣”1644 的所有的档案资料搬出来堆入洞内，在纸上点燃火。
>
> 在地底下焚烧文件，外面是南京 8 月的热浪……这个工作持续了三天共 40 多个小时……这些日军所害怕外传的使用了生化武器的物证资料及用于细菌战的活人体实验记录，就这样销毁了。
>
> 宣布投降后的一个星期，传来了重庆的国民党政府将要派员来接收部队的消息。部队里一片哗然。上面传下命令：凡是带菌物，从跳蚤、老鼠直至活人体全部都放入焚尸场焚毁，一科建筑物及室内一切其他相关物品赶紧处理掉。
>
> 真是一片凄惨的景象。在我烧毁文件的几天里，别的队员将一科的房内结构拆除，改造成娱乐室的模样。……听说活人体则用氰酸钾毒死后被焚烧了。
>
> 最令人难忘的是，士兵们在一科辖区内到处重新开掘……将被埋的差不多都成了白骨的尸骸挖掘出来……堆聚在一科的大院里。堆成山一般的尸骸仅我所见就有一百几十具。听说烧了好几天以后抛进了长江。[①]

---

① ［日］水谷尚子：《让历史事实公之于世——曾在一六四四部队服务的美术兵石田甚太郎的证词》，《文汇报》1995 年 11 月 29 日第 9 版。

证据二：《石井文档》中的“一封信”

《石井文档》于1995年被日本电视台为制作“终战50周年纪念”特别节目在美国进行调查采访时发现，该文档收藏在位于美国马里兰州米德堡（Fort Meade）的美国陆军情报与安全司令部档案馆（US Army Intelligence and Security Command Archives）。其内容为：从1945年美国情报部开始秘密调查石井四郎的行踪开始，到1950年朝鲜战争爆发为止，发现包括石井四郎、与细菌战有关系的人的搜查、细菌战部队残虐行为的密告信件等，共131页。此外，还有部分此前已经发现的资料的复印件。《石井文档》于1992年解密，收藏在美国国家档案馆军事史部《人名查询》栏目内。

据《石井文档》材料，1946年6月3日，原“荣”1644部队的3名队员联名给石井四郎写了一封信，自称是他的部下，向他借款5000日元。信中言及他们3人“在南京6栋工作期间，（尽管）接受的是恐怖的勤务工作，但仍不惜生命地去完成任务，在战争结束后又把那些材料煞费苦心地埋葬”。信中提及的“6栋”，按石田甚太郎的回忆，指的是“荣”1644部队南京总部的第一科建筑。当时，“荣”1644部队细菌研究室、标本室、关押“马路他”的笼子等都在这栋建筑物内。至于信中提及的想方设法埋葬的“材料”，就是“马路他”，也即供人体实验的活人。这封“借款”信件被解读成是对石井四郎的“胁迫”。①

证据三：山下喜明负责销毁南京总部证据

山下喜明曾在“荣”1644部队一科工作，“浙赣作战”后，担任金华支部队长。日本宣布战败投降后，他在撤回日本前，负责指挥毁灭“荣”1644部队在南京总部基地与细菌战活动有关的证据，将“荣”1644部队总部基地“挖掘出来的人体标本（尸体）投进扬子江”。②

证据四：中村义雄的证词

中村义雄是一名原日军下级医官，曾在驻南京金陵大学内一个日本陆军医疗队任职。他在《赤旗报》上发表声明，证实：1945年8月，“荣”1644部队人员“根据日本统帅部的命令，将制造细菌武器的一所

---

① ［日］西里扶甬子：『生物戦部隊731』，東京：草の根出版会2002年版，第94页。

② ［日］水谷尚子：「一六四四部隊の組織与活動——語りはじめた元部隊員たち」，『戦争責任研究』（季刊）15号（1997年春季号），第51页。

大楼完全摧毁，以便灭迹”。[①]

证据五：松本博的证词

松本博是原“荣”1644 部队卫生兵，1945 年 8 月回到日本。2000 年，他接受金成民、中野胜采访，在回答“终战时剩下的俘虏怎么处理”时，松本博说他负责的房间里还剩 3 人，其他房间（俘虏）不知道，这些人肯定被杀掉。[②]

综上，很显然，毁灭证据就是为了逃避审讯。因之，对关键证据的毁灭很彻底。证据毁灭后，“荣”1644 部队的医师和高官率先“复员”回日本，留下“技师”和“疫苗专业人士”分散到陆军医院“善后”。为防备留下来的人员可能会泄密，造成国际影响，给每个人发了自杀用的氰化钾。据石田甚太郎回忆，直到 1946 年 6 月，他才与伤兵和病人一起乘“标有红十字会会标”的火车，由南京至上海，然后乘船回到日本。发给他的氰化钾，1954 年才扔掉。[③]

毁灭所有与细菌战犯罪有关的证据后，“荣”1644 部队总部于 1946 年 1 月被“作为与南京（九华山下）一五六兵站医院相同的组织进行了战后处理”，摇身一变成为“中国战区日本官兵善后总联络部”，总部旧址“变为一五六兵站医院第一附属大楼，收容 3570 人”。[④] 这样一来，“荣”1644 部队总部的“真相”（至少在当时）被掩盖了。

二　日本细菌部队要员逃脱正义审讯

1945 年 8 月 8 日，苏联声明加入《波茨坦公告》，9 日宣布对日作战。以石井四郎为首的日本各细菌部队在接到上级销毁与细菌战有

---

① 中央档案馆等编：《细菌战与毒气战——日本帝国主义侵华档案资料选编》，中华书局 1989 年版，第 245 页；另可参见 1950 年 2 月 25 日发表在《人民日报》上面的新华社新闻电稿《日本医官证实日军曾在南京设有细菌部队》。

② 金成民、[日] 中野胜编：《日本军细菌战原队员证言集》，黑龙江人民出版社 2009 年版，第 187 页。

③ [日] 水谷尚子：「元一六四四部隊員の証言——軍画兵、石田甚太郎の体験から」，『戦争責任研究』（季刊）10 号（1995 冬季号），第 63 - 64 页。

④ [日] 水谷尚子：「一六四四部隊の組織與活動——語りはじめた元部隊員たち」，『戦争責任研究』（季刊）15 号（1997 年春季号），第 57 页。

关的所有证据的命令后，就立即展开销毁行动。在细菌部队官兵撤回日本国内时，石井四郎还特意下令：所有人员返回家乡后要隐匿在细菌部队的事实，不准担任任何公职，相互之间不准有任何联系。[①] 日本细菌部队官兵分批撤回国内之初，确实遵循着石井四郎的命令。这既是一种（服从命令）习惯的延续，更是为求自保、免遭正义审讯的不二之选。

（一）伯力审判“坐实”日本细菌战罪行，东京审判“无视”日本细菌战证据

1949年12月底，伯力审判接近尾声。1950年1月2日，北京新华社依据“塔斯社伯力消息”，向中国读者介绍了苏联国家检察官斯米尔诺夫在伯力审判军事法庭上的总结性发言，指出伯力审判的重大意义，“并对新的世界大战的准备者提出警告”。

斯米尔诺夫指出：“石井部队在1939年日本于哈桑湖地区发动侵略战争时，曾对苏联与蒙古部队进行细菌攻击。1940年、1941年、1942年，731部队曾对中国人民发动惨无人道的细菌战进攻。”[②]

斯米尔诺夫提醒法庭说：“叙述‘玉’部队（也叫做‘荣’1644部队）在南京从事‘实验’的文件，已提交东京国际军事法庭，该法庭对这一事实感兴趣，要求美国检察官提出更多的证据。此后不久，国际法庭苏方检察官斯米尔诺夫向美国的首席顾问提出的战犯川岛（清）和唐泽即柄泽十三夫的书面供词，这供词十分明确地揭穿了日本统治集团在用活人进行关于细菌武器的恶毒实验中所犯的罪行。但是，很可能的，某些有势力的人，很想阻止揭露日本军方所犯下的惊人罪行，也不愿再有更多关于‘玉’部队的活动及石井部队中所进行的类似实验的文件，提交法庭。”[③]

苏联国家检察官在分析确定伯力审判被告人罪行的证据时指称：日本陆军的秘密细菌部队，是按照日本天皇裕仁的敕令建立的。这一罪恶阴谋的参与者，还不止于你们将要判决的这些罪犯……一些日本帝国主

---

① 王希亮：《侵华日军细菌战犯为何逍遥法外》，《钟山风雨》2016年第4期。

② 新华时事丛刊社：《正义的审讯：苏联审讯日本细菌战犯案经过》，新华书店1950年版，第45页。

③ 新华时事丛刊社：《正义的审讯：苏联审讯日本细菌战犯案经过》，新华书店1950年版，第44—45页。

义的卑污的毫无道德的仆从，前日本陆军上将（实为中将）细菌学家石井四郎、北野（政次）和若松有次郎，前 731 部队的职员太田（澄）、村上隆等人，都没有受审。由于他们是在我国（此指苏联）的国境之外，他们目前正在帝国主义阵营势力的羽翼之下。这些反动势力本身也梦想有机会向人类投掷炸药、原子弹和致命细菌。①

第二次世界大战结束后不久，美军陆续派调查官前往日本进行与细菌战有关的调查，不断获取有价值的调查资料，但东京审判并未将日军细菌战作为审讯内容，明里暗里免究日军细菌战罪责。

1946 年 4 月底，国际检察局提交给远东国际军事法庭的起诉书中，日本侵华内容“占有相当的比重”，但对细菌战、化学战只字未提。东京审判公审始于 1946 年 5 月 3 日，从 6 月 8 日始，美国法官托马斯・H. 莫罗就“日中战争”问题致始讼词，“他在法庭上说明了从卢沟桥事变时起日军侵略中国违反国际法的概况，同时询问检察方面的证人，出示了证据文件，然而直到结束，丝毫未涉及使用毒气和实施细菌战问题”。② 8 月 12 日，莫罗突然回国，他负责的“日中战争”阶段的取证工作只进行了一半，所以有人据此认为莫罗“成了免究细菌战和化学战责任的障碍”。③ 8 月 29 日下午，法庭上“由检察方面进行南京大屠杀事件的证实”，美国法官 D. N. 萨顿朗读《南京地方法院检察处关于敌人罪行的调查报告》（以下简称《调查报告》），当天下午重新开庭后，萨顿开始朗读《调查报告》的开头部分，“出人意料地揭露了驻扎在南京的日军细菌部队——1644 部队（即多摩部队）的情况”。萨顿读道：

> 敌方的多摩部队将被俘我国人民带入医药实验室，向他们的身体内注射各种有毒细菌，试验其反应。由于该部队是最秘密的机构，所以无法弄清死者的确切数字。仁者为医学实验牺牲猫犬尚不忍，何况将我被俘同胞用于实验……敌人的罪行尽残暴凶恶无道之极。④

---

① 新华时事丛刊社：《正义的审讯：苏联审讯日本细菌战犯案经过》，新华书店 1950 年版，第 46 页。

② ［日］栗屋宪太郎：《东京审判秘史》，里寅译，世界知识出版社 1987 年版，第 30 页。

③ ［日］栗屋宪太郎：《东京审判秘史》，里寅译，世界知识出版社 1987 年版，第 30—31 页。

④ ［日］栗屋宪太郎：《东京审判秘史》，里寅译，世界知识出版社 1987 年版，第 31 页。

萨顿的“朗读”让审判长W. F. 韦伯等人感到“意外”，要求萨顿“中止朗读”。萨顿同意后，又说了一句：“刚才，我没有就这件事出示更多证据的意思。”[①] 显然，萨顿“话中有话”。萨顿所言“更多的证据”是指：除了已“朗读”的南京地方法院检察处的《调查报告》中有日军细菌战“证据”外，还有其他“证据”。这是因为，国际检察局在东京审判正式开始之前，已经搜集并掌握了“荣”1644部队在中国战场实施细菌战的部分证据，只是在“审判时并未提交到法庭上”。[②] 莫罗和萨顿曾以美国检查团成员身份，于1946年3月一起到过中国的上海、北京、重庆、南京等地，搜集证据。萨顿此行见到过中国卫生署署长金宝善，也在此前看到过金宝善1942年写的那份最早向世界揭露侵华日军实施细菌战的英文报告书，所以他“对日军细菌战有相当的了解”。[③] 萨顿出于对东京法庭免究日军细菌战罪责的“不满”，这才将日军“多摩部队”“荣”1644部队的犯罪事实公诸法庭。

东京审判期间，美国的费尔、希尔等日本细菌战调查官将调查所得细菌人体实验、细菌实战资料“以（细菌）战犯免罪为条件”交给美军有关部门。[④] 这些可以证实日军细菌战的调查材料当然也就不会在审判现场公开，因为美方想据为己有。

东京审判，美国持不公正态度，以所谓的“本国安全保障”为由，与回到日本国内的石井四郎等日军细菌部队要员进行“交易”。但萨顿基于最起码的正义当庭“朗读”，可以视为第二次世界大战后国际社会第一次在公开场合揭露侵华日军“荣”1644部队细菌战罪行之举。

（二）战后美国多次派专家前往日本进行所谓的“科学调查”

美国正式对细菌（生物）战展开研究，始于20世纪40年代初。早期阶段，陆军部与海军部委派其他机构，“主要是化学战部队主持此专门项目”。1943年年初，美国化学部在德特里克堡营地建立“生物战研发中心”，“大规模生产生物制品的工厂投入运行”。[⑤] 自1945年8月日本战败

① ［日］栗屋宪太郎：《东京审判秘史》，里寅译，世界知识出版社1987年版，第32页。

② ［日］栗屋宪太郎：《东京审判秘史》，里寅译，世界知识出版社1987年版，第10页。

③ ［日］栗屋宪太郎：《东京审判秘史》，里寅译，世界知识出版社1987年版，第16、32页。

④ ［日］西里扶甬子：『生物戰部隊731』，東京：草の根出版会2002年版，第93页。

⑤ 金成民、杨彦君主编，马学博、宫文婧译校：《侵华日军第731部队罪行实录·美军调查日本细菌战总结报告书》，中国和平出版社2015年版，第16—17页。

投降至1947年11月，美国为尽快占有日本在中国进行细菌人体实验、细菌战的第一手有“价值”的情报资料，先后四次派遣技术专家前往日本进行所谓的“科学考察”。调查询问结束后，形成4份报告，即《桑德斯报告》《汤普森报告》《费尔报告》《希尔报告》。

由于事先被“告诫”不予配合调查，那些回到日本国内的原日军细菌部队官兵之态度几乎是惊人的一致，加上日本政界、军方层层设防，让美国派往日本进行细菌战调查且多有军人身份的专家们大费周折。最为典型的是最早前往日本调查的美国细菌战专家桑德斯，他并没有见着日本细菌战关键人物石井四郎（石井四郎虽然避而不见，但还是间接地向桑德斯承诺“不会向苏军透露任何信息”①）。桑德斯见到了日本细菌战骨干分子内藤良一、增田知贞等，也询问了一些与细菌战相关者，他们要么否认、否定，要么一问三不知，要么遮遮掩掩、答非所问，以至于《桑德斯报告》内容近乎空洞无物，根本没有涉及日本细菌战的核心内容。

继桑德斯之后，美国又指派细菌战调查官汤普森前往日本审讯日军细菌战知情者。1946年2月5日至6日，汤普森接连两次审讯了日军细菌部队的一号人物石井四郎。在这次审讯中，汤普森采取了与桑德斯不一样的态度，所以尽管石井四郎在回答时，或刻意否认，或避重就轻，借以掩盖他自己在细菌武器研制、细菌战实施等方面的犯罪事实，但从他遮遮掩掩的供述中，汤普森还是获得了一些有价值的内容。1947年4—5月，美国又派费尔博士前往日本再度审讯日军细菌部队的主要骨干。在这次审讯之初，被审问者的代言人龟井贯一郎向费尔陈述：要让了解细菌实验详情的人确信，审问只是单纯从科学的角度出发，而不是审问“战犯”，这样才会获得更多的信息。在得到这方面的“保证”后，费尔的审讯比较顺利，所获得的有价值的“情报”显然高于此前几次审讯所得。费尔向增田知贞、内藤良一、金子顺一、石井四郎等有意透露了川岛清和柄泽十三夫已向苏联供出日军细菌部队的细菌武器研制、细菌战的实情，并暗示他们如果拒绝说出全部实情，就会处以刑罚。之后，他们在担惊受怕的心态驱使下，很不情愿地供出了较之以前供词更有价值

① 王希亮、周丽艳编译：《侵华日军731部队细菌战资料选编》，社会科学文献出版社2015年版，第48页。

的细菌人体实验、细菌武器研制、细菌武器实战的情报资料，有的还以书面语交代了此前不曾供出的秘密信息。

尤其是石井四郎在得到这次审问只是美国方面想“获取科学信息，与战犯一事无关”的承诺后，向费尔提供了人体实验、繁殖跳蚤、对中国军队尝试使用细菌战等方面的技术资料。石井四郎为了求得战犯身份的赦免权，甚至向费尔保证：

> 我愿意受雇于美国，做细菌战专家。在准备对苏作战过程中，我会提供我在20年中进行的研究和实验的精华部分。在对细菌战进行使用和防御的战略问题上，我也会说出我的想法。我已对不同地区和寒冷季节使用的最适合的媒介体做了研究，并能写出几册有关细菌战的书，其中涉及统计和战术使用方法。①

《费尔报告》中记载，石井四郎“正在写细菌战主题的文章”，内容包括他“对于战略、战术上运用细菌战武器的想法；如何在不同环境中使用细菌武器（尤其是在严寒环境中）；对于细菌武器‘ABEDO’理论的完整描述”。费尔认为该文将会“全方位概述石井四郎中将在细菌战领域的20年经验”。② 石井四郎撰写此文，很大程度上是企图通过交代一些与细菌战有关的“干货”作为“免罪”的交换条件。

美国与石井四郎之流各取所需。美国调查人员几经周折，采取软硬兼施的办法，经过反复讨价还价，在第三次由费尔等人调查期间，以不起诉细菌战犯为交换条件，获取多达8000份以大量中国人的生命为代价的“人体病理标本”。正如《费尔报告》中所言：“日本人的人体实验资料，一旦我们将它们同我们自己及盟友的动物实验资料联系起来，将会十分珍贵。”③

希尔在费尔调查的基础上再次前往日本做进一步确认，完成《希尔

---

① 王希亮、周丽艳编译：《侵华日军731部队细菌战资料选编》，社会科学文献出版社2015年版，第49页。

② 李海军等编译：《侵华日军细菌战重要外文资料译介》，中国社会科学出版社2018年版，第292页。

③ ［美］N. H. 费尔：《费尔报告》，参见李海军等编译《侵华日军细菌战重要外文资料译介》，中国社会科学出版社2018年版，第300页。

报告》。《希尔报告》指出："通过此次调查所收集到的证据，是日本科学工作者以数百万美元巨资和漫长岁月所获得的资料，是关于以特定的细菌感染量说明人体对此类疾病患病率的情报。而这种情报在我们自己的研究所中是无法获得的，因为我对人体实验心怀疑虑。而今天，却以总额25万日元的代价即获得了这些资料，同实际的费用相比是微不足道的。"① 不得不说，《希尔报告》中的这几句话，不仅没有表现出对被细菌实验夺去生命的被实验者的同情之心，反而充斥着得意、划算的满满收获感和对战争受害者的冷漠无视。当年希尔如果心存良知的话，至少不应称毫无人性的细菌战战犯石井四郎之流（哪怕因为美国庇护没有受到审判）为"科学工作者"吧？

战后，石井四郎曾多次接到"强迫"他支付金钱的信和电话。东京审判期间，国际检察局（IPS）也曾接到"揭发石井四郎是一个战犯，要求对他进行追诉的匿名信"。② 但东京审判的战犯名单中并没有"石井四郎"这个名字。

战后，回到日本国内的"细菌战之父"石井四郎虽然逃脱了桑德斯的审讯，但还是在有条件的前提下，接受了汤普森等美国军方派来的细菌（战）专家的讯问。他一直比较顽固，以不作为战犯予以追究、所提供的资料不作为战犯证据引用为条件，供述了大量美国所需要的细菌战内情和活人体实验等关键资料和相关数据。

虽然石井四郎等细菌战"精英"回到日本国内后因美国的"庇护"逍遥法外，但他们未必都在余生的日子里那么心安理得。石井四郎多次前往家乡附近的寺庙，也许是其后来内心深处产生了一丝"忏悔"使然吧。他最后的结局是患喉头癌死去。

与石井四郎一样，增田知贞等日军细菌战骨干本可以凭借他们渊博的医学、生物学学识和高超的医学、生物学技能造福人类社会，成为他们所擅长的学术领域的一代名家，但由于他们的意识在年轻时就已被狂热的日本军国主义思想侵蚀，他们的躯体被那场非正义的战争驱动，犯下了不可饶恕的反人类战争罪行。尽管他们没有受到正义法庭的审判，

---

① 转引自解学诗、［日］松村高夫等《战争与恶疫——日军对华细菌战》，人民出版社2014年版，第11页。

② ［日］西里扶甬子：『生物戰部隊731』，東京：草の根出版会2002年版，第94页。

但人类道义的审判台一直都在那里。他们“历史罪人”的身份与他们犯下的“历史罪恶”并存于世。

以石井四郎为首的日本细菌部队官兵在中国长达十余年的细菌战活动，并非如石井四郎所说是秘密进行，不为外人所知的。谢尔顿·H. 哈里斯认为：

> 细菌战研究（包括人体实验）为很多日本人所共知，他们属于社会的某些特殊阶层。军界、科学界、国会要员和庞大的皇族成员都参与这一机密。长期以来，成千上万的日本人对于那些不断发展的细菌战行动已经习以为常。他们中间很少有人拒绝参与这一行动，或提出道德的或伦理的疑问。
>
> 如果没有军队中高层官员们的支持与鼓励，石井和他的细菌战同伙们不可能进行如此大规模的行动。
>
> 成千上万的军医、兽医、生物学者、化学者、微生物学者、技术人员，以及诸如此类的人员，都定期轮流到满洲和中国占领区工作。其中有许多人受雇于人体实验机构，他们或是直接参与人体实验，或是从参与者口中了解到真相。至少，他们都听到过他们工作的地方用人进行进攻性细菌战研究的传言。①

谢尔顿·H. 哈里斯在其著述中曾发出触及人类灵魂深处的历史拷问：在战前和战争期间，统治日本的精英阶层有谁不知道细菌战计划？②可战后至今，日本历代精英阶层在面对细菌战指控时，近乎集体保持沉默。难道日本精英阶层持沉默态度，就能“否认”抑或“淡化”日本（侵华）细菌战的历史罪恶吗？

1993 年 7 月，原 731 少年班的石桥直方回答日本学者森正孝的提问时，回答道：我在 731 部队被分配的工作岗位的上司是西郡，他手下有吉村、齐藤孝三郎两个技师，“他俩都是由当时的京都大学医学生理学科的

---

① ［美］谢尔顿·H. 哈里斯：《死亡工厂：美国掩盖的日本细菌战犯罪》，上海人民出版社 2000 年版，第 227、228 页。

② ［美］谢尔顿·H. 哈里斯：《死亡工厂：美国掩盖的日本细菌战犯罪》，上海人民出版社 2000 年版，第 239 页。

老师正路伦之助介绍到 731 部队的”。①

石井四郎之流在中国长达十余年的细菌战活动，在日本国内虽不能说是广为人知，但至少日本政界、军界高层及生物医学界权威群体中有很多人是知晓的，只是基于战时对日本侵华行为的“共识”，这些知情者下意识地视为“当然”。

正如日本学者西山胜夫在其研究日本战争医学犯罪一书——《战争与医学》序文中所言：“日本医学界、医疗界庇护战争的行为，是以日本医学会总会的召开为契机展开的。日本医学会每四年召开一次会议，发挥其作用促使全体医疗会和医疗界协助战争。”②

石井四郎的老师、京都大学医学部负责人户田正三教授、正路伦之助等日本医学教授，战时曾多次前往中国东北等地，他们不可能不知道他们的“得意门生”在中国从事的是什么“特殊研究”。

1941 年，石井四郎借回国参会之机顺便访问了母校——京都帝国大学。京都帝国大学医学部同学会《芝兰会杂志》做了专门报道：“本校培育的巨人、以学识保卫国家的热血之士——陆军军医少将石井四郎阁下在 4 月 19 日上午来到京都（帝国大学医学部）……内科讲堂座无虚席……石井热情洋溢地讲述了日本应有之发展方向、医学应有之发展方向。”③据曾听过石井四郎这次演讲的日野原重民回忆：“大学前辈、隶属哈尔滨市特殊部队的石井四郎军医中将带着收录当地俘虏待遇状况的照片回到母校……他展现了俘虏兵的活体实验。让他们感染伤寒、鼠疫、霍乱等传染病病原体，观察他们的情况，直至死亡。想起当时放映的惨不忍睹的影像，至今还会起鸡皮疙瘩。”④ 由此可见，石井四郎在其母校演讲时，在医学部的教授、职员、医学部大学生面前，并不避讳其在中国进行的细菌人体实验。也证明，日本国内，石井四郎之流在中国的细菌战活动成为公开的“秘密”。

---

① 金成民、［日］中野胜编：《日本军细菌战原队员证言集》，黑龙江人民出版社 2009 年版，第 36 页。

② ［日］西山胜夫：《战争与医学》，王琪译，中国和平出版社 2015 年版，第 9 页。

③ 京都帝国大学医学部同学会：「明日の医学の行く道を石井軍医少将心をこめて説く」，《芝蘭会雜誌》1941 年 5 月号，转引自［日］西山胜夫《战争与医学》，王琪译，中国和平出版社 2015 年版，第 99 页。

④ ［日］日野原重民：《開戦日を風化させゐな》，《朝日新闻》2005 年 12 月 10 日，转引自［日］西山胜夫《战争与医学》，王琪译，中国和平出版社 2015 年版，第 99 页。

日本《陆军军医学校防疫研究报告》第 2 部收录的医学论文的发表者、指导者，有不少是日本医科大学的著名教授。可以说，他们是“有组织地参与了陆军军医学校防疫研究室和 731 部队相关研究”。战后，日本医学会“对庇护战争毫无反省”。日本政府也以“这个问题与我们无关”为托词逃避、否认“731 部队问题”。①

在日本军国主义甚嚣尘上的年代，那些视日军细菌战为理所当然，对石井四郎之流在中国多地进行“特殊研究”“特别行动”持“默许”态度或保持“沉默”的日本医学精英又怎么会（敢）有正义“道德”意识，怎么会在战时、战后对细菌战的危害性有伦理视角的“良心”拷问？事实上，战后对日本战时细菌战行为感到“羞愧”且有“忏悔”言行的，只有为数不多的原日军细菌部队的下层官兵和心存良知的日本学者以及有“和平愿景”的日本社会友好人士，他们做了一些可称为“补偿”的工作。大多数参与过细菌武器人体实验、制造、实战，战后又辗转回到日本国内的细菌部队官兵，都想方设法遮掩、粉饰自己的犯罪行为。他们“侥幸”逃脱了战后的正义审讯，度过余生，致使对中国人而言难以忘却的那段惨痛历史中的许多具体细节，至今因史料的缺乏不甚了然，有的“极密”甚至无从知晓。但侵华日军细菌战基本史实证据确凿，其反人类的战争罪行必将永远钉在历史的耻辱柱上。

美国撇开盟国，与日本单独秘密进行的肮脏的幕后交易业已昭然，继续掩盖下去几无可能。还原人类历史上发生过的邪恶的生物（细菌）战争历史，如日本侵华细菌战史，给爱好和平的世人敲响警钟，无疑有其学术价值和社会现实意义。

（三）原“荣”1644 部队成员战后踪迹及战友会

日本战败投降之际，绝大多数的日军细菌部队将校（技师）、下士官（技手）、雇员及军属陆续撤回日本。这些本就具有医学专长的人员有不少进入医学院、医疗机构，从事与医学（疗）有关的工作。其中有不少人成为日本医学界学术研究会的成员。如日本学术会议南极特别委员会、文部省百日咳研究会成员中就有：

增田美保：原 731 部队细菌战研究班、浙江细菌战、常德细菌战驾驶投撒细菌武器的飞行员，战后任日本防卫大学教授。

---

① ［日］西山胜夫：《战争与医学》，王琪译，中国和平出版社 2015 年版，第 98、103 页。

村田良介：原“荣”1644 部队鼠疫研究室（技术员），战后任日本国立预防卫生研究所第 7 任所长。

小川透：原“荣”1644 部队技术员，战后任名古屋市立大学医学部教授。①

该百日咳研究会成员中还有不少是原 731 部队的研究技术人员，如：

黑川正身：原“荣”1644 部队总部一科大楼二楼“P 室（鼠疫机密研究室）”技术员，战后任日本预研一般鉴定部长。

山中太木：原“荣”1644 部队总部一科军医，战后任大阪医科大学校长、日本细菌学会会长。

近喰秀太：原“荣”1644 部队总部一科军医，负责管理人体标本，战后任防卫大学教官、卫生课课长。

山下喜明：原“荣”1644 部队一科军医，金华支部队长，战后任厚生省新潟检疫所所长。

滨田稔：原“荣”1644 部队四科军属（少佐），1944 年 5 月调至 731 部队做技师，战后任京都大学农学部教授。②

小岛三郎：战时身份为“荣”1644 部队人员，战后任厚生省预防卫生研究所第二任所长。

北冈正见，原“荣”1644 部队人员，战后任厚生省预防卫生研究所第四任副所长。

木村直正，原“荣”1644 部队一科事务室长，战后任防卫厅官员。

此外，原“荣”1644 部队第二任部队长增田知贞，战后自为开业医生。原“荣”1644 部队九江支队（部）队长限元国平，战后自己开设限元医院。③

返回日本的原“荣”1644 部队官兵还成立了各式各样的“战友会”，如：以原大阪医科大学校长山中太木等人发起的“清风会”，也有原“荣”1644 部队南京总部各科及各支部一年一度召开的战友会。

---

① ［美］ハル・ゴールド（Hal Gold）：『證言・731 部隊の真相：生体実験の全貌と戦後謀略の軌跡』，［日］浜田 徹訳，东京：广济堂 1997 年版，第 121—122 页。

② ［日］水谷尚子：「一六四四部隊の組織与活動——語りはじめた元部隊員たち」，『戦争責任研究』（季刊）15 号（1997 年春季号），第 52 页。

③ 王选：《日本细菌战医学罪犯战后踪迹》，《常德师范学院学报》（社科版）2003 年第 2 期。

以原“荣”1644部队南京总部各机构成员组成的战友会有：诊疗部成员组成的“南京绿会”，经理部成员组成的“南友会”，财务课组成的“紫金会”。

由原“荣”1644部队各支部成员组成的战友会有：九江支部成员组成的“矢作会”，汉口支部成员组成的“利根会”，南京支部成员组成的“隅田会”等。

另外还有从部队抽选编成的派往各地的士兵和同年兵组成的“东七会”（1941年召集的）“多摩樱会”（1942年召集的）等。

“长江会”是原“荣”1644部队成员入伍最早的战友会。1939年5月，华中防疫给水部正式编成之时，来自长野和关东军（防疫给水部）及各地陆军医院的卫生兵编入病理班，辎重兵编入给水班。

“多摩川会”是原“荣”1644部队最初从日本“内地”召集的卫生兵组成的战友会，420人，因之被称为“关东420人组”，其中一半是中学生、大学生。①

「創立二周年」の「多摩部隊演芸会」。

图9-1　多摩川会2周年集会照

资料来源：［日］《战争责任研究》（季刊）10号（1997年春季号），第51页。

① ［日］水谷尚子：「一六四四部隊の組織与活動——語りはじめた元部隊員たち」，『戦争責任研究』（季刊）15号（1997年春季号），第50页。

原“荣”1644 部队成员怀抱各种目的组建或加入上述各“战友会”，分析其动因，或多或少应该带有“纪念”与“怀旧”的意味。时隔多年，他们当中也有部分成员对自己曾经的“细菌战工作”有忏悔之意，至少部分承认了曾经从事的细菌战活动，如石田甚太郎、松本博等人的证言成为研究、还原“荣”1644 部队细菌战犯罪史实的有力证据。当然，也有不少冥顽不化者，如山中太木等原日本细菌战顽固派分子始终“不把细菌战部队军医的经历当成耻辱，甚至把细菌学当作天职”,① 遑论悔改。增田美保也一样，“虽然知道细菌战的详细情况，但一直到死，什么都没说”。②

山中太木、增田美保之流至死冥顽不化的态度，确实给研究日本侵华细菌战史、还原日本侵华细菌战历史真相增加了难度。不过，原“荣”1644 部队人员相继撤回日本国内后，因为各种目的（意图）陆续成立的各类战友会组织以及他们当中部分人撰写的回忆（录），足可成为日本侵华期间在中国南京建有“荣”1644 部队及研制细菌武器、进行细菌实战的确凿证据。

关于原“荣”1644 部队及其他日军细菌部队归国人员的有关文献资料，多数在日本，尚需进一步发掘、搜集与整理，因为日本原细菌部队成员的回忆材料尤其是“口述历史”对持续深入进行日本侵华细菌战史研究不可或缺。前文（第五章）已提及的“荣”1644 部队的《业务详报》和《留守名簿》，属于重要文献资料。曾从日本研究同行那里知悉在日本已发现“荣”1644 部队的《留守名簿》，只是暂未公之于世（暂未见正式出版发行）。

---

① ［日］西里扶甬子：『生物戰部隊 731』，東京：草の根出版会 2002 年版，第 177 页。

② ［日］水谷尚子：「一六四四部隊の組織与活動——語りはじめた元部隊員たち」，『戦争責任研究』（季刊）15 号（1997 年春季号），第 59 页。

参考文献

中国报刊（集）、新闻调查

CCTV 新闻调查：《揭秘侵华日军1644 细菌部队》（VCD），中国国际电视总公司1997 年版。

郭威：《当年日本医学精英都参与了细菌战》，《新华每日电讯》2006年3 月13 日第011 版。

《南京大学生物学助教证明日寇曾在宁设厂养菌》，《人民日报》1950年2 月10 日第4 版。

［日］水谷尚子：《让历史事实公之于世——曾在一六四四部队服务的美术兵》，《文汇报》1995 年11 月29 日第9 版。

新华时事丛刊社：《正义的审讯：苏联审讯日本细菌战犯案经过》，新华书店1950 年版。

张蕾：《森正孝：我为何要揭露日本731 部队细菌战真相》，《中国青年报》2017 年12 月27 日第05 版。

中国档案文献、档案资料汇编

《常德县防疫会议记录》，常德市武陵区档案馆藏，档案号：100—5—168。

陈文贵：《常德鼠疫调查报告书》，1941 年12 月12 日，中国第二历史档案馆藏，档案号：372—2—16。

《各省市鼠疫患病及死亡人数统计表（1939—1948. 6）》，中国第二历史档案馆藏，档案号：372—2—24。

贵阳市档案馆编：《战地红十字——中国红十字会救护总队抗战实录》，贵州人民出版社2009 年版。

贵州省卫生防疫处防疫委员会：《本年度（1942）贵州霍乱流行及其防治经过》，中国第二历史档案馆藏，档案号：372—730。

湖南省卫生处：《湖南省防治常德桃源鼠疫工作报告》，1943 年4 月，湖南省档案馆藏，档案号：74—3—6—2。

金成民、杨彦君主编，马学博、宫文婧译校：《侵华日军第731部队罪行实录·日本细菌战档案选编》（上），中国和平出版社2015年版。

军政部军医署：《陪都防制敌机散布毒气及病菌会议记录》，1941年11月22日，中国第二历史档案馆藏，档案号：472—1062。

《内政部卫生署医疗防疫队各队院站一览表》，1939年9月1日，中国第二历史档案馆藏，档案号：476—28。

《衢县城区及防疫总检查统计表》，民国三十年十一月一日，衢州市档案馆藏，档案号：13—1—53。

荣启荣：《防治湘西鼠疫经过报告书》，1942年9月，湖南省档案馆藏，档案号：74—3—6。

荣启荣：《抗战六年全国防疫工作概况》，中国第二历史档案馆藏，档案号：372—124。

荣启荣：《战时防疫联合办事处29、30年工作报告》，中国第二历史档案馆藏，档案号：372—703。

荣启荣：《浙江鼠疫调查报告书》，1940年1月，中国第二历史档案馆藏，档案号：2—149—3。

世界知识出版社编：《国集条约集（1924—1933）》，世界知识出版社1961年版。

世界知识出版社编：《国际条约集（1872—1916）》，世界知识出版社1986年版。

谭学华：《关于日本帝国主义强盗在常德施放鼠疫细菌的滔天大罪行经过情形》，常德市档案馆藏，档案号：5—13，249—57。

王诗恒：《常德鼠疫及其控制方案的报告》（英文），1942年9月，中国第二历史档案馆藏，档案号：372－06－16。

許峰源：《國民政府抗日戰場中的反細菌戰》（二），香港：開源書局2020年版。

《医疗防疫总队十周年纪念刊》，中国第二历史档案馆藏，档案号：372—226。

战时防疫联合办事处：《29年至31年霍乱病死人数统计表》，中国第二历史档案馆藏，档案号：372—707。

战时防疫联合办事处：《卅二年各地流行性传染病按省统计表》，中国第二历史档案馆藏，档案号：372—750。

战时防疫联合办事处：《疫情旬报》第2号、第3号、第4号、第5号，中国第二历史档案馆藏，档案号：476—198。

张华编：《罪证：侵华日军常德细菌战史料集成》，中国社会科学出版社2015年版。

《浙江省32年度鼠疫防治工作报告》，浙江省档案馆藏，档案号：36—0—219。

中共浙江省委党史研究室、浙江省档案局编：《日军侵浙细菌战档案资料汇编》（1—10册），浙江人民出版社2015、2017、2019年版。

中央档案馆、中国第二历史档案馆、吉林省社会科学院：《细菌战与毒气战——日本帝国主义侵华档案资料选编》，中华书局1989年版。

地方文史资料

邓一韪：《日寇在常德进行鼠疫细菌战经过》，《湖南文史资料》第18辑，湖南人民出版社1984年版。

高兴祖：《日军南京“荣”字一六四四细菌战部队的罪行》，江苏文史资料编辑部：《腥风血雨——侵华日军江苏暴行实录》，《江苏文史资料》第80辑，1995年。

鸿升：《日寇731远征队暴行》，政协南京市白下区委员会编：《白下文史》（内部发行）第16辑，2005年。

鸿升：《日军细菌战揭秘》，政协南京市白下区委员会编：《白下文史》（内部发行）第16辑，2005年。

宁波市政协文史资料研究会编：《宁波文史资料》第3辑，宁波日报印刷厂1984年版。

全国政协文化文史和学习委员会编：《侵华日军细菌战文史资料选编》，中国文史出版社2020年版。

杨济民：《抗日战争的一场反细菌战回忆》，中国人民政治协商会议上海市长宁区委员会文史资料工作委员会编：《长宁文史资料》（内部资料）第3辑，1987年。

张江义选辑：《抗战期间中国与国联防疫技术合作相关函电一组》，《民国档案》2015年第1期。

浙江省丽水市莲都区政协文史资料委员会编：《侵华日军在丽水实施细菌战罪行纪实》，《莲都文史资料》第20辑，丽水日报印刷厂2005

年版。

浙江省文史资料委员会编：《浙江文史集萃》（政治军事卷，上册），浙江人民出版社 1996 年版。

浙江省政协文史资料委员会编：《铁证——侵华日军在浙江暴行实录》，《浙江文史资料》第 56 辑，浙江人民出版社 1995 年版。

中国人民政治协商会议贵州省贵阳市委员会文史资料研究委员会编：《红会救护总队》（《贵阳市文史资料选辑》第 22 辑），1987 年。

中国人民政治协商会议湖北省江陵县委员会文史资料研究委员会编：《江陵文史资料》（抗日时期专辑）第 1 辑，江陵县郝穴印刷厂 1985 年版。

中国人民政治协商会议丽水县委员会文史资料委员会编：《丽水文史资料》第 2 辑，1985 年。

中国人民政治协商会议浙江省衢州市委员会文史资料研究委员会：《衢州文史资料》第9辑，浙江人民出版社 1991 年版。

中文著作

陈致远：《纪实：侵华日军常德细菌战》，中国社会科学出版社 2015 年版。

陈致远：《日本侵华细菌战》，中国社会科学出版社 2014 年版。

戴斌武：《抗战时期中国红十字会救护总队研究》，天津古籍出版社 2012 年版。

戴斌武：《中国红十字会救护总队与抗战救护研究》，合肥工业大学出版社 2012 年版。

邓铁涛主编：《中国防疫史》，广西科学技术出版社 2006 年版。

丁晓强：《关于浙赣地区日军细菌战的调查研究》，社会科学文献出版社 2012 年版。

郭成周、廖应昌：《侵华日军细菌战纪实》，燕山出版社 1997 年版。

韩晓、辛培林：《日军 731 部队罪恶史》，黑龙江人民出版社 1991 年版。

湖南文理学院细菌战罪行研究所编：《揭开黑幕——2002 · 中国 · 常德细菌战罪行国际学术研讨会论文集》，中国文史出版社 2003 年版。

黄可泰、邱华士、夏素琴主编：《宁波鼠疫史实：侵华日军细菌战罪证》，中国文联出版公司 1999 年版。

黄可泰、吴元章主编：《惨绝人寰的细菌战——1940 年宁波鼠疫史实》，东南大学出版社 1994 年版。

金成民：《日本军细菌战》，黑龙江人民出版社 2008 年版。

金成民、[日] 中野胜编：《日本军细菌战原队员证言集》，黑龙江人民出版社 2009 年版。

李晓方：《泣血控诉——侵华日军细菌战炭疽、鼻疽受害幸存者实录》，中央文献出版社 2005 年版。

李晓方：《侵华日军细菌战炭疽、鼻疽受害幸存者实录》，浙江人民出版社 2017 年版。

楼子芳主编：《浙江抗日战争史》，杭州大学出版社 1995 年版。

卢辉编著：《核化生武器的历史与未来》，军事科学出版社 1991 年版。

聂莉莉：《伤痕：中国常德民众的细菌战记忆》，中国社会科学出版社 2015 年版。

侵华日军关东军 731 部队罪证陈列馆：《侵华日军关东军 731 细菌部队》，五洲传播出版社 2005 年版。

邱明轩：《罪证——侵华日军衢州细菌战史实》，中国三峡出版社 1999 年版。

阮步蟾编著：《鼠疫概要》，新医书局 1951 年版。

沙东迅：《揭开“8604”之谜》，中国文史出版社 2005 年版。

藤井志津枝：《七三一部隊——日本魔鬼生化戰的恐怖》，臺北：文英堂出版社 1997 年版。

吴永明：《太阳旗下的罪恶：侵华日军上饶细菌战揭秘》，江西人民出版社 2005 年版。

谢学诗、[日] 松村高夫等：《战争与恶疫——731 部队罪行考》，人民出版社 1998 年版。

辛培林：《“特别输送”剖析》，载《“731”部队罪行铁证》，黑龙江人民出版社 2001 年版。

邢祁、陈大雅：《辛巳劫难——1941 年常德细菌战纪实》，中共中央党校出版社 1995 年版。

徐勇：《专题解说》，参见徐勇、臧运祜总主编《日本侵华决策史料参考文献丛编》（军事战略编 · 专题一），郭鑫、袁成毅、徐勇编《战争的发动及其战略》（太平洋战争前）（第一册），社会科学文献出版社 2017 年版。

杨玉林、辛培林主编：《细菌战》，黑龙江人民出版社 2000 年版。

叶真主编：《浙江鼠疫防治史》，浙江科学技术出版社 2015 年版。

义乌市党史研究室：《侵华日军义乌细菌战调查研究》，浙江人民出版社 2015 年版。

张连红、经盛鸿、陈虹等：《创伤的历史——南京大屠杀与战时中国社会》，南京师范大学出版社 2005 年版。

浙江省鼠疫防治所：《浙江鼠疫流行史》（未刊稿），1973 年。

《中央医院》，行政院新闻局 1947 年版。

中共浙江省委党史研究室、浙江省中共党史学会编：《侵华日军细菌战罪行学术研讨会论文集》，中共党史出版社 2018 年版。

中共浙江省委党史研究室编：《日军在浙江细菌战专题研究》，浙江人民出版社 2015 年版。

中共浙江省委党史研究室著，包晓峰执笔：《日军侵略浙江罪行史》，浙江人民出版社 2015 年版。

中国红十字会总会编：《中国红十字会的九十年》，中国友谊出版公司 1994 年版。

朱建新：《生物战史》，时事出版社 2015 年版。

朱清如：《控诉：侵华日军常德细菌战受害调查》，中国社会科学出版社 2015 年版。

外国相关著述（苏、美、英、日）

A Letter from E. Thorvaldson to William Mayer, National Archives, Dec 19, 1941, R112, E295A, B11.

A Letter from R · K · S · Lim to Co Tui, National Archives, Dec 20, 1941, R112, E295A, B11.

Government Statements: Chinese Government Finds Evidence of Five Enemy Attempts at Bacterial Warfare, WO 188/680, April 9, 1942.

Robert Pollitzer, *Plague*, Geneva: WHO, 1954.

［美］ハル・ゴールド（Hal Gold）：『證言・731 部隊の真相：生体実験の全貌と戦後謀略の軌跡』，［日］浜田 徹訳，东京：广济堂 1997 年版。

［美］丹尼尔·巴伦布莱特（Daniel Barenblatt）：《人性的瘟疫：日本细菌战秘史》，林玮、邓陵妍译，金城出版社2016年版。

［美］马丁·弗曼斯基：《日军浙赣细菌战炭疽、鼻疽攻击受害地调查报告》，载李晓方著《泣血控诉》，中央文献出版社2005年版。

［美］美国解密日本细菌战档案：《桑德斯报告》（1945.12）；《汤普森报告》（1946.5）；《费尔报告》（1947.6）；《希尔报告》（1947.12），参见［日］近藤昭二『731部隊・細菌戦資料集成』，CD—ROM版，東京：柏書房2003年版。

［美］美国解密日本细菌战档案：《炭疽"A"报告》《鼻疽"G"报告》《史密斯报告》《纪野猛陈述》，参见［日］近藤昭二『731部隊・細菌戦資料集成』，CD—ROM版，東京：柏書房2003年版。

［美］谢尔顿·H. 哈里斯：《死亡工厂：美国掩盖的日本细菌战犯罪》，王选等译，上海人民出版社2000年版。

［美］尹集钧（James Yin）：《細菌戰大屠殺》（*The Rape of Biological Warfare*），范薇薇等（Anna Fan）等譯，圣弗兰西斯科（San Francisco）：北极光出版社（North Light Publishing House）2001年版。

［美］珍妮·吉耶曼：《生物武器：从国家赞助点研制计划到当代生物恐怖活动》，周子平译，生活·读书·新知三联书店2009年版。

金成民、杨彦君主编，马学博、宫文婧译校：《侵华日军第731部队罪行实录·美军调查日本细菌战总结报告书》，中国和平出版社2015年版。

［日］731研究会编：『細菌戦部隊』，東京：晚聲社1996年版。

［日］伴繁雄：『陸軍登戸研究所の真実』，東京：芙蓉書房2001年版。

［日］北島規矩朗：『陸軍軍醫學校五十年史』，東京：大日本印刷株式會社1936年版。

［日］常石敬一：『731部隊と美軍的谍報活動』，東京：大月書店1984年版。

［日］常石敬一：『消えた細菌戦部隊——關東軍第七三一部隊』，東京：海鸣社1982年版。

［日］常石敬一：『医学者たちの組織犯罪——関東軍第七三一部隊』，東京：朝日新闻社1994年版。

［日］常石敬一解説：『十五年戦争極秘資料集』補巻 23『陸軍軍医学校防疫研究報告』（解説・総目次），東京：不二出版 2005 年版。

［日］常石敬一、朝野富三：『細菌戦部隊と自決した二人の医学者』，東京：新潮社 1982 年版。

［日］大本營陸軍部：「中支那防疫給水部ノ編制改正竝防疫給水部一部復歸要領同細則起案ノ件」，資料編號：JACAR（アジア歴史資料センター）Ref. C01005931600（图像 1512），https：//www. jacar. go. jp，2020 年 9 月 15 日。

［日］大本營陸軍部七拾五部：「中支那防疫給水部ノ編制改正竝防疫給水部一部復歸要領決定案」，資料編號：JACAR（アジア歴史資料センター）Ref. C01005931600（图像 1513、1515、1516、1517），https：//www. jacar. go. jp，2020 年 9 月 15 日。

［日］大快良明：「シンガポ|ルの細菌戦部隊にネズミを輸送」，载［日］731 研究会編《細菌戦部隊》，東京：晚聲社 1996 年版。

［日］大塚文郎：『大塚備忘錄』（藏日本防卫庁防卫研究所图书馆），参见［日］吉見義明、伊香俊哉「日本軍の細菌戦」，载『戦争責任研究』（季刊）1993 年冬季号第 2 号。

［日］芳井研一编：《太平洋战争时期的对华战略与谋略》，参见徐勇、臧运祜总主编《日本侵华决策史料丛编》（军事战略编・专题二），宋芳芳译，社会科学文献出版社出版 2017 年版。

［日］高杉晉吾：《日本医療の原罪》，東京：亞紀書房 1973 年版。

［日］吉見義明：「日本側の文書・記録にみる731 部隊と細菌戦」，参见［日］731・細菌戦展示会実行委員会、731・細菌戦裁判キャンペーン委員会、ABC 企画委員会：『裁かれる細菌戦』第 3 集，2001 年版。

［日］吉見義明、伊香俊哉『七三一部队と陆军中央』，東京：岩波書店 1995 年版。

［日］近藤昭二：「解說栄 1644 部隊」，参见［日］731 研究會編『細菌戦部隊』，東京：晚声社 1996 年版。

［日］金原節三：『金原摘錄』後編（原件藏日本防衛庁防衛研究所図書館），参见［日］吉見義明、伊香俊哉「日本軍の細菌戦」，载『戦争責任研究』（季刊）2 号（1993 年冬季号）。

［日］近藤昭二：「"731" 部队编成表」，参见［日］731・細菌戦展

示会実行委員会、731・細菌戦裁判キャンペーン委員会、ABC 企画委員会:『裁かれる細菌戦』第 2 集，2001 年。

［日］井本熊男:『井本日誌』（原件藏在日本防衛庁防衛研究所図書館），参见［日］吉見義明、伊香俊哉「日本軍の細菌戦」，载『戦争責任研究』（季刊），2 号（1993 年冬季号）。

［日］郡司陽子:『【證言】七三一石井部隊』，東京：德間書店 1982 年版。

［日］郡司陽子:『【真相】石井細菌戦部隊』，東京：德間書店 1982 年版。

［日］陸上自衛隊衛生学校:『大東亜戦争陆军衛生史』（9），東京：株式会社雄建社 1971 年版。

［日］陸軍軍医学校防疫研究室:『十五年戦争極秘资料集』補巻 23《陸軍軍医学校防疫研究報告》第二部第 1 冊，東京：不二出版 2005 年版。

［日］森村诚一:《魔窟》（一）（二）（三），郑民钦译，群众出版社 2004 年版。

［日］秦郁彦编:『日本陸海軍総合事典』，東京：東京大学出版会 1991 年版。

［日］『青木義勇文書』（藏国立国会図書館憲政資料室，館蔵記号：YF—A20），转引自王萌《抗战时期日本在中国沦陷区的卫生工作——以同仁会为对象的考察》，《近代史研究》2016 年 5 期。

［日］日本防衛庁防衛研修所戦史室著:『昭和十七、八年の支那派遣軍』，東京：朝雲新聞社，1972 年版。

［日］日本防卫厅战史室编纂、天津市政协编译委员会译校:《日本军国主义侵华资料长编》（中），四人民出版社 1987 年版。

［日］森村诚一:『悪魔の饱食』（新版），東京：角川書店 1996 年版。

［日］森松俊夫監修、原剛解說:『大本営陸軍部「大陸命」「大陸指」総集成』第五卷，東京：エムティィ共同出版社 1994 年版。

［日］森正孝、糟川良谷:『中国侵略と731 部隊の細菌戦』，東京：明石書店，1995 年版。

［日］上野太忠:『上海自然科学研究所十周年記念誌』，上海自然科学研究所 1942 年版。

［日］水谷尚子：「元一六四四部隊員の証言——軍画兵、石田甚太郎の体験から」，『戦争責任研究』（季刊）10号（1995年冬季号）。

［日］水谷尚子：「一六四四部隊の組織與活動——語りはじめた元部隊員たち」，『戦争責任研究』（季刊），15号（1997年春季号）。

［日］水谷尚子：「1644部隊の組織と活動②——1942年の崇山村ペスト流行をめぐって」，『戦争責任研究』（季刊），16号（1997年夏季号）。

［日］松本博：「南京でもやつていた人体実验」，载［日］731研究會編『細菌戦部隊』，東京：晚声社1996年版。

［日］松村高夫：「日・米・中・ソの資料による七三一部隊と細菌戦の解明」，参见［日］731・細菌戦展示会実行委員会、731・細菌戦裁判キャンペーン委員会、ABC企画委員会『裁かれゐ細菌戦』第6集，2001年。

［日］穂坂唯一郎：『同仁会四十年史』，東京：同仁会1943年版。

［日］武田登司雄编集：『檜第六十八師団史』，檜第六十八師団史編纂委員会1980年版。

［日］西里扶甬子：『生物戰部隊731』，東京：草の根出版会2002年版。

［日］伊香俊哉著、韩毅飞译：《战争的记忆——日中两国的共鸣和争执》，社会科学文献出版社2016年版。

［日］增田知贞：「细菌戦」（1942年12月15日），参见［日］近藤昭二：『731部隊・細菌戦資料集成』，CD—ROM版，東京：柏書房2003年版。

［日］真田穰一郎：『真田日記』（原件藏日本防衛庁防衛研究所図書館），转引自［日］吉見義明、伊香俊哉「日本軍の細菌戦」，载『戦争責任研究』（季刊）2号（1993年冬季号）。

［日］中村明子：「中国で发生したペスト流行と日本軍による細菌戦との因果闢係——1941年の湖南省常德に対するペスト攻击中心に——」，参见［日］731・細菌戦展示会実行委員会、731・細菌戦裁判キャンペーン委員会、ABC企画委員会『裁かれゐ細菌戦』第3集，2001年。

［日］佐加倉滬浪：「江南施療行」，『同仁会報』1942年第8号。

［苏］外国文书籍出版局编：《前日本陆军军人因准备和使用细菌武器被控案审判材料》（中文本），莫斯科：外国文书籍出版局 1950 年版。

［英］彼得·威廉姆斯（Peter Williams）、大衛·瓦雷斯（David Wallace）：《731 部隊——第二次世界大戰中的日本細菌戰》，吳天威譯，臺北："國史館" 1992 年版。

李海军等编译：《侵华日军细菌战重要外文资料译介》，中国社会科学出版社 2018 年版。

王希亮、周丽艳编译：《侵华日军 731 部队细菌战资料选编》，社会科学文献出版社 2015 年版。

杨彦君主编，张艳荣、刘汝佳译校：《731 部队炭疽菌实验 A 报告》，中国和平出版社 2015 年版。

论文

包晓峰：《抗战时期日军在浙江细菌战罪行综述》，《浙江档案》2015 年第 9 期。

包晓峰：《日军对浙江实施细菌战的罪行综述》，《党史研究与教学》2005 年第 4 期。

包晓峰：《日军在义乌实施细菌战的罪行研究》，《浙江社会科学》2015 年第 9 期。

陈致远：《常德细菌战城区居民死亡人数研究》，《民国档案》2006 年第 2 期。

陈致远：《六十年来国内外日本细菌史研究述评》，《抗日战争研究》2011 年第 2 期。

陈致远、朱清如：《常德石公桥和镇德桥的鼠疫之研究》，《抗日战争研究》2009 年第 1 期。

陈致远、朱清如：《南京"荣"1644 部队几个问题研究》，《南通大学学报》（社会科学版），2013 年第 1 期。

丁蕾：《日本近代医疗团体同仁会》，《中华医史杂志》2004 年第 2 期。

丁晓强：《日军对浙江的炭疽攻击》，《浙江档案》2002 年第 1 期。

高凡夫、赵德芹：《日本天皇裕仁与细菌战》，《湖南文理学院学报》（社会科学版）2005 年第 2 期。

高兴祖：《论日本军部进行细菌战的罪责》，《南京大学学报》（哲社版）1999 年第 1 期。

高兴祖：《再揭日军 1644 细菌部队活人实验的罪行》，《民国春秋》1999 年第 3 期。

高兴祖、朱成山：《侵华日军 1644 细菌部队活人实验受害者遗骸的考证》，《南京社会科学》2000 年第 2 期。

郭成周：《有关侵华日军细菌战问题的新补充》，《常德师范学院学报》（社科版）2003 年第 1 期。

韩雯：《保存在国外档案馆的有关浙江细菌战的几则史料》，《浙江档案》2005 年 09 期。

胡介堂：《日军南京“荣”字 1644 部队细菌战始末》，《南京医科大学学报》（社科版），2002 年第 2 期。

经鸿盛：《侵华日军在南京的秘密武器试验与战争实施》，《江海学刊》2003 年第 1 期。

经盛鸿、经珊珊：《侵华日军在南京的秘密生化武器研制及战争实施》，《日本侵华史研究》2016 年第 3 卷。

李力：《日军浙江细菌战后的义乌县防疫委员会》，《湖南文理学院学报》（社会科学版），2007 年第 4 期。

李力、郭洪茂：《论浙赣细菌战及其后果》，《社会科学战线》1995 年第 5 期。

李群：《日本医学细菌战档案揭秘》，《档案天地》2008 年第 6 期。

刘庭华：《侵华日军使用化学、细菌武器杀害中国人民述略》，《日本侵华史研究》2015 年第 4 期。

刘雅玲、陈玉芳：《常德细菌战鼠疫死亡人数的七年调查——7643 人的死亡名单是如何产生的》，《常德师范学院学报》（社会科学版）2003 年第 3 期。

卢江：《日军南京荣字第 1644 细菌部队暴行》，《南京史志》1986 年第 5 期。

罗运胜：《日军细菌战对常德地区社会经济影响状况初探》，《湖南文理学院学报》（社会科学版）2005 年第 2 期。

马登潮：《日军曾在浙江进行细菌战》，《浙江档案》1991 年第 10 期。

钱贵法：《我在宁波细菌战中的遭遇》，《纵横》1996 年第 4 期。

孙伶伶：《美国解密日本二战档案考察》，《日本学刊》2008年第1期。

汪正宇：《敌机于常德首次投掷物品检验经过》，《医技通讯》（重庆医药技术专科学校杂志）1942年12月。

王萌：《抗战时期日本在中国沦陷区内的卫生工作——以同仁会为对象的考查》，《近代史研究》2016年第5期。

王萌：《日本对沦陷后南京的医事卫生调查》，《民国研究》2018年第1期。

王希亮：《解析“東京审判史观”及其实质》，《世界历史》2008年第5期。

王希亮：《侵华日军细菌战犯为何逍遥法外》，《钟山风雨》2016年第4期。

王选：《日本细菌战医学罪犯战后踪迹》，《常德师范学院学报》（社会科学版）2003年第2期。

巫仁恕：《戰爭與疾疫：抗戰後期（1940—1945）的疫情與疫政》，臺灣：《“中華”軍事史學會刊》1997年第3期。

吴永明、谢志民：《侵华日军江西细菌战的危害与战争遗留问题》，《江西社会科学》2005年第9期。

吴郁琴、徐茂明：《南京国民政府时期江西卫生防疫体系述论》，《江西财经大学学报》2010年第6期。

奚霞：《民国时期的国家防疫机构——中央防疫处》，《民国档案》2003年第4期。

夏茂粹：《侵华日军在常德作战中曾使用过细菌武器》，《民国档案》1990年第4期。

谢志民：《日军细菌战与江西上饶地区鼠疫流行》，《前沿》2012年第6期。

谢志民、刘加波：《江西在侵华日军实施细菌战期间受害状况探析》，《上饶师范学院学报》2005年第5期。

徐浩一：《侵华日军浙赣细菌战中的炭疽攻击》，《中共党史研究》2002年第2期。

徐绍全：《日本侵略者在浙江的细菌战述略》，《宁波师院学报》（社会科学版）1985年第3期。

杨彦君：《二战时期日本侵驻东南亚的生物战部队》，《北方文物》2020 年第 12 期。

杨彦君：《日本细菌战准备阶段的细菌实验——基于〈陆军军医学校防疫研究报告Ⅱ部〉的研究》，《医学史研究》（半月刊）2017 年第 7 期。

杨玉林：《试谈细菌战罪行研究的科学化——从日军在华细菌战受害人数谈起》，《湖南文理学院学报》（社会科学版）2009 年第 3 期。

张华：《美国对常德细菌战情报的收集考释》，《近现代国际关系史研究》2017 年第 2 期。

张连红：《侵华日军南京 1644 部队与 731 部队之关系研究》，《民国档案》2002 年第 4 期。

赵晓红：《1940 年代浙江鼠疫流行与政府应对》，《浙江档案》2015 年第 5 期。

浙江省档案馆：《侵华日军在浙江实施细菌战部分档案公布》，《浙江档案》2014 年第 8 期。

周秋妹：《〈井本日誌〉中关于丽水细菌战的记载》，《文史博览》（理论）2016 年 01 期。

朱清如：《“荣”1644 部队研究述评》，《武陵学刊》2010 年第 2 期。

朱清如：《1941—1942 年常德细菌战防疫工作检讨》，《湖南社会科学》2016 年第 1 期。

朱清如：《“经济效果”：侵华日军细菌战之重要目标——以常德细菌战为例》，《湘潭大学学报》（哲学社会科学版）2016 年第 5 期。

朱清如：《“荣”1644 部队历任部队长及支部问题辨析》，《武陵学刊》2011 年第 6 期。

朱清如：《“荣”1644 部队与常德细菌战》，《武陵学刊》2010 年第 5 期。

朱清如：《侵华日军衢州、宁波细菌战致死居民人数考》，《军事历史研究》2015 年第 1 期。

［美］吴天威：《浅评美国对日军 731 细菌部队的研究》，《中党史研究》1995 年第 4 期。

［日］吉见义明：《〈井本日誌〉的发现及其内容的真实性和价值》，罗建忠译，《武陵学刊》2010 年第 2 期。

［日］加藤阳子：《从军事史研究的角度来看中日战争——关于兴亚

院的历史定位》，《抗日战争研究》2014 年第 1 期。

［日］金子顺一：《PX ノ效果略算法》1943 年 12 月 14 日，参见［日］奈须重雄《日军细菌战罪证新资料：〈金子顺一论文集〉的发现及其意义》，刘建忠译，《武陵学刊》2012 年第 3 期。

［日］近藤昭二：《美苏日三国对“731 部队”的研究状况》，《武陵学刊》2010 年第 5 期。

［日］近藤昭二：《日本国家意志对细菌战的隐匿》，王希亮译，《湖南文理学院学报》（社会科学版），2007 年第 4 期。

［日］奈须重雄：《日军细菌部队的建立及对华细菌战》，谢彩虹译，《军事历史研究》2015 年第 1 期。

［日］森正孝：《日军细菌战的初步展开》，《浙江学刊》1997 年第 4 期。

［日］水谷尚子：《崇山村的鼠疫流行与日本 1644 部队》，《浙江学刊》1977 年第 6 期。

［日］松本正一：《我在 731 航空班的经历》，日本侵华细菌战史研究课题组译，《湖南文理学院学报》（社会科学版）2009 年第 3 期。

［日］藤本治：《浙赣作战与细菌战》，《浙江学刊》1999 年第 5 期。

［日］西里扶甬子：《南京荣 1644 部队的罪行》，王希亮编译，《钟山风雨》2004 年 04 期。

［日］一濑敬一郎：《细菌战诉讼一审判决的意义及今后的诉讼焦点》，张元明译，《常德师范学院学报》（社会科学版）2003 年第 3 期。

［日］原文夫：《日军荣字 1644 部队在南京设立的细菌工厂之考证》，芦鹏译，《南京大屠杀史研究》2011 年第 2 期。

［日］中野胜：《秘密战基地：陆军登户研究所》，《东北史地》2004 年第 10 期。

［日］莇昭三：《山中太木论文的出处及荣 1644 部队人体实验》，韩慧光译，《日本侵华史研究》2015 年第 4 期。

学位论文

郝晓赛：《医学社会学视野下的中国医院建筑研究》，硕士学位论文，清华大学，2012 年。

宦小娴：《战争与医疗：日本在华同仁会研究（1937—1945）》，硕士学位论文，南京大学，2015 年。

鞠蕾：《南京国民政府卫生防疫立法研究》，硕士学位论文，西南政法大学，2012 年。

雷冬雪：《中国现代新兴建筑类型个案研究——以南京中央医院为例》，硕士学位论文，南京大学，2016 年。

谢刚：《南京荣字 1644 部队研究（1939—1945）》，硕士学位论文，南京师范大学，2006 年。

后　记

2014年5月，由“侵华日军细菌战罪行研究基地”首席专家陈致远教授领衔的国家社会科学基金特别委托重大项目“中国南方地区侵华日军细菌战研究（湖南及周边地区）”获准立项（批准号：14@ZH025），笔者是该项目5个子项目之一“中国南方侵华日军细菌战重大问题研究”负责人。2015年，课题组完成了第一套丛书“侵华日军常德细菌战研究”（4部），作为中宣部“纪念中国人民抗日战争暨世界反法西斯战争胜利70周年”重点出版物，笔者负责撰写《控诉：侵华日军常德细菌战受害调查》一书。2017年，本研究基地决定再撰写一套“中国南方侵华日军细菌战研究丛书”（7部），作为项目结题成果。该丛书有幸列入“十三五”国家重点出版物规划项目，笔者负责撰写《侵华日军南京1644细菌部队研究》一书。

委实说，撰写任务并不轻松。其间，笔者曾数次前往南京、浙江等地查阅档案文献，实地探访原“荣”1644部队总部驻地（南京“中央医院”旧址，即今东部战区总医院），与在此领域有学术贡献的中、日、美学者，以及国内浙、赣等地文史工作者进行学术交流。遇到的困难不只是史料掇拾、采择之难，对有关问题的细究及学术观点辨析之难，还有较重的教学任务（平均每年教学任务达600节左右）；2019年年底，因工作强度大，原本健康的身体竟出了一点问题，不敢再熬夜，直接影响撰写进度；2020年上半年，放在研究基地供研究使用的参考文献资料因整个大楼被封数月而无法使用，直到当年5月。

春来秋往，寒暑几易。记不得有多少次因采摭史料、推敲字句而忘却按时午餐、晚餐，因撰写进度滞后，近半年来也多有睡眠不足之夜，好在书稿总算杀青。纵然汲绠不修，学术责任未曾敢忘。

书稿撰写过程中，除参考中、日、美专家学者既有相关学术结晶外，不谦虚地说，书稿也含有笔者个人10余年来在此领域辛苦耕耘的部分学术成果。

学术无止境。笔者对书稿有求全责备之虑，然确非称心如意之作。由于自身才疏学浅，加上探究某些问题时，囿于文献不足，难免疏误。权且以为引玉之砖，庶研精覃思者，体谅笔者一番辛劳。学界同仁，倘能不吝赐教，指正瑕疵，不胜感激。

完成书稿，不只是为了达成纯粹的学术目标，还有基于珍爱和平之美好愿望的考量。反对战争、珍爱和平是人类的共同追求。日本作为第二次世界大战战败国，理应正视过往所犯下的反人类罪行。诚然，早已迈入现代化国家行列的日本有令人惊叹的成功，但违背人类公序良俗，挑动不义战争，战后又想方设法拒绝诚恳道歉的行为也使得它至今背负罪恶。日本只有自上而下发乎内心地全面反省，方能赢得东亚邻国及其他爱好和平正义者们的谅解。

2006年年底至今，中日两国历史学者基于政府间达成的“共同历史研究工作”共识，开展中日“共同历史（问题）”研究工作，旨在“以中日共同进行历史研究为契机，通过历史学者的共同努力”，“逐步消除误解，深化相互理解，缩小历史认识上的差异”，进而破解因历史问题认知差异给两国关系造成的障碍。10余年来，此领域已有不少学术成果面世。基于人类自身固有的良知和中日学者客观理性的声音，笔者虽有“疑虑”，但与珍爱和平的中日正义人士及国际社会上的有识之士一样，仍期望日本有自上而下正视历史、全面深刻反省的那一天。

书稿付梓之际，感谢课题组首席专家陈致远教授的无私帮助、指教与鼓励；感谢湖南文理学院党委书记龙献忠、校长刘宇文及其他校领导的关心与支持；感谢课题组诸位同仁的支持与帮助；感谢浙江同类课题组成员包晓峰先生、杨沫江先生等在浙江抗战资料上的支持；感谢王选女士在日文资料上的支持；感谢在此领域作出过学术贡献的专家学者；感谢“常德细菌战受害者协会”的支持；感谢日本友人一濑敬一郎、奈须重雄、近藤昭二等在日本文献史料方面的支持；感谢常德市外事办罗建忠翻译部分日文资料。

这里，还要感谢我的夫人高健，书稿完成，少不了她的长期理解与支持，让我在教学之余，专心著述。

最后，要特意感谢中国社会科学出版社的编辑们，感谢你们的耐心，感谢你们为本书、本套丛书付出的辛劳。

朱清如